JOURNAL

DES

Campagnes au Canada

DE 1755 A 1760

102

PAR

LE COMTE DE MAURÈS DE MALARTIC

LIEUTENANT GÉNÉRAL DES ARMÉES DU ROI
GOUVERNEUR DES ÎLES DE FRANCE ET DE BOURBON
(1730-1800)

publié par son arrière petit-neveu

LE COMTE GABRIEL DE MAURÈS DE MALARTIC

ET PAR

PAUL GAFFAREL

PROFESSEUR A LA FACULTÉ DES LETTRES DE DIJON

DIJON

L. DAMIDOT, LIBRAIRE-ÉDITEUR

1, PLACE D'ARMES, 1

—

1890

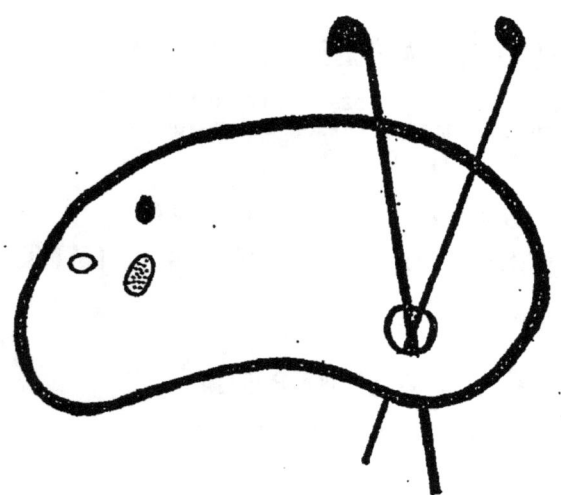

COUVERTURE SUPERIEURE ET INFERIEURE
EN COULEUR

JOURNAL

DES

CAMPAGNES AU CANADA

DE 1755 A 1760

ANNE JOSEPH   HIPPOLYTE

Cᵗᵉ DE MAURES DE MALARTIC

Lieutenant Général des Armées du Roi

Commandeur de St Louis _ Gouvʳ de l'Ile de France

1730 - 1800

JOURNAL

DES

Campagnes au Canada

DE 1755 A 1760

PAR

LE COMTE DE MAURÈS DE MALARTIC

LIEUTENANT GÉNÉRAL DES ARMÉES DU ROI
GOUVERNEUR DES ÎLES DE FRANCE ET DE BOURBON
(1730-1800)

publié par son arrière petit-neveu

LE COMTE GABRIEL DE MAURÈS DE MALARTIC

ET PAR

PAUL GAFFAREL

PROFESSEUR A LA FACULTÉ DES LETTRES DE DIJON

DIJON

L. DAMIDOT, LIBRAIRE-ÉDITEUR

1, PLACE D'ARMES, 1

—

1890

NOTICE BIOGRAPHIQUE

Anne-Joseph-Hippolyte de Maurès, comte de Malartic, était issu d'une des plus anciennes familles de l'Armagnac. Cette famille remontait à Odon de Malartic, damoiseau vivant en 1209, père d'Arnaud de Malartic, chevalier croisé, que nous trouvons en 1252, au camp devant Joppé : Elle compte de brillants services militaires et a joué un rôle non moins considérable dans la magistrature.

Anne de Malartic était le second fils de Pierre-Hippolyte-Joseph de Maurès de Malartic, comte de Montricoux (1), et de Antoinette-Charlotte de Savignac de Sainte-Urcisse, qui, de leur union, laissèrent dix enfants, quatre filles et six fils (2), dont trois devinrent généraux.

---

(1) Son père, Jean de Malartic avait été autorisé, par lettres patentes du roi Louis XIV, de février 1690, enregistrées au Parlement de Bordeaux le 26 avril suivant, à relever le nom et les armes de la maison de Maurès, éteinte en la personne de Anne de Maurès, comtesse de Montricoux, sa tante maternelle.

(2) Amable, dit le comte de Montricoux, premier président du Conseil souverain de Roussillon; — Anne, dit le comte de Malartic, gouverneur de l'île de France; — Charles, prêtre, docteur en Sorbonne, grand prévôt de la cathédrale de Montauban, vicaire général de Perpignan, abbé commendataire de l'abbaye royale de la Garde-de-Dieu; — François, dit le marquis de Malartic, lieutenant colonel du régiment de Vermandois; — Joseph, aide-major au régiment de Bourbonnais; — Ambroise-Eulalie, dit le vicomte de Malartic, maréchal de camp, puis maire de la Rochelle, député aux Etats généraux de 1789; Jean-Vincent, maréchal de camp, entra dans les ordres après la mort de sa femme, devint chanoine honoraire de Nancy et directeur du séminaire de cette ville.

Anne de Malartic naquit à Montauban le 3 juillet 1730.
Il quitta ses parents jeune encore, et fut envoyé avec deux
de ses frères, près de Paris, au collège de Nanterre où il
fut élevé. Il en sortit à l'âge de quinze ans pour entrer
comme sous-lieutenant dans le régiment de la Sarre. Peu
de temps après, il obtint une compagnie de nouvelle levée,
dans le régiment de Béarn, avec lequel il fit, comme capitaine, les campagnes en Flandre, en Italie et en Provence :
il prit part à la bataille de Plaisance et fut nommé aide-
major en octobre 1749.

Nous le retrouvons au nouveau monde, en 1755, attaché
au corps d'armée qui défendait le Canada, sous les ordres supérieurs du gouverneur de Vaudreuil. Son général, le baron
Dieskau, ne fut pas heureux. Battu par le colonel Johnson
au lac Saint-Sacrement, il fut fait prisonnier et mourut des
suites de ses blessures. Malartic n'assistait pas à la bataille.
Il avait commencé à travers la Nouvelle France une série
de courses et de voyages, qu'il a plus tard racontés, mais
avec une impassibilité singulière. On eût dit qu'il se con-
tentait d'accomplir strictement son devoir, mais ne prenait
qu'un intérêt médiocre aux grandes scènes dont il était le
témoin.

Lorsque le marquis de Montcalm fut nommé commandant des troupes françaises au Canada (1756), le major de
Malartic l'accompagna dans toutes ses campagnes, et prit
une part active et glorieuse à ces brillantes opérations qui
retardèrent la chute de notre colonie. En compagnie de
Lévis, de Bourlamaque, de Bougainville, de Senezergues et
de tous ces officiers d'avenir, qui furent les dignes lieutenants d'un héros, Malartic, toujours en mission, ou le
premier au feu, remplit les importantes fonctions de major
général ou de brigade. C'est lui qui rédigea le journal détaillé de l'expédition dirigée par Montcalm contre le fort

Oswego ou Choueguen, sur la rive méridionale du lac Ontario (14 août 1756). Son rapport est conservé dans le bureau des fortifications des colonies à Paris. L'année suivante il prenait part au siège et à la prise du fort William Henry. En 1758 il combattait à la tête de ses hommes en avant du fort Carillon, lorsque les 15,000 anglais d'Abercombry essayèrent d'emporter d'assaut les fortifications improvisées avec des arbres abattus, et défendues seulement par 3,500 hommes. Pendant six heures les ennemis s'obstinèrent à attaquer nos lignes. Ils furent constamment repoussés et durent battre en retraite avec des pertes énormes. Le régiment de Béarn était posté à l'aile droite, au plus fort de l'action. Malartic eut le genou gauche percé d'une balle. Il reçut, pour sa belle conduite, la croix de Saint-Louis.

Un an plus tard, le 13 septembre 1759, nous retrouvons Malartic devant Québec, à la première bataille d'Abraham, où Montcalm périt, et qui fut suivie de la prise de la ville, par le général anglais Murray. Malartic eut un cheval tué sous lui et reçut plusieurs balles dans ses habits. Il fut laissé à l'hôpital général, près de la ville, avec une garde pour protéger les nombreux blessés qui s'y trouvaient. Il s'acquitta de ce soin de manière à mériter non seulement la reconnaissance des officiers et des soldats, ses compatriotes, mais encore l'estime et l'affection du général Murray.

Il rejoignit pourtant l'armée française, commandée par le chevalier de Lévis, successeur de Montcalm et prit une part active à la victoire que le chevalier remporta l'année suivante (avril 1760) sur l'armée anglaise, devant Québec. A cette affaire, où plus de 60 officiers furent tués ou blessés, Malartic fut blessé par un coup de canon à la poitrine : il alla en quelque sorte chercher le coup pour décider le gain de la bataille, comme le prouve une lettre de M. le Maréchal de Lévis du 26 août 1783 et dont voici la copie :

« J'étais bien sûr, mon cher Malartic, de l'intérêt que
« vous prendriez à mon élévation au grade de maréchal de
« France : vous devez en recevoir ainsi que moi des com-
« pliments, comme y ayant contribué plus que tout autre.
« Conservez-moi, mon cher Malartic, votre amitié et ne
« doutez jamais de la mienne pour vous. »

Malgré sa victoire, Lévis ne put pas rentrer dans Québec et fut bientôt forcé de lever le siège, à cause du renfort que les Anglais venaient de recevoir. Quelques mois plus tard, il était obligé de capituler à Montréal, et les Anglais prenaient possession de « ces arpents de neige » que raillaient avec plus d'esprit que de patriotisme certains, littérateurs, étrangement abusés sur l'importance de la colonie.

Ce sont ces dramatiques événements, trop oubliés par nos historiens, que Malartic a racontés dans son Journal, et que nous publions aujourd'hui; non seulement pour rendre hommage à une mémoire qui nous est chère, mais surtout parce que nous espérons que nos anciens compatriotes d'au delà l'Atlantique trouveront quelque intérêt à ces pages, où sont glorifiés l'héroïsme inutile et le dévouement stérile de leurs ancêtres. Que si un souverain peu soucieux de la dignité nationale a jadis abandonné les Canadiens à leurs seules ressources, si des historiens mal instruits ont négligé de remettre en lumière les grandes actions des Ligneris, des Repentinie, des Dumas, des Saint Ours, des Longueil, et de tous ces vaillants colons, qui portaient si haut et si ferme le drapeau national, que leurs descendants sachent au moins que, pour être tardif, l'hommage que nous leur rendons n'en est pas moins sincère.

De 1755 à 1760 Malartic n'a pas quitté le Canada. Il a pris une part directe ou indirecte à tous les principaux événements dont cette contrée fut alors le théâtre. Son journal présente donc un grand intérêt historique : car l'auteur enregistre avec soin et jour par jour tout ce qu'il a fait, et tout ce qu'il apprend. Il est certain que tel ou tel passage de ce Journal traîne en longueur; qu'il nous faut accepter bien des répétitions, et même bien des inutilités : mais, grâce à Malartic, nous vivons de la vie des Canadiens d'alors, nous partageons leurs espérances, nous nous désolons avec eux, nous nous indignons comme ils s'indignaient. Ce n'est pas que Malartic abuse des grands mots ou des phrases à effet : au contraire il ne donne que rarement son avis, et se contente d'indiquer actes et paroles; mais ce caractère impersonnel du Journal est la meilleure garantie de son authenticité absolue. Ce sont à vrai dire les notes d'un soldat en campagne, écrites au jour le jour, tantôt sous la tente, tantôt en canot, aujourd'hui en présence de l'ennemi, demain en conférence avec les tribus sauvages. Il aurait certes pu, comme tant d'autres, donner à ce récit plus de coloris; il n'y a seulement pas pensé. Soldat il était, soldat il est resté. C'est même cette absence de prétention littéraire, cette simplicité voulue, cette précision pour ainsi dire scientifique, qui donnent un intérêt tout particulier au Journal de notre aïeul. Aussi n'avons-nous pas hésité à le reproduire dans son intégralité, avec ses répétitions, ses longueurs, et même ses bizarreries d'orthographe. C'est un document que nous publions, c'est l'œuvre exacte et consciencieuse d'un officier qui toujours a fait son devoir; ce n'est pas un livre composé avec art et écrit avec virtuosité. Aussi espérons-nous que, malgré

ses imperfections, et peut-être même à cause de ses imperfections, le Journal de Malartic rencontrera des lecteurs
sympathiques dans la vieille comme dans la Nouvelle
France.

Malartic rentra en France avec les restes de l'armée.
Nous avons retrouvé dans nos papiers de famille la lettre
que lui écrivait, le 22 août 1761, de Monteynard chargé
d'inspecter les bataillons revenus du Canada. Il est difficile
d'obtenir des attestations aussi honorables et aussi mé-
ritées.

« J'ai reçu le mémoire de M. de Malartic qui vous a été
« recommandé par Mme d'Alzan. J'ai vu peu d'officiers de
« l'âge de M. de Malartic avoir autant de talents qu'il en
« a : ils sont connus et vantés par toutes les troupes qui
« reviennent de Canada, le langage des sept bataillons
« américains est uniforme à son avantage; il a été chargé
« de leurs intérêts en Canada, il en a été chargé à la
« Cour où il a fait un voyage depuis qu'ils sont de retour
« en France. Je serai très empressé de lui rendre les
« services qui dépendront de moi, en lui rendant la justice
« qui lui est due, et exposant au ministre ce que j'ai vu
« de lui et ce que m'en ont dit les autres bataillons avec
« lesquels il a servi. »

En avril 1763, Malartic fut nommé major du régiment
Royal-Comtois. Mais, Choiseul, alors ministre de la
guerre, ne le croyant pas assez récompensé par ce grade
de ses loyaux services, le proposa pour de l'avancement
au Roi qui le nomma colonel du régiment de Vermandois,
en juin 1763. Quatre ans après, embarqué de nouveau
avec son régiment, il eut ordre de se rendre aux Antilles
où il fut nommé commandant en chef et gouverneur de la
Guadeloupe, avec le grade de brigadier, le 3 janvier 1770.

Il passa ensuite à la Martinique et à Saint-Domingue pour aider le prince de Rohan à réprimer les désordres qui s'étaient élevés dans cette île.

Rentré en France avec son régiment, il fut détaché avec lui en Corse. Lorsqu'il en fut rappelé, il fut promu, le 3 mars 1780, au grade de Maréchal de camp, dans lequel il servit et fut constamment employé jusqu'en 1792. M. le duc d'Ayen s'étant montré peu satisfait du régiment de Vermandois qu'il avait inspecté à Perpignan en 1789, Malartic lui écrivit pour le faire revenir sur sa mauvaise impression : cette lettre contient des renseignements assez curieux. Nous la rapportons en entier :

« MONSIEUR LE DUC,

« J'espère que vous me permettez d'avoir l'honneur de
« vous témoigner combien j'ai été affligé en apprenant, il y
« a peu de jours, par M. le marquis de Lévis, que vous avez
« été mécontent du régiment de Vermandois : c'est un bon
« avis pour les colonels qui ne sont presque jamais à leurs
« régiments. Connaissant le bon esprit de ce régiment que
« j'ai commandé pendant 17 ans, j'ose répondre que vous
« en serez content cette année. La première fois que je le
« joignis en 1763, à Bordeaux, je m'aperçus que mon pré-
« décesseur, à cause de sa mauvaise santé, en avait été
« absant lon tems : quoique M. le duc de Lorge, qui
« l'inspecta cette année me témoigna qu'il en était content,
« j'espérai qu'il serait mieux en 1764 ; avec de la patience
« et la plus grande exactitude, j'y réussis. M. le comte de
« Montazet qui passa deux mois avec nous à Rochefort,
« en rendit de si bons comptes à M. le duc de Choiseul,
« que le ministre voulait le renvoyer à Lille pour servir

« de modèle aux régiments de cette garnison. M. le
« marquis de Talaru qui l'inspecta à Brest en 1765-66
« et 67, en fut très content. A la fin de 1767, il s'embarqua
« pour les isles du Vent. M. le comte d'Hennin l'inspecta
« dans le plus grand détail en mars 1769 un matin et le
« vit manœuvrer le soir; après avoir fini sa revue il
« vint m'embrasser et me dit : Je ne vous fais pas un
« compliment en vous assurant que votre régiment aurait
« du succès au camp de Compiègne. Quelques jours après,
« je m'embarquai pour revenir en France, d'après une
« permission que M. le duc de Cloiseul m'avoit envoiée
« depuis lontemps. Ce ministre m'apprit, à mon arrivée
« à Compiègne, que mon régiment parti pour Saint-Do-
« mingue depuis mon départ, n'y resterait que huit jours.
« Alors, je lui proposai de le faire camper à Compiègne
« en 1770. Il m'ordonna de revenir à Compiègne dans
« peu de jours pour travailler pour tous les régiments
« que j'avais laissés aux isles du Vent : avant de com-
« mencer ce travail, ce ministre m'assura qu'il me savait
« un gré infini de ma proposition. Un séjour de trois mois
« à Saint-Domingue, au lieu de huit jours, m'enleva
« 300 hommes par mort, et M. le chevalier de Rohan en
« prit 450 pour compléter la légion de Saint-Domingue.
« Ces deux pertes réduisirent le régiment à 400, ce qui
« me força de renoncer au projet de camp. M. le comte
« du Muy qui le vit à Metz en 1771, en qualité de directeur
« général le dernier de la garnison, appela, à la fin de sa
« revue, M. de Châteignier major et moi, et nous dit tout
« haut : Vous renaissez de vos cendres, je suis parfai-
« tement content de votre régiment. M. le maréchal
« d'Armentières, qu'on avait prévenu mal à propos contre
« le régiment, après l'avoir vu lui-même, me fit l'honneur
« de me dire le lendemain chez lui : « Ma foi tu as gagné

« ton procès, je suis si content de ton régiment, je lui
« trouve, ainsi qu'à toi, tant de bonne volonté, que je veux
« te garder, quoique j'aye demandé qu'on t'envoie à Sar-
« relouis. » Je dois dire que depuis cette époque, je n'ai
« pas eu de meilleur ami ni protecteur. En 1774 et 1775,
« MM. le baron de Salis et le comte de Montazet en furent
« très contents à l'île de Rhé et à la Rochelle, ainsi que
« M. le baron de Bezenval à Béziers en 1777. L'année
« suivante, il passa en Corse où je le laissai en très bon
« état en 1779. J'ai quitté le régiment avec tous les regrets
« possibles et particulièrement celui de n'avoir pas fait la
« guerre avec lui. J'espère qu'il me rend la justice de dire
« que je joignais exactement tous les ans, que j'y ai passé
« quelquefois des mois d'hiver et que j'y ai resté près de
« deux ans aux Isles, quoiqu'il m'eût été permis de re-
« venir 6 mois après mon arrivée. Vous trouverez, Mon-
« sieur le Duc, ma lettre bien longue, j'espère que mon
« attachement et intérêt pour le régiment de Vermandois
« seront mes excuses.

« Permettez-moi d'avoir l'honneur de vous demander vos
« bontés pour M. de Gové, que je crois le doyen des capi-
« taines d'infanterie : je l'ai toujours trouvé de la plus
« grande exactitude et donnant le meilleur exemple. »

Ce 25 mars 1789.

Lorsque Malartic écrivit cette lettre, il était maréchal de
camp ; ce fut seulement le 27 janvier 1792, que le roi
Louis XVI le nomma Lieutenant-Général et Gouverneur
des Etablissements français à l'Est du Cap de Bonne Espérance, avec l'Ile de France pour résidence et chef-lieu de
son Gouvernement. La fermentation et l'effervescence que
les principes de la Révolution française avaient déjà pro-
duites dans ces contrées, l'esprit de désordre qui déjà y

avait pénétré à la suite des idées nouvelles et y avait eu
pour triste conséquence le meurtre de M. de Macnemara,
rendaient ce poste aussi important que périlleux. Le
général Malartic y arriva au mois de juin 1792 et, avant
que cette année ne fût écoulée, sa prudence tout à la fois
conciliante et énergique parvint à calmer les esprits, à pa-
cifier les cœurs et à rétablir l'ordre partout.

Le Cordon Rouge lui avait été promis dès 1781, en ré-
compense de ses nombreux et brillants services en Italie,
au Canada et aux Antilles; il crut le moment favorable
pour en faire la demande. Mais quand elle arriva à Paris,
l'Assemblée Constituante avait déjà fait table rase de toutes
les distinctions et de tous les ordres honorifiques. L'ordre
de Saint-Louis n'existait plus.

Cependant la Révolution marchait, et la tempête qui
soufflait sur la mère-patrie, traversant les mers, se dé-
chaînait menaçante et furieuse sur les colonies. Les décrets
de la Convention sur la liberté des hommes de couleur
semblaient, en suscitant des guerres cruelles entre les
colons et les noirs, devoir inonder de sang le sol de nos
possessions maritimes. Malartic ne se dissimulait pas que
son éloignement de la Métropole lui rendait impossible
tout espoir de protection et de secours; comprenant dès
lors qu'il devait se suffire à lui-même pour le salut des
Colonies qui lui avaient été confiées par le Roi, il ne songea
plus qu'à les préserver des fureurs révolutionnaires, qu'à
conjurer les déchirements intérieurs et les dangers extérieurs dont elles étaient menacées. Fort de son dévoûment
et de son zèle, profitant habilement de l'autorité qu'il
tenait de son titre, de l'influence que lui donnait la confiance générale, il créa, sous sa présidence, une assemblée
coloniale, chargée d'examiner toutes les lois émanées de
la France, avec pouvoir de rejeter celles qui lui semble-

raient funestes et de rendre obligatoires seulement celles qu'elle trouverait bonnes et sanctionnerait. Grâce à cette mesure si sage, aucun des décrets révolutionnaires de la Convention ne fut publié ni exécuté dans les îles de France et de Bourbon.

Mais si la prudence du gouverneur veillait au dedans, elle ne s'endormait pas sur les périls qui pouvaient venir du dehors. Fidèles à leur rôle et toujours prêts à profiter de nos désastres, toujours prompts à joindre leurs coups à ceux de la Fortune quand elle nous est contraire, les Anglais cherchèrent à tirer parti des malheurs de la France et de l'agitation de ses colonies pour tâcher de les lui enlever. Ils vinrent donc bloquer l'île de France, à la possession de laquelle ils attachaient une haute importance. Mais le général Malartic, avec les seules ressources de l'île et le courage de ses habitants, pourvut à sa défense : l'île de France, heureuse et paisible, résista énergiquement aux attaques incessantes et aux intrigues réitérées des Anglais. Heureusement pour eux, mais malheureusement pour la France, leur ennemi devait bientôt mourir et, par sa mort, leur rendre facile la saisie de leur proie.

Cependant le Directoire, acharné contre tout ce qui ne se courbait pas sous son joug tyranniquement débile, voulut voir dans l'acte d'autorité par lequel le général Malartic avait maintenu l'ordre dans son gouvernement, un acte de révolte et d'indépendance, et résolut de l'en punir. Donc, en juillet 1796, il envoya à l'île de France deux commissaires, Baco et Baruel, pour faire promulguer les lois dont l'exécution avait été suspendue et pour annoncer au Gouverneur sa destitution. Ces agents ayant laissé maladroitement connaître, dès leur arrivée, l'objet de leur mission, le Gouverneur se concerta aussitôt avec l'Assemblée coloniale. Lorsqu'ils lui furent présentés, ils exposèrent, au nom du Directoire, le but avoué de leur voyage. Tous les membres de l'Assemblée et son digne chef protestèrent de leur attachement et de leur respect pour la France, mais ils déclarèrent avec fermeté, que ni la Colonie ni son Gouverneur ne se soumettraient aux volontés du gouvernement français, non dans la vue de lui désobéir, mais seulement parce que les conséquences de ce qu'ils exigeaient seraient aussi funestes aux intérêts des Colonies qu'à ceux de la Mère-Patrie.

L'objet des prétentions et des demandes des deux envoyés du Directoire ayant transpiré dans la population, elle s'ameuta, et il fallut, pour les soustraire à sa fureur, se hâter de les faire embarquer à bord d'une corvette qui les ramena en Europe. Elle fit en même temps éclater la joie qu'elle éprouvait d'avoir pour ainsi dire reconquis son chef, en le reconduisant en triomphe à son palais, porté sur les épaules d'une foule immense qui se pressait autour de lui comme autour d'un père, à la sagesse duquel elle devait la paix et le bonheur. Depuis cet événement, malgré les plaintes, les réclamations et les rapports des agents envoyés par les pouvoirs éphémères qui se succédèrent alors à la Métropole, la tranquillité de l'île ne fut plus troublée.

Malgré son sincère attachement pour l'île de France, Malartic avait le désir de retourner en France revoir sa patrie, tous les siens. Il écrivait au contre-amiral Marquis de Sercey, commandant des forces navales dans la mer des Indes : « J'ai souvent demandé l'autorisation de quitter « mon commandement : on ne m'a fait aucune réponse. « Vous n'obtiendrez pas non plus, général, d'être relevé « de votre commandement. »

Malartic ne devait plus revoir la France. Sa dépouille mortelle resterait sur cette terre lointaine qu'il avait adoptée comme une seconde patrie, au milieu de ce peuple auquel il avait donné et dont il avait reçu tant de témoignages d'affections. Attaqué, presque soudainement, d'une apoplexie séreuse, il sent à l'assoupissement profond qui le gagne que Dieu le frappe pour le rappeler à lui et qu'il ne lui reste plus que peu d'heures à vivre : il les met à profit pour demander et recevoir les secours de la Religion dans laquelle, comme ses pères, il a été élevé et dans laquelle il veut mourir. Puis, tournant ses regards vers la France, son berceau, qu'il n'avait cessé, depuis ses premiers pas dans la vie, d'aimer avec ardeur et de servir avec fidélité, tendant la main aux amis et aux vieux serviteurs qui entouraient son lit de mort, il éleva son âme vers le Dieu de la paix et de la guerre qu'il avait si souvent invoqué dans sa longue carrière de soldat et expira le 28 juillet 1800 (IX thermidor an VIII), à l'âge de soixante-dix ans.

La consternation fut générale, les regrets furent universels. Le jour de cette mort si douloureuse au cœur de tous devint un jour de deuil public pour cette contrée qu'il avait administrée, pendant neuf ans, avec la plus sage et la plus paternelle autorité. Il resta pendant quatre jours sur un lit de parade, exposé aux regards des habitants qui vinrent des lieux les plus éloignés apporter le tribut de leur reconnaissance. La colonie porta le deuil pendant un mois.

Du reste, si les droits que le général Malartic s'était acquis à l'affection et à la reconnaissance des habitants de l'île de France éclatèrent dans la manière dont ils honorèrent sa fin, les sentiments de respectueuse estime qu'il avait su inspirer à ses ennemis même se révélèrent par des témoignages non moins touchants et glorieux. L'escadre anglaise qui bloquait Port-Louis, en apprenant la mort de celui qui, depuis plus de six ans, la tenait en échec et résistait invinciblement à toutes ses attaques, cessa son feu, proposa une suspension d'armes, inclina ses vergues, tint ses vaisseaux pavoisés de deuil, tant que durèrent les honneurs militaires rendus par la colonie à la mémoire de son Gouverneur, et rendit coup pour coup, les coups de canon qui se tiraient de demi-heure en demi-heure.

Malartic avait demandé, dans son testament, à être enterré dans le cimetière de la paroisse ; mais les autorités civiles, interprètes des sentiments et des désirs de la Colonie tout entière, décidèrent qu'un mausolée lui serait élevé au Champ de Mars avec cette inscription : « Au Sauveur de la Colonie », afin de rappeler aux générations à venir les immenses services rendus au pays par cet homme de bien qui s'était si généreusement dévoué à son salut.

Les habitants de l'île Bourbon ne furent pas moins reconnaissants des services rendus par Malartic à la colonie. Ils suspendirent son portrait à la paroi du côté de l'Evangile de la principale et alors seule église de Saint-Denis. Au dessus de ce portrait on lisait cette inscription en lettres majuscules : « Nous devons à son dévouement le salut des deux colonies. » Le portrait et l'inscription étaient encore dans l'église, il y a peu d'années.

La translation du corps du général Malartic dans le monument érigé à sa mémoire eut lieu le IX thermidor an IX (28 juillet 1801), jour anniversaire de sa mort, et se fit avec la plus grande pompe. Les détails de cette cérémonie funèbre sont consignés dans un procès-verbal (1), arrêté par l'Assemblé coloniale pour être imprimé et adressé aux autorités civiles et militaires des îles de France et de la Réunion.

---

(1) Conservé aux archives de la famille de Malartic.

Une circonstance trop digne de remarque pour ne pas être relatée ici, vint ajouter encore à l'éclat imposant de cette triste solennité. Au jour de la translation des cendres du général, comme au jour où avait été apprise la nouvelle de sa mort, ses ennemis voulurent payer à sa mémoire leur tribut de respectueux hommage : le commodore Hotham, commandant la division anglaise en croisière devant l'île de France, demanda, de grand matin, à parlementer, et, cessant toute hostilité, mit en panne devant le port, ayant ses vergues en croix et son pavillon à mi-mât ; puis, la cérémonie achevée, vers midi, il s'éloigna et reprit le large.

En 1802, l'Assemblée coloniale de l'île de France eut l'idée généreuse d'envoyer au frère aîné du général Malartic (1) le plan du tombeau qui lui était élevé, en y joignant la lettre suivante :

L'Assemblée coloniale de l'île de France, à Monsieur Amable Malartic, ce XI thermidor an X.

MONSIEUR,

« Toutes les occasions de rendre hommage à la mémoire
« du vertueux général votre frère ont un grand prix à
« nos yeux. Nous les saisissons avec une sensibilité parti-
« culière, lorsquelles nous rapprochent des personnes qui
« avaient l'avantage d'être liées avec lui par le sang ;
« comme chef de la famille de son nom, nous vous
« adressons, Monsieur, au nom de la colonie de l'île de
« France, le plan du monument que la reconnaissance des
« colons a décerné en son honneur et dont la confection
« est déjà avancée.

---

(1) Ce dessin est aux archives de la famille.

« Nous voudrions éterniser le souvenir des vertus du
« général Malartic, nous savons qu'elles sont héréditaires
« parmi ceux à qui ce nom respectable appartient.

« Aux témoignages de la vénération publique que l'As-
« semblée coloniale s'empresse de vous transmettre, c'est
« donc avec vérité qu'elle ajoute l'assurance des senti-
« ments les plus flatteurs qu'elle vous prie d'agréer.

          « *Le Président de l'Assemblée coloniale*,
                « Signé : CHAUVET.

Nous (1) trouvons dans le journal *le Spectateur du
Nord* (tome 19ᵉ, livraison d'août 1801, page 288 et suiv.)
une lettre adressée par un colon de l'île de France et con-
tenant des appréciations qui nous semblent trouver ici
leur place.

                    Ile de France, 14 sept. 1800.

« C'est il y a six semaines, le 28 juillet dernier, qu'est
« mort ici le général Malartic : quoiqu'il fût plus que sexa-
« génaire lors de sa nomination et de son arrivée dans
« la colonie, il s'était maintenu dans une habitude d'acti-
« vité qui le rendait capable de supporter les travaux d'un
« autre âge. Cette activité avait entretenu ses forces, et sa
« santé n'était de temps en temps altérée que par les
« ressentiments d'anciennes blessures. Aussi, le vîmes-
« nous, dès son arrivée, travailler sans relâche à acquérir les
« connaissances locales dont un gouverneur a besoin ; et

---

(1) Un navire construit à l'île de France (Maurice), par MM. Michel et
Duclos, et commandé par M. Martin, reçut le nom de Malartic. D'après
une note du bureau Veritas, ce navire périt corps et biens en 1869, entre
Madagascar et Maurice.

« lorsque la guerre éclata entre la France et l'Angleterre,
« il s'occupa, avec un zèle infatigable, de toutes les me-
« sures propres à protéger, contre les attaques d'un ennemi
« puissant, une colonie que sa possession rend si précieuse
« pour la métropole. Mais ce ne fut là que la moindre
« partie du mérite et des services du général Malartic. Ce
« qui rendra sa mémoire à jamais chère et recomman-
« dable parmi nous, c'est la sagesse imperturbable qui le
« guida dans toutes les conjonctures délicates, dans toutes
« les situations critiques où nous jetèrent si souvent les
« principes, les envois et les extravagances des divers
« gouvernements qui régirent la France depuis le 10 août
« jusqu'au 18 brumaire. Ces dangers étaient accrus par les
« menées des factieux que la colonie avait le malheur de
« nourrir dans son sein. Mais au milieu de tous ces périls,
« qui nous mirent plus d'une fois à deux doigts de notre
« perte, nous fûmes sauvés par la sagesse et le carac-
« tère du Gouverneur, surtout par ses constantes dispo-
« sitions à entrer dans les vues d'hommes éclairés et
« probes, de vrais citoyens. Je ne vous donnerai pas à ce
« sujet des détails que leur longueur vous empêcherait
« peut-être de publier, mais nous recouvrerons un jour la
« paix, et, lorsque la France connaîtra bien l'histoire de nos
« dangers, de nos malheurs, de notre conduite, elle con-
« naîtra toutes les obligations que nous eûmes, toutes
« celles qu'elle a au général Malartic. En gémissant sur
« les troubles, sur les déchirements, sur les maux divers
« de la Métropole, il n'eut jamais devant les yeux que sa
« mission, celle de sauver les colonies qui lui avaient été
« confiées, et aucune peine, aucun sacrifice ne lui coûta
« pour la remplir.

    « Austère dans ses mœurs, réservé et assez froid dans
« ses manières, il s'était cependant acquis l'attachement

« de toute la colonie, qui, depuis longtemps, voyait en lui
« moins un gouverneur qu'un père. Il avait mérité ce titre
« par la tendre sollicitude avec laquelle il s'était occupé de
« tous nos intérêts, prêté à tous nos désirs et résigné à
« partager toutes nos privations.

« Je vous rendrais difficilement le deuil où fut plongée
« toute la colonie en apprenant qu'il nous avait été enlevé
« après deux jours de maladie......

« La cérémonie de son enterrement a été majestueuse
« et lugubre. L'éloge funèbre du Général a été prononcé
« sur sa tombe par le Président de Assemblée coloniale :
« il l'a été depuis par le Curé de la paroisse dans un
« service solennel. Ma lettre serait trop longue, si je
« voulais vous rendre toutes les marques de regrets et de
« vénération que tous les colons ont données à sa mé-
« moire. Dans les honneurs rendus aux morts, il entre
« souvent plus de faste que de sincérité et c'est moins à
« eux qu'à leurs familles que ces honneurs s'adressent.
« Ici, tous nos hommages s'adressaient aux mânes du
« général Malartic, car il ne laisse parmi nous personne
« qui lui appartienne, pas un parent, mais nous formions
« toute sa famille, tous les colons étaient ses enfants.

« Votre position, Monsieur, et le mérite de votre jour-
« nal me donnent lieu de croire qu'il est très répandu en
« Europe. C'est ce qui me fait désirer que vous y consi-
« gniez cette lettre qui attestera à la fois les services du
« général Malartic et la reconnaissance des îles de France
« et de Bourbon. Cette petite portion de la nation fran-
« çaise, s'est, j'ose le dire, distinguée par une réunion bien
« rare de sagesse et d'énergie, au milieu des excès de fai-
« blesse et de folie qui ont caractérisé les dernières années.
« L'homme qui la gouvernait et y commandait était digne
« d'elle : il offre probablement le seul exemple d'un gé-

« néral qui ait traversé avec honneur les temps les plus
« malheureux de la Révolution, inébranlable au poste où
« le Roi l'avait placé. »

Voilà en quels termes un colon de l'Ile-de-France, témoin des services rendus par le Gouverneur et des regrets causés par sa mort, croit devoir les divulger à la
France et à l'Europe.

Nous ajouterons à ce tableau si touchant des nobles
qualités du général Malartic, tracé sur place par un habitant du pays, quelques traits destinés à le compléter.

Ennemi du faste, Malartic joignait à des goûts d'une
extrême simplicité, un désintéressement personnel des
plus absolus, désintéressement dont il donna des preuves
en maintes circonstances. Pour n'en citer qu'une, on le
vit, alors que les tentatives révolutionnaires avaient arrêté
le travail et réduit le trésor public à la dernière pénurie,
lui faire spontanément — non pas le prêt, — mais l'a-
bandon total de la moitié de ses appointements, abandon
qu'il persista à maintenir jusqu'à sa mort, malgré
le refus que voulut en faire l'Assemblée coloniale par un
arrêté, en date du XII fructidor an V. Sur la seconde
moitié de son traitement qu'il s'était réservé, il ne prit
jamais que ce qui lui était strictement nécessaire pour
subvenir aux frais de sa maison et aux exigences de sa
position. Le surplus fut laissé par lui dans le trésor de
la colonie, à titre de dépôt, dépôt dont il permettait à la caisse
du trésor de se servir en cas de besoin, mais qu'il en-
tendait se réserver pour en user et disposer à son gré.

Ces diverses sommes laissées volontairement en dépôt
au trésor de la colonie s'élevaient, depuis le 1ᵉʳ juillet
1793 jusqu'au 28 juillet 1800, à la somme de cent quarante-deux mille livres ; cet argent fut confondu avec les
autres fonds coloniaux, lorsque les Anglais s'emparèrent

de l'île de France. Par testament du 5 novembre 1790, le
Gouverneur avait institué pour son héritier universel le
général de Malartic (1), qui était son neveu et son filleul
et qu'il avait eu comme aide-de-camp : son héritier n'a
jamais pu obtenir du gouvernement anglais la restitution
si légitime de ce dépôt, quoiqu'il eût entre les mains toutes
les pièces et documents nécessaires à l'appui de sa récla-
mation.

Observateur attentif des graves événements qui s'étaient
déroulés sous ses yeux et auxquels il avait pris une part
active pendant le cours de sa longue carrière, Malartic a
laissé des notes nombreuses sur les choses, les faits et les
hommes de son temps. Bien que ces notes n'aient pas la
prétention d'être des mémoires, elles n'en contiennent pas
moins des appréciations pleines d'un remarquable intérêt.
Nous espérons que nos lecteurs en seront convaincus,
quand ils auront pris connaissance du Journal des guerres
du Canada, de 1755 à 1760, que nous publions en ce moment.

Nous croyons ne pouvoir plus dignement terminer cette
esquisse de la vie de l'ancien Gouverneur de l'île de France,
qu'en citant le discours adressé par le président de l'Assemblée coloniale au général Magallon, successseur du
général Malartic. Ce discours résume en effet, mieux
que nous ne saurions le faire, le récit de ses vertus et

---

(1) Notre grand père, Louis-Hippolyte-Joseph de Maurès comte de Malartic, maréchal des camps et armées du roi, chevalier de Saint-Louis,
commandeur de la légion d'honneur. Né à Montauban le 1er mars 1769,
entra comme cadet à l'école royale militaire, fit les campagnes des Etats-
Unis, du Canada, d'Allemagne et de Vendée, chef d'état-major du général de Bourmont, commanda, sous la Restauration, les départements
de la Mayenne, du Nord, de la Drôme et de la Vienne ; démissionnaire
en 1830 par refus de serment, mort à Paris en 1832.

de ses services ; il en est le plus vrai, le plus fidèle et le plus glorieux éloge :

« Commandant général, notre premier devoir dans
« cette circonstance solennelle est de mêler nos larmes et
« de confondre nos regrets.

« Les cieux ont réclamé cette âme pure et sainte qui n'a
« jamais respiré que la bonté et la vertu ; dégagée sans
« peine des liens terrestres, elle a pris son vol vers un
« monde meilleur. Malartic n'est plus ! Mais la mort qui a
« rendu son corps aux éléments n'a pu anéantir ce cœur
« qui nous affectionnait : ses mânes sensibles sont au
« milieu de nous; elles reçoivent, elles accueillent nos
« hommages. Puisse-t-il, génie bienfaisant, père tendre,
« présider à nos destinées !

« Quelle leçon pour ceux qui sont chargés d'une admi-
« nistration importante que la vie entière de ce héros
« chrétien ! Sans rechercher l'éclat, il a servi utilement
« sa patrie, il l'a servie avec le sang-froid du vrai cou-
« rage, il a su imprimer à ses ennemis même l'admira-
« tion et le respect. Il n'a rien fait pour l'ambition, mais
« il a tout fait pour le bonheur du pays qu'il a gouverné.

« La bonté de son âme, l'exemple de sa conduite, voilà
« les deux moyens avec lesquels il a soutenu cette colo-
« nie souvent à la veille d'être ébranlée par des révolu-
« tions funestes ! En un mot, il n'a eu besoin pour être le
« meilleur des administrateurs que d'être le meilleur des
« hommes. Cependant, son âme était forte, puisqu'il a
« fait le sacrifice de lui-même pour nous sauver.

« Voilà, commandant général, quel fut votre prédéces-
« seur. Voilà jusqu'où il a porté le dévouement pour le
« salut de cette colonie ! Un exemple aussi généreux ne
« peut rester inefficace. Jusqu'ici vous nous avez vu tout

« entiers à notre douleur, et vous l'avez partagée ! Vous
« avez concouru avec nous aux hommages que nous de-
« vions rendre à la mémoire de l'homme juste et grand
« qui a gouverné ces îles que vous allez gouverner après
« lui, etc. »

« Ile de France, le 14 thermidor an VIII.

« Le président de l'Assemblée coloniale, signé : Chau-
« vet. Pour copie conforme à l'original déposé aux ar-
« chives de l'Assemblée coloniale, signé : Lemaire, secré-
« taire et archiviste. »

On nous pardonnera d'avoir retracé trop longuement
peut-être, la carrière glorieuse de notre arrière grand oncle,
mais nous considérions comme un devoir de faire précéder
la publication de son Journal de quelques pages consacréss
à sa mémoire pour perpétuer son nom et mettre en relief
les principaux traits de son caractère.

Yville, avril 1890.

Comte G. de MALARTIC.

JOURNAL DES CAMPAGNES AU CANADA

DE 1755 A 1760

AVERTISSEMENT

Lorsque j'ai fait ce journal, je ne m'étois pas proposé de le laisser lire ; je le gardois pour me rappeller ce qui s'est passé en Canada. Un de mes anciens camarades du régiment de Béarn reformé me prévint en 1780 qu'il vouloit travailler à l'histoire de ce régiment, et me demanda si je pouvois lui four-nir des mémoires sur les évènemens personnels au second bataillon, depuis le 8 avril 1755 qu'il s'embarqua pour le Canada, jusqu'au 25 novembre 1760 qu'il en débarqua. Je lui promis avec plaisir tous les éclaircissements qu'il désiroit. J'avois en conséquence commencé un extrait que je comptois réduire en cent pages. M. le chevalier de Pontgibault, aide de camp de M. le marquis de Lafayette, sachant que j'avois servi en Canada, m'a entretenu quelquefois de ce qui s'étoit passé pendant la dernière guerre et de ce qu'il en a ouï dire par les insurgents et m'a témoigné son étonnement de ce que per-sonne n'a écrit sur cette guerre, qui doit être aussi intéres-sante qu'instructive. Occupé de mon extrait et me rappelant les conversations de M. de Pontgibault, je me suis décidé à

prêter mon journal à mes amis, tel que je l'ai écrit sur les
lieux. Je ferois peut-être bien de supprimer des faits qui paroissent indifférens, mais je crois que quand on fait la guerre
à plus de mille lieues de sa patrie, tout intéresse. J'aurois pu
passer sous silence ceux qui me sont personnels, mais ne
devois-je pas faire connaître tous les détails et les travaux
dont étoient chargés les aide-major ? J'ose assurer qu'ils
étoient multipliés et que souvent le jour entier ne suffisoit pas
pour les remplir. Je n'ai pas la prétention de faire mon éloge,
je n'en eus jamais d'autre que celle que m'a inspirée le zèle
le plus vif et le plus constant pour les devoirs de mon état.
J'ose croire que les officiers généraux et supérieurs sous les
ordres desquels j'ai servi, et mes camarades, dont j'ai toujours
prisé le suffrage, me rendront cette justice. L'avancement
militaire que j'ai obtenu prouvera à mes jeunes camarades
qu'en aimant son métier et le fesant de son mieux, on par-
vient tôt ou tard. J'ai eu plus d'une fois le désagrément de voir
avancés avant moi mes cadets qui étoient tranquilles, pendant
que je recevois des blessures. Je l'ai senti vivement, mais je
n'ai pas murmuré, et mon moment est enfin arrivé. Je dois
dire à ceux qui redoutent de traverser les mers que je me suis
embarqué deux fois, étant presque maître de rester en France.
Lorsque le second bataillon de Béarn partit pour le Canada,
M. le chevalier de Valence, colonel de ce régiment, à qui j'ai
l'honneur d'appartenir, me témoigna qu'il lui étoit facile de
me garder en France ; je le priai de me laisser suivre le sort
du bataillon auquel j'étois attaché. Quand le régiment de Vermandois que j'ai eu l'avantage de commander pendant dix-
sept ans reçut ordre de s'embarquer pour la Guadeloupe,
M. le duc de Choiseul me fit l'honneur de me dire qu'il
croyoit qu'envoiant tout le régiment de Vermandois aux isles
cela m'arrangeoit, et me laissa entrevoir qu'il seroit facile de

n'y envoier qu'un bataillon. J'eus l'honneur de lui répondre que cette destination ne m'arrangeoit ni ne me dérangeoit, que toute ma vie je serois aux ordres du roi et prêt à partir pour tous les païs où Sa Majesté voudroit m'envoier (1), que j'aimois mieux avoir tout le régiment aux isles que la moitié, des séparations aussi longues ne fesant pas le bien d'un corps. J'ai été bien payé de ma bonne volonté, par les graces dont le roi m'a honoré.

(1) Note de l'auteur : J'ai mis dans différents articles quelques phrases et expressions canadiennes et sauvages qui m'ont paru bonnes à laisser.

ANNÉE 1755

Les neuf premières compagnies du second bataillon du régiment de Béarn embarquées le 8 avril 1755 sur le vaisseau l'*Opiniâtre* percé pour 64 canons et armé en flotte, sorti de la rade de Brest le 3 may, arrivèrent (1) devant la ville de Québec le 19 juin et débarquèrent le 20, furent logées chez le bourgeois, les casernes ayant été brûlées depuis peu de tems ; elles ne trouvèrent dans la ville que l'état-major ordinaire et l'intendant (2), le gouverneur général (3)

---

(1) D'après GARNEAU. *Histoire du Canada*, II, 205, six bataillons de vieilles troupes furent embarquées à Brest. Ils étaient commandés par le maréchal de camp, baron Dieskau. La flotte était sous les ordres du comte Dubois de la Motthe. « Le zèle des soldats est si grand, écrivait un officier du régiment d'Artois, le chevalier de Brienne (lettre du 3 avril 1755, dans les mémoires du duc de Luynes (9 avril), que j'en ai rencontré à Rennes deux en poste, et qui m'assurèrent, devant un grand nombre de personnes, qui s'étoient assemblées sur la place, qu'ils auroient fait toute la route comme cela, s'ils en avoient eu le moyen pour prouver leur zèle pour le service du Roi. Tout le régiment pense de même, il est complet à quatorze hommes près. Tous les officiers sont ici, à la réserve d'un qui se meurt, de sorte qu'officiers et soldats ont tous donné preuve de bonne volonté. » Cf. lettre de Doreil au ministre de la guerre (4 avril 1755) « Tout s'est passé dans le meilleur ordre et avec une parfaite harmonie. L'esprit du régiment de Guyenne est admirable ; tout s'est embarqué avec joie et avec un empressement, si décidé, qu'il n'y a pas un seul homme qui n y soit de bonne volonté. »

(2) L'intendant du Canada était le fameux Bigot, homme de la plus haute intelligence, mais dénué de scrupules et qui, par sa cupidité, allait être une des causes principales de la perte du Canada.

(3) Le gouverneur général était le marquis de Vaudreuil de Cavagnac, ex-gouverneur de la Louisiane, troisième fils du marquis de Vaudreuil, gouverneur du Canada, après de Callières, au commencement du XVIIIᵉ siècle.

étoit à Monréal et l'évêque (1) aux trois rivières (2). Dès que les compagnies furent établies dans leurs logemens, on leur distribua des vivres pour quatre jours, à raison d'une livre et demi de pain, un quarteron de lard ou demi livre de viande fraîche à chaque homme par jour. Monsieur l'intendant donna à dîner à tous les officiers du vaisseau, ceux du régiment et une partie de ceux de la colonie.

La ville de Québec (3) est divisée en haute et basse, la basse borde le fleuve, est habitée par les négocians du païs et ceux de France qu'on appelle forains, qui viennent y passer huit ou dix ans pour gérer les affaires de leur société ; la haute est sur une montagne et en occupe le bas qui borde la rivière droite de la R. Saint-Charles. Les principaux édifices sont le gouvernement qu'on appelle château situé dans la partie de la ville la plus élevée ; l'intendance appelée palais au bas de la montagne ; l'évêché situé à mi-côte entre la basse ville et le château. La plupart des maisons sont couvertes en bois, ce qui rend les incendies très fréquentes. Les Jésuites (4) ont une belle maison sur la place de la cathédrale. Les Recollets (5) un couvent sur la place du château, celui des Hospitaliers dans le même quartier étoit très beau, fut brûlé avec les casernes. Les (6) religieuses de Saint-Benoît ont un très bel hôpital, appelé l'hôpital général, hors la ville, près le faubourg de Monréal.

---

(1) L'évêque se nommait de Pontbriand.

(2) Trois Rivières sur la rive gauche du Saint-Laurent, entre Québec et Montréal.

(3) Cette description de Québec est fort curieuse, mais elle ne rappelle en rien le Québec actuel. Voir *Tour du Monde*, 1864, p. 249 pour la vue générale ; — 1875, p. 104, vue de la rue du petit Champlain.

(4) Les Jésuites arrivèrent au Canada en 1622. Les premiers débarqués étaient les P. Lalemant, Masse et Brébeuf. Voir PARKMAN, *Les Pionniers français dans l'Amérique du Nord*, § VI.

(5) Les Recollets étaient installés au Canada depuis 1615. Cf. P. LECLERCQ, *Premier établissement de la foi*. — P. SAGARD, *Histoire du Canada, et voyage que les frères mineurs Recollets y ont fait depuis l'an 1615*. — FAILLON, *Histoire de la colonie française au Canada*.

(6) *Histoire de l'Hôpital-Dieu de Québec*.

Le 21 les officiers de la colonie donnèrent un très grand dîner aux officiers de la marine et de Béarn. Nous fîmes beaucoup de visittes, fumes reçus chez plusieurs dames qui étoient jolies, aimables et avoient de l'esprit.

Le 22 le régiment de Béarn fournit une garde de 50 hommes, le vaisseau l'*Algonkin*, qui portoit les neufs premières compagnies du second bataillon de la Rema, mouilla à 4 heures du soir dans la rade.

Le 23, le vaisseau l'*Illustre*, qui portoit les neuf premières compagnies du second bataillon de Guienne; le *Léopard*, qui portoit les quatre dernières de ce bataillon et celles de Béarn; l'*Appollon*, qui servoit d'hopital, et les frégattes la *Sirenne* et la *Fidelle*, mouillèrent le matin dans la rade. M. le marquis de Vaudreuil, qui venoit remplacer M. le marquis Duquene (1) dans le gouvernement général, débarqua tout de suite. M. le baron Dieskau (2), maréchal de camp commandant les troupes de terre, débarqua à deux heures avec son état-major. Les compagnies de la Reine et le bataillon de Guyenne entrèrent dans la ville à 3 heures.

Le 24, la compagnie de grenadiers et les trois dernières de Béarn débarquèrent.

Le 25, toutes les trouppes prirent les armes pour la réception de M. le marquis de Vaudreuil, et lui rendirent les mêmes honneurs qu'aux maréchaux de France. Le régiment de Béarn passa en revue.

Le 27, le vaisseau l'*Actif*, qui portoit les neuf premières com-

---

(1) Le marquis de Duquesne de Menneville, capitaine de vaisseau, était gouverneur depuis 1752. Il avait succédé à de la Jonquière, et au baron de Longueil, administrateur par intérim.

(2) Le baron de Dieskau, Saxon d'origine, grand ami du marechal de Saxe, maréchal de camp, avait été envoyé au Canada à la tête d'environ trois mille hommes. Voir *Mémoires de Diderot*, I, 197.

pagnies du second bataillon de Languedoc, dont on étoit fort inquiet, mouilla à côté des autres. Ces compagnies débarquèrent le même jour.

Le 29, toutes les troupes prirent les armes pour l'arrivée de M. Duquêne, qui revenoit de Monreal. Le régiment de Béarn fut averti de se disposer à partir pour Monreal.

Le 29, M. Dieskau remit à M. de l'Hopital, commandant de Béarn, l'ordre de M. de Vaudreuil, pour le départ de son bataillon.

Le 30, les sept premières compagnies s'embarquèrent dans 28 batteaux, qui portèrent chacun 11 à 12 soldats, et 3 Canadiens pour les gouverner.

Le 1er juillet, la compagnie de grenadiers et les cinq dernières s'embarquèrent dans 24 batteaux qu'on met en mouvement avec des rames, lorsqu'il y a assez d'eau, et avec des perches dans les endroits où il y en a peu. On les gouverne avec des avirons. On fait deux ou trois altes par jour pour laisser reposer les soldats qui rament et fumer les Canadiens. Deux heures avant la nuit, on abborde, on tire les batteaux à terre, pour les mettre à l'abri du vent. Les soldats logent dans les habitations ou campent sous les voiles et prélats (1) des batteaux, qui sont deux lacs de toile de cinq ou six aulnes de long, pour garantir de la pluye les effets qui sont dans les batteaux.

Je partis le même jour par terre pour aller travailler à l'établissement du logement à Monreal, je passai les rivières du Carrouge, de Jacquartier et de Sainte-Anne, et je couchai dans une habitation sur la rive gauche de la rivière de Vatiscan.

Le 2, je traversai les rivières de Vatiscan, de Champlin, les chenaux des trois rivières, dînai chez Mgr l'evêque, m'informai si les vivres qu'on avoit ordre de donner au régiment à son passage, pour quatre jours, étoient prests. Cette ville est jolie et agréable-

---

(1) Pour prélarts.

ment située. J'en partis à 2 heures, comblé des politesses de
M. de Pontbriand, évêque, je traversai la R. de Massis, m'embarquai au bas de celle du Loup, et débarquai au chenail du nord,
pour coucher dans une pauvre habitation.

Le 3, je m'embarquai à 3 heures et débarquai à Cartier. Je
passai la rivière de l'Assomption et j'arrivai à 3 heures à Monreal,
sans être fatigué par le voiage que j'avais fait en calèche ou en
batteau, assez vite. Les calèches sont ce que nous nommons en
France cabriolets découverts. On change de chevaux toutes les
deux lieues. On les paie 20 francs par lieue pour une seule personne, et 40 francs pour deux. On ne trouve point d'auberge ni
de village, mais la route est parsemée de maisons qui presque
toutes sont logeables, où on est bien accueilli et où on trouve de
quoi boire et manger. J'allai descendre chez le lieutenant du roi,
M. de Cantagnac, un vieux Languedocien qui me reçut bien,
ainsi que M. de Noyan, major, homme d'esprit et aimable, qui
m'offrit ses services. Je les quittai pour aller voir le lieutenant
général de police et lui demander des logemens.

Monreal (1) est une ville assez grande située sur la rive gauche
du fleuve, divisée en haute et basse, entourée d'un mur de pierre
très mince formant cinq bastions, ayant sept portes et beaucoup
de poternes ; il y a auprès du château ou hôtel de Vaudreuil, où
loge le gouverneur général, un cavalier qui bat toute la partie du
faubourg de Québec. Les Jésuites y avoient une maison et n'y
restoient que deux ou trois pour la correspondance de leurs missions. Messieurs de Saint-Sulpice (2), seigneurs de toute l'isle de

---

(1) Description et vue de Monreal dans le *Tour du Monde*, 1864,
p. 248 — 1875, p. 117.

(2) Sur la formation et les progrès de la Société de Notre-Dame de
Monreal on peut consulter DOLLIER DE CASSON, *Histoire de Montreal.* —
Véritables motifs de Messieurs et Dames de Montréal, 1643. — FAILLON,
Histoire de la colonie française en Canada, 1865, T. I, p. 379 et suivantes.

Monreal. y possèdent toutes les cures, ils ont dans la ville une très grande maison, leur église qui est belle est la paroisse. Les Récollets y ont un couvent ; les sœurs de la Congregation, qui élèvent les jeunes filles, une maison. Il y a deux hôpitaux, un dans la ville pour les militaires, tenu par les sœurs de l'ordre St-Benoît, et un dehors, pour les pauvres, tenu par les sœurs grises ; il y a trois faubourgs, celui de Québec, St-Laurent et la Chinne.

J'epprouvai beaucoup de difficultés pour l'établissement du logement, les habitans fesant ce qu'ils savoient et pouvoient pour éviter de loger les officiers et soldats qu'ils redoutoient sans savoir pourquoi : après avoir tout arrangé le mieux possible, je fis les visittes de déçance, fus bien accueilli partout et prié, dans plusieurs maisons, à dîner et souper.

Le 6, le lieutenant de roi me fit prier d'assister à un conseil (1) qu'il devoit tenir avec les sauvages. Je me rendis chez lui à deux heures, j'y trouvois près de trente sauvages ; il leur fit dire que j'étois un officier d'un régiment qu'il attendoit ; ils parurent contents de me voir, ils étoient assis sur des bancs et avoient chacun le calumet (2), que nous nommons pipe, à la bouche. L'orateur, qui parle toujours seul au nom de la nation, qui est souvent applaudi par ses frères, lorsqu'il dit des choses qui leur font plaisir, se leva, présenta des branches de porcelaine pour essuyer les larmes, couvrir la mort des guerriers des deux nations, ouvrir le gosier et déboucher les oreilles, dit que leurs jeunes gens avoient été au conseil à Orange ; que les Anglois leur avoient fait voir tous les préparatifs qu'ils font contre les François, et leur avoient

---

(1) Sur les conseils tenus par les sauvages Canadiens, consulter N. PERROT, *Mémoires sur les mœurs, coutumes et religion des sauvages de l'Amérique Septentrionale* (édit. Tailhan, 1864), p. 172.

(2) Sur le calumet, son origine et ses usages, voir PERROT (ut supra), p. 99, 100, 246, 248, 327.

assuré que dans peu ils seront maîtres du Canada. Le lieutenant du roi leur présenta trois branches de porcelaine et leur fit répondre que le grand Ononthio (1), qui veut dire roi de France, leur père, envoioit des trouppes pour les deffendre, que dans peu de jours ils verront autant de soldats que de feuilles sur les arbres, expression dont ils font usage, quand la quantité qu'ils expriment passe un certain nombre au-delà duquel ils ne savent plus compter. Les sauvages lui témoignèrent une grande joie de savoir que leur père ne les abbandonnoit pas, et qu'ils lui seront fidelles ; qu'ils comptoient que pour les remettre il leur donneroit un peu de lait de sa mamelle gauche, celle qu'ils aiment la mieux, comme la plus près du cœur, ce qui veut dire de l'eau-de-vie, et leur feroit distribuer du pain et de la viande. Ils prirent congé de lui, après lui avoir tendu la main, ainsi qu'à tous les officiers présens.

Le début de tous les conseils est la présentation des branches de porcelaine, qui sont des morceaux de peau qui enfilent des grains d'une composition qui se fait dans la Virginie, et dont les sauvages font grand cas ; on en fait aussi les colliers qu'ils donnent ou reçoivent dans les conseils, lorsqu'ils promettent ou lorsqu'on leur promet quelque chose ; c'est ce qu'ils appellent liés par un collier.

Ces sauvages sont grands, bien faits et robustes, ils ont le fonds du teint comme nous, mais ils le brûlent à l'ardeur du soleil et le gâtent par les différentes couleurs qu'ils emploient pour se maltacher. Lorsqu'ils viennent au conseil et partent pour la guerre, ils s'arrachent la barbe. Dans la belle saison, ils sont en chemise et en brayes, ce qui est un morceau d'étoffe qu'ils met-

---

(1) C'est-à-dire grande montagne, traduction par les sauvages du nom de M. de Montmagny, gouverneur du Canada. Le nom resta à ses successeurs. Le roi devint le grand Ononthio. Cf. N. PERROT, ouv. cité, édit. Tailhan, p. 258.

tent autour des hanches. L'hiver, ils portent des capottes, espèce de redingottes, et des mitasses, morceau d'étoffe qui enveloppe les jambes. Ils aiment beaucoup les couvertes dans lesquelles ils s'enveloppent pour marcher et se coucher. Les femmes sont vêtues à peu près de même et portent autour des hanches un morceau d'étoffe plus grand que le brayer, appelé maxtikote. Les hommes portent les cheveux très courts, et les entremêlent de morceaux d'os ou d'ivoire, ils se fendent les oreilles, y portent de petites plaques d'argent et des morceaux de fil d'arechal. Les femmes portent les cheveux de derrière longs et les enferment dans des fourreaux de peau garnis d'argent. Les hommes vont à la guerre et à la chasse. Les femmes les y suivent pour porter les effets, avoir soin des cabannes (1), qui sont des espèces de tente qu'ils font avec écorces d'arbre, et pour faire la chaudière, autrement dit faire la souppe ; sinon elles restent dans les villages pour couper le bled d'inde, qu'ils aiment fort et veiller à la conservation de la famille.

Le 7, la première division du régiment de Bearn arriva et la seconde le 9. Les habitans vinrent en foule pour les voir passer et parurent étonnés de sa marche et tenue. Le 11, le régiment fournit une garde de 30 hommes.

Le 12, M. le baron de Dieskau (2), qui arriva, nous prévint de nous préparer à entrer en campagne, et nous apprit les actes d'hostilité qu'ont faits les Anglois en s'emparant du fort de Beauséjour, dans l'Acadie.

------

(1) D'où le mot cabanner, se construire un abri provisoire en temps de guerre ou de chasse, PERROT, ouv. cité, p. 266, 298.

(2) Les hostilités avaient commencé, sans déclaration de la part de l'Angleterre, par la capture en pleine paix du *Lys* et de l'*Alcide*, vaisseaux faisant partie de la flotte de la Motthe, et de plus de trois cents bâtiments marchands, parcourant les mers sur la foi des traités. Voir relation du combat du vaisseau l'*Alcide* (dépôt de la guerre, vol. 3,447, pièce 4).

Le 13, 14 et 15, on distribua aux officiers et soldats l'équipement de campagne (1). Il consiste, pour chacun, en un cappot de Cadix, une couverte de laine, deux chemises de cotton, un brayer, des mitasses, du fil, des aiguilles, une paire de souliers tannés par mois, et une livre de tabac ; une marmitte à chaque officier, une tente pour quatre, deux par bataillon pour les domestiques, et quatre tentes et marmittes à chaque compagnie.

Le 16, M. le marquis de Vaudreuil arriva à 10 heures du soir.

Le 17, les trouppes prirent les armes pour la réception de M. de Vaudreuil. M. de l'Hopital reçut l'ordre de faire partir son bataillon sur trois divisions pour aller camper sous le fort Frontenac (2).

Le 18, la première division partit par terre pour se rendre à la Chinne (3) à trois lieues. Elle y arriva à 9 heures et s'embarqua

---

(1) Les armes distribuées aux soldats à leur départ de France étaient défectueuses. Voir lettre de Dieskau au comte d'Argenson, ministre de la guerre (29 avril 1755) : « Les fusils dont que (sic) j'ai eu l'honneur de vous rendre compte il y a quelque temps se trouvent de plus en plus mauvais... Cet inconvénient est des plus ambarrassant, et je n'y vois de remède que celui de nous en envoyer d'autres l'automne prochaine, et s'il était possible, que ce soit des fusils de la nouvelle façon, ainsi que des baguettes, attendu que celles qu'on nous a donné cassent comme un verre. »

(2) Frontenac, ainsi nommé du gouverneur général du Canada, comte de Frontenac, de 1672 à 1682. Ce fort, bâti sur l'emplacement du village indien de Cataraqui, en 1673, est aujourd'hui remplacé par la ville de Kingston. Situé à l'extrémité inférieure des grands lacs, et à la tête du Saint-Laurent, Frontenac occupait une position stratégique de premier ordre. Le nom de Frontenac est encore aujourd'hui porté par un comté du Dominion, entre le Saint-Laurent et l'Ottawa.

(3) La Chine se trouve dans l'île de Montréal, à 13 kilomètres S.-O. de Montréal, sur la rive gauche du Saint-Laurent, en face de la bourgade iroquoise de Caughnawaga ou Sault Saint-Louis. Ce nom singulier lui vient de ce que les premiers explorateurs du Canada croyaient fermement que le Saint-Laurent communiquait au loin, à l'ouest, avec la mer de Chine. La Chine était jadis le port de départ et d'arrivée des voyageurs des Pays Hauts ou territoire de chasse du nord-ouest.

à midi dans vingt-quatre batteaux qui portoient chacun dix soldats et quatre Canadiens, des vivres pour quinze jours, à raison
de deux livres de pain ou une livre et demie de biscuit, une demi-
livre de lard et quatre onces de pois pour chaque homme par
jour, et deux pots de vin pour toute la route, en outre des munitions de toute espèce pour remettre au fort Frontenac. Elle se
mit en route à une heure et alla camper sur la pointe de la Chinne,
à une lieue et demie.

Le 19, elle décampa à 5 heures, laissa la pointe Claire lès le
Perron, le fort Roland au nord, alla décharger les batteaux pour
leur faire monter le Trou, le Rigollet et les Buissons. Nous
fûmes obligés de nous mettre à l'eau pour les pousser. M'appercevant (1) que le soldat rechignoit, je me déchaussai et me mis à
pousser le premier batteau. J'ordonnai aux sergens d'en faire
autant, ce qui rétablit et maintint le bon ordre. La division alla
chercher les effets qu'elle avoit débarqués dans l'anse, les rembarqua et campa aux Buissons, à 6 heures.

Le 20, elle s'embarqua à 7 heures, laissa le fort de Soulanges
au nord, déchargea les batteaux au Moulin, monta les battures
des Cèdres en trainant les batteaux, et campa à midi en haut de
Soulanges où elle rechargea les batteaux.

Le 21, elle s'embarqua à 6 heures, doubla deux pointes, où il
fallut haller avec la cordelle, le courant étant très rapide, doubla
celle du Diable, déchargea les batteaux au côteau du lac, fit le
portage des effets, traîna les batteaux, les rechargea, monta les
batteaux de la pointe, traversa du nord au sud et du sud au nord
pour camper près l'anse aux Batteaux à l'entrée du lac dans un
bois clair à 5 heures.

---

(1) On aura remarqué que Malartic n'hésitait jamais à payer de sa
personne. En toute circonstance on le verra ainsi accomplir son devoir
sans hésitation mais aussi sans forfanterie.

Le 22, elle s'embarqua à 5 heures, traversa l'anse aux Batteaux, entra dans le lac St-François (1), fut fort contrariée par le vent de sud-ouest, qui la força de s'aller cacher dans l'anse de la pointe du Baudet. Elle y campa dans une jolie prairie, à 4 heures.

Le 23, elle traversa le lac et campa dans un bois épais, à 4 heures.

Le 24, elle s'embarqua à 5 heures, laissa beaucoup d'isles et celle à la Savatte au sud, monta cinq rapides où il fallut tirer les batteaux et campa au pied du Long Sault, dans un bois clair, à 5 heures.

Le 25, elle décampa à 5 heures, monta le Long Sault, qui est le plus long, et dont le courant est très rapide. Il fallut 30 hommes pour tirer chaque batteau. Elle campa à la tête du Sault dans une jolie prairie à demi-lieue.

Le 26, elle s'embarqua à quatre heures, laissa l'isle aux Chats et beaucoup d'autres au sud, monta plusieurs rapides et alla camper sur la pointe aux Chennes, dans un joli bois, à 6 heures.

Le 27, elle s'embarqua à 6 heures, monta plusieurs rapides, le Plat, dont le courant est dangereux, dans lequel mon batteau dériva, et campa sur la pointe aux Iroquois, à 6 heures.

Le 28, elle décampa à 5 heures, monta deux rapides, les deux galops, doubla la pointe à l'Ivrogne, et traversa du nord au sud pour aller camper sous le fort de la Présentation (2), qu'elle salua par trois décharges de vingt fusils, usage observé dans la colonie pour en imposer aux sauvages. Ce fort est un quarré flanqué par quatre batimens en forme de bastions joints par des courtines

_____

(1) On nomme ainsi un élargissement du fleuve, en amont de Montréal.

(2) Le village de la Présentation avait été fondé en 1749 par un Sulpicien, l'abbé Piquet. Ce prêtre fut mêlé à tous les événements de la campagne. Il retourna en France après la conquête, et mourut le 14 juillet 1781. La Présentation existe encore à l'heure actuelle. C'est une commune de la province de Québec à 10 kilomètres N.-O. de Saint-Hyacinthe, vers les sources de la Savaille, sous-affluent du Saint-Laurent.

faites avec des pieux debout. Il y a une garnison de 30 hommes.
Les quatre bâtimens sont occupés le premier par le commandant, le second par la garnison, le troisième par le missionnaire
et la chapelle, et le quatrième par le magasin et le garde. Il y a
dans tous les forts un magasin pourvu aux dépens du roi des
effets nécessaires aux sauvages.

Le 29, elle s'embarqua à 7 heures, doubla deux pointes, quoique contrariée par le vent, et campa sur la pointe aux Barils dans
un joli bois, à 3 heures, à 7 heures.

Le 30, elle s'embarqua à 4 heures, passa les isles et la rivière
Toniata, le vent étant contraire. Elle campa dans une isle pelée,
vis-à-vis le petit détroit.

Le 31, elle décampa à 4 heures, fit deux traverses, rencontra
deux canots chargés de pelleterie. Les conducteurs de ces
canots lui apprirent la déroute des Anglois à la Belle Rivière. Elle
laissa plusieurs isles au sud, débarqua dans celle aux Citrons.
Sept Nepissingues vinrent l'y joindre et l'entretenir de la deffaite
des Anglois. M. de l'Hopital leur fit donner du vin et les remercia. Elle se rembarqua pour aller camper dans une prairie de
l'isle Cauchois, à 7 heures.

Le 1er août, elle décampa à 5 heures, doubla la pointe du petit
rocher, laissa l'isle aux Cerfs et aux Cèdres au sud, doubla la
pointe de Monreal, pour entrer dans la baie de Cataraconi ou
Frontenac, salua le fort par trois décharges de vingt fusils,
débarqua tout de suite et campa, la droite appuyée au fleuve et la
gauche au fort. Les batteaux qui l'avoient portée partirent le soir
pour Monreal.

Le 2, la seconde division arriva à 7 heures du soir; un cadet
détaché par le commandant de la Belle Rivière pour porter au
gouverneur général la nouvelle de la victoire (1) remportée sur

_____

(1) C'est le 9 juillet, dans la vallée de la Monongahela, que Braddock

les Anglois arriva à la même heure et nous apprit que M. de Contrecœur, commandant sur la frontière de la Belle Rivière, ayant des avis que le général Bradock étoit en marche pour venir l'attaquer, avoit assemblé un conseil de guerre pour prendre l'avis de ses officiers sur le meilleur parti à prendre pour la défense de cette frontière. MM. de Beaujeu et Dumas, capitaines, proposèrent de prévenir les Anglois, d'aller à leur rencontre et leur dresser quelque embuscade; cet avis fut unanimement approuvé; M. de Beaujeu, qui venoit relever M. de Contrecœur, qui ne pouvoit pas abbandonner le fort, eut le commandement. Il partit avec MM. Dumas, Lignery, Cap^{nos}, plusieurs lieutenans et enseignes, et la plus grande partie des soldats (1), Canadiens et sauvages arrivés avec lui, dans le dessein de s'emparer d'un passage qu'il croyoit favorable à l'exécution de son projet. Il rencontra à trois lieues du fort l'avant-garde (2) angloise, l'attaqua avec vigueur, en fut reçu de même, et fut tué à la troisième décharge. Les canons dont les Anglois se servoient à propos effrayèrent un peu les Canadiens et les sauvages. M. Dumas, devenu commandant, s'en appercevant, cria : Vive le roi, rallia les soldats et Canadiens, qui commençoient à plier, leur prouva, ainsi qu'aux sauvages, que le canon fesoit plus de bruit que de mal, que s'ils tiroient sur les canonniers, les pièces seroient bientôt démontées. Ils suivirent cet avis avec autant d'adresse que de succès. Le comman-

---

subit la grave défaite qui lui coûta la vie, ainsi qu'aux deux tiers de ses soldats. Washington, le seul de ses lieutenants qu'épargnèrent les balles indiennes, sauva les débris de l'armée : « Nous avons été battus, écrivait-il, et battus honteusement par une poignée de Français qui ne songeaient qu'à inquiéter notre marche. Quelques instants avant l'action, nous croyions nos forces presqu'égales à toutes celles du Canada; et cependant, contre toute probabilité, nous avons été complètement défaits, et nous avons tout perdu. »

(1) En tout 13 officiers, 253 Canadiens et environ 600 sauvages.

(2) L'avant-garde anglaise était commandée par le colonel Gage.

dant leur ayant fait reprendre courage, les ramena à la charge et fit plier les Anglois (1). Alors les sauvages fondirent sur eux de tout côté, le casse-tête (la hache) en main ; dès cet instant, ce fut une déroute générale, dans laquelle tout ce qui fit résistance fut massacré : le général Bradock fit ce qu'il put pour l'éviter, mais il fut forcé de se retirer blessé avec ceux qui avoient pu s'échapper du carnage ; il alla mourir au fort de la Nécessité, avec le regret d'ignorer, dit-il, contre qui il s'étoit battu. Le colonel Dunbar (2), commandant l'arrière-garde qui ne s'étoit pas trouvée à l'action, ne fut pas tenté d'en entamer une seconde. On estime que les Anglois ont perdu au moins 1,200 hommes. Ils ont abbandonné leur artillerie, leurs drapeaux et équippages, qui ont enrichi les Canadiens et sauvages (3). Nous n'avions que 200 soldats, autant de Canadiens et 600 sauvages. M. de Beaujeu, deux autres officiers, 40 soldats et Canadiens ont été tués, et 100 blessés.

Le 3, le cadet dépêché de la Belle-Rivière partit à 7 heures. La troisième division arriva à onze heures. On donna des vivres au régiment, la ration comme celle de la route.

Le 4, le régiment finit l'établissement de son camp. Il ne paroissoit pas fatigué d'un voiage pénible et différent de ceux que les troupes font en France. Le soldat a toujours dans les

---

(1) Sur cette bataille de la Belle Rivière on peut consulter : 1º une relation anonyme du dépôt de la guerre (vol. 3,404, pièce 189) ; — 2º une seconde relation, du même dépôt (vol. 3,405, p. 100) ; — les deux pièces citées par Dussieux, *Le Canada sous la domination française*, p. 250-55.

(2) Dunbar se retira même avec tant de précipitation qu'il détruisit ses munitions, ses gros bagages, et ses canons, et ne s'arrêta qu'au fort Cumberland dans les Apalaches. Les vaincus ne se crurent en sûreté qu'à Philadelphie où ils prirent leurs quartiers d'hiver.

(3) Les Français trouvèrent aussi sur le champ de bataille la caisse militaire et les papiers de Braddock, qui dévoilèrent les projets de l'Angleterre. Choiseul en fit un mémoire qu'il adressa aux diverses cours d'Europe.

mains les rames avec les perches. Il est obligé, dans les rapides, de se mettre dans l'eau pour décharger le batteau, le traîner et le recharger. Voila comme on voyage de Monreal au fort Frontenac, distant de 70 lieues. Le pays est habité jusqu'au-dessus des Cèdres, paroisse distante de Monréal de 15 lieues. De là à Frontenac on ne voit que de l'eau et des bois, jolis et plats en certaines parties, en d'autres vilains et escarpés ; de la Présentation aux Cascades, le fleuve est très rapide sans être profond, c'est le passage le plus difficile ; de la Présentation à Frontenac, c'est une eau tranquille, qui a peu de courant, sur laquelle on va avec la voile ou les rames.

Les découvertes de huit grenadiers envoiés aujourd'hui et jours précédens à une lieue en avant dans le bois et sur le bord du fleuve, pour voir jusqu'à l'embouchure du lac Onthario, n'ont vu ni trouvé rien de nouveau.

Le 7, je commençai à exercer le régiment. Des sauvages nous portèrent du chevreuil.

Le 8, d'autres sauvages nous vendirent du chevreuil pour du pain, de la poudre et du plomb. Nous le trouvâmes très bon.

Le 9, les sauvages nous portèrent quatre chevreuils. Le régiment fit l'exercice et j'en fus content. La première division du régiment de Guienne entra dans la baye à 2 heures, débarqua et campa à la droite du régiment.

Le 10, les gardes tirèrent à 10 heures du soir sur des canots dont les guides ne répondirent pas, lesquels venoient du détroit.

Le 11, les canots arrivés hier au soir partirent pour Monreal. La dernière division de Guienne arriva à 11 heures. Il arriva trois canots du détroit, qui vendirent quelques peaux d'ours. On nomme canots des petits batteaux que les sauvages font avec des écorces d'arbre. Ils sont plus légers que ceux de bois et servent pour aller dans tous les pays d'en haut. Ils sont de trois, cinq et huit places. Ils portent, suivant leur grandeur, jusqu'à 12 hommes. On les met en mouvement avec l'aviron ou la perche, on les décharge aux rapides. Deux hommes restent dedans pour les faire monter avec les perches, ou on les porte sur les épaules jusqu'au haut des rapides. Tous les soirs on les retire de l'eau pour empêcher le vent ou les vagues de les briser.

Le 12, le régiment de Guienne fournit les gardes et celui de Béarn fit l'exercice.

Le 14, M. de l'Hôpital, com^dt du camp, apprit, à 2 heures du matin, par un courrier que M. Dieskau (1) ne viendra pas sur cette frontière avec le reste des trouppes. Le général lui prescrit de se camper et retrancher, de façon à ne pas craindre l'ennemi, mais à lui en imposer en lui fesant croire qu'il a beaucoup plus de troupes.

Le 15, on marqua un nouveau camp, la droite appuyée au fort, la gauche au fleuve, les bois en avant et la baye en arrière.

Le 16, les bataillons occupèrent le nouveau camp et travaillèrent tout le jour à son établissement et aux communications.

Le 17, on porta les poudres en avant du centre. On épierra le front et les ailes du camp.

Le 18, on changea les postes. La garde du capitaine fut portée sur une pointe au bord du fleuve, d'où il découvroit la bouche du lac, celle du lieutenant dans une anse à portée du capitaine, et celle du sergent dans la grande anse, toutes les trois en avant des bois, dans lesquels elles pouvoient se jetter pour faire leur retraite. Il arriva à midi un courrier du Détroit, qui partit une

---

(1) Bien que la guerre ne fût pas encore officiellement déclarée, les Anglais avaient commencé un mouvement d'attaque général contre le Canada. 5,000 à 6,000 soldats réunis à Albany, sous les ordres de Lyman, s'étaient portés au centre contre Niagara et Saint-Frédéric. Ils avaient commencé à construire le fort Edouard, sur la rive gauche de l'Hudson, pour leur servir de base d'opération, et le colonel Johnson détaché à l'avant-garde s'était avancé jusqu'au lac Saint-Sacrement. Ce fut contre ce dernier que fut envoyé Dieskau.

heure après pour Monreal. Un officier de Béarn, un constructeur de vaisseau et quelques soldats arrivèrent le soir de Monreal, dans quatre batteaux chargés de munitions pour le fort.

Le 19, le constructeur chargé de construire une barque de 12 pièces de canon, expédia un batteau pour aller chercher à Monreal des outils et aggrès. On commença à tracer les retranchemens. Les sauvages nous portèrent du poisson.

Le 20, on expédia deux batteaux pour aller prendre à Monréal des provisions dont le camp manquait. On demanda trente saucissons à chaque compagnie.

Le 21, on demanda une augmentation de saucissons. Les ouvriers de la construction allèrent couper dans l'isle au Cochon des grosses pièces qu'ils mirent à la traîne derrière leurs batteaux.

Le 22, les régiments commencèrent les retranchemens, Guienne par la droite et Béarn par la gauche.

Le 23, il arriva un canot et un batteau de la Belle Rivière.

Le 24, tems très orageux et pluvieux.

Le 25, on a beaucoup travaillé. Un canot venant de Monreal, qui porte trois hommes et deux femmes, a abbordé au camp.

Le 27, forte pluie. Dix sauvages, venant de Niagara dans un grand canot, ont débarqué derrière le camp, mis deux malades à couvert sous le canot, après l'avoir porté à terre, et ont étalé tout le butin qu'ils rapportent de la Belle Rivière (1).

Le 28, travaux ordinaires. A quatre heures du matin, trois canots chargés de pelleterie abbordèrent le fort et partirent à 2 heures pour Monreal. Ces canots appartiennent à des négocians qui donnent au gouverneur général 500 livres pour un congé, qui est une permission d'envoyer un canot chargé de marchandises, pour faire la traite avec les sauvages du pays d'en

---

(1) Un des noms de l'Ohio, ou plutôt de la Monongahela sur les bords de laquelle avait été battu Braddock.

haut. Le gouverneur général emploie le produit de ces congés en gratifications pour aider les familles peu aisées de la noblesse.

Le 30, quatre batteaux chargés de pelleteries venans du Détroit, abbordèrent à 11 heures sous le fort, et partirent à 2 heures pour Monreal. Il nous arriva douze canots sauvages chargés de gibier et poisson, qui fut vendu bon marché. Il consistoit en chevreuil, esturgeon, plusieurs poissons blancs très bons, sarcelles et pluviers.

Le 31, un sauvage ivre voulut frapper une sentinelle, qui fut assez prudente pour se deffendre sans le battre et attendre que le caporal vînt la tirer d'embarras. Plusieurs canots et bestiaux arrivés hier sont partis ce matin. Il nous est resté huit sauvages ivres qui ont fait les diables.

Le 1er septembre, les sauvages, revenus à la raison, se sont embarqués et sont partis. Il nous en est arrivé d'autres, chargés de chevreuils et de canards.

Le 3, le constructeur fait dresser la quille de la corvette. Très mauvais tems.

Le 4, continuation de mauvais tems. On a augmenté la patrouille qui couche au bivouac de quatre grenadiers, pour aller reconnoître deux batteaux qui ont faite la traverse des isles.

Le 6 et 7, mauvais tems. Les sauvages nous ont porté beaucoup de chevreuil et canards.

Le 9, mauvais tems. Nous avons vu arriver à 11 heures cinq Algonkins, fort allarmés d'avoir perdu deux camarades et une femme qu'ils avoient laissés à la garde de leur canot, auprès de Choueguen ; leur affliction n'a pas été longue : ils les ont vus paraître quelques heures après dans un petit batteau anglois qu'ils ont enlevé.

Le 11, les deux régiments firent l'exercice.

Le 12, l'abbé Piquet, supérieur de la mission de la Présentation, arriva avec quarante sauvages.

Le 13, les sauvages chantèrent la guerre, formant un cercle. Chacun chante à son tour sa chanson, dans laquelle il raconte ses exploits (1).

Le 14, d'après le rapport des sauvages, qui assurèrent avoir vu la veille un pavillon dans la grande isle, le commandant en fit partir sept avec autant de grenadiers, pour y aller faire une patrouille. Ils revinrent quatre heures après, sans y avoir rien trouvé. A 4 heures, les sauvages crurent voir une barque angloise, c'étoit la nôtre de la découverte que le vent avoit poussée fort au large. Un écrivain de la marine faisant fonction de commissaire, est arrivé de Niagara dans un petit canot avec deux Outaouas (2).

Le 18, un Iroquois, soupçonné d'être fort attaché aux Anglois, partit à 10 heures dans son canot. On détacha à midi vingt hommes qui s'embarquèrent dans deux batteaux. Ils le joignirent à l'isle aux Cochons, d'où ils le ramenèrent.

Le 19, il arriva de Niagara douze batteaux chargés de pelleteries et d'autres effets. Ils portoient quelques malades.

Le 20, les batteaux arrivés hier partirent. Le régiment de Béarn fit l'exercice.

Le 21, les deux régiments firent l'exercice.

Le 22, très mauvais tems. Les sauvages s'enivrèrent et firent

---

(1) CHARLEVOIX, *Nouvelle France*, III, 207. « Cette cérémonie a quelque chose qui inspire de l'horreur, quand on la voit pour la première fois, et je n'avais pas encore senti jusque-là, comme je fis alors, que j'étois parmi les Barbares. Leur chant a toujours quelque chose de lugubre et de sombre, mais ici j'y trouvai je ne sçai quoi d'effrayant, causé peut-être uniquement par l'obscurité de la nuit, et par l'appareil de la fête, car c'en est une pour les sauvages. »

(2) Nation sauvage du Canada, dans la vallée de l'Otawa. Voir CHARLEVOIX, *Nouvelle France*, III, 187, 234, 256, 259, 279, 282, 283. N. PERROT (édit. Tailhan, p. 80, 159, 214, 290, 206, 207, 249, 143, 84, 126, etc.) donne de nombreux détails sur les Outaourèès, qu'il nomme encore Oudataouaóuat, Odgiboueks et cheveux relevés.

les diables. Le commandant faillit être battu par un à qui il refusa de l'eau-de-vie.

Le 23, les régiments firent des palissades.

Le 24, le régiment de Béarn commença un épaulement pour fermer la gauche de son camp.

Le 25, à 2 heures du matin, arrivée de deux courriers dépêchés de Monreal. Le premier (1) portoit ordre au régiment de Guyenne de partir pour aller renforcer l'armée de M. Dieskau, qui s'est retirée sous le fort St-Frédéric, le second portoit contre ordre et nous apprit que M. Dieskau, s'étant porté en avant avec un corps de 1,500 hommes composé par des trouppes de terre, de la colonie, des Canadiens et des sauvages, a rencontré un détachement anglois de mille hommes (2), qu'il a forcé de rentrer dans leurs retranchemens (3) avec perte considérable, qu'ayant voulu forcer lesdits retranchements, il a été repoussé, blessé dangereusement et fait prisonnier avec trente hommes (4). Nous y avons perdu trois officiers, quarante soldats ou Canadiens, et il y en a eu deux cents blessés : on ignore la perte (5) des Anglois.

---

(1) Les Français battus auraient pu être exterminés, car ils s'étaient dispersés. Le chevalier de Montreuil qui dirigeait la retraite arriva en deux jours au grand Marais avec sa colonne exténuée de faim et de fatigue, n'ayant pu prendre les sacs posés à terre pendant le premier combat. Voir lettre de Doreil au ministre (20 octobre 1755).

(2) Les Anglais, commandés par le colonel Will Johnson, s'étaient portés, au nombre d'environ 2,500 hommes, sur les bords du lac Saint-Sacrement, aujourd'hui lac Georges. La bataille fut livrée le 11 septembre 1755.

(3) Le premier détachement anglais, commandé par le colonel Williams, avait en effet été repoussé et taillé en pièces.

(4) Dieskau fut le principal auteur de sa défaite. N'ayant que du mépris pour les milices, il avait, contre toute prudence, jeté ses soldats contre les retranchements improvisés par les Anglais. Dangereusement blessé, mais bien soigné par les Anglais, Dieskau mourut des suites de ses blessures en 1767 à Suresnes, près Paris.

(5) La perte des Anglais, bien que victorieux, fut en effet plus considérable que celle des Français, car les Canadiens et sauvages, nos auxi-

On la croit considérable, le corps qui fut repoussé dans les retranchemens ayant été fort maltraité. M. de Vaudreuil s'est décidé à ne
pas dégarnir la frontière de Frontenac, craignant que les Anglois
formeront quelque entreprise dans cette partie où sur Niagara,
qui est un mauvais fort à l'entrée du lac Onthario, et qui est le
débouché du pays d'en haut. M. de Villiers, capitaine de la colonie, y est dans ce moment avec cinq cents hommes ; on a fait
partir, à la pointe du jour, un cadet dans un canot d'écorce, pour
porter des ordres à cet officier.

Les sauvages sont arrivés à 2 heures après midi avec deux prisonniers qu'ils ont faits auprès de Choueguen (1). Ils disent
avoir tué trois hommes. Les prisonniers rapportent que le général Shirley est à Choueguen avec 2000 hommes ; qu'il y a fait construire quatre corvettes ou batteaux, deux de douze canons et les
autres de huit, et qu'il est décidé à attaquer Frontenac ou Niagara (2). A 9 heures du soir, le sergent de grenadiers, qui commande le bivouac a fait rendre compte qu'il a vu venir à pleines

liaires, avaient ouvert un feu plongeant dans les positions ennemies, et
le continuèrent toute la journée. Voir le récit de la bataille dans GARNEAU,
Histoire du Canada, 229-235. Cf. Lettre du baron de Dieskau au comte
d'Argenson (14 sept. 1755), dépôt de la guerre, vol. 3,405, pièce 80. —
Lettre du même au marquis de Vaudreuil. (Id., vol. 3,405, pièce 84). —
Fragment d'un dialogue entre le maréchal de Saxe et le baron de Dieskau, aux Champs-Elysées (Id., 3,404, p. 157). Lettre de Dieskau au
comte d'Argenson, 22 juin 1756 (Id., vol. 3,447, p. 170). Lettre du
major-général de Montreuil, du 12 juin 1756 (V. 3,417, p. 140).

(1) Choueguen, sur la côte méridionale du lac Ontario, en plein territoire iroquois, n'avait d'abord été qu'un poste de commerce, établi par
les Anglais en 1727. Il devint bientôt une citadelle redoutable ; non seulement il permettait aux Anglais de pénétrer dans la région des lacs,
mais encore il coupait nos comptoirs en deux parties, et isolait la Louisiane des pays d'en haut. Aussi les gouverneurs du Canada avaient-ils à
diverses reprises réclamé contre cette usurpation.

(2) Shirley n'osa pas attaquer Niagara. La nouvelle du désastre de
Braddock avait découragé ses soldats, et ses alliés indigènes étaient opposés à la guerre qui ruinait leur commerce. Aussi se retira-t-il en laissant
700 hommes au colonel Mercer pour garder Choueguen.

voilesquatre canots qui, au « qui-vive », ont viré de bord et changé de route. On a fait embarquer à 11 heures, douze grenadiers et autant de Canadiens pour aller les reconnoître, et fouiller les joncs de la baie du petit Cataraconi. Ils y ont trouvé dans les quatre canots des femmes des Mississaguès (1), lesquelles leur ont dit avoir eu une forte peur.

Le 26, le détachement parti hier au soir est rentré, suivi par les quatre canots. L'abbé Piquet est parti avec des sauvages et les prisonniers.

Le 27, le cadet parti pour Niagara est revenu donner avis qu'en faisant la traverse de l'isle Tonti, il avoit apperçu du monde dans cette isle, qu'il y a descendu et s'est rembarqué sans avoir été découvert, qu'il y a vu quelques feux environnés par les Anglois. M. de l'Hopital a fait partir sur le champ MM. Wolf et Carpantier, officiers partisans, venus de France avec vingt soldats tirés des deux régiments, soixante-sept Canadiens et quatorze sauvages dans six batteaux, leur a ordonné de débarquer avec le plus de précaution possible et d'enlever les ennemis qui sont dans l'isle.

Le 28, un vent du sud violent a forcé les quatorze sauvages partis hier de relàcher au petit Cataraconi.

Le 29, MM. Wolf et Carpantier sont rentrés avec leurs détachements, rapportent avoir trouvé, le 28 au matin, aux isles de Coui, douze batteaux, et que les conducteurs leur ont assuré avoir campé dans l'isle Tonti le jour que le cadet y a débarqué. Les officiers qui commandent le détachement que portent ces batteaux disent n'avoir pas rencontré d'ennemis sur le lac.

Le 30, les batteaux, après avoir été radoubés, sont partis pour Monreal.

------

(1) Les Mississagues étaient établis surtout à Cataraconi et à Niagara. Voir CHARLEVOIX, *Histoire de la Nouvelle France*, III, 195, 207, 225, 228. — PERROT (édit. Tailhan) p. 85, 214, 219, 132, 155.

Le 1ᵉʳ octobre, le régiment de Béarn a fait l'exercice, celui de Guyenne a reçu, à 6 heures du soir, ordre par un courrier parti de Monreal le 27, de partir le plus tôt possible pour Niagara, travailler à fortifier ce poste et y faire des barraques en état de loger quatre cents hommes. M. de l'Hopital a reçu par le même courrier l'ordre d'envoier M. de Pouchot (1), capitaine au régiment de Béarn, bon ingénieur, à Niagara, pour diriger les fortifications de ce fort, de diminuer autant que faire se pourra l'étendue des retranchemens de Frontenac et d'y faire des barraques en état de loger trois cents hommes.

Le 2 on a commencé à préparer les batteaux nécessaires pour le départ du régiment de Guienne et les munitions qu'il doit emporter, à greyer et charger les deux goelettes qui sont dans la baye et qui n'en sont pas sorties cette année.

Le 3, un courrier du détroit nous apprend qu'il n'y a rien de nouveau dans cette partie. On a fait partir un courrier pour Niagara. Un lieutenant d'artillerie commandant un convoi de seize batteaux chargés d'artillerie est venu remettre à M. de l'Hopital des paquets de M. de Vaudreuil, et est retourné à son convoi qui est arrivé dans la nuit.

Le 4, le régiment de Guienne a pris des vivres pour 15 jours, les a embarqués, comptant partir. Les batteaux n'étant pas entièrement équippés, son départ a été remis à demain. Le lieutenant d'artillerie a fait remuer l'artillerie du fort, qu'il a trouvée en mauvais état.

Le 5, Guyenne s'est embarqué à dix heures, dans quarante-cinq batteaux et a laissé 60 hommes pour la garde des deux goelettes.

Le 7, les goëlettes ont appareillé à onze heures, ont salué le

---

(1) Pouchot fut un des officiers les plus braves et les plus méritants de cette guerre. Il était bon ingénieur. Il a laissé un récit de la guerre d'Amérique (1781).

4

fort qui leur a rendu le salut, et sont sorties de la baye par un bon vent de nord est, le vent ayant molli à une heure, elles ont été obligées de mouiller au petit Cataraconi.

Le 9, M. de l'Hopital a fait tracer le plan de douze grandes chambres, qui pourront contenir chacune vingt-cinq ou trente hommes. J'ai fait équipper deux batteaux.

Le 10, j'ai pris les ordres de notre commandant et je me suis embarqué avec un sergent, douze soldats et huit Canadiens, pour aller à Monreal faire des représentations à M. de Vaudreuil, pourvoir à l'équippement et aux besoins du détachement, que nous laisserons à Frontenac; nous nous sommes arrêté vis à vis l'isle Cauchois, au-dessus de celle aux Citrons, pour laisser manger et fumer les soldats et Canadiens. Nous y trouvâmes des Mississagues qui nous donnèrent du chevreuil pour du pain et nous allâmes camper dans une petite anse vis à vis du détroit, à onze heures.

Le 11, nous nous embarquâmes à six heures, descendîmes dans l'isle aux Ours, rencontrâmes dans les isles Toniata des batteaux qui alloient à Frontenac, arrêtâmes à la sortie de ces isles pour y faire du feu, et nous allâmes coucher dans le fort de la Présentation ; j'y trouvai le commandant à table avec huit sauvages des cinq nations qui lui ont porté des colliers (1) pour M. de Vaudreuil.

---

(1) Les colliers étaient composés de coquilles, cannelées, allongées, un peu pointues et sans oreilles. L'intérieur était d'un beau vernis et d'une coloration très vive, tantôt blanche, tantôt violette. On les perçait, on les enfilait, et on faisait soit des *branches*, petites lanières de peaux où étaient enfilées les coquilles, soit des *colliers*, bandeaux formés par six ou sept rangées de ces branches. Par le mélange des grains de différentes couleurs, on obtenait diverses combinaisons, présentant des sens opposés. Les colliers se conservaient avec soin et constituaient en quelque sorte les annales des tribus. Toutes les affaires de conséquence se traitaient en présentant des colliers. Ainsi la guerre se déclarait par des colliers rouges. Voir Charlevoix, *Nouvelle France*, III, 209-214.

Le 8 n'ayant pas pu avoir des sauvages pour gouverner mes batteaux dans les galops, je gagnai le large. A huit heures, j'apperçus dans le nord des batteaux qui passoient dans les joncs, je fis traverser le mien pour les joindre, je demandai aux conducteurs des guides en état de gouverner les devans et derrière de mes batteaux, ils m'en donnèrent deux très bons qui nous firent sauter les galops au sud de l'isle, nous débarquâmes à l'isle Verte pour y faire du feu, nous traversâmes au nord pour parler à des Iroquois qui y étaient cabannés, lesquels nous donnèrent du chevreuil pour du pain ; nous sautâmes le rapide plat, nous y fûmes assaillis par une neige épaisse et un vent du nord-est très contraire. Nous descendimes sur une petite isle pour laisser éclaircir le tems avant de nous engager dans le long sault, que nous sautâmes légèrement deux heures après, et nous allâmes camper dans une isle au-dessous de la pointe Maline, à quinze lieues.

Le 13, nous nous embarquâmes à sept heures ; nous rencontrâmes à l'entrée des chenaux des batteaux du cent, dans lesquels je fis prendre deux sacs de biscuit craignant de manquer de vivres, parceque, selon l'usage, on ne nous en avait donné que pour quatre jours. Le vent du nord-est très impétueux nous força, à dix heures, de relâcher à l'isle aux Noix ; les soldats y ramassèrent beaucoup de noix aussi bonnes qu'en France mais plus difficiles à casser. On appelle batteaux du cent, ceux qui sont chargés de vivre ou munitions, qui portent sept milliers pesans et sont conduits par quatre ou cinq Canadiens.

Le 14, très mauvais tems. A midi le vent mollit, les guides nous fesant espérer qu'il changeroit, nous nous embarquâmes à une heure et traversâmes le lac Saint-François sans nous reposer, craignans d'être forcés de relâcher dans quelqu'autre isle et d'y mourir de faim. Nous sautâmes le côteau du lac, mon batteau échoua sur une pierre qui le renversa, nous eûmes peine à en sortir, à le retourner et le tirer de dessus la bature. Nous

arrivâmes bien mouillés aux premières habitations des cèdres à
dix heures.

Le 15, nous embarquâmes à sept heures, sautâmes les battures des cèdres, débarquâmes aux buissons, que les batteaux
sautèrent pendant que j'allai voir des officiers du régiment de
Guienne qui vont à Niagara et qui me remirent beaucoup de
lettres. Dès que je sus les batteaux au bas des cascades, je cou-
rus m'embarquer pour profiter d'un si bon vent de sud-ouest que
dans trois heures il nous passa à la Chinne. Je fis déposer dans
les magasins du roi les aggrès des batteaux et les tentes qui nous
étaient nécessaires pour le retour, et je m'acheminai vers Monreal où j'arrivai ayant fait le chemin à pied, à cinq heures.

Le 18, mes soldats que j'avais laissés à la Chinne pour s'y reposer, arrivèrent à huit heures (1). Je restai cinq jours à Monreal pour faire distribuer ce que je demandais pour les officiers
et les soldats qui passeront l'hiver à Frontenac, et pour faire des
provisions que je croyais nécessaires pour des camarades qui devoient passer huit mois dans un pays dénué de tout, et pour
prendre avec le commissaire de la marine les arrangements possibles pour que le détachement ne manque pas des choses indispensables.

Le 21 je pris les ordres de M. le marquis de Vaudreuil (2),

---

(1) Dès l'année 1755 la situation de la colonie était bien compromise.
Le chevalier de Montreuil, aide-major général de l'armée, écrivait de
Montréal le 10 octobre 1755 : « La colonie menace ruine, beaucoup
d'Anglais à combattre, les magasins dépourvus, la terreur dans le pays,
beaucoup de brigues. » Dépôt de la guerre (vol. 3,417, pièce 10). Cf.
lettre du commissaire des guerres, Doreil, au ministre de la guerre,
marquis de Paulmy (28 octobre 1755) : « Les intérêts du roi ne sont pas
ici trop bien ménagés ; ceux de la colonie ne le sont pas davantage : le
commerce languit, l'habitant est vexé » (Id., vol. 3.405, pièce 143).

(2) Voici comment Doreil appréciait Vaudreuil (Lettre au ministre
Paulmy) : « C'est un général qui a les intentions droites, qui est doux,
bienfaisant, d'un abord facile et d'une politesse toujours prévenante, mais

qui me combla d'honnêtetés et de marques d'amitié ; j'avois fait partir la veille mes soldats pour la Chinne, j'allai les y joindre le 22, à huit heures du matin. Nous nous embarquâmes à 9 heures, débarquâmes à midi à la pointe Claire pour nous chauffer. Un vent très contraire nous força d'y rester.

Le 23, le vent ne nous permit de nous embarquer qu'à 2 heures après midi. Nous fîmes la traversée de l'isle Perrau où nous couchâmes ; je logeai chez le seigneur qui a une maison aussi jolie que commode.

Le 24, nous partimes à huit heures. Nous fîmes la traverse des cascades, déchargeâmes les batteaux au bas des cascades, j'envoiai chercher des charettes pour porter leur cargaison au haut des cèdres, afin que les batteaux puissent y être rendus ce soir et faire dans un jour court deux journées d'été. Ils y arrivèrent à six heures. J'étois allé par terre aux dernières habitations faire préparer à boire et manger pour les soldats et Canadiens qui avoient beaucoup fatigué.

Le 25, il tomba à la pointe du jour beaucoup de neige, nous ne pûmes nous embarquer qu'à neuf heures. Nous montâmes deux mauvaises pointes et celle au Diable, déchargeâmes les batteaux au côté du lac, montâmes le Rigolet, fîmes le portage, arrêtames une demie heure pour nous chauffer et laisser sécher les hommes qui s'étoient mis à l'eau, doublâmes la pointe du coteau, et allâmes camper, au-dessus dans un joli bois ; nous y trouvâmes les guides de quatre batteaux du cent qui attendoient qu'on leur envoiât des hommes en remplacement de ceux qui avaient la petite vérole, qu'ils avoient renvoiés.

---

les circonstances et la besogne présente sont un peu trop fortes pour sa tête ; il a besoin d'un conseiller dégagé de vues particulières et qui lui suggère le courage d'esprit. »

(1) Cette île fut ainsi nommée par le premier gouverneur de Montréal, père de la comtesse de Roche-Allard et de la présidente de Lubert. (CHARLEVOIX, *Nouvelle France*, III, 140).

Le 26, nous partîmes à 7 heures, montâmes les battures du côteau, traversâmes du nord au sud et du sud au nord pour gagner les arbres maltachés. Arrêtâmes à l'anse, où nous trouvâmes du feu et la souppe faite par des soldats que j'y avois envoiés par terre ; nous entrâmes dans le lac St-François, doublâmes la pointe aux Foins, débarquâmes sur celle au Baudet. Un de mes guides y tomba malade. Je lui trouvai les symptômes de la petite vérolle, je le fis bien couvrir et placer commodément dans le batteau en attendant une occasion favorable pour le renvoier. Nous allâmes camper sur la pointe à la Morandière, où l'on vuida mon batteau, qui fesoit beaucoup d'eau.

Le 27, nous apperçumes un batteau qui descendoit ; nous lui fîmes signal avec le pavillon de venir à nous, il fesoit semblant de ne pas nous connoître et gagnoit le large. Je détachai quinze hommes que je fis embarquer dans mon second batteau, je leur ordonnai de tirer sur les fuyards, de façon à ne blesser personne, mais pour leur faire peur. Ils exécutèrent l'ordre très adroitement ; ayant tiré deux coups, une balle perça la voile et une autre frappa une rame ; le maître du batteau les fit lever, vira de bord pour venir nous joindre. Il me fit beaucoup d'excuses, que je fus tenté de recevoir en le fesant attacher à un arbre, pour lui apprendre à ne pas obéir aux signaux ; craignant qu'il s'en vengerait sur mon malade, je l'excusai, lui demandai un homme à la place du malade que je lui recommandai. Nous nous séparâmes à 8 heures, nous doublâmes la pointe aux Joncs, les isles aux Raisins, entrâmes dans les Chenaux, nous découvrîmes deux batteaux sur lesquels je fis tirer pour les faire approcher ; ils avoient vent arrière et continuèrent leur route, nous en vîmes un troisième qui débordoit une isle et qui changea de route dès qu'il nous apperçut. Je fis mettre mon batteau en travers pour le couper. Il nous fuyoît toujours, nous l'approchâmes assés pour tirer deux coups de fusil. Une balle coupa le bras de la voile qui fut amenée de suite, il vint à nous et nous suivit. Je proposai aux chefs de prendre mon batteau qui fesoit trop d'eau pour pouvoir finir la route et de me donner le sien. Nous mîmes les bagages de l'un dans l'autre et nous nous séparâmes contents les uns des autres. Nous allâmes camper dans l'isle à la Traverse. Les soldats y tuèrent quelques perdrix et des petits oiseaux très bons. Les perdrix ressemblent aux gelinottes et sont bonnes. Six Iroquois de la Présentation qui revenoient de porter à M. le général les colliers des Cinq Nations campèrent auprès de nous. Je leur donnai du lard et un peu d'eau-de-vie (1).

Le 28, nous nous embarquâmes à 7 heures, doublâmes trois pointes qui ont un courant violent, passâmes la R. de Tiensagué, le Mille Roches, le Moulinet, la Grande-Batture, le Petit Chenail, nous montâmes le Long Sault, un batteau l'un après l'autre, et nous campâmes dans la prairie.

Le 29, nous décampâmes à 8 heures, doublâmes deux pointes qui ont un fort courant, nous arrêtâmes au grand campement pour attendre des soldats qui venoient par terre, laissâmes l'isle aux Chats au sud, la presqu'isle, montâmes sa pointe, sa batture, allâmes camper à une lieue de la grosse roche.

Le 30, nous décampâmes à 7 heures, doublâmes trois pointes, montâmes le rapide plat, la pointe à Cola, passâmes la R. du Rideau, la pointe et le courant Ste-Marie et campâmes à 2 heures au-dessus.

Le 31, nous partîmes à 7 heures, et doublâmes trois pointes difficiles, nous montâmes les deux galops, débarquâmes dans l'anse aux Perches, fimes la traverse du nord au sud pour gagner la Présentation, où nous arrivâmes à 2 heures. Je fus très étonné d'y trouver les deux officiers du régiment de Guienne, que j'avois vus aux Buissons, ausquels j'avois dis pour m'amuser que je les

---

(1) Voir plus haut, page 28.

joindrois avant leur arrivée à Frontenac. M. Duplessis, qui va commander à Niagara, arrive à 10 heures du soir.

Le 1er novembre, je m'embarquai à 8 heures. Je donnai passage aux deux officiers de Guienne, M. Duplessis nous suivit. Nous arrêtâmes à la pointe au Baril, nous entrâmes dans les isles Toniata, et nous allâmes camper auprès de la R. dans un vilain terrein.

Le 2, nous nous embarquâmes à 7 heures, rencontrâmes à la sortie des isles des batteaux qui venoient de Frontenac, nous débarquâmes sur l'isle aux ours, nous y vîmes une grande quantité d'outardes et de canards, arrêtâmes au petit détroit pour y chercher un camp passable ; n'y en ayant pas trouvé, nous allâmes l'établir dans l'isle aux Citrons, où M. Duplessis ne put pas arriver.

Le 3, nous nous embarquâmes à 7 heures, arrêtâmes à l'isle Cauchois. Un vent de sud-ouest très contraire empêchant d'entreprendre les traverses, nous força de relâcher au petit rocher et d'y rester jusqu'à 3 heures. Nous passâmes la baie à Couiard, dans laquelle étoit M. Duplessis, et nous arrivâmes à 4 heures au camp. J'y fus reçu à bras ouverts par mes camarades, qui ne me donnèrent pas le temps de débarquer et m'enlevèrent pour savoir les nouvelles et quels seroient les officiers détachés ; après avoir remis à M. de l'Hopital ses paquets et lui avoir rendu compte de mon voiage, je leur appris que M. de Vaudreuil a décidé que nous laisserons à Frontenac, trois piquets commandés par les trois derniers capitaines. Ils me parurent contents et je l'étois beaucoup de m'être rendu en treize jours et d'avoir eu assez beau temps.

Le 4, j'examinai la corvette qui avoit été lancée à l'eau pendant mon absence ; on la chargeait de vivres, ainsi que les deux goelettes, pour Niagara. Le constructeur reçut l'ordre d'en construire une autre plus forte pendant l'hiver.

Le 5, je distribuai aux officiers et soldats les effets que j'avois portés. Je vis travailler aux casernes.

Le 6, je fis le tour des retranchemens qui avoient été perfectionnés pendant mon absence. Ils étoient composés d'un grand redan à la tête du camp de Guienne joint au fort par une grande branche de palissades, le tout fraisé, de deux petits redans sur le front du camp de Béarn, liés à celui de Guienne par une longue courtine de palissades, et d'un épaulement qui s'étend jusqu'à l'escarpement du fleuve, le tout fraisé.

Le 7, on équippa trois batteaux pour aller à la Présentation prendre des planches pour couvrir les casernes ; il arriva cinq batteaux du cent.

Le 9, je fis équipper un batteau dans lequel je devois partir le lendemain avec un homme p..r compagnie, pour aller établir le logement du régiment pour l'hiver. Je donnai à compte en argent monnoié aux officiers et soldats désignés pour passer l'hiver à Frontenac. On déchargea la corvette qui étoit échouée, parce qu'on l'avoit chargée trop près de terre ; nous lui fournîmes une gardè de trente hommes commandée par un lieutenant.

Le 10, je m'embarquai à 8 heures. Je ne répéterai pas la route, l'ayant marquée plus haut. J'arrivai à Monreal, le 13 au soir. Le commissaire des guerres m'apprit que le régiment occupera les paroisses de la prairie Longueil (1) et Boucherville.

Je me reposai les 14, 15 et 16. On descend de Frontenac plus vite qu'on y monte. C'est un voiage de trois ou quatre jours, quand on n'a pas de contretemps. On va à la voile ou à la rame. Dans les chutes et rapides, les guides du devant et derrière du batteau le gouvernent avec des avirons, pour lui faire suivre le fil de l'eau, le courant le pousse si vivement, qu'il n'est pas possible

---

(1) Longueil, ville de la province de Québec, chef-lieu du comté de Chambly, sur la rive droite du Saint-Laurent, à 5 kil. N. E. de Montréal, et en face des faubourgs de cette ville.

de compter les arbres qui bordent les deux rives. Les canots d'écorce descendent de même, lorsqu'ils sont trop chargés, on les allège.

Le 17, je traversai le fleuve pour aller visiter les paroisses qui nous sont destinées, je débarquai à Boucherville, allai coucher à Longueil qui en est à 2 heures. J'allai le 18, à la prairie éloignée de Longueil de 3 heures ; ces trois paroisses qui sont sur la rive droite du fleuve sont bonnes. Je revins coucher à Monreal.

Le 19, M. de Vaudreuil me mena à lisle Sainte-Hélène dîner chez l'Agent Général de la Compagnie des Indes (1).

Le 20, j'envoiai à la Chinne deux soldats, afin qu'un d'eux vint m'informer dès qu'il arriveroit un batteau du régiment.

Le 21, à 6 heures du soir, un soldat vint m'apprendre que le lieutenant de grenadiers du régiment étoit rendu à la Chinne et étoit suivi de près par le reste du régiment. J'allai en informer M. le général et lui demander de permettre que le régiment vienne à Monreal et y séjournât. Il me l'accorda et je partis à 10 heures pour en porter l'ordre à M. de Lhopital. Je fis, chemin faisant, commander par quatre soldats, des calèches, des chevaux et charettes pour porter demain MM. les officiers et les équipages.

Le 23, il tomba beaucoup de neige. La moitié des chevaux et voitures commandés n'arriva pas. Je fis déposer dans les magasins du roi tous les effets et ustensilles de campagne que nous devions rendre. Le régiment se mit en marche à 8 heures et arriva à la ville à 11 heures bien mouillé, plusieurs de mes camarades et moi fîmes la route à pied.

Le régiment séjourna le 24 et 25. On lui distribua l'habillement qui devoit lui être donné à Québec et qu'il n'avoit pas pu recevoir

_____

(1) Sur la compagnie des Indes et ses affaires au Canada voir CHARLE-voix, *Nouvelle France*, passim.

avant son départ. Les soldats, privés de vin depuis lontems et soupçonnés de devoir s'enivrer, furent assez sobres.

Le 26, j'allai de bonne heure voir si tous les batteaux nécessaires pour le transport du régiment étoient prêts, je trouvai qu'il en manquait plusieurs, j'envoiai deux sergens avec des soldats pour les mettre à l'eau. Je fis donner des vivres pour 8 jours aux compagnies désignées pour Boucherville, où il n'y a pas de munitionnaire. Le régiment se rendit à 10 heures au magasin pour s'embarquer, les compagnies de l'état-major partirent de suite pour Longueil, suivies par les cinq de Boucherville; les cinq désignées pour la prairie ne purent pas s'embarquer parce que les batteaux étoient sans guides et trop chargés pour monter les battures, elles rentrèrent dans la ville. Je partis à midi et arrivai à 1 heure à Longueil. Nous eûmes peine à débarquer, les bordages étant pris (on nomme bordages, les bords du fleuve dès qu'ils sont gelés). Je séjournai le 27 pour voir l'établissement des trois compagnies.

. Le 28, j'allai à Boucherville, et le 29, à la prairie, savoir si les officiers et les soldats se trouvaient bien logés. Ces trois paroisses sont bonnes et riches, plusieurs maisons bordent le fleuve, les autres sont à l'entrée du bois à deux lieues du fleuve, elles occupent neuf lieues de pays.

Le 30, j'allai à Monreal pour y arrêter les revues et prendre du commissaire des guerres un ordre pour recevoir l'argent qui revenoit au régiment, j'y restai le 1er et 2 décembre.

Le 3, M. le marquis de Vaudreuil, inquiet sur le retour du régiment de Guienne à cause des glaces qui commençaient à rendre la navigation dangereuse, apprit à midi qu'il arrive à la Chinne. Le régiment de la Reine, destiné pour la garnison de Monreal, y débarqua à 2 heures après avoir traversé difficilement le fleuve qui charrioit. Un batteau qui descendoit de la prairie à Monreal, qui portait vingt-deux hommes de Québec, accosta dans le saut

Normand une roche qui le fendit en deux et le fit caler. 11 hommes se noyèrent.

Le 4, le régiment de Guienne désigné pour occuper les paroisses de la Longue Pointe, la Pointe du Tremble et la pointe des Prairies, toutes trois de l'isle, arriva à Monreal et y eut séjour. M. le Général fut informé que le régiment de Languedoc est rendu dans les paroisses de la R. de Chambli, qu'il occupera tout l'hiver. Après avoir pris les ordres du général, je partis dans une calèche pour aller à Québec faire faire le décompte du régiment. Je fus obligé à la pointe du Tremble de changer de voiture, la neige empêchait celles à roues de rouler. Je me mis avec un grenadier qui m'escortoit dans une cariolle ou traineau. Elle nous traîna au bout de l'isle, où nous nous embarquâmes dans un petit canot de bois pour traverser la R. de l'Assomption ; nous débarquâmes sur les bordages de Repantinie. J'y pris une cariolle qui nous porta aux premières habitations de Saint-Sulpice, d'où nous gagnâmes Lavallière et arrivâmes à 9 heures à Berlier à 15 lieues, quoiqu'à mon départ de Monreal on m'eût assuré que je n'en ferois pas six. J'avois rencontré à Saint-Sulpice M. Pean, aide-major de Québec, qui porte à M. le Général les dépêches portées par deux goelettes expédiées de Louisbourg, pour porter la cargaison du *Montrosier*, qu'il n'avoit pas voulu tenter d'entrer dans le fleuve à la fin de l'automne. Les goelettes ont été arrêtées par les glaces au Kamouraska et ont reçu ordre d'y rester jusqu'à la fonte des glaces. Je logeai chez le capitaine de la paroisse. Il y a (1) dans toutes les côtes ou paroisses une ou deux compagnies de milice, composées par tous les gens en état de porter les armes, depuis l'âge de 16 ans jusqu'à 60, elles sont commandées par les plus intelligens ou notables des habitans, que le gouverneur général nomme capitaines.

---

(1) Cette organisation des milices canadiennes remontait aux premiers temps de la colonisation. — Voir lettres de Colbert et de Frontenac dans la *Correspondance de Colbert*, par P. CLÉMENT.

Il font marcher les hommes de leur compagnie, lorsqu'ils reçoivent l'ordre d'en envoyer pour la guerre ou quelque corvée. Alors ils sont nourris par le roi et ils reçoivent le même équippement que les soldats ; toutes les corvées de charette et autres sont payées.

Le 5, je profitai d'une cariolle de Maxkinongai, dans laquelle nous partîmes à 5 heures. Nous traversâmes sur la glace les R. de Cartier et Maxkinongai sans sortir de la voiture, nous traversâmes à pied celle du Loup, prîmes une cariolle à la première habitation, changeâmes à Massis et arrivâmes à midi aux Trois Rivières ; après avoir remis au lieutenant du roi des paquets de lettres, je m'embarquai à 1 heure dans un petit canot pour traverser les trois chenaux. Nous fûmes fort contrariés par le vent ; nous eûmes peine à aborder au bas du Cap, d'où je gagnai non sans beaucoup de difficulté, par une rampe aussi escarpée que glissante, la première habitation. N'y trouvant pas de cariolle, nous fûmes obligés d'attendre que le capitaine nous en eût procurée une qui arriva à 4 heures et m'emporta à Champlin. J'y pris deux cariolles qui nous déposèrent sur la rive droite de la R. qu'elles n'osèrent pas passer et que nous traversâmes à pied après l'avoir fait sonder et nous couchâmes dans la maison qui borde la rive gauche.

Le 6, nous partîmes à 6 heures dans la cariolle du capitaine qui nous remit chez un habitant sur la rive droite de la R. de Vatiscan. Nous y attendîmes le jour pour la traverser à pied ; nous prîmes à 7 heures sur la rive gauche une cariolle dans laquelle nous traversâmes la R. Sainte-Anne et allâmes jusqu'aux Grandines, d'où nous gagnâmes le cap Santé sur la rive droite de Jacquartier. Les habitans se firent beaucoup prier pour entreprendre de traverser cette rivière ; je les y décidai en leur promettant bon payement. Nous descendîmes une mauvaise côte qui aboutissait à leur canot, nous eûmes beaucoup de peine à le pousser à l'eau et nous n'aurions pas pu le retenir sans le secours d'une forte corde

que je portois. Nous nous embarquâmes pour traverser la R.
qui, quoique étroite, étoit dangereuse à cause des glaces qui deri-
voient ; nous abbordâmes heureusement les bordages à force de
nous cramponer avec des haches que nous enfoncions dans la
glace ; les deux guides ne voulant pas sonder les bordages nous
déposèrent dessus ainsi que nos équippages et nous y laissèrent
sans demander leur payement. Je me trouvai embarrassé, nous
voiant au milieu des glaces, et personne pour nous en tirer.
J'essayai de gagner terre en grimpant une petite côte, je glissois à
chaque pas et dégringolois. Je dis au grenadier de la monter et
d'aller chercher du secours. J'essayai de nouveau d'y monter et
j'y parvins. Le grenadier vint m'annoncer que la première maison
n'étoit pas habitée ; je le laissai à la garde des équipages et lui dis
que j'allois au haut de la côte, d'où je lui enverrois une voiture.
Je n'én trouvai pas à la première habitation. Comme je me dis-
posois à gagner la seconde, j'en vis sortir une du bois conduite
par un enfant, que je priai d'aller chercher le grenadier. Il descendit tout de suite ; je rentrai dans l'habitation pour me chauffer
et manger, mourant de faim et soif. Le grenadier me joignit à
3 heures. Nous partîmes dès qu'il se fut réchauffé et arrivâmes à
la pointe au Tremble à l'entrée de la nuit. J'y pris deux cariolles
qui nous menèrent à la côte Saint-Ange, d'où nous arrivâmes à
Québec à 10 heures du soir couverts de neige.

Le 7, je remis au lieut. de roi, à M. L'évêque et à M. l'Intendant les paquets que j'avois pour eux.

Le 8, je travaillai avec M. l'Intendant qui m'accorda tout ce que
je lui demandai pour le régiment.

Le 9, j'arrêtai les décomptes avec le trésorier. Je priai M. l'Intendant de me faire donner des caisses pour enfermer l'argent
que je devois emporter.

Le 10, j'envoiai remplir les caisses chez le trésorier ; je les fis
partir avec le grenadier dans une cariolle. Je lui ordonnai de

m'attendre à la première rivière, pour peu qu'elle fût difficile à
traverser. J'allai finir mon travail avec M. l'Intendant et me sépa-
rai de lui, enchanté de la facilité avec laquelle il travaille. Il avait
fait tout le jour un temps affreux.

Le 11, je ne pus partir qu'à 9 heures. J'avois les poches pleines de lettres (1). Si j'étois resté une heure de plus, j'en aurois
reçu de quoi remplir une malle, parce qu'il n'y a pas de courrier
de Québec à Monreal. Je changeai de relai à Ste-Foi et à la
pointe au·Tremble, d'où je partis à 2 heures. Chemin fesant, je
reçus une lettre du grenadier qui m'instruisoit qu'il étoit arrêté
par la R. de Jacquartier, qu'on ne pouvoit passer ni sur la glace
ni en batteau. Je le joignis à 4 heures aux dernières habitations
des Ecureuils. J'y couchai dans l'espérance que la gelée de la
nuit fortifieroit la glace.

Le 12, je fis mettre à 7 heures les caisses d'argent dans
une cariolle, je me mis avec le grenadier dans la mienne et me
pourvus de cordes; je me fis suivre par trois Canadiens, pour
aller tenter le passage dans un endroit où des hommes avoient
traversé la veille à pied. Nous déchargeâmes les cariolles, je fis
attacher les caisses par les deux bouts sur une petite traîne, ainsi
que la traîne, afin que, si la glace manquoit, nous puissions les
retirer d'un bord ou de l'autre. Je les fis passer l'une
après l'autre et tout passa à bon port. Dès que je vis l'argent hors
de danger, je pris le chemin du Cap Santé pour envoier des voitures le prendre. J'en trouvai une à mi-côte. Le conducteur m'assura qu'il porteroit tout. J'allai l'attendre et me reposer chez lui.
J'en partis à 10 heures, comblé de n'avoir plus à passer de rivière
aussi difficile que celle de Jacquartier. J'eus peine à gagner les
Grandines. Les chevaux, n'étant pas ferrés à glace, glissoient

_____

(1) Tel était en effet l'usage de l'époque, surtout dans les pays où la
poste n'était organisée qu'à intervalles irréguliers.

beaucoup. Je relayai à Ste-Anne, passai la R. dans la voiture, arrivai au commencement de la nuit à Vatican. Je fus obligé d'y attendre les chevaux qui étoient au bois. Je passai la R. et celle de Champlin sur la glace et arrivai à 8 heures au cap la Madeleine.

Le 13, je voulais m'embarquer de bonne heure pour traverser les trois chenaux, le fleuve chariant beaucoup. Je fus obligé d'attendre jusqu'à 10 heures. Les canotiers allèrent au canot pour le mettre à l'eau et le trouvèrent pris dans les glaces. Après l'avoir déglacé, ils vinrent me dire qu'il étoit impossible de le mettre à l'eau, auprès de la place qu'il occupoit. Ils le traînèrent devant la maison, le chargèrent sur une traîne, placèrent dans le canot la cariolle et le bagage et menèrent la traîne un quart de lieue plus haut et la descendirent sur le bord du fleuve. Ils firent les difficiles pour mettre le canot à l'eau et s'embarquer, parce que le fleuve charioit. Un canot qu'ils virent traverser les décida. Nous gagnâmes le large à 11 heures et l'autre bord à midi. J'envoiai le grenadier avec les canotiers à la ville pour chercher une cariolle et des chevaux, et je restai à la garde du trésor. Une demi-heure après, il arriva un cheval que je fis atteler à ma voiture, dans laquelle je fis mettre le trésor et le bagage. Je la suivis à pied et allai descendre à l'auberge des Trois Rivières, où je ne restai que le temps nécessaire pour remettre au lieutenant de roi les lettres dont j'étois chargé pour lui. Je relayai à Massisdon. Je gagnai la R. du Loup en passant sur les bordages du lac St-Pierre. J'y relaiai et à Maxkinongé, où j'achetai plus de cent perdrix gelées. (On les garde pendant tout l'hiver; lorsque on veut en manger, on les met dégeler dans l'eau froide et elles

------

(1) Tous ces usages se sont conservés au Canada. Voir H. DE LAMOTHE, *Excursion au Canada et à la Rivière Rouge du Nord.* (Tour du monde, 1875.)

sont aussi bonnes que si elles étoient tuées depuis trois jours. Il en est de même des autres gibiers, des volailles et des viandes qu'on tue dès que le froid est bien décidé. On les laisse mortifier pendant quelques jours, après quoi on les expose à la gelée et on les conserve ainsi jusqu'à ce qu'on veuille les manger). Nous relayâmes à Berlier, à la Mauroi, à Autray, et nous arrivâmes à St-Sulpice à 2 heures après minuit, transis de froid.

Le 14, je partis à midi, relayai à Repentinie, pris le chemin de la R. des Prairies, pour gagner Monreal, où j'arrivai à 4 heures. M. le marquis de Vaudreuil et tous ceux qui étoient chez lui furent très étonnés de me voir ne pouvant pas se persuader qu'un François, qui n'avoit pas encore passé d'hiver dans le pays, eut fait en dix jours un voiage aussi pénible et dans une saison qui rend les chemins peu praticables.

Le 15, je remis toutes les lettres dont j'étois chargé. Je séjournai le 16 et 17, pour faire distribuer des effets que le régiment auroit dû recevoir avant son départ pour la campagne.

Le 18, le fleuve, chariant beaucoup, retarda mon départ jusqu'à midi. Il fut difficile de pousser le batteau à l'eau. Je fis embarquer les caisses d'argent, une partie des effets reçus la veille et douze soldats qui alloient rejoindre leurs compagnies. Nous gagnâmes le large à midi et demi. Nous arrivâmes à une heure vis-à-vis des Ormes. Je fis descendre un Canadien sur la glace pour la sonder. Lui ayant paru forte, nous débarquâmes. Je trouvai un sergent qui venoit à ma rencontre dans la cariolle de son hôte. Je le chargeai de faire débarquer l'argent et j'allai me reposer chez mon hôte et faire commander des traînes pour aller chercher l'argent et les bagages. Dès que le sergent fût arrivé, je lui ordonnai d'escorter les voitures jusqu'à mon logement, où j'arrivai à 4 heures, très content d'y être rendu à bon port avec tout ce dont j'étois chargé.

Je travaillai le 19, 20 et 21 aux bordereaux ou à faire les

5

décomptes aux compagnies de l'état-major depuis le 19 juillet
jusqu'au 1er janvier.

Le 22, j'allai porter aux cinq compagnies de la prairie leur
décompte et le 23 à celles de Boucherville. Je restai jusqu'au 29
à Longueil pour achever tous mes décomptes, dont j'étois impa-
tient de voir la fin. Ayant appris qu'on pouvait passer le fleuve,
je partis à une heure, très content d'avoir fait à mon bataillon le
décompte, avant que les officiers chargés du détail des autres
bataillons fussent partis pour aller chercher le leur. J'arrivai à
Monreal à 2 heures.

Le 31, M. le marquis de Vaudreuil partit pour Québec. Un
interprète des Iroquois voulut répandre l'allarme dans la ville,
assurant qu'à une lieue du fort St-Frédéric, il avoit entendu sept
coups de canon, et qu'il croioit Carillon attaqué. Je ne donnai
nulle créance à sa déposition, trouvant qu'il se coupoit et je vou-
lus parier qu'il avoit pris des coups de vent pour des coups de
canon (1).

----

(1) Malartic avait raison. Les Anglais songeaient si peu à attaquer
Carillon que Johnson, malgré la défaite qu'il avait infligée à Dieskau,
ne sortit pas de ses retranchements qu'il se contenta d'augmenter et de
consolider. Bientôt même il licencia le gros de ses forces, ne laissant que
600 hommes à la garde de ses retranchements, auxquels il donna le nom
de William Henry.

ANNÉE 1756

Le 1ᵉʳ janvier 1756, on court en Canada depuis la pointe du jour jusqu'au soir pour souhaiter la bonne année.

Le 2, un officier détaché de Frontenac arriva avec deux prisonniers qu'il a enlevés auprès de Choueguen, lesquels rapportent n'avoir laissé dans les trois forts que quatre cents hommes qui commencent à manquer de vivres.

Le 5, je vins à Longueil travailler et répondre à plusieurs lettres du détachement de Frontenac.

Le 7, deux capitaines du régiment, mariés depuis peu, vinrent avec leurs femmes voir notre commandant et dîner avec nous.

Le 8 et le 9, je travaillai aux feuilles de revue.

Le 10 et le 11, j'allai à la prairie et à Boucherville faire signer les feuilles par MM. les officiers.

Le 12, j'allai avec notre commandant à Monreal prendre le jour du commissaire des guerres, pour la revue.

Le 13, j'allai avec notre commandant dîner à la prairie, chez le capitaine du régiment qui y commande. En revenant, nous vîmes le feu à une maison de la ville que je jugeai du quartier où je logeais. En arrivant à Longueil, nous entendîmes battre la générale.

Le 14, mon laquais, qui étoit depuis quelques jours à la ville, malade, vint m'apprendre que la maison de mon hôte était brûlée, qu'on n'avoit pu sauver que les meubles (je n'y avois heureusement qu'une épée et une canne, m'étant toujours méfié

qu'un tuyau de poële qui traversoit une cloison y mettroit le feu).
J'allai après midi passer une demie heure à la ville. Toutes les
personnes de ma connoissance me témoignèrent prendre beaucoup
de part à la perte qu'elles croioient que j'avois faite.

Le 15, le commissaire vint faire sa revue. Je le suivis à la ville
pour l'arrêter, et je le ramassai dans un mauvais pas où sa voiture avoit cassé.

Le 16, M. le marquis de Vaudreuil revint de Québec. Il s'étoit
arrêté à St-François, pour engager les Abenakis (1) à chanter la
guerre. Je restai, pour les affaires du régiment, à Monréal jusqu'au 21.

Le 22, j'allai à Longueil me préparer à faire un second voiage
à Québec.

Le 23, j'allai, avec notre commandant à la Pointe au Tremble,
dîner chez le commandant du régiment de Guyenne, et je vins
coucher à Monreal, où j'appris que M. le général avoit reçu des
paquets de France, portés par deux courriers venus de Louisbourg à pied.

Le 25, je pris les ordres de M. le général pour Québec. Je ne
répète pas la route, l'ayant marquée plus haut. J'arrivai le 28, à
7 heures du soir, à Québec. J'y restai jusqu'au 15 février. On fit
partir ce jour-là les courriers de Louisbourg.

Le 16, je repris le chemin de Monreal sans avoir l'embarras
de l'argent, M. l'intendant ayant obligé le trésorier, d'après les
représentations des régiments, d'aller y faire les décomptes. J'y
arrivai le 17 au soir. J'y restai jusqu'au 22, pour arrêter les
décomptes avec le trésorier ; j'y vis travailler aux préparatifs et
dispositions nécessaires pour le départ du détachement que

----

(1) Les Abenakis étaient les plus dévoués de nos alliés. Ils nous
avaient constamment aidés dans nos guerres contre les Anglais. Voir
CHARLEVOIX, *Nouvelle France*, III, p. 130, 131, 279, 310, 355, 541, 555,
557. Ils habitaient le littoral.

M. de Vaudreuil veut envoier dans la partie de Choueguen, et pour lequel chaque bataillon fournira vingt hommes commandés par un sergent.

Le 23, je partis à 8 heures pour aller porter à Longueil l'argent du régiment. Je pris la route de Varennes. Rendu à la Pointe au Tremble, je ne trouvai personne qui voulût me conduire. On croioit la traverse dangereuse. Je promis tant de ne rien hazarder que deux hommes se laissèrent gagner et attelèrent leurs chevaux. Je traversai au bout de l'isle Ste-Thérèse, je longeai le sud de l'isle, je pris à la dernière maison un Canadien pour nous guider et sonder la glace dans la traverse, que nous fîmes très heureusement, vis-à-vis de Varennes. J'y arrètai un moment et je n'y trouvai point de chevaux. Ceux de la Pointe au Tremble m'enmenèrent à Boucherville. J'y dînai chez mes camarades et j'arrivai à Longueil, fort content de voir en sûreté un argent qui m'avoit fort inquiété pendant quelques heures.

Notre commandant ne voulant pas que je fisse le décompte avant le Carême, je partis pour aller voir à la Chinne le détachement qui s'assembloit. En arrivant à la prairie, j'appris par deux hommes, qui venoient du Sault St-Louis, que le fleuve charrioit trop pour qu'on pût l'y traverser. L'homme qui m'avoit mené de Longueil me proposa d'aller traverser en canot vis-à-vis de chez lui. Je l'acceptai, étant rendu chez lui à 11 heures. Il alla examiner si le fleuve charrioit trop et revint me dire qu'il alloit traîner sur la glace le canot jusqu'au bas de l'isle, d'où nous traverserions sans obstacle. Nous nous embarquâmes à midi et débarquâmes à une heure au bas du couvent Ste-Marie. Nous eûmes peine à gagner les habitations, à cause de la grande quantité de neige. J'arrivai à 4 heures à Monreal, je soupai chez M. le général, qui me parut content du détachement dont il avoit fait la revue à la Chinne. Il étoit composé par cent vingt soldats, deux cent cinquante Canadiens et cent cinquante sauvages, commandés par

M. de Léry (1), lieutenant dans les troupes détachées de la marine, que je nomme souvent troupes de la colonie, qui avoit à ses ordres seize officiers des mêmes compagnies.

Le 26, M. le général apprit que le détachement est en marche et a beau temps.

Le 27, M. de Lery a envoié des Cèdres un officier, pour représenter que les vivres qu'on y a donnés au détachement sont mauvais.

Le 4 mars, je partis à 9 heures pour Longueil. Je traversai le fleuve sur la glace dans une cariolle. Il avoit repris depuis trois jours et il commença à déprendre le soir.

Le 8 et le 9, j'allai à la Prairie et à Boucherville porter de l'argent et les décomptes aux compagnies. Je retournai le 12 à la Prairie et le 13 à Boucherville, pour savoir si on avoit travaillé aux armes, dont je n'avois pas été content au dernier voiage.

Le 15, je me proposais d'aller passer à Varennes, pour me rendre à la ville, l'homme qui me menoit ordinairement m'envoia dire que je pourrois traverser vis-à-vis de chez lui en canot. Je partis à 7 heures, avec deux de mes camarades, nous allâmes dans des cariolles jusqu'au bas de l'isle Ste-Hélène, nous nous y embarquâmes, débarquâmes au bas du courant Ste-Marie, d'où nous gagnâmes la ville à pied, nous y arrivâmes à 9 heures. Nous y apprîmes que M. le général a reçu un courrier dépêché par M. de Boishebert (2), commandant dans l'Acadie, pour l'informer que les Anglois étant venus l'attaquer l'avoient poussé dans les bois, d'où il les a repoussés à son tour et les a forcés de se

---

(1) Le journal de Léry porte 15 officiers, 83 soldats, 166 Canadiens, 103 sauvages, en tout 367 hommes.

(2) Boishebert était chargé de la frontière Acadienne. Il commandait un corps de Canadiens et de Sauvages. On lui avait en outre envoyé 120 hommes pour la protection des pêcheries de Gaspé. Les Acadiens, persécutés par les Anglais, étaient également sous ses ordres.

retirer avec perte de deux cents hommes, que les Micmacs (1) ont pris un bâtiment marchand chargé pour Beauséjour, et qui y portoit un officier d'artillerie.

Le 18, les sauvages de la mission de St-Regis établie dans le sud du lac St-François sont arrivés avec huit prisonniers, qu'ils ont enlevés auprès de Choueguen. Ils disent avoir resté plus de vingt-quatre heures auprès du fort sans en voir sortir personne, qu'ils avoient apperçu un sergent et huit hommes qui s'approchoient de l'endroit où ils étoient embusqués, et qui avoient posé leurs armes à terre pour fumer, et qu'ils avoient profité de cette sécurité pour fondre sur eux et les enlever. Les prisonniers disent qu'il y a trois cents hommes dans le fort.

Le 20, quelques officiers et soldats malades, que M. de Lery a laissés à la Présentation, sont arrivés.

Le 24, j'allai à Longueil, où j'avois des arrangemens à prendre pour mettre le régiment en état d'entrer en campagne.

Le 28, je revins à Monreal et j'y fis distribuer, le 29, l'équippement et les ustensiles de campagne, auxquels on ajouta quelques articles indispensables.

Je restai jusqu'au 5 avril à Monréal, pour arrêter la revue et terminer les décomptes du régiment avec le trésorier.

Le 7, nous apprîmes que M. de Léry mande à M. le général qu'il a brûlé le 27 mars un grand hangard rempli de vivres et munitions (2).

---

(1) Les Micmacs, de même que les Souriquois, les Acadiens, les Gaspésiens, etc., étaient des sauvages de l'Acadie. Ils appartenaient à la nation Abénaqui. Voir CHARLEVOIX, *Nouvelle France*, III, 126.

(2) Ce hangar était un fort, nommé le fort Bull, entre Schenectady et Oswego. Il était palissadé et garni de meurtrières. Ces meurtrières, au lieu de protéger les assiégés, servirent aux assaillants qui s'en emparèrent avant que la garnison pût s'y placer, et tirèrent par ces ouvertures du dehors au dedans de l'enceinte. Toute la garnison fut passée au fil de l'épée.

Le 10, j'accompagnai notre commandant, qui alla faire son compliment à M. le marquis de Vaudreuil sur les succès de M. de Léry. Ce général nous apprit que l'avant-garde du détachement ayant rencontré le 26 six Onoyotès, M. de Florimond leur avoit barré le chemin par deux branches de porcelaine et les avoit engagés à attendre leur père, qui les suivoit à la tête de ses guerriers, que lesdits sauvages ayant marché à la rencontre de M. de Léry, l'abbordèrent en lui disant : « Notre père n'a-t-il plus de vieux guerriers, puisqu'il en envoie d'aussi jeunes ? » — que M. de Léry leur répondit : « Il les réserve pour des occasions plus essentielles ; les jeunes sont faits pour les opérations pénibles », et qu'il leur présenta un collier, s'informant de ce qui se passoit au fort. Les Onoyotés ayant accepté le collier, lui dirent que le commandant du fort est dans une grande sécurité, qu'ils le lui feront prendre demain, et que, s'il veut, ils iront savoir s'il a eu quelque avis. Il le leur permet ; ils y portèrent de l'ours, y passèrent partie de la nuit et s'y enivrèrent. Ils revinrent à la pointe du jour informer M. de Léry que le commandant ne se méfioit de rien, qu'à leur sortie du fort, il portoit sept traines chargées de vivres pour Choueguen. D'après cet avis, M. de Léry embusqua partie de son détachement. Dès qu'elles parurent, les sauvages, se jettans dessus, prirent tous les conducteurs, excepté un nègre, qu'ils ne purent pas joindre, et menèrent les traînes à leur père, qui fit distribuer les vivres à tout le détachement, qui commençoit à en manquer (1). Après leur avoir donné le tems de manger, il marche au fort sur trois colonnes, M. de Montigny commandoit celle de la droite, M. de Portneuf celle de la gauche et lui celle du centre. A vingt arpens du fort, des gens qui travaillèrent découvrirent qu'on venoit les attaquer, rentrèrent, fer-

_____

(1) Ce coup de main eut lieu le 27 mars. Voir la relation dans le *Mercure Français*.

mèrent la porte et donnèrent l'allarme à la garnison, composée de soixante hommes et commandée par un capitaine. Les trois colonnes y coururent, la hache à la main. Deux soldats français, un de la colonie et un sauvage, enfoncèrent la porte et tuèrent le commandant qui n'avoit pas voulu se rendre et qui avoit tué un sauvage. La garnison a été passée au fil de l'épée, les sauvages qui étoient à l'attaque n'ayant voulu faire aucun quartier. Les autres étoient allés s'embusquer pour arrêter les secours qui pouvoient arriver du fort de Bull, éloigné de celui-ci d'une lieue. M. de Léry a fait jeter dans la rivière beaucoup de poudre et des boulets, et a fait rompre tous les batteaux. Le feu ayant pris à des bois qui communiquoient aux poudres (1), on a été obligé de se retirer. Plusieurs barîls ont sauté et enlevé une poutre qui a cassé les reins d'un soldat de Guyenne et blessé un de la Reine. Les Onoyotés conseillèrent à M. de Léry de changer de route, pour éviter la rencontre du colonel Jhonson, qu'on dit en marche avec un corps considérable. Il prit celle de la baie de Niaouré, où il trouva des batteaux qui y ont été menés par un piquet du régiment de Béarn. On estime que les Anglois avoient, dans ce fort, trente milliers de poudre et un amas considérable de vivres et marchandises.

Je fis, le 11 à Longueil, le 12 à la Prairie, et le 13 à Boucherville, l'inspection du linge et de l'armement et le décompte.

Le 19, j'allai à Monreal.

Les 23, 24 et 25, je fis faire le décompte des rafraîchissemens, que M. l'intendant avoit réglé devoir être fournis chaque mois de campagne aux officiers. Ne pouvant les donner en nature, il avoit ordonné qu'on les payât, savoir : un mouton 10 l., un jambon

---

(1) D'après le récit du *Mercure Français*, le fort sauta avec quarante milliers de poudre. Tout fut détruit dans l'enceinte avec une très grande quantité de provisions. La commotion fut si forte que tous les soldats furent renversés.

8 l., 3 livres de ris 2 l. 5 s., 2 livres de saindoux 2 l. 4 s., 2 livres de fromage 2 l. 10 s., ce qui formoit une somme de 24 liv. 9 s. pour chaque officier ; aux commandants de bataillon le double et, de plus, un baril de cuisses d'oie payé 16 l. On distribuoit en nature une bouteille de vin par jour ; par mois, un pot d'eau-de-vie, 60 livres de pain, 15 livres de lard ou 30 de bœuf frais, 30 livres d'oreilles de cochons, 3 livres de pommes et de cassonade, 2 livres de sel, 4 onces de poivre, 2 d'épice, 2 livres de poudre à tirer, 4 de plomb, une pinte de vinaigre, une chopine d'huile et une livre de chandelle.

Le 26, j'allai à Longueil, faire le décompte des raffraichissemens.

Le 27, je reçus des lettres de M. Dumas, commandant à la Bellerivière, qui m'apprend que les sauvages de cette frontière désoloient la Pensilvanie (1), poussoient leurs courses dans la Virginie, où ils portent la terreur et l'épouvante et lui menoient souvent des prisonniers.

Le 28, j'allai à Monreal. M. le général me dit avoir de très bonnes nouvelles des pays d'en haut, que tous les commandants lui représentèrent les sauvages très bien disposés.

Le 29, les habitans de la Prairie venus au marché disent que les sauvages du Sault sont revenus du fort Lydius avec deux officiers et neuf soldats qu'ils ont pris.

Le 30, les Abenakis menèrent chez M. le général un prisonnier que les Iroquois leur ont donné en remplacement d'un des leurs qui a été tué. Les Iroquois arrivèrent à 3 heures avec leurs prisonniers et demandèrent un conseil pour rendre compte de leur campagne. M. le général fit questionner les prisonniers, qui répondirent que les Anglais ne sont pas encore en force sur le lac

---

(1.) Depuis la défaite de Braddock nos alliés indigènes désolaient en effet par leurs hardies incursions toute la Nouvelle Angleterre.

St-Sacrement et qu'ils se disposent à y rassembler un corps de
huit mille hommes. Les officiers témoignèrent leur étonnement
de ce qu'ils ont reçu quelques coups de bâton à leur arrivée au
Sault, et de ce que les soldats ont été très maltraités. M. le marquis de Vaudreuil leur fit répondre que c'est l'usage des sauvages
qu'il ne peut pas détruire. (Lorsque les sauvages reviennent avec
des prisonniers, les jeunes gens et les femmes restées dans les
villages sortent, se mettent en haye pour les recevoir et les suivre
à coups de bâton (1) et de pierre, jusqu'à ce qu'ils soient rendus
aux cabanes de ceux qui les conduisent ; alors ils sont à l'abry
de toute insulte, les guerriers les adoptent pour leurs père, frère,
oncle ou cousin, s'ils ont perdu quelqu'un de leurs parens, ou
les cèdent à leurs camarades et les traitent en conséquence. La
première réception est cruelle et il y a des nations qui exercent
toutes sortes d'inhumanités sur leurs prisoniers, qu'elles bru-
loient autrefois. Elles ont abbandonné ce cruel usage, depuis
qu'en représailles on a brulé les leurs).

Le 1er may, les sauvages menèrent leurs prisoniers dans plusieurs maisons, pour se faire donner un coup d'eau-de-vie.

Le 3, j'allai à Longueil.

Le 7, j'envoiai de tous nos quartiers des batteaux à la ville
chercher du savon qu'on vendoit en magasin du roi à 10 s. la livre,
savoir 6 l. pour chaque officier, et 2 pour chaque soldat pour la
campagne.

Le 8, j'allai à la Prairie où j'appris par une femme qui venoit
de la ville que M. de Rigaud, frère de M. de Vaudreuil, qui avait
été pris l'année passée sur le vaisseau l'*Alcide,* y étoit arrivé

---

(1) Certaines tribus Américaines, les Sioux (Nicolas Perrot, ouv. cité,
p. 91) traitaient en effet leurs prisonniers avec douceur. Les Natchez
également (Gravier, *voyage,* p. 45) ; mais en général les indigènes tortu-
raient leurs captifs. Parfois même ils dévoraient avec une joie frénétique
des lambeaux de leur chair.

hier. Dès que j'eus dîné, je revins à Longueil pour en informer
notre commandant, et savoir s'il avoit envoié aux nouvelles ;
étant fort impatiant d'en avoir, je fis partir sur le champ pour
Monreal un grenadier qui me porta 3 heures après le détail de ce
qui se passoit en France au départ de M. de Rigaud et l'état
des troupes de terre qui arrivent aux ordres de M. le marquis de Montcalm (1), maréchal de camp, M. le chev. de

(1) Louis Joseph, marquis de Montcalm-Gozon de Saint-Véran, né le
28 février 1712 au château de Candiac près de Nîmes, entra à treize ans
dans le régiment de Hainaut-Infanterie, dont son père était lieutenant-
colonel. Il y devint capitaine. En 1743, il fut nommé colonel du régiment
Auxerrois-Infanterie. Trois fois blessé à la bataille de Plaisance (13 juin
1746), apprenant que son régiment est désigné pour attaquer le col de
l'Assiette, il part la tête enveloppée, les blessures encore ouvertes,
rejoint son corps, se trouve à l'attaque, et y reçoit deux coups de feu. Il
est nommé brigadier en 1747, colonel d'un régiment de cavalerie de son
nom en 1749, et maréchal de camp en 1756 à l'occasion de son départ
pour le Canada. Voici la lettre que lui écrivit à ce propos le ministre
d'Argenson (25 janvier 1756) : « Peut-être ne vous attendiez-vous plus,
Monsieur, à recevoir de mes nouvelles au sujet de la dernière conversation que j'aie eue avec vous, le jour que vous m'êtes venu dire adieu à
Paris. Je n'ai cependant perdu de vue un instant, depuis ce temps-là,
l'ouverture que je vous ai faite alors, et c'est avec le plus grand plaisir
que je vous en annonce le succès. Le Roi a donc déterminé sur vous son
choix pour vous charger du commandement de ses troupes dans l'Amérique Septentrionale, et il vous honorera à votre départ du grade de
maréchal de camp... Vous n'avez pas un instant à perdre pour venir
remercier le Roi de ses grâces et de la distinction qu'il fait de vous.
L'applaudissement que vous en recevrez de la part du public ajoutera
encore à la satisfaction que vous devez en avoir..... Je crois que vous
ferez bien de vous tenir sur la réserve avec ce qui s'appelle le public, et
de n'en faire confidence qu'à vos plus proches parents et à vos intimes
amis, et cela même au moment de votre départ, que vous ne pourrez trop
précipiter, n'ayant guère de temps pour venir recevoir ici vos instructions, et vous rendre dans les premiers jours de mars au lieu de votre
embarquement. » — Voici, d'autre part, la commission du Roi datée du
1er mars 1756 : « Ayant résolu d'envoyer de nouvelles troupes au Canada,
et voulant pourvoir au commandement tant des troupes de renfort que de
celles que nous avons fait passer l'année dernière dans ledit pays, lequel
commandement est vaccant par la détention du baron de Dieskau, à qui
nous l'avions confié, nous avons jugé ne pouvoir faire un meilleur choix

Levis (1), brigadier, et M. de Bourlamaque, colonel (2).

Le 9, j'allai à Monreal voir M. de Rigaud, j'en revins le soir avec un seul homme dans un canot. J'essayai de le gouverner et conduire sans m'asseoir et j'y réussis. Ces canots sont des espèces d'auges faits avec un seul arbre. Ils sont très légers et tournent très facilement. Tous les habitans en ont pour porter leurs denrées au marché, et traverser le fleuve. Ils mettent jusqu'à 8 quintaux dedans, ils les conduisent tantôt avec des petits avirons, ce qu'ils appellent nager, tantôt avec la perche dans les endroits où il y a peu d'eau ou des courans qu'il faut monter le long de terre.

Le 11, M. de Villiers, capitaine de la colonie, fit la revue des

---

que de notre cher et bien aimé le sieur marquis de Montcalm, maréchal de camp en nos armées; vu les preuves qu'il nous a données de sa valeur, expérience, capacité, fidélité et affection à notre service, dans les différentes actions de guerre et autres commissions dont il étoit chargé. A ces causes et autres considérations à ce nous mouvant, nous avons ledit sieur marquis de Montcalm fait, constitué par ces présentes signées de notre main, commandant sur les troupes qui doivent passer au Canada, et sur celles qui y sont actuellement, sous l'autorité de notre gouverneur général dudit pays. »

(1) François, chevalier, marquis, puis duc de Lévis, né au château d'Ajac en Languedoc, 23 avril 1723. Sous-lieutenant au régiment de la marine en 1735, capitaine en 1737, assiste à la prise de Prague (1741), à la retraite de Bohème (1741), à la bataille de Dettingen (1743). Créé en 1747 aide-major général des logis de l'armée d'Italie, il assiste à l'attaque des retranchements de Villefranche et de Montalban, et à la prise de Nice. En 1747 il obtient une commission pour tenir rang de colonel d'artillerie. En 1756 il est créé brigadier d'infanterie et désigné pour venir au Canada sous les ordres de Montcalm.

(2) Bourlamaque, ou Bourlamarque, officier solide et consciencieux, qui ne révéla que plus tard ce qu'il valait. Montcalm, au début de la campagne, se défiait de lui. Il écrivait à son propos au ministre de la guerre, Argenson (10 novembre 1756) : « Il vouloit que je vous en écrivisse pour vous préparer à la demande de son retour. Il n'a pas encore le ton du commandement ; trop pour la minutie ; trop à la lettre pour des ordres donnés par un général (Vaudreuil), de 80 lieues, qui ne sait pas parler guerre. »

soldats de ce corps qui doivent faire partie d'un détachement de 800 hommes dont M. le général lui donne le commandement. Il doit aller prendre poste dans la baie de Niaouré d'où il harcelera et inquiètera tous les convois destinés pour Choueguen. Les Canadiens et sauvages complèteront ce détachement.

Le 12, notre commandant vint voir M. de Vaudreuil qui le prévint que le régiment de la Reine partira le 17 de nouveau pour aller joindre celui de Languedoc à Carillon, que celui de Béarn le remplacera le même jour à la ville pour en partir peu de jours après pour Frontenac.

Le 13, courrier de Québec chargé des paquets de France portés par un brigantin parti de la Rochelle le 13 mars, qui s'est perdu sur la pointe de l'isle d'Orléans; on a sauvé l'équippage et la carguaison.

Le 14, j'allai à Longueil pour avoir dans tous nos quartiers les ordres de M. le général.

Le 15, j'envoiai à Monreal les équippages et l'argent dont le régiment n'a pas besoin pour la campagne.

Le 16, j'allai à la cible avec un détachement de soldats et Canadiens chercher les batteaux nécessaires pour le transport du régiment. M. le marquis de Vaudreuil me dit que le mauvais tems retardoit le départ du régiment de la Reine et le nôtre d'un jour. Après avoir fait distribuer les batteaux je revins à Longueil.

Le 17, j'envoiai contrordre dans tous nos quartiers et recommandai qu'on n'en partît que quand on verroit défiler la Reine. J'envoiai à la ville savoir s'il y auroit quelque autre changement. Nous apprîmes l'arrivée de M. le marquis de Montcalm à Québec (1).

_____

(1) Montcalm parti de Brest le 3 avril, avec trois vaisseaux de ligne, le *Héros*, de 74 canons, capitaine Beaussier, l'*Illustre*, de 64, capitaine

Le 18, je vis à 6 heures du matin défiler les batteaux du régiment de la Reine. Les cinq compagnies de Boucherville nous joignirent à midi à Longueil, d'où nous partîmes à 1 heure. Nous traversâmes le fleuve au bas de l'isle Sainte-Hélène. Nous débarquâmes au-dessous de la ville. Les cinq compagnies de la ville nous joignirent à la porte du château d'où nous allâmes nous mettre en bataille sur la place.

Le 19, le mauvais tems empêcha M. le général de faire la revue du régiment. L'abbé Piquet (1) arriva avec vingt sauvages de sa mission, qui amènent deux Anglois qu'ils ont pris auprès de Choueguen. Ces prisonniers disent que leur commandant attend un renfort.

Le 20, M. le général fit la revue du régiment et en parut content.

Le 21, je fis distribuer l'équippement de campagne.

Le 22, nos équippages furent envoiés à la Chinne par eau et par terre. Je fis faire le décompte de ce qu'il revenoit aux officiers pour leur séjour à la ville qui fut payé cinq livres par jour pour le commandant, et trois livres par jour pour les autres. Le détachement de M. de Villiers est parti de la Chinne sur trois divisions.

Le 23, la première division de Béarn formée par les sept premières compagnies partit à 10 heures pour la Chinne et y arriva à 1. Je fis aggreger les vingt-un batteaux qui devoient la porter, je désignai le nombre d'hommes pour chacun, je fis distribuer les vivres pour quinze jours. On les embarqua tout de suite, et les

---

Montalais, le *Léopard*, de 60, capitaine Germain et 3 frégates de 30 canons. Sur les vaisseaux s'étaient embarqués les seconds bataillons des régiments de la Sarre et de Royal Roussillon, formant un effectif de 1189 hommes. Sur les frégates, la *Licorne*, le *Sauvage* et la *Sirène*, étaient montés Montcalm et son état major. Il arriva à Québec le 13 mai 1756. Le voyage avait été heureux. Voir la lettre que Montcalm adressa à cette occasion à la marquise de Saint-Véran, le 14 mai 1756.

(1) L'abbé Piquet, sulpicien, fondateur du village de la Présentation en 1749.

compagnies campèrent au-dessus du magasin. Ne pouvant pas
retourner à la ville comme je l'avois promis à M. le général pour
prendre ses paquets, je lui dépêchai un grenadier pour les
prendre et l'informer que j'étois plus occupé que je ne l'avois cru.

Le 24, la première division s'embarqua à 6 heures. Je restai
pour attendre le grenadier. Je fis préparer les dix-neuf batteaux
destinés pour la seconde division et embarquer les ballots d'équipe-
pement de notre détachement de Frontenac. Le grenadier me remit, à 8 heures, les paquets de M. le général. Je gagnai tout de
suite le large. Je montai les battures et pointes de la Chinne et je
débarquai à la rivière Claire, où je trouvai le lieutenant de grenadiers qui attendait avec deux batteaux, deux Canadiens que le
capitaine de la paroisse cherchait pour remplacer deux malades,
nous en partîmes à 1 heure malgré un vent de sud-ouest, aussi
contraire que violent. Après avoir louvoié pendant une heure
sans faire bonne route, nous relâchâmes à demie lieue de l'église
avec le projet d'en partir la nuit, si ce vent tombe.

Le 25, le vent s'étant calmé à la pointe du jour, nous nous embarquâmes à 4 heures et nous joignîmes notre division avant la
généralle, à l'isle Perrault. Je ne repeterai pas la route qui est
marquée dans la campagne précédente. Nous rencontrâmes, le
26, douze canots d'écorce chargés pour la Belle Rivière.

Le 4 juin, nous arrivâmes à Frontenac et y trouvâmes en très
bon état les trois piquets.

Le 5, la seconde division nous joignit, les batteaux qui avoient
porté ces deux divisions partirent pour Monreal.

Le 6, il arriva beaucoup de batteaux du Cent. A 2 heures, des
Canadiens qui fesoient du feu dans une barraque qui touchoit les
retranchements l'y mirent. Nous eûmes peine à l'éteindre.

Le 7, il s'éleva un vent du nord-ouest qui fit espérer que les
barques pourroient appareiller. Le régiment se disposa à s'embarquer et embarqua partie des équipages. A midi, le vent passa

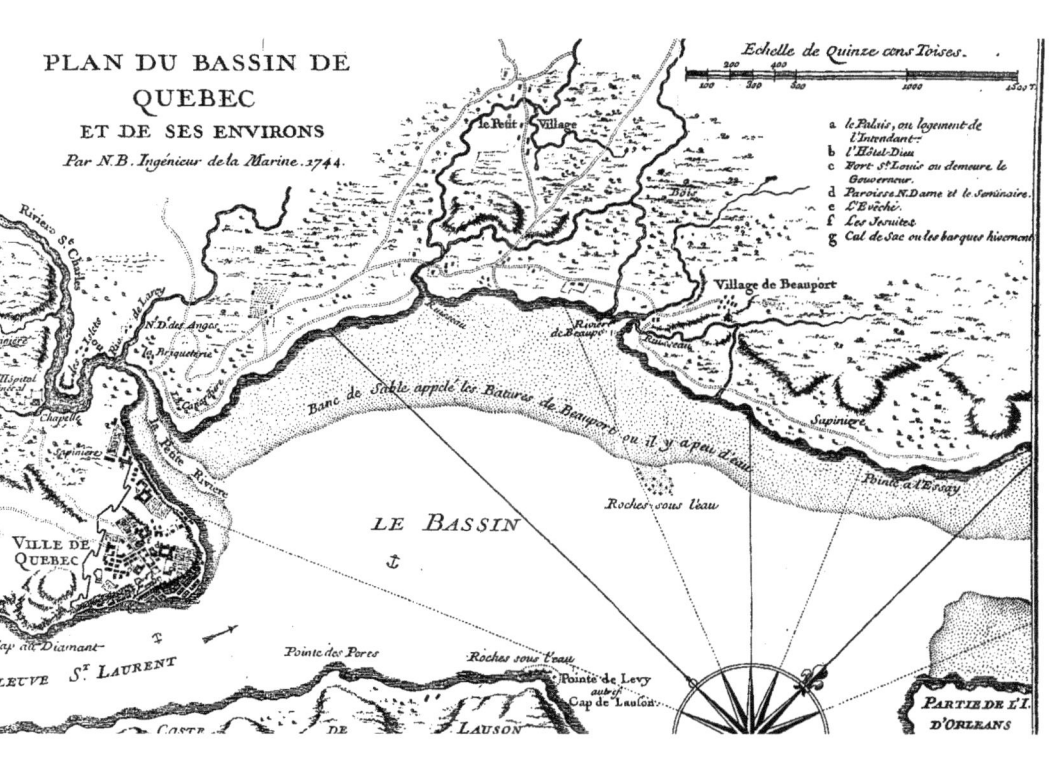

PLAN DU BASSIN DE
QUEBEC
ET DE SES ENVIRONS
Par N.B. Ingénieur de la Marine. 1744.

Echelle de Quinze cens Toises.

a le Palais, ou logement de
   l'Intendant.
b l'Hôtel-Dieu
c Fort St Louis ou demeure le
   Gouverneur.
d Paroisse N.Dame et le Seminaire.
e L'Evêché.
f Les Jesuites
g Cul de Sac ou les barques hivernent

le Petit Village

Village de Beauport

Rivière St Charles

N.D. des Anges

la Boisquetterie

l'Hôpital Général

Chapelle

VILLE DE QUEBEC

Banc de Sable appelé les Batures de Beauport ou il y a peu d'eau

Rivière de Beauport

Supinière

Pointe à l'Essay

LE BASSIN

Roches sous l'eau

Cap au Diamant

FLEUVE St LAURENT

Pointe des Peres

Roches sous l'eau

Pointe de Levy
autrefois
Cap de Lauson

COSTE DE LAUSON

PARTIE DE L'I.
D'ORLEANS

dans le sud-ouest. Le bateau le *Victor* qui avoit mouillé à Toronto (1), pour y charger des pelleteries, entra dans la baie, mit sa cargaison à terre et embarqua des vivres.

Le 8, le vent revint au nord-ouest et calma à midi. Le régiment prit des vivres en biscuit pour huit jours et les embarqua tout de suite. Il en prit d'autres à midi, en pain frais, pour six jours, et les embarqua afin d'être prêt à la minute. Les douze canots d'écorce que nous avions rencontrés arrivèrent après midi. A 5 heures, 21 Mississagués chantèrent la guerre chez notre commandant, et dansèrent la danse du calumet au fort.

Le 9, grand calme. Il arriva à midi quelques batteaux du Cent. Le régiment de Guienne arriva à 2 heures et campa à notre droite.

Le 10, on déplaça les Canadiens, barraqués en avant du camp de Guienne. Les Mississagués partirent pour aller rejoindre M. de Villiers. Les sergens firent l'exercice.

Le 11, le régiment de Béarn fut exercé en détail. Les douze canots d'écorce partirent pour Niagara avec M. de Jonquières.

Le 12, Béarn fit l'exercice. Il arriva quelques batteaux du Cent.

Le 13, le régiment de Béarn fit l'exercice. Il plut beaucoup après midi. Le commandant des corvettes prévint le commandant de Béarn qu'il y avoit apparence de bon vent pour demain et le pria de faire embarquer tout ce qui étoit inutile pour la nuit.

Le 14, le vent se jetta au nord-ouest. Les trois premières compagnies s'embarquèrent dans la corvette la *Marquise de Vaudreuil*, armée de seize canons de 6 ; trois dans la corvette *Thurault*, armée de douze canons de 6 ; deux dans la goëlette la *Louise*, armée de huit canons de 3 ; et deux dans le batteau le *Victor*, armé de quatre petits canons. Les trois dernières compagnies restèrent avec les piquets, qui avoient passé l'hiver à Fron-

---

(1) Toronto, jadis York, dans le Haut Canada, à 775 kil. S. O. de Québec.

tenac, pour attendre le retour des corvettes. Cette petite flotte appareilla à 6 heures, doubla au nord deux pointes, la grande Anse (1), le petit Cataraconi, ses deux bayes, l'islette, les deux isles de Tonoguyon et sa baye qui peut recevoir de grandes barques; au sud, l'isle au Cochon, celles à la Forêt, à l'Enfant perdu, du Chevreuil et du Renard. A une heure nous nous trouvâmes par le travers des islos de terre et du large de Coui. A 4 heures nous découvrîmes la pointe du détroit de Quinté. Le vent qui se jetta à l'ouest nous empêcha de la gagner. Il fraîchit beaucoup le soir, souleva les lames qui nous tourmentèrent toute la nuit. A minuit, il se fixa au sud-ouest et nous fit souvent virer de bord.

Le 15, le capitaine de la *Marquise* voiant que nous culions au lieu d'avancer, que le vent était opiniâtre dans le sud-ouest et que l'équippage était trop fatigué, ayant manœuvré toute la nuit, résolut de relâcher aux isles de Coui, qui ont un bon mouillage. Il en fit le signal et les quatre bâtiments mouillèrent à midi audessous de l'isle de terre, sur laquelle nous descendîmes. Nos chasseurs y tuèrent quelques tourdes (espèce de pigeon) et des petits oiseaux. Je fis le tour de cette isle que je trouvai jolie. Elle a trois quarts de lieue de circonférence. Elle est couverte de bois et a trois prairies. On y trouve des choux et beaucoup d'ail sauvage, bon à manger. Elle est entourée par des battures qui rendent ses approches dangereuses. On y voit les débris d'un bâtiment qui s'y est perdu il y a quelques années.

Le 16, beau temps au lever du soleil. A 6 heures, il se forma un orage qui nous donna beaucoup de pluie et espérance de voir changer le vent qui resta dans le sud-ouest et fut plus fort qu'hier. Nous descendîmes dans l'isle et revînmes à bord à 7 heures.

Le 17, grand calme. On envoia quatre hommes par compagnie dans l'isle pour y ramasser des herbes et du bois.

(1) Toutes ces localités se retrouvent sur les rives du lac Ontario.

Le 18, le vent passa dans le nord. Nous appareillâmes à 4 heures, à 6 le vent mollit, revint dans le sud-ouest et nous fit louvoier. Grand calme à la chute du jour.

Le 19, le vent se jetta à l'est. Au jour nous nous trouvâmes vis à vis la pointe à la Barque. A 7 heures, le vent passa dans le nord-est et fraîchit. A 9 heures, la *Marquise* mit en panne pour attendre les autres bâtimens, sur lesquels nous avions beaucoup gagné. A 10, elle hissa les voiles, à 11 le vent mollit et nous eûmes grand calme le reste du jour.

Le 20, le vent se leva dans le sud-ouest, fraîchit beaucoup, enfla les lames qui nous tracassèrent fort jusqu'au coucher du soleil que nous eûmes du calme. A 10 heures, le vent s'étant levé dans le nord-nord-est, nous remîmes en route, découvrîmes à la clarté de la lune, la R. aux Bœufs dans le sud, au nord les Grandes Accores et les terres de Toronto.

Le 21, le vent passa au sud-sud-ouest. Nous virâmes souvent de bord. Nous revîmes les Grandes Accores et leur rivière. Après midi nous hantâmes le nord pour gagner le mouillage de Toronto, où la nuit nous empêcha d'arriver.

Le 22, à 1 heure du matin, vent d'est accompagné par un orage et une tempête qui sembloient vouloir engloutir les bâtiments et qui nous poussèrent dans la R. de Niagara, dans laquelle nous entrâmes à 7 heures, nous débarquâmes à 8 et nous campâmes dans les ouvrages (1).

Le 23, nous établîmes les communications du camp, rendîmes les vivres qui avoient été avariés et en prîmes de frais. On commença à décharger la *Marquise de Vaudreuil*. Le soir, orage très violent qui dura toute la nuit.

---

(1) La position de ce fort était fort bien choisie. Il commandait à la fois les lacs et le fleuve ; mais on n'eut pas le temps de le construire d'après les règles de l'art, et les Anglais dirigèrent bientôt contre la garnison qui le défendait des forces accablantes.

Le 24, on déchargea les quatre bâtiments. A 2 heures, 24 grenadiers furent employés à creuser dans le fossé une cuvette pour l'écoulement des eaux.

Le 25, nous fournîmes cent cinquante hommes pour les ouvrages. Ils furent divisés en atteliers, employés à creuser les fossés, à battre les terres, à faire du gason, à gazonner, à régaller et aux transports des terres et du gason.

Le 26, travail comme hier. M. de Jonquières arrive avec les douze canots d'écorce. Les quatre compagnies du régiment de Guienne qui avaient passé l'hiver dans ce fort, s'embarquèrent à midi sur les quatre bâtimens pour aller joindre leur régiment à Frontenac.

Le 27, travail. Un officier arrivé la veille au portage avec huit batteaux, pour faire charger des vivres pour la Belle Rivière, vint au fort et nous dit avoir laissé cette frontière fort tranquille.

Le 28, mauvais temps qui suspendit le travail. A 6 heures du soir, on entendit quelques coups de canon qu'on jugea tirés par des barques anglaises qui croisent sur le lac.

Le 29, travail ordinaire, M. de Chabert arrive avec un chef des cinq nations et plusieurs sauvages qui venaient faire la traite. M. Pouchot traça une demie lune. Les sergens firent l'exercice.

Le 30, travail, on traça le fossé de la demie lune et le chemin couvert de tout l'ouvrage à corne. Beaucoup de sauvages vinrent faire la traite.

Le 1er juillet on ferma la brèche du demi-bastion du lac, sur lequel on éleva une platteforme ; il y eut un peu de pluie. J'allai parcourir les dehors du fort, examiner sa position, que je trouve bonne. Il est situé sur une pointe élevée qui domine le lac, et la rivière le baigne au nord et l'autre au sud, il est à 600 pas du bois, le terrain qui le sépare est une belle prairie, il ne peut être attaqué par terre que par ce front qui a 300 pas de large du lac à la R. pour les défendre. M. Pouchot y a construit un grand ouvrage à corne qui en occupe toute l'étendue, il a fait autour du vieux fort et sur les rives du lac et de la R., plusieurs redans qui les mettent en état de deffense, plusieurs canons à barbette placés sur la courtine et sur les demi-bastions battent les bois, quatre canons établis au bout de la branche du demi-bastion de la R., battent le fond de la rivière, et un petit sentier, dans lequel on pourrait se couler. Derrière la maison est une batterie qui bat l'entrée de la R. Cette partie se deffend d'elle-même contre les attaques des barques ayant des battures jusqu'à un quart de lieu au large. Les dehors du Niagara sont beaux. Les bois sont clairs et jolis, plusieurs parties ont l'air d'avoir été plantées pour former des allées.

Le 2, travail ordinaire. M. du Jonquière partit à 9 heures avec ses sauvages. Nous fournimes une corvée pour monter l'artillerie dans le fort.

Le 3, travail. Un officier qui arrive de la Belle Rivière nous annonce trois Anglais, que les sauvages ont pris auprès du fort Cumberland.

Le 4, pluie et orage, les prisonniers annoncés disent qu'ils attendent au fort Cumberland cinq cents sauvages des nations du sud.

Le 5, travaux ordinaires. Deux Chaouanons députés par leur nation pour aller en ambassade à Montreal sont arrivés à 2 heures. Ils ont paru enthousiasmés de nos ouvrages qu'ils mesuraient avec leurs couvertes. Ils nous comparaient aux castors. Les sergents firent l'exercice.

Le 6 et le 7, travail ordinaire, le demi-bastion du lac fut achevé, un batteau envoié à Toronto pour y porter des rafraichissements en est revenu, le conducteur dit y avoir vu mes trois prisonniers et neuf chevelures que les sauvages ont faits dans un bateau anglais qui fesait la traversée des îles au Galop. Les Mississagués nous portèrent du chevreuil.

Le 8, cinq sauvages des cinq nations nous portèrent les chevelures de cinq Anglais qu'ils ont tués sur le bord de la rivière de Choueguen ; ils y ont vu descendre un convoi de batteaux escorté par un gros détachement.

Le 9, courrier du petit fort chargé des nouvelles portées par cinq Iroquois qui disent que les Anglais ont à Choueguen huit barques, un train d'artillerie considérable et qu'ils veulent aller attaquer M. de Villiers.

Le 10 et le 11, travail ordinaire, à midi un courrier pour annoncer les députés des cinq nations. A 6 heures, MM. de Jonquière et Chabert arrivent avec de Mississagués qui chantèrent la guerre. Ces députés annoncés arrivèrent à la même heure et campèrent à la belle famille. Un d'eux vint nous dire que M. de Villiers a attaqué un fort qu'il comptait surprendre et qu'il a été repoussé avec perte de trente hommes. Que les Anglais sont partis le vingt-huit de Choueguen pour aller faire le siège de Frontenac, ce qui nous parut mériter confirmation. Un sauvage piqué par un petit serpent le mangea devant nous.

Le 12, travail, les Mississagués partirent pour Choueguen. Les députés vinrent au fort, firent au commandant les complimens ordinaires. Il leur demanda trois jours pour répondre aux paroles et colliers qu'ils lui ont porté pendant l'hiver.

Le 13, on entendit un bruit sourd venant de loin. Nous le jugeâmes fait par les boetes de Toronto, les travailleurs des bords du lac crurent de couvrir les barques. Trois Mississagués nous portèrent du chevreuil et nous dirent avoir rencontré leurs camarades partis hier.

Le 14, orage et pluie qui suspendit le travail. Les commandants firent partir à 5 heures un sergent, deux soldats et cinq Canadiens dans un canot d'écorce pour porter des lettres à Frontenac, et savoir ce qui se passe dans cette partie. Nous reçûmes des nouvelles de la Belle Rivière. Ces sauvages portèrent du chevreuil.

Le 15, travail. Nouvelles de la presqu'île, où tout est tranquille, les sauvages nous portèrent un dinde sauvage, que nous trouvâmes très bon et ressemblant à ceux de France.

Le 16, travail. Courrier de Monreal chargé d'ordres pour les commandants, et des nouvelles de France par deux fluttes parties de Rochefort. Nous apprîmes que nos barques ont attaqué deux goelettes et un esquif, que le vent leur ayant manqué elles n'ont pu prendre que l'esquif. M. de Bourlamaque qui commande à Frontenac prévint notre commandant qu'il recevra par les barques ordre de se rendre avec le régiment à Frontenac et d'y porter la grosse artillerie, de laisser ici un piquet. A 4 heures on découvrit deux barques.

Le 17, les travailleurs furent employés à perfectionner le corps de la place. Nous découvrîmes deux barques qui coururent beaucoup de bordées pour arriver, mais le vent s'y opposait. On détacha un batteau pour aller prendre les lettres, il revint fort tard sans avoir pu les joindre. On tira depuis 8 heures jusqu'à minuit plusieurs coups de canon pour signaux aux barques et les empêcher de s'éloigner. A 1 heure le vent calma. Le batteau le *Victor* entra dans la rivière.

Le 18, nous découvrîmes les trois barques, le vent qui se jeta à 10 heures dans le nord, les poussa dans la R. à midi. Le régiment reçut ordre de s'embarquer dès que les barques seraient prêtes. Un courrier nous annonça une députation des Loups (1) nation sauvage.

Le 19, travail. On déchargea les barques.

Le 20, j'allai (2) à la chute qui est un des plus rares et des plus

---

(1) Les Loups étaient aussi nommés Mahingans. Voir PERROT (édit. Tailhan), p. 308 — CHARLEVOIX, *Nouvelle France*, III, 370 — T. 355, 495, 523, 550.

(2) La première description, faite par un Français, des chutes du Niagara, se trouve dans le très curieux ouvrage du PÈRE HENNEPIN, *Nou-*

curieux phénomènes de la nature. Elle est formée par les eaux du lac Erié qui est très resserré à son embouchure. Elles se précipitent après s'être séparées au bout d'une petite île qu'elles paraissent devoir entraîner entre deux montagnes très élevées dans le fleuve ou R. du Niagara. Elle a cent vingt pieds d'élévation et près de deux cents toises de large. Elle forme plusieurs nappes d'eau variées à l'infini en angles saillans et rentrans. Le spectateur est agréablement dédommagé du bruit occasionné par ces cascades en voiant dans le fond clair et limpide de ces eaux, soit des jets qui s'élèvent en toutes les couleurs de l'arc-en-ciel. Cette chute est souvent couverte de brouillards, elle est à 6 lieues du fort de Niagara et à demie lieue du petit fort qui est l'entrepôt des vivres que l'on porte par terre du bas des grandes côtes. On les embarque commodément devant ce fort. Le chemin qui conduit à la chute est beau et traverse de jolis bois. La rivière de Niagara se jette dans le lac à la pointe de Niagara. Courrier de Monreal expédié par M. le marquis de Vaudreuil pour nous mener des batteaux au cas que les barques ne fussent pas arrivées.

Le 21 (1), les travaux furent suspendus et les travailleurs payés. Nous prîmes des vivres pour huit jours et les embarquâmes avec les équipages.

Le 22, les vents étant contraires nous restâmes à terre. Les Goyoguans (2) tinrent un long conseil chez le commandant du fort.

---

velle découverte d'un très grand pays situé dans l'Amérique entre le nouveau Mexique de la mer Glaciale (1697).

(1) Au même moment, Montcalm quittait Montréal et se mettait en route pour Frontenac. « L'objet qui me fait passer à Frontenac, écrivait-il au ministre la veille de son départ, est un projet qui m'a paru assez militaire si toutes les parties de détail sont bien combinées, et je pars sans en être ni assuré, ni convaincu. Vous pouvez être certain que je me livre à ce sujet de bonne grâce, et que je ne me suis compté pour rien dans une occasion si intéressante, et qui m'a paru bien remplie d'obstacles. »

(2) Les Goyoguans appartenaient à la confédération des Iroquois. Ils

Le 23, le régiment s'embarqua à 8 heures dans les quatre corvettes ou barques. Elles appareillèrent avant 9 heures et sortirent de la rivière par un vent du sud-sud ouest ; à midi le vent passa au nord et nous força de relâcher à Toronto (1) où nous mouillâmes à 4 heures.

Le 24, le vent étant fixé au nord-est, nous restâmes sous nos ancres. Je descendis à terre, j'entrai dans le fort, que je trouvai comme tous ceux du pays en mauvais état et construit en bois. Il est situé au nord à douze lieues du fond du lac et à une de la R. d'où il tire son nom.

Le 25, le commandant de la flotte, craignant de ne pouvoir pas sortir de Toronto si le vent changeait, fit signal à tous les bâtimens de lever les ancres. Nous appareillâmes à 8 heures, courûmes plusieurs bordées. Le vent restant dans le nord nous cinglâmes vers Niagara et entrâmes à 8 heures du soir dans la rivière.

Le 26, la *Louise* qui n'avait pas pu nous suivre hier vint mouiller auprès de nous. Nous prîmes des vivres pour quatre jours, fîmes prendre l'air à ceux qui nous restaient, on fit la soupe à terre et on coucha à bord.

Le 29, vent variable, le commandant de la flotte prévint le soir qu'il y avait apparance de bon vent pour demain. On fit avertir le garde magasin de faire cuire du pain dans la nuit.

Le 30, le vent paraissant fixé au nord-ouest on envoya au fort

---

avaient longtemps été les ennemis déclarés de la France. Voir Charlevoix, *Nouvelle France*, I, 484, 489, 578. La baie des Goyoguans était une des plus jolies du lac Ontario, rive méridionale, Charlevoix, id., III, 714. « C'est un des plus beaux endroits que j'aye jamais vu ; une presqu'île bien boisée s'avance au milieu, et forme comme un théâtre. Sur la gauche en entrant, on aperçoit dans un enfoncement une petite île, qui cache l'entrée d'une rivière, par où les Goyoguans descendent dans le lac. »

(1) Ce fort de Toronto n'était qu'un poste, analogue aux blockaus, que nous avons, au début de la conquête Algérienne, construits en si grand nombre dans le pays.

chercher le pain qui n'était pas prêt. Pour ne pas retarder le départ de la flotte on prit ce qu'il y avait de cuit. Nous appareillâmes à 7 heures et sortîmes tout de suite de la R.; le vent fraîchit, nous nous trouvâmes à 8 heures du soir par le travers de la pointe du détour de Quinté (1).

Le 31, nous découvrîmes les îles de Coui que nous passâmes de bonne heure. A 10 heures nous doublâmes la pointe du petit Cataraconi, le fort Frontenac, et nous entrâmes à 1 heure dans la baye, nous débarquâmes sous le magasin, d'où nous allâmes nous mettre en bataille à la tête de notre camp marqué à la gauche de Guienne, après quoi nous allâmes voir M. le marquis de Montcalm et M. de Bourlamaque.

On estime que le lac Onthario (2) a plus de quatre-vingts lieues de long et près de trente dans sa plus grande largeur.

Le 1er août, nous travaillâmes aux préparatifs de départ (3). M. le marquis de Montcalm fit la revue (4) des Canadiens qu'il

---

(1) Kenté sur la carte du Canada par N. Bellin (1744).

(2) Le lac Ontario a 318 kilomètres de longueur sur 60 de largeur moyenne, et 85 kil. en plus grande largeur. Il recouvre une aire de 16,200 kil. carrés (16,316 d'après Kloden, 19,823 d'après Engelhardt 18,750 d'après Schermerhorn). A une époque géologique relativement moderne, il a occupé une superficie plus étendue, car à une distance de 5 à 12 kil. de la rive méridionale se dresse à 50 et 60 m. de hauteur une ancienne ligne côtière, Lake Ridge, consistant en couches de sables et de graviers.

(3) Le petit corps d'armée de Montcalm se composait de 1300 hommes de troupes, de 1500 Canadiens et soldats de la compagnie et de 250 sauvages. C'est à tort que les écrivains anglais lui donnent 5,000 hommes.

(4) Lettre de Montcalm au ministre de la guerre (20 juillet 1756) : « J'ai réussi jusqu'à présent chez le Canadien et le sauvage ; ils m'adorent, et j'ai été obligé d'annoncer mon retour à Carillon pour empêcher la désertion des sauvages qui m'avaient suivi. J'ai pris leur façon, et je suis toute la journée à tenir des conseils de guerre, ou bien à fumer : c'est cependant ennuyeux, excédant. »

mit en brigade. Ce général ordonna qu'on leur distribuât tout ce qui leur était nécessaire pour faire la guerre.

Le 2, M. le marquis de Montcalm fit la revue des régiments de Guienne et Béarn qui tirèrent ensuite à la cible. Les quarante-quatre batteaux qui avaient porté le régiment de la Sarre à la baye de Niaouré (1) abordèrent au fort à 1 heure. Le général reçut des lettres qui lui donnèrent de l'humeur, parce que les troupes de ce camp qui avaient reçu des vivres pour plusieurs jours en manquaient.

Le 3, on prépara des vivres, des munitions et on radouba des batteaux.

Le 4, l'officier qui avait ramené les batteaux de la baye partit avec des vivres pour ce camp. Le régiment de Guienne et les Canadiens de sa division prirent des vivres pour douze jours. M. de Moncalm s'embarqua à 9 heures du soir avec les grenadiers de Guienne et partit de suite pour la baye.

Le 5, la division de Guienne aux ordres de M. de Bourlamaque s'embarqua dans cent vingt batteaux chargés de vivres et d'artillerie.

Le 6, j'examinai les quatre-vingt-dix-neuf batteaux désignés pour la division de Béarn, je fis la revue des Canadiens qui devaient le conduire. Cette division prit des vivres pour dix jours.

Le 7, la division de Béarn aux ordres de M. de Lhopital s'embarqua dans les batteaux désignés qui portaient des vivres de l'artillerie et des chevaux. Toute cette flotte gagna le large à 10 heures. A midi un coup de vent du sud-ouest la dispersa dans la traverse de l'isle au Chevreuil et força presque tous les batteaux de gagner terre.

---

(1) Aujourd'hui Sarckeck's harbour et Blach Bay sur la côte orientale du lac Ontario. Cette baie a vingt kilomètres de longueur.

Le 8, tous les batteaux se rallièrent à l'isle au Chevreuil, entrèrent à 2 heures après midi dans la baye de Niaouré et abordèrent au-dessus de ceux qui étaient attachés à l'artillerie. Béarn campa entre La Sarre et Guienne. Le corps commandé par M. de Rigaud (1) était parti le matin pour se rendre par terre à Choueguen et protéger le débarquement de l'armée.

Le 9, la première division composée par La Sarre, Guienne et beaucoup de Canadiens s'embarqua pour aller débarquer auprès de Choueguen. Je fis délivrer des équippemens aux Canadiens de la seconde division.

Le 10, le vent étant debout, la seconde division ne' put pas s'embarquer. A 10 heures du soir, courrier du général pour hâter notre marche ; à minuit, le vent mollit.

Le 11, à 1 heure du matin, la division poussa au large, entra à 8 heures dans la R. au Sable, y resta deux heures, arriva à 4 heures dans la rivière à la Famine, elle y reçut ordre par deux courriers de se rendre en diligence dans une anse à demie lieue de Choueguen (2) où toute la première division est postée. Elle

---

(1) Rigaud était le commandant des volontaires et miliciens Canadiens. Bien que Malartic n'en parle pas, il y avait entre eux et les troupes régulières une sorte d'antagonisme très fâcheux pour la conduite générale des opérations. Voir lettre de Vaudreuil au ministre de la marine, de Machault (23 octobre 1756) : « Les troupes de terre sont difficilement en bonne union et intelligence avec les Canadiens..... M. de Montcalm est d'un tempérament si vif qu'il se porte à l'extrémité de frapper les Canadiens. Je lui avois recommandé instamment d'avoir atttention que MM. les officiers des troupes de terre n'eussent aucun mauvais procédé envers eux ; mais comment contiendroit-il ces officiers, puisqu'il ne peut pas lui-même modérer ses vivacités ? »
(2) Les ouvrages défensifs de Choueguen étaient devenus redoutables. Ils formaient trois forts détachés, Ontario, sur la rive droite de la rivière, Choueguen sur la rive gauche, à l'endroit où s'élève aujourd'hui la ville d'Oswego, et Georges sur une hauteur de la même rive. Ces ouvrages étaient défendus par 1600 à 1700 hommes des régiments de Shirley, de Pepperell et de Schuyler, sous les ordres du colonel Mercer.

s'embarqua à 6 heures et fut forcée à minuit de relâcher derrière
une pointe qu'elle ne put pas doubler. Etant dans un canot
d'écorce, je doublai cette pointe et j'arrivai à 1 heure chez M. le
marquis de Montcalm (1); j'y appris que M. de Combles (2), notre
ingénieur en chef, a été tué par un de nos sauvages, qui l'a pris
pour un Anglois à cause de sa veste à parements rouges, que
deux barques anglaises se sont approchées de notre camp et ont
été forcées de se retirer par les boulets que leur ont envoiés
quatre canons que nous avons établis sur la grève, et qu'à leur
entrée dans la rivière elles ont essuyé un feu de mousquetterie
très vif.

Le 12, la seconde division aborda derrière le camp et campa
entre La Sarre et Guienne. On déchargea les batteaux et on les
tira à terre. Cette division étant très fatiguée reçut l'ordre de se
reposer. La première fournit des travailleurs pour achever le chemin du camp à l'endroit désigné pour l'ouverture de la tranchée,
faire des fascines, saucissons et gabions. A 10 heures, trois barques anglaises se présentèrent à portée de canon de notre camp.
On leur envoya quelques boulets qui les approchèrent. A 2 heures
M. Desandrouins (3), ingénieur, alla avec des officiers d'artillerie

---

(1) Cette première attaque avait eu lieu le 11 août, à la pointe du
jour. Elle avait été dirigée contre le fort Ontario. Ce fort consistait en un
carré de soixante mètres de front, dont les faces étaient couvertes par un
redan, et lui donnaient une forme étoilée. Il était palissadé, protégé par
un fossé de six mètres de large, une contrescarpe, un glacis, et défendu
par huit canons et quatre mortiers à double grenade. L'ingénieur de
Combles en avait fait la reconnaissance. Son rapport servit de base aux
opérations qui suivirent.

(2) L'ingénieur se nommait de Combles. Le sauvage qui l'avait tué fut
inconsolable de sa maladresse. Il la répara de son mieux l'année suivante,
en enlevant à lui seul la chevelure à trente-trois Anglais (*Mémoires de
Pouchot*, I, 88).

(3) La biographie de Desandrouins a été tout récemment composée avec
beaucoup de soin par M. l'abbé Gabriel : *Le maréchal de camp Desandrouins* (1729-1792), 1 vol. in-8, Verdun, 1887. Il naquit à Verdun le

reconnaître le fort Onthario. A leur retour, on commanda cent travailleurs par bataillon : cinquante hommes par bataillon armés et deux compagnies de grenadiers. Ces troupes partirent du camp à 7 heures aux ordres de M. Bourlamaque, colonel, Lhopital, lieutenant-colonel, et Malartic, major, arrivèrent à 8 heures au dépôt, où elles ne trouvèrent ni outils, ni gabions ; elles défilèrent à 11 heures et furent toutes placées à minuit vis-à-vis trois angles flanqués, la droite sur le bord du lac et la gauche vis-à-vis l'angle flanqué de la droite du fort. Une demi-heure après les ingénieurs firent signal de donner le premier coup de pioche, l'ouvrage fut commencé et continué avec la plus grande vivacité. A la pointe du jour, les travailleurs se trouvè-rent à l'abri.

Le 13, cent travailleurs entrèrent dans la tranchée pour relever ceux de nuit et furent suivis par des canoniers et des Canadiens pour commencer une batterie. A 6 heures, les Anglais commen-cèrent à inquietter la tranchée par des bombes et boulets et redoublèrent leur jeu jusqu'à 1 heure, qu'il cessa tout-à-coup. Une demi-heure nous vîmes défiler des troupes qui avaient passé la R. et qui montaient du vieux Choueguen au fort aux Bœufs. M. de Bourlamaque fit sortir un lieutenant avec quinze grena-diers pour les reconnaître. Cet officier l'envoia informer que le

---

7 janvier 1729, entra à 17 ans en qualité de lieutenant dans le régiment de Beauce-Infanterie, assista à la prise de Villefranche (1747) et à l'atta-que de l'Assiette (10 juillet 1747). Poussé par une irrésistible vocation vers les études de fortification, il entra à l'école de Mézières, y passa les deux années réglementaires, et en sortit pour être envoyé à Dunkerque. Il n'obtint que le 10 mars 1753 sa commission d'ingénieur ordinaire, qui lui donnait rang de capitaine. Le 14 mars 1756 il recevait la nouvelle de son envoi, sollicité par lui, au Canada. Machault, le ministre de la ma-rine, lui écrivait à ce propos : « Les témoignages avantageux qui m'ont été rendus de vous ne me permettent pas de douter que vous ne servirez utilement le Roi dans votre nouvelle destination, et je serai fort aise de faire valoir, auprès de S. M., le service que vous y rendrès. »

fort était évacué, qu'il y est entré et qu'il y a beaucoup d'artillerie. M. de Bourlamaque lui envoya quelques travailleurs (1). Un moment après, les deux compagnies de grenadiers et le reste des travailleurs. M. le marquis de Montcalm, qui venait d'arriver à la tranchée, s'y porta avec M. de Bourlamaque. Je les y accompagnai. Nous trouvâmes un fort en étoile construit en pieux debout fort épais, entouré d'un fossé de douze pieds de large sur dix de profondeur. Nous entrâmes par une ouverture que les travailleurs ont faite et sur des madriers qui servirent de pont. Les ennemis y avaient laissé six canons, quelques mortiers et obusiers. On détruisit le pont de communication et on barra la porte vis-à-vis de Choueguen, malgré une forte canonade. Nous fûmes relevés à 6 heures du soir par une compagnie de grenadiers, trois piquets et deux cents travailleurs aux ordres de M. de Fontbonne, lieutenant-colonel, et Mineré, major. Les travailleurs firent une communication de la tranchée au fort Ontario, un épaulement sur l'escarpement de la rivière, et transportèrent l'artillerie et les munitions nécessaires. On commença deux batteries.

Le 14, on acheva une batterie qui commença à jouer à 6 heures. Malgré la supériorité du feu ennemi, nous n'eûmes qu'un canonier et un soldat tués. Les bataillons fournirent soixante canoniers et cinquante hommes pour les servir. A 9 heures (2), le commandant anglais fut tué par un boulet. A la même heure, M. de Rigaud passa la rivière (3) avec un corps de Canadiens et tous

---

(1) On ne s'explique pas cet abandon du fort par les Anglais. Le colonel Mercer se croyait sans doute en présence de forces très supérieures.

(2) A sept heures d'après GARNEAU (*Canada*, II, 248).

(3) C'était afin de couper la communication entre Choueguen et le fort Georges. Le brave capitaine traversa la rivière avec son détachement, sans se laisser arrêter par le feu de l'ennemi. Il culbuta un corps de 370 hommes, posté par Mercer pour maintenir la communication, et s'empara

nos sauvages. Un quart d'heure après, le fort arbora pavillon
blanc. On cessa de tirer de part et d'autre. Il arriva deux officiers
anglais, qui proposèrent, de la part de leur commandant (1), de
se rendre, si on veut leur accorder les honneurs de la guerre.
M. le marquis de Montcalm les refusa, les retint en otages et
envoya au fort M. de Bouguainville, son aide de camp, et Dela-
panse, aide-major général, qui dressèrent les articles de la capitulation (2) aux conditions suivantes : savoir que la garnison sera
prisonnière jusqu'à son échange et qu'elle n'emportera que ce
qui lui appartient. Elles furent acceptées (3) et signées de part et
d'autre. A midi, les gardes et travailleurs de la tranchée allèrent prendre possession des forts et l'armée se porta sur la rive
droite de la R. pour recevoir la garnison, qui fut enfermée dans
le fort Onthario (4) avec une garde de cent cinquante hommes,

---

des hauteurs qui dominaient la place. Cette manœuvre fut suivie par
l'établissement d'une batterie de neuf pièces sur l'escarpement de la
rivière, du côté opposé au fort Choueguen.

(1) Le nouveau commandant était Littlehales.

(2) D'après une lettre de Vaudreuil (30 août 1756) les cris, les menaces, et les affreux hurlements des sauvages hâtèrent la conclusion du
traité.

(3) Montcalm avait ses raisons pour hâter la signature de la convention. Le général Anglais Webb était en effet avec 2,000 hommes à quelque distance de Choueguen, et n'attendait qu'un avis du colonel Mercer
pour courir à son aide. Montcalm était même décidé, s'il n'emportait pas
la place, à prendre l'offensive contre lui. « La nécessité de réussir, écrivait-il plus tard, pour le salut de la colonie, pour l'honneur des armes
du Roi et pour moi-même, m'avait déterminé, et c'était une résolution
arrêtée par les principaux officiers d'aller au devant de l'ennemi, à un
portage à trois lieues d'ici, afin de le combattre. »

(4) On trouva dans les forts 1700 soldats, marins et ouvriers, 80 officiers, une centaine de femmes et d'enfants. 152 hommes avaient péri
dans l'action. Les Français n'avaient perdu que 5 morts et 25 blessés,
parmi lesquels Bourlamaque. Voici le relevé officiel des munitions de
guerre et des provisions de bouche qui tombèrent entre nos mains :
5 drapeaux, 123 pièces d'artillerie, 23 milliers de poudre, 8 milliers de
plomb, 2,950 boulets, 450 bombes, 1,476 grenades, 130 fusils, 350 bou-

qui eut peine à la garantir de la fureur des sauvages (1), qui
s'étaient ennivrés avec les liqueurs qu'ils avaient trouvées dans
les caves du fort, et voulaient tuer tous les Anglais. Les régiments
rentrèrent à 6 heures au camp, exténués de fatigue.

Le 15, l'armée se reposa. On fit partir vingt-deux batteaux
chargés de prisonniers.

Le 16, on battit la générale à la pointe du jour, les bataillons
fournirent chacun cent cinquante travailleurs pour évacuer et
démolir les forts de Choueguen et des Bœufs. L'armée occupa à
5 heures un nouveau camp, la droite appuyée au fort Onthario et
la gauche aux bois. Elle y eut peine à s'y établir parce qu'il restait
peu d'hommes aux drapeaux. Nos barques, attendues avec impatience avant la reddition des forts, arrivèrent à 5 heures.

Il y avait dans les trois forts seize cents hommes des régiments de Shirley, Pepperell et de la Nouvelle-Jersey. Nous avons
pris quatre drapeaux, cent bouches à feu, beaucoup de munitions,
des vivres pour deux mille hommes, pour plus d'un an. Dans la
grande R., six barques de différente grandeur, une septième

---

caults de biscuit, 1,386 quarts de lard et de bœuf, 712 quarts de farine,
200 sacs de farine, 11 quarts de riz, 7 quarts de sel, un grenier plein de
pois et de farine ; 32 bœufs, 15 cochons, une grande quantité de barriques
de vin et de rhum.

(1) Les sauvages se jetèrent en effet sur quelques prisonniers isolés,
qu'ils scalpèrent. Au premier bruit de ces désordres, Montcalm accourut
et parvint à les faire cesser, mais en promettant de riches présents à ses
alliés : « Il en coûtera au Roi 8 à 10,000 francs, écrivait-il, pour avoir
empêché les sauvages de violer la capitulation; mais ils nous conserveront
plus que jamais l'affection de ces peuples. Il n'y a rien que je n'eusse
accordé plutôt que de faire une démarche contraire à la bonne foi française. » Les sauvages goûtèrent médiocrement ces raisons. Voir lettre de
Vaudreuil au ministre de la marine Machault: « Tous les sauvages et
même les Abénaquis, Nipissingues et Algonkins, qui ont été de tout
temps nos plus fidèles alliés, n'hésitèrent pas à me dire, après la campagne de Choueguen, qu'ils iroient partout où je les envoyerois, pourvu que
je ne les misse pas sous les ordres de M. de Montcalm. »

7

sur le chantier et deux cents berges ou batteaux, dans les magasins, des marchandises de traite et autre espèce. Cette conquête
nous a coûté trente hommes tués ou blessés, et aux Anglais cent
cinquante.

Le 17, les bataillons fournirent chacun deux cent cinquante
travailleurs. On fit partir vingt batteaux chargés de prisonniers,
escortés par un détachement de trente hommes. On chargea les
barques d'artillerie et de vivres.

Le 18, même nombre de travailleurs. Deux barques sortirent
de la R. On embarqua dessus des prisonniers, et elles singlèrent
vers Frontenac. On mit le feu au fort aux Bœufs ou Georges.

Le 19, les bataillons fournirent chacun trois cents travailleurs.
Toutes les barques sortirent de la R. à midi, et, après avoir embarqué des prisonniers, elles prirent la route de Frontenac, aux
ordres de M. de Lhopital. On fit partir le soir quarante-deux batteaux chargés d'artillerie et de prisonniers, escortés par deux
piquets. A 8 heures du soir, le général pria les grenadiers de
couper les pieux du fort Onthario. Ils y travaillèrent toute la
nuit.

Le 20 (1), presque toutes les pièces étant renversées, on y mit
le feu, qui consuma tous les bâtiments de ce fort. M. de Bourlamaque le fit aussi mettre au vieux fort. La garnison rentra après
midi dans les bataillons. On distribua des vivres et des batteaux
à toutes les troupes. Il arriva un parti de soixante Iroquois,
qui venait pour nous aider à faire le siège. Ils furent ébahis de
ne trouver que les décombres des trois forts.

---

(1) Si Montcalm se décida à détruire les forts de Choueguen, ce ne fut
pas seulement pour plaire aux Iroquois, mais surtout parce qu'il n'avait
pas assez de soldats pour laisser une garnison aussi isolée. On manquait
de forces pour se maintenir dans cette position avancée avec le lac Ontario à dos.

Le 21, le corps de M. de Rigaud (1) partit avant la généralle. On brûla des barils de mauvais lard et toutes les berges hors de service. L'armée s'embarqua à 7 heures et défila sur les divisions. Elle campa à 3 heures sur les deux rives de la rivière au Sable.

Le 22, elle s'embarqua à 8 heures et arriva à la baye de Niaouré. Les bataillons y occupèrent leur ancien camp. Le 23, le régiment de Béarn partit à 9 heures pour se rendre à la Chinne et y mener 260 prisonniers. Il eut peine, à cause de la violence du vent, à doubler les îles au Galop, la pointe et l'île au Chevreuil. Dès qu'il eut gagné le grand chenail, il y trouva vent arrière, dont il profita pour aller camper à 7 heures de l'entrée du chenail. Le 24, il décampa à 5 heures, arriva à 3 à la Présentation, il déchargea les vivres qu'il portait pour ce fort et alla camper sur la pointe aux Iroquois, où les prisonniers se trouvèrent à l'abri des insultes des sauvages.

Le 25, je partis à 5 heures dans un canot d'écorce. Je découvris l'île au Chat, je rencontrai deux batteaux conduits par des Canadiens, je sautai le long Sault, entrai dans le lac Saint-François que je traversai vite ayant un bon vent pendant 3 heures. Je sautai le coteau du lac, arrivai à 3 heures aux premières habitations. Je fis descendre quelques hommes pour sauter plus facilement le Trou, les Buisons et les Cascades. Nous y fûmes chargés par un grain qui nous mouilla fortement. Je rembarquai mes hommes au bas des cascades, nous fîmes la traverse de l'île Perault. Le canot toucha et fut percé. Je fus obligé de gagner terre, de le faire décharger et d'attendre le jour.

Le 26, après avoir fait gommer le canot, je m'embarquai à 6 heures malgré un vent du sud-ouest que les Canadiens trouvaient trop fort pour faire route. Nous fîmes la traverse de la

---

(1) La démolition des forts ne fut en effet terminée que le 24.

pointe Claire, nous rencontrâmes M. de Bouguainville (1) dans celle du sault Saint-Louis à 9 heures. J'allai demander un guide au commandant que je trouvai déjeunant avec un jésuite. Ils me promirent de me donner le sauvage le plus habile du village si je voulais les aider à attaquer un pâté, ce que je ne refusai pas. Après le déjeuner, ils me menèrent à l'église et dans quelques cabanes que je trouvai jolies. Je pris congé d'eux à 10 heures, je sautai légèrement le sault Saint-Louis le Normand et je fus rendu à Monréal à midi. J'allai, en débarquant, prendre les ordres de M. le marquis de Vaudreuil, qui me fit mettre à table me disant que le régiment les trouvera à la Chinne. M. de Montcalm et de Bourlamaque qui arrivèrent à 4 heures me dirent avoir laissé ce régiment au bas des cascades et quelques batteaux à la Chinne.

Le 27, je montai à cheval à 5 heures. J'arrivai à 7 heures à la Chinne. J'y trouvai six de nos batteaux ; les autres y abordèrent, à 8 heures. Je remis à notre commandant des ordres de M. de Montcalm et je partis tout de suite pour aller informer les généraux de l'arrivée du régiment. Je travaillai à faire passer à la

---

(1) Bougainville s'était fort distingué dans l'attaque des forts de Choueguen. Voici ce que Montcalm écrivait à son propos au ministre de la guerre: « Vous ne pourriez croire les ressources que je trouve en lui. Il est en état de bien rendre ce qu'il voit. Il se présente de bonne grâce au coup de fusil, article sur lequel il a plus besoin d'être contenu que d'être excité. Ou je serai bien trompé, ou il aura la tête bien militaire, quand l'expérience lui aura fait entrevoir la possibilité de difficultés. En attendant, il n'y a guère de jeune homme qui, n'ayant eu que de la théorie, en sache autant que lui... » Il renouvelait sa recommandation, le 1er novembre 1756, et exprimait le désir de voir Bougainville entrer à l'Académie des sciences : « Il a vu, par les nouvelles publiques, qu'il y vaquait une place de géomètre à laquelle il aurait cru pouvoir aspirer par vos bontés et son ouvrage, s'il fût resté en France. Est-ce que d'être en Amérique passagèrement et pour le service du Roi, lui donnerait l'exclusion ? Ne pourrait-on pas la lui conserver en la laissant vacante, comme vous avez la bonté de le faire pour les lieutenances-colonelles? » (Dépôt de la guerre, vol. 3,417, pièce 288).

Chinne les vivres nécessaires et à la Prairie ceux dont nous aurons besoin demain.

Le 28 (1), après m'être assuré que le commissaire et le garde magasin avaient fait porter tout ce que je leur avais demandé, j'allai m'embarquer à la pointe Saint-Charles. J'arrivai à 2 heures à la Prairie. J'y trouvai le régiment campé à la gauche du fort fesant face au bois. Je lui fis distribuer des vivres pour quatre jours.

Le 29, le régiment eut séjour, fournit cent vingt travailleurs pour réparer le chemin du fort Saint-Jean, dont M. Pouchot avait la direction.

Le 30, même nombre de travailleurs, le régiment se mit en marche à 8 heures pour aller camper à la Savanne. Je partis à 9 heures pour aller informer les généraux de notre départ. Je repartis de la ville à 3 heures et arrivai au camp à sept heures, où nous étions dévorés par les maringouins. Le 31, même nombre de travailleurs. Le régiment décampa à midi, trouva de très mauvais chemins pour gagner le fort Saint-Jean (2), sous lequel il campa à quatre heures. Ce fort est construit en pieux debout, est

---

(1) C'est à cette date que Montcalm écrivait de Montréal au ministre de la guerre pour lui rendre compte de l'affaire de Choueguen. « C'est peut-être la première fois que, avec moins de trois mille hommes et moins d'artillerie que l'ennemi, on en a assiégé dix-huit cents, qui pouvaient être promptement secourus par deux mille et s'opposer à notre débarquement avec une supériorité de marine sur le lac Ontario. Le succès a été au-delà de toute espérance. Toute la conduite que j'ai tenue en cette circonstance, et les dispositions que j'avais arrêtées sont si fort contre les règles ordinaires que l'audace qui a été mise dans cette entreprise doit passer pour de la témérité en Europe. En tout événement, j'aurais fait ma retraite, sauvé l'artillerie et l'honneur des armes du Roi. Aussi je vous supplie, Monseigneur, pour toute grâce, d'assurer S. M. que, si jamais elle veut, comme je l'espère, m'employer dans ses armées, je me conduirai d'après des principes différents. »

(2) Le fort Saint-Jean était un port intermédiaire entre Montréal et le lac Champlain ; entre le fort Chambly et le fort de l'île aux Noix.

én très mauvais état, nullement à l'abry du feu, quoiqu'il soit l'entrepôt de tout ce qui vient de Monréal, pour les forts Frédéric et Carillon, et qu'on y fasse pendant l'hiver des amas considérables de vivres et de munitions.

Le 1ᵉʳ septembre, le régiment prit des vivres pour six jours et eut séjour. J'en profitai pour faire réparer nos armes, je fis agréyer et numéroter vingt-six batteaux désignés pour porter le régiment.

Le 2, nous embarquâmes à 6 heures pour entrer dans le lac Champlin (1). Nous arrêtâmes à la prairie à Boilau et nous allâmes camper vis-à-vis le moulin Faucault, à 8 heures.

Le 3, nous embarquâmes à 5 heures. Le vent du sud-ouest nous contraria fort et nous força de gagner terre après avoir fait une lieue avec toutes les peines possibles. Des Canadiens nous avertirent qu'ils venaient de découvrir des pistes fraîches de sauvages. On envoya un officier avec huit grenadiers et autant de Canadiens battre et reconnaître les bois. Ils revinrent à 10 heures dire qu'ils ont entendu fuir et trouvé une place où trois hommes s'étaient assis pour fumer. J'y allai à midi avec autant d'hommes, je fis une lieue dans les bois, sur les flancs et les derrières du camp sans entendre ni appercevoir personne.

Le 4, nous embarquâmes à 4 heures, profitâmes du vent du nord pour aller camper au-dessus de l'isle au Chapon, à treize lieues.

Le 5, nous décampâmes à 5 heures et arrivâmes à 3 heures au fort Saint-Frédéric, au-dessus duquel nous campâmes. Ce fort est une grande redoute construite en pierre et a une enveloppe

---

(1) Ce lac ainsi nommé de Champlain qui le découvrit en 1609, s'étend sur une longueur totale de 200 kil. et un pourtour de 450. Il n'a parfois que quelques centaines de mètres entre ses deux rives. Sa plus grande profondeur est de 120 m. Ses eaux sont très claires.

de même. Il est dominé par une hauteur à demie portée du canon.

Le 6, nous embarquâmes à 6 heures et arrivâmes à 2 heures à Carillon. M. le chevalier de Lévis, qui commandait l'armée de cette frontière, composée par les régiments de la Reine, Royal-Roussillon et Languedoc, les troupes de la colonie et des Canadiens nous envoie camper à une lieue de son camp, sur la rive gauche de la chûte du lac Saint-Sacrement.

Le 7, nous travaillâmes à faire des abbatis pour découvrir le front, le derrière et les flancs de notre camp et pour nous mettre à l'abri des surprises des Agnis (1), nation sauvage fort dévouée aux Anglais, qui fréquentent beaucoup cette partie.

Le 8, continuation d'abbatis. J'allai avec une escorte reconnaître les camps de Contrecœur et la Corne. Le premier sur la rive gauche du lac St-Sacrement à une lieue de notre camp. Le second sur la rive droite au bout du portage. Il y a entre les deux camps une forte garde commandée par M. de Saint-Martin et une garde de cinquante hommes entre le camp de la Corne et le nôtre pour la sûreté du chemin du portage. En cas d'attaque, nous avions ordre de nous porter à ces deux camps.

Le 9, nous assurâmes par des abbatis la communication avec tous les postes.

Le 10, continuation de travail, le régiment de Guienne vint camper à notre droite à 2 heures après midi, M. le Marquis de Montcalm arriva à 6 heures au quartier général.

Le 11, les généraux allèrent aux camps de Contrecœur et la Corne, y tinrent conseil avec les sauvages et en revenant passèrent à notre camp.

---

(1) Sur les Agnis ou Agnies, tribu Iroquoise fort dévouée aux Anglais, consulter CHARLEVOIX, *Nouvelle France*, I, 242, 246, 274, 277, 314, 317, 323, 4, 330, 353, 4, 385, 406, 419, 429, 523, 530, 565. — III, 176.

Le 12, les régiments de Guienne et Béarn travaillèrent à éclaircir les approches de leur camp et élargir les communications.

Le 13, j'allai avec M. de Lapanse reconnaître les montagnes qui bordent la droite de notre camp. Nous les trouvâmes praticables pour des partis et des détachements.

Le 14, j'allai au quartier général, j'y vis beaucoup de sauvages, qui fatiguaient le général (1) par leurs demandes continuelles de vivres et de marchandises; deux piquets que nous avions laissés et envoiés à Frontenac nous joignirent à 5 heures du soir. On envoiait tous les quatre jours aux camps du lac une garde de deux lieutenants et soixante hommes des troupes de terre pour les renforcer. M. le Marquis de Montcalm a menés avec lui la compagnie de grenadiers et un piquet du régiment de Lasarre, le reste du régiment travaille au chemin de la Prairie à Saint-Jean.

Le 15, MM. de Lapanse, Belot et moi, allâmes avec vingt grenadiers reconnaître la montagne Pelée qui est à une heure et demie du camp de Contrecœur. Nous la trouvâmes très élevée et d'un difficile accès, elle est à pic sur la rive gauche du lac, peu praticable du côté de la gorge dans laquelle on peut faire un chemin pour se rendre au fort Saint-Frédéric. Du sommet nous découvrîmes la plus grande partie du lac, l'isle à la Barque et plusieurs autres, et beaucoup de pointes.

Le 16, M. de Lapanguière est parti avec six cents Iroquois, Abenakis et Outaouas et deux cents Canadiens pour tâcher de faire coupe dans l'isle du Lac, ou auprès du fort Georges. M. de

---

(1) Montcalm avait le tort de ne pas assez cacher ses impressions. Voir lettre de Vaudreuil au ministre de la marine Machault : « Les sauvages m'ont dit qu'ils ne pouvoient supporter les vivacités de M. de Montcalm ; il n'a voulu écouter aucune de leurs représentations ; en vain les chefs lui proposaient d'aller en parti dans les lieux où ils seroient le plus à portée de frapper ou de faire des prisonniers ; il ne vouloit pas les écouter. »

Bouguainville et la Rochebeaucourt les ont suivis pour reconnaître la position des Anglais.

Le 18 et le 19, travail ordinaire; à 10 heures du soir on entendit beaucoup de coups de fusil, l'armée fut sur le point de prendre les armes, les boîtes qui doivent annoncer la venue des ennemis n'ayant pas tiré, on jugea que le détachement parti le 16 rentrait.

Le 20, M. le Marquis de Montcalm alla faire la revue des camps avancés, il y trouva de retour les sauvages, qui lui dirent que leurs découvreurs avaient rencontré, à une lieue du fort Georges, un détachement de cent Anglais, dont quarante marchaient par terre et soixante venaient par eau. Que ceux qui venaient par terre ayant aperçu les découvreurs avaient fait feu sur eux. Que les sauvages ne leur ayant pas donné le temps de se reconnaître avaient fondu sur eux, en ont tué vingt-trois dont ils portent la chevelure et pris quatorze, après quoi ils se sont retirés. Les soixante hommes qui étaient sur l'eau se sont sauvés au premier coup de fusil, que neuf Iroquois sont restés auprès du champ de combat pour aller tâcher de faire un prisonnier auprès du fort.

Le 21, les sauvages s'enivrèrent, firent les diables (1) et tuèrent les moutons des officiers. Quatre-vingts partirent pour retourner dans leurs villages. Les neuf Iroquois revinrent disant s'être approchés assés du camp pour y tuer une sentinelle.

Le 22, il est arrivé un convoi de vingt-deux batteaux chargés de vivres et des convalescens des cinq bataillons.

Le 23, les batteaux arrivés hier sont repartis et emportent presque tous les malades, le général ayant ordonné qu'on ne garde à l'hopital que ceux qui seront rétablis dans quelques jours. Le 27, M. de Florimond est parti avec dix-huit Abenakis pour aller faire

---

(1) Il était en effet très difficile de faire respecter la discipline par ces turbulents auxiliaires. Ils se considéraient non pas comme mercenaires, mais comme alliés; et, comme ils se sentaient nécessaires, ils se donnaient toute licence.

une découverte au fond de la baye et dans les environs du lac Lydius.

Le 1er octobre, M. le Marquis de Montcalm chargea M. de Lapanse de veiller à ce que le moulin à scie de la Chûte travaille parce que l'on a besoin de trois mille planches (1) pour le fort de Carillon avant la retraite de l'armée.

Le 2, il est arrivé un convoi de batteaux chargés de vivres.

Le 3, M. de Bleury, commandant le convoi, est arrivé hier, a informé le général que trois sauvages ont trouvé dans le lac Champlain quatre berges qui portent des biscayens, des grenades, de la poudre et des balles. M. de Cerifest est parti avec vingt hommes des troupes de terre, plusieurs Canadiens et sauvages pour aller fouiller les bois de la partie où ont été trouvées les berges que M. de Lusignan, commandant à Saint-Frédéric, vient d'envoyer (2).

Le 6, M. de Florimond, revenu avec les Abenakis, rapporte que trois découvreurs ont essuyé quelques coups de fusil, que deux ont été tués ; que les Nepissingues (3) et Pouteoutamis ont été en avant.

Le 9, M. le marquis de Montcalm fit la revue des régiments de Guienne et Béarn et leur ordonna de faire huit cents palissades.

Le 11, le général fit la revue du régiment de la Reine. Un soldat de Béarn, qui alla chercher un portefeuille qu'il avait perdu hier dans un endroit où il coupait des palissades, fut pris par trois Agnis, qui l'emmenèrent sans l'avoir attaché. A peine

---

(1) C'était une excellente mesure de précaution. Ce sont ces planches et ces abattis qui bientôt sauvèrent l'armée française attaquée par des forces supérieures.

(2) Voir *Lettres du chevalier de Lévis* (édition Lecestre, 1889), du 3 août, 10 août, 28 août, 26 octobre 1756.

(3) C'étaient les vrais Algonquins. Ils habitaient les environs d'un lac du même nom. Voir CHARLEVOIX, *Nouvelle France*, I, 395-6-7, 433, 437, III, 86, 290, 291, 312, 316, 320. — N. PERROT, 154, 215, 216, 270. — « Il n'y a pas au Canada de nation qui ait toujours été plus sincèrement attachée aux Français.

eurent-ils fait une lieue qu'ils virent partir un chevreuil. Deux sauvages coururent après. Le troisième resta à la garde du soldat qui, le voyant occupé à ramasser du bois pour allumer du feu, jeta à l'écart le fusil du sauvage, gagna au pied et rentra au camp à 9 heures, ayant reçu un coup de casse-tête à la main. M. de Fleury, arrivé à 3 heures avec un convoi de batteaux, est reparti à 9 heures.

Le 12, M. le marquis de Montcalm fit la revue de R. Rousillon. Un soldat de Béarn et un domestique qui allaient porter des lettres à un officier du camp de Contrecœur ont été tués par les Agnis qui leur ont levé la chevelure. On a fait partir pour Monréal quelques officiers, deux cents soldats de la colonie et tous les malades.

Le 14, le camp de Contrecœur s'est replié sur celui de la Corne.

Le 18, les Nepissingues et Pous ont mené un prisonnier qu'ils ont enlevé sur le chemin d'Orange, lequel dit que le lord Loudon (1) rassemble son armée (2) entre les forts Edouard (3) et Georges pour venir nous attaquer dans l'arrière-saison, qu'il a fait fortifier Orange, autrement nommé Albanie, du côté du bois,

---

(1) Lord Loudoun était un vieil officier, plein d'expérience, qui venait d'être nommé gouverneur de la Virginie, et général en chef des armées de l'Amérique du Nord. D'importants renforts commandés par le général Abercombry, lui avaient été envoyés, 115,000 livres sterling avaient en outre été votées par la chambre des communes pour aider les colonies à armer leurs milices.

(2) Le vrai plan de Loudoun consistait à envoyer 10,000 hommes contre le fort Saint-Frédéric et le lac Champlain, 6,000 contre le fort Niagara, 3,000 contre le fort Duquesne, et 2,000 pour faire une diversion du côté de Québec par le Kenebec, les Alleghanys et la rivière Chaudière qui tombe dans le Saint-Laurent, à quelques kilomètres de Québec.

(3) Le fort Edouard est encore nommé Lydius. Les Anglais l'avaient bâti sur le Haut-Hudson pour surveiller le lac Saint-Sacrement. Le fort Georges, encore nommé William-Henry, était bâti à l'extrémité méridionale du même lac.

qu'il a répondu aux propositions que lui a faites la nouvelle Angleterre de faire la paix, qu'il ne les écouterait qu'après avoir frappé.

Le 19, d'après la déposition du prisonnier, M. le marquis de Montcalm a retardé son départ.

Le 20, trois Canadiens revenant de prendre des vivres à la Chûte et étant partis après le détachement d'escorte, découvrirent dix sauvages ou Ecossais cachés derrière des arbres et tirèrent dessus. Les sauvages leur ripostèrent, en blessèrent deux et se sauvèrent.

Le 21, un interprète des Iroquois, revenant de la découverte avec sept Iroquois et autant de Canadiens, dit avoir vu, à une certaine distance, une barque qui portait sept hommes. Un peu plus loin, une autre qui en portait huit et plusieurs batteaux fesant route vers le fort Georges. Qu'ils se sont approchés du camp qui est sous ce fort. Qu'ils y ont compté douze rangs de tentes sur cinquante de front. Qu'il n'a pas paru avoir beaucoup de monde et qu'ils ont été surpris de ne voir que trente curieux à l'arrivée d'un batteau. Qu'un sauvage et un Canadien, qui ont mis des lettres sur un arbre qui borde le chemin de Lydius, ont entendu le bruit de plusieurs chariots.

Le 25, M. de Bleury, attendu depuis plusieurs jours, est arrivé avec cinquante-six batteaux chargés.

Le 26, M. le marquis de Montcalm est parti avec la compagnie de grenadiers et le piquet de la Sarre.

Le 27, les régiments campés à la Chûte ont reçu ordre de faire des rames pour les batteaux.

Le 30, le poste de Saint-Martin s'est replié sur le camp de la Corne.

Le 31, les miliciens et soldats de la colonie du gouvernement de Québec sont partis.

Le 1er novembre, le régiment de Guienne est parti pour Québec.

Le 2, le régiment de la Reine est parti pour aller passer l'hiver dans la paroisse du gouvernement de Québec. Je partis à midi pour aller marquer le camp du régiment sous le fort Saint-Frédéric.

Le 3, les compagnies de la colonie et les Canadiens du gouvernement des Trois Rivières partirent. Le régiment de Béarn arriva par pelotons depuis 7 heures du soir jusqu'a 10 à Saint-Frédéric. Le vent avait été si contraire que les batteaux avaient eu peine à faire route, et si froid que les tentes et équippages étaient gelés dans les batteaux. On ne peut pas les en sortir ; et nous logeâmes comme nous pûmes dans les granges.

Le fort de Carillon est situé à cinq lieues de Saint-Frédéric sur une pointe à l'embouchure de la rivière de la Chûte qui se jette dans celle qui va à Saint-Frédéric et qui reçoit les eaux qui viennent du fond de la baye, dans laquelle se jettent plusieurs petites rivières. Ce fort est construit en bois de pièce sur pièce, quoiqu'il soit assis sur un rocher. On avait le bois sous la main lorsqu'on l'a commencé. On va le chercher à présent à plus de demi-lieue et il faut vingt hommes pour traîner chaque pièce. Ce fort est trop petit et n'a presque pas de défense. On pouvait tirer un meilleur parti de cette position en la gardant pour en faire un camp retranché, lorsqu'on voudra y rassembler un certain nombre de troupes. Il fallait travailler au fort Saint-Frédéric, qui est la porte du lac Champlin, et dont les deux rives sont susceptibles de fortifications. Le fort de Carillon ne sera jamais bon, coûtera beaucoup et n'arrêtera pas longtemps l'ennemi. Il y a plus d'un an qu'on y travaille. Le corps de la place n'est (1) pas

---

(1) C'est pourtant sous les murs de ce fort que Montcalm allait remporter sa plus belle victoire. Voici ce qu'il écrivait à ce propos au ministre de la guerre Argenson, le 1er novembre 1756 : « Ce fort, rempli de défauts, sert à enrichir l'ingénieur du pays, parent de M. de Vaudreuil. »

fini. Que de choses à dire qui demanderaient une trop longue digression pour être insérée dans un journal (1) !

Le 4, nous laissâmes reposer les soldats qui étaient très fatigués des peines et du froid d'hier. M. de Bleury, arrivé à midi avec un convoi, nous a appris le changement de notre destination et que nous occuperons les mêmes quartiers que l'hiver dernier.

Le 5, sur deux cent cinquante hommes que nous avions, en ayant laissé à Carillon cent pour y travailler, nous en envoyâmes cent soixante sur la rive gauche couper du bois pour la garnison.

Le 6, même nombre de travailleurs sur la rive droite: Tous les Canadiens du gouvernement de Monréal, et les compagnies de la colonie destinées pour cette ville arrivèrent à midi. Une partie entra dans le fort pour aller visiter les magasins où on demande toujours quelque chose quoiqu'on aye été bien équippé en partant. Les passans désirent de prendre et les gardes-magasin de consommer (2). Le roi paie cette consommation qui est immense.

---

(1) Malartic faisait sans doute allusion aux déprédations bien connues de l'intendance, et surtout au déplorable abandon de la métropole: N'est-ce pas à ce moment précis que le maréchal de Belle-Isle, alors ministre de la guerre, soumettait au conseil du Roi le mémoire dans lequel on lisait ces lignes navrantes : « Il y a plusieurs mois que j'insiste pour que nous fassions passer en Amérique, indépendamment des recrues nécessaires pour compléter les troupes de nos colonies et de nos régiments français, les 4,000 hommes du sieur Fisher... Il a un corps distingué d'officiers, presque tous gentilshommes, dont la plus grande partie se propose de ne jamais revenir en Europe, non plus que les soldats, ce qui fortifierait beaucoup, pour le présent et l'avenir, la partie de ces colonies où ces troupes seraient destinées..... Je crois ne pouvoir trop insister... Je conviens que la dépense de transport est excessivement chère, mais je pense qu'il vaudrait encore mieux avoir quelques vaisseaux de ligne de moins et se mettre en toute sûreté pour la conservation des colonies. » Le sort du Canada a peut-être tenu à cette chétive dépense !

(2) On aura remarqué ce gaspillage déplorable, qui allait être une des causes de l'insuccès final. Dès le 28 octobre 1755, Doreil avait signalé ces déprédations, et, sinon la connivence, au moins la tolérance de Vaudreuil. « Les personnes qui ont la manutention des affaires,

Le feu prit à une des quatre cheminées du fort. Il nous inquiéta vivement, le magasin à poudre étant entre les quatre cheminées, on l'éteignit sans accident.

Le 7, une goëlette arrivée la veille reprit la route de Saint-Jean. Je partis à midi avec un homme par compagnie pour aller établir le logement du régiment dans ses quartiers. Je m'arrêtai à 6 heures à une lieue du rocher fendu pour laisser faire la soupe des soldats. Nous nous rembarquâmes à 9 heures et débarquâmes le 8 à 4 heures du matin, à 3 lieues au-dessous de l'isle au Chapon. Je fus obligé d'y faire tourner mon batteau, qui fesait trop d'eau. On le calfata le mieux possible. Nous nous remîmes en route à 7 heures, profitâmes de 4 heures de bon vent pour gagner Saint-Jean où nous arrivâmes à 5 heures.

Le 9, je fis partir mon batteau pour sauter le rapide de Chambli (1) et aller en descendant la rivière de Sorel (2) et remontant le fleuve porter les équippages dans nos quartiers. Je pris avec quatre soldats le chemin de la Prairie. Nous nous arrêtâmes au moulin qui est sur le bord de la R. de Monréal pour nous reposer et nous sécher. Nous en partîmes à midi, arrivâmes

---

écrivait-il au ministre de la guerre Paulmy, et ceux qui leur sont affidés font des fortunes immenses; et, comme elles réunissent toute l'autorité, elles agissent assez ouvertement. Depuis longtemps les particuliers lésés usent de plaintes, qui jusqu'à présent ont été inutiles et n'ont servi qu'à leur occasionner des désagréments et souvent des pertes. M. de Vaudreuil est bien éloigné d'approuver ce qui se passe ; il n'en ignore pas la moindre chose ; il s'est ouvert à moi jusqu'à m'en parler en détail; il en gémit, mais je conçois qu'à moins d'un éclat ce sera toujours de même: il veut se maintenir. »

(1) Bourg de la province de Québec, à 29 kil. E. S. E. de Montréal, sur la rive gauche de Richelieu, qui forme de violents rapides avant de s'amortir dans l'espèce de lac appelé Bassin de Chambly, les rapides alimentent un grand nombre d'usines.

(2) C'est la rivière qui débouche dans le Saint-Laurent, après avoir traversé les lacs Saint-Sacrement et Champlain, on la nomme encore rivière de Richelieu.

à 2 heures à la Prairie, où je fus rendu avant les officiers partis de Saint-Frédéric 24 heures avant moi. Nous nous embarquâmes à 3 heures et débarquâmes à 5 à un quart de lieue de Monréal. Je fus comblé de m'y retrouver et de nous voir hors des mauvais chemins, où nous avions eu de l'eau jusqu'aux genoux.

Le 10, j'allai à Longueil, où je trouvai M. de Lhopital établi. J'allai coucher à la Prairie où j'établis le logement des trois compagnies qui y passeront l'hiver.

Le 11, je revins à Longueil travailler au logement des trois compagnies de l'état-major. J'allai à Boucherville établir celui de quatre compagnies et coucher à Varenne.

Le 12, je parcourus la paroisse de Varenne que je ne connaissais pas pour y établir le logement de trois compagnies, que je logeai à Merveille, cette paroisse étant la plus riche des quatre que nous occuperons. Je revins le soir à Longueil.

Le 15, j'allai à Monréal, y restai le 16 pour recevoir le compte qu'on donne à chaque bataillon.

Le 17, je portai l'argent que j'avais reçu à Longueil où j'arrivai en même temps que les trois compagnies. J'allai le 18 à la Prairie, le 19 à Boucherville et le 20 à Varennes distribuer de l'argent aux compagnies.

Le 21, je revins à Longueil faire avec trois compagnies leur décompte.

Le 22, j'allai à Monréal. J'y restai jusqu'au 29 pour y arrêter des décomptes de vivres et autres. Les ambassadeurs des cinq nations arrivèrent le 28.

Le 29, j'allai à Longueil. J'y passai quinze jours pour faire tous les décomptes que j'avais reçus.

Le 13 décembre, j'allai à Monreal, je fis la moitié de la traversée sur la glace et le reste en batteau, j'y restai jusqu'au 24. Les ambassadeurs des cinq nations tinrent plusieurs conseils, dans lesquels ils promirent à Ononthio d'être neutre, demandèrent le rétablissement de l'ancien usage d'envoier chez eux un officier qu'ils viendraient recevoir à la rivière R. aux Écorces, avec les cérémonies ordinaires. Ils représentèrent qu'ils faisaient autrefois le portage (1) de Niagara, qu'on fait faire par entreprise, et prièrent Ononthio de faire pourvoir de marchandises les magasins de Frontenac, Toronto et Niagara, afin qu'ils ne s'apperçoivent pas de la destruction de Choueguen. Ils l'avertirent que le colonel Jhonson ne néglige rien pour les décider à prendre pente pour l'Anglais, mais qu'ils sont sourds à ses instances et n'oublient pas le destructeur de Choueguen, qui après avoir purifié leurs terres, les leur a rendues.

Le 24, j'allai à Longueil, passant par Varenne, où je traversai sur la glace le fleuve qui n'était plus passable en batteau qu'au Sault Saint-Louis.

Le 27, je revins à Monreal.

Le 28, 29 et 30, les sauvages demandèrent plusieurs conseils que M. le général (2) leur accorda, quoi qu'ils l'ennuiassent fort et qu'il voulut partir pour Québec.

Le 31, M. le Marquis de Vaudreuil et M. le chev. de Levis partirent pour Québec (3).

---

(1) C'est-à-dire le transport des barques et des marchandises de l'Ontario à l'Erié, et réciproquement.

(2) Montcalm, grâce à ces habiles ménagements, ne tarda pas à jouir d'une grande popularité parmi les sauvages, qui ne se souvinrent plus des froissements de la première heure.

(3) Voir *Correspondance de Lévis*, 30 octobre 1756 et 15 avril 1757.

Le 1er janvier 1757, les sauvages dirent qu'ils ne pouvaient pas
partir, qu'ils voulaient faire des visittes, espérant que dans plusieurs, on leur donnerait quelques coups d'eau-de-vie.

Le 2, on dépêcha un courrier pour les pays d'en haut. Une
partie des sauvages se mirent en route pour leurs villages.

Le 3, on fit partir pour Carillon vingt Canadiens et quarante
sauvages Iroquois ou Poutéanatamis, aux ordres de M. de Langlade, le reste des sauvages gagna le chemin de leurs villages.

Je partis à 8 heures pour Québec avec M. le Marquis de Moncalm, M. le chev. de Montreuil, aide-major général et M. Maral,
aide de camp. Nous y arrivâmes le 5, à 9 heures du soir.

Le 6, M. l'intendant (1) donna une fête à M. le Marquis de Vau-

---

(1) L'intendant était le fameux Bigot, le principal de ces voleurs officiels qui firent tant de mal à la France, et furent les principaux artisans
de la perte du Canada. Il était pourtant connu et signalé. L'honnête
Doreil, commissaire-ordonnateur des guerres, n'hésitait pas à dénoncer
ses rapines : « Je ne blâme pas seulement le munitionnaire (un certain
Cadet) ; il y auroit tant de choses à dire là-dessus que je prends, par prudence, le parti de me taire. Je gémis de voir une colonie si intéressante et
les troupes qui la défendent exposées par la cupidité de certaines personnes à mourir de faim et de misère. M. de Montcalm s'étendra peut-être
davantage. Je lui en laisse le soin. » Lettre du 22 octobre 1757. Cf. lettre du même, du 25 octobre. — Dépêche de Bougainville au ministre de
la guerre (4 novembre 1757) : « Couvrons cette matière d'un voile épais:
Elle intéresseroit peut-être les premières têtes d'ici. » Cf. Dussieux,
Canada sous la domination française, p. 160-178.

dreuil, un souper de quatre-vingts personnes, dont quarante dames ou demoiselles, jolies et aimables.

Le 19, je repartis de Québec avec l'aide-major du régiment de la Reine. Nous arrivâmes le 21 à Monreal. J'y restai le 22, 23 et 24 pour arrêter des comptes du régiment avec le trésorier qui me remit quatre-vingt mille francs en argent monoyé. Je les emportai de suite à Longueil, j'y passai huit jours pour faire le décompte d'un chacun et me débarrasser de cette somme.

Le 29, nous apprimes que M. le Marquis de Vaudreuil est tombé malade aux Trois-Rivières, que le commissaire ordonnateur et le chirurgien-major seuls ont été à son secours.

Le 30, j'allai à la Prairie et revins à Longueil.

Le 31, nous vîmes arriver des Canadiens et des sauvages revenant de Carillon, qui nous apprirent que M. de Rouilly parti le 22 avec des traînes, escortées par quinze hommes pour aller chercher des vivres à Saint-Frédéric, a été attaqué à la presqu'isle par quatre-vingts Anglais, qu'il a perdu sept hommes qui ont été faits prisonniers, que le reste s'est sauvé à Carillon, d'où M. de Lusignan a fait partir tout de suite cent soldats (1), Canadiens ou sauvages, avec ordre de s'embarquer pour couper la retraite aux Anglais ; que ce détachement était à peine rendu à l'endroit désigné, qu'il entendit venir les Anglais chantans, qu'il fit à leur approche une décharge qui ne fut pas vive, l'humidité ayant empêché plusieurs fusils de prendre ; que les Anglais gagnèrent la montagne Pelée se deffendant bien, qu'ils furent suivis de près, qu'on leur reprit trois prisonniers qu'ils n'avaient pas tués et qu'ils ont eu quarante hommes tués dont on porte la chevelure, qu'on leur en a pris huit, et qu'il ne s'en serait pas sauvé un seul,

---

(1) Cette petite troupe était commandée par les capitaines de Basserode et de Grandville, des régiments du Languedoc et de la Reine. Elle surprit les Anglais le 22 janvier.

si nos soldats avaient eu des raquètes qui les auraient empêchés d'enfoncer dans la neige et si les armes eussent été en meilleur état. Nous avons eu quinze hommes tués, et onze blessés.

Le 1er février, j'allai à Mónreal, j'y appris que M. de Vaudreuil se trouve mieux.

Le 3, ayant appris l'arrivée de M. le Marquis de Moncalm, j'allai le voir. Ce général me prévint que M. de Vaudreuil se propose d'envoyer à Carillon un corps considérable pour lequel il demande deux cent cinquante hommes des troupes de terre (1).

Le 14, M. le Marquis de Vaudreuil arriva assés bien rétabli, il fit expédier les ordres nécessaires pour rassembler le corps en question. M. de Rigaud qui doit le commander (2) est arrivé avec M. de Longueil qui le commandera en deuxième et M. Dumas, qui en sera major-général ; ils ont en passant à Saint-François chantée la guerre avec les Abenakis.

Le 16, M. de Longueil partit pour aller chanter la guerre au Sault Saint-Louis et au Lac des deux Montagnes, et inviter les Iroquois, Algonkins et Nepissingues à marcher avec M. de Rigaud.

----

(1) Vaudreuil avait formé le projet non pas d'augmenter la garnison de Carillon, mais de surprendre les Anglais au fort Georges, ou tout au moins de détruire les approvisionnements qu'ils y avaient entassés.

(2) Montcalm n'avait pas réussi à faire donner le commandement de l'expédition, soit à Lévis, soit à Bourlamaque, qui s'étaient offerts. Le choix de Vaudreuil s'était porté sur Rigaud qui, en effet, connaissait bien le pays, et paraissait capable de diriger une campagne d'hiver. « MM. de Lévis et de Bourlamaque, écrivait à ce propos Montcalm, souffrirent de la préférence ; mais ils connaissent comme moi la nécessité de la conciliation. Je n'ai pas cessé de faire part de mes réflexions pour le succès de l'expédition et d'y contribuer par le choix des détachements et par les instructions que j'ai données. Je suis toujours bien avec M. de Vaudreuil. Je lui représente, mais en même temps j'emploie tous les moyens pour la réussite de ses projets, lors même qu'ils diffèrent des miens. » Voir lettre de Lévis (15 avril 1757) : « Si M. le Marquis de Vaudreuil avoit jugé à propos de me donner le commandement du détachement qu'il confia à M. de Rigaud, je m'en serois chargé avec plaisir ; mais je n'aurois pu faire mieux qu'il n'a fait. »

Le 18, M. le Marquis de Moncalm m'ayant chargé d'aller pourvoir à Saint-Jean à l'équippement du détachement des troupes de
terre, j'allai à la Prairie, où je trouvai un nombre considérable
de soldats de la colonie et Canadiens fort embarrassés pour leur
logement auquel on n'avait pas pourvu.

Le 19, M. le Marquis de Moncalm vint à la Prairie faire la
revue du détachement des troupes de terre, qui était composé par
une compagnie de grenadiers formé sur les quatre régiments de Lassarre, R. Roussillon, Languedoc, Béarn et par un piquet de chacun de ces régiments Le général donna à dîner à M. le Chev. de
Levis, et à tous les officiers du détachement qui est commandé
par M. de Poularies, capitaine de grenadiers dans R. Roussillon.

Le 20, j'arrivai à 10 heures du matin à St-Jean. J'y trouvai la
première division en bataille sur la glace et prête à partir. Elle
était composée par six compagnies de cinquante soldats de la
colonie ou Canadiens (1) et commandée par M. de St-Martin,
lieutenant dans les troupes de la colonie. Les piquets de La Sarre
et Languedoc arrivèrent à 11 heures. Je leur fis délivrer sur le
champ les prélarts, peaux d'ours et marmittes, afin qu'ils puissent camper et faire la souppe dans le bois, à la gauche du fort.

----

(1) Ces Canadiens appartenaient soit à la milice régulière, soit à ces
fameux coureurs de bois ou chasseurs de pelleteries, dont il est tant
parlé dans les relations du xviiº et du xviiiº siècle. Voir Perrot (édit.
Tailhan), p. 130, 131, 255, 299, 312, 316, 317. Bien que Montcalm et
ses officiers affectassent de dédaigner leurs services, ces Canadiens en
rendaient et de très réels. Voir lettre de Vaudreuil au ministre de la
marine Machault (23 octobre 1756) : « Ils ont donné dans toutes les
occasions des preuves surprenantes de leur bravoure ; ils font toutes les
découvertes et les campagnes les plus pénibles ; si dans la quantité des
vivres, il s'en trouve de mauvais, ils sont obligés de les manger, tandis que
les troupes en ont qui sont bons ; ils abandonnent leurs terres et leurs
familles pour la défense de la colonie ; ils épuisent la vigueur de leur
tempérament à mener les bateaux pour les transports de troupes, approvisionner les armées et la poste, et cela sans la moindre répugnance. Ils
sont toujours prêts et d'une bonne volonté merveilleuse. »

Ils s'y arrangèrent très bien en faisant de grands trous dans la neige, mettant des branchages sur la terre et couvrant ces branches avec les peaux d'ours, pour être couchés chaudement. Ils étaient à couvert de la pluie par les prélarts, qu'on donne pour quatre hommes. Je leur fis donner le reste de leur équippement qui fut délivré avant 5 heures (1). (On a pour l'équippement d'hiver de plus que pour l'été deux paires de choussons de laine, une paire de mitaines, un gillet, des nippes (morceaux d'étoffe de laine pour mettre dans les souliers), une peau de chevreuil pour faire des souliers, un collier de tirage, une traine de clisse sur laquelle chaque homme met ses vivres, son bagage, une paire de raquêtes, et une peau de loup marin pour couvrir le tout). Les Canadiens qui avaient commencé à recevoir avant les piquets n'avaient pas encore la moitié, parce que on leur donnait à chacun en particulier.

Le 21, je fis donner des vivres pour huit jours aux deux piquets, la ration comme celle des campagnes d'été. Ces piquets de R. Roussillon et Béarn arrivèrent à 11 heures et occupèrent le camp de ceux de Lassarre et Languedoc qui étaient en bataille sur la glace formant avec trois compagnies de la colonie la seconde division aux ordres de M. Duchat, capitaine dans le Languedoc. Elle se mit en marche à 3 heures. M. de Rigaud arriva à 5 heures avec MM. de Longueil et Dumas. Trois officiers de la première division ramenèrent leurs chevaux et informèrent M. de Rigaud que les glaces ne sont pas fortes. Le commandant, qui avait compté sur leur solidité, craignant que les deux premières divisions qui n'avaient reçu des vivres que pour huit jours n'en auraient pas assés pour arriver à Carillon, leur envoia ordre de s'arrêter où elles se trouveront et de n'en partir qu'après avoir reçu le supplément de vivres qui leur sera envoié demain.

_____

(1) Note de Malartic.

Le 22, comme il n'a pas gelé dans la nuit, on a envoié un supplément de quatre jours aux deux premières divisions. La troisième, formée par les piquets de R. Roussillon et Béarn et trois
compagnies de la colonie aux ordres de M. Ducoin, capitaine
dans Royal Roussillon, est parti à midi. La compagnie des grenadiers est arrivée à midi; je l'ai fait équipper sur-le-champ et
elle a occupé le camp des Piquets. Un courrier de M. de St-Martin apprend à M. de Rigaud que les découvreurs n'ont vu que
de l'eau et que M. de Langi est allé en canot d'écorce savoir
jusqu'où la navigation est libre. M. de Rigaud a dépêché un
courrier pour faire part des nouvelles à M. de Vaudreuil.

Le 23, toutes les divisions renvoient leurs chevaux. M. de
Langi qui arrive dit avoir fait trois heures en canot, qu'il croit
le peu de glace qui reste très fragile. M. de Rigaud a mandé à
M. de St-Martin d'entrer dans le bois et d'y faire le chemin. Un
missionnaire du lac est arrivé avec beaucoup de sauvages. On a
formé une compagnie de volontaires composée par les jeunes
gens de la ville de Monréal. Un jeune homme qui arrive du
camp de St-Martin dit avoir calé en chemin. Le nommé Boileau,
guide très expérimenté qui arrive de Chambly, assure que les
chemins ne sont mauvais que jusqu'à la pointe aux Fers, où on
trouvera la glace aussi forte qu'épaisse. On a distribué les vivres
et équippemens aux Canadiens et sauvages, afin que le reste du
détachement parte demain.

Le 24, M. de Lotbinière (1), ingénieur, arrive à 2 heures du
matin, porte les ordres de M. de Vaudreuil, qui mande à M. son
frère de faire déglacer quarante-cinq batteaux (besogne difficile
parce qu'ils n'ont pas été tournés avant les gelées et qu'ils sont

---

(1) Les ingénieurs qui devaient venir de France avaient été pris par
les Anglais sur le *Lys* et l'*Alcide*. Lotbinière avait été improvisé ingénieur pour la circonstance. C'est lui qui avait fortifié l'importante position
de Carillon. Voir lettre de Lévis du 2 août 1756.

gelés avec la terre), de faire donner une augmentation de vivres à la dernière division, et de la charger d'un supplément pour les trois autres. Chose impossible, puisqu'elle est embarrassée des siens et qu'il est douteux qu'elle les joigne avant Carillon. M. de Rigaud s'est décidé à envoier savoir où sont toutes les divisions, afin d'en informer M. de Vaudreuil et de partir si la pluie cesse. Il a envoié une cariolle au camp de St-Martin pour sonder la glace et savoir si on pourra y faire passer des vivres sur des traines, a ordonné que toutes les divisions se mettront demain en mouvement, quelque temps qu'il fasse. M. de Saupé a reçu ordre de faire épier quelques sauvages soupçonnés de vouloir informer les Anglais ; à midi, je pris les ordres de M. de Rigaud et partis pour Monréal, où j'arrivai à 5 heures, pour rendre compte à M. le marquis de Montcalm.

Le 25, M. le marquis de Vaudreuil apprit que M. de Rigaud était parti le matin avec la dernière division composée par la compagnie de grenadiers, celle des volontaires, trois de la colonie et les sauvages.

Le 26, j'allai à Longueil.

Le 1ᵉʳ mars, j'allai à Monréal ; M. de Bleury, qui y arriva le soir, vint informer M. le général qu'il a porté des vivres aux trois dernières divisions à la pointe aux Pins d'où il les a vus partir et qu'il a ramené six malades. M. le général a reçu des nouvelles de l'Acadie, qui portent que les quinze cents soldats ou Acadiens que M. de Boishébert a à ses ordres ont des vivres jusqu'au 15 mai, à raison de quinze livres de farine par mois, et dix livres de bœuf salé, qu'il réserve pour les besoins quelques livres de

---

(1) Les Acadiens étaient abandonnés à leurs propres ressources. Ils ne se soutenaient qu'à force d'héroïsme et de dévouement. Voir RAMEAU, *Canadiens et Acadiens.*

morue et de lard et que les Anglais ont brûlé le fort de Gas-
paro (1).

Le 5, nouvelles du Détroit qui annoncent les sauvages dans les
meilleures dispositions pour la France, que les Katibas (2), qui
avaient commis des actes d'hostilité contre le village d'Altigué,
sont venus abjurer leur crime et demander à prendre la hache
contre l'Anglais ; que les Sauteurs ont fait dire à M. de Mui,
commandant au détroit, qu'ils viendraient au printemps recevoir
les paroles d'Ononthio. M. de Pouchot, commandant à Niagara,
mande que les Loups ont tenu un grand conseil dans lequel ils
ont proposé aux cinq nations de se déclarer contre les Anglais et
les ont menacés de les frapper et de leur mettre le mastikoté s'ils
restent neutres.

Le 8, M. de Vaudreuil a reçu des lettres de M. de Ligneri (3)
qui lui rend compte que les Katabas se sont approchés du fort
Duquène. Qu'ils ont emmené un habitant, tué un autre dont ils
ont levé la chevelure. M. de Pouchot mande que le grand froid
l'empêche de faire travailler et que sa garnison joue la comédie.

Le 10, M. de Bourlamaque est arrivé de Québec.

Le 12, j'accompagnai M. le marquis de Montcalm qui fit la
visite des quartiers de Béarn.

J'allai faire dans tous nos quartiers le décompte des vivres de
janvier et février. On avait supprimé les fournisseurs et les
habitans étaient obligés de nourrir pour 10 s. par jour les soldats
logés chez eux.

Le 15, je travaillai à préparer les équippemens et ustensiles de
la campagne.

Le 18, j'allai à la Prairie d'où je partis à 9 heures avec un de

---

(1) Le fort des Gaspareaux avait été construit sur la côte Acadienne,
non loin de la Baie Verte, en face de l'île Saint Jean.

(2) Peuplades barbares riveraines du lac Huron.

(3) De Lignery commandait les détachements sur l'Ohio.

mes camarades pour aller au sault Saint-Louis (1). Il faisait un vent si violent, et il tombait une si grande quantité de neige, que les chevaux ne voulurent pas aller en avant. Nous fûmes obligés de revenir à la Prairie.

Le 21, j'allai à Monréal. J'y appris que M. le général a été informé par un courrier de Carillon que M. de Rigaud en est parti le 15.

Le 25, M. de Lorimier arriva avec trente Iroquois de la Présentation qui demandèrent à tenir conseil. Le général le leur accorda à 4 heures. Après le début ordinaire, ils témoignèrent à Ononthio d'être fâchés de ce qu'il ne leur a pas demandé leurs guerriers pour l'expédition de M. de Rigaud, lui dirent avoir été au conseil à Orange (2), que les Anglais ont voulu leur persuader que tous les gros canots de la vieille Angleterre viendront faire cet été le siège de Québec pendant que le général Loudon, après avoir renversé d'un coup de pied les forts de Carillon et Saint-Frédéric, fera celui de Monréal (3). Ononthio les remercia de leur bonne volonté et leur promit ses réponses pour demain.

Le 26, j'allai à Longueil, le 28 à la Prairie et le 29 à Boucherville pour des inspections. J'y appris que M. Mercier, qui a passé la nuit dernière, va informer M. le général que M. de Rigaud n'a pas pu surprendre (4) le fort Georges, mais qu'il a fait

---

(1) Sur le Saint-Laurent, en amont de Montréal, en aval de la Présentation.

(2) Aujourd'hui Albany. C'était en effet le quartier général de lord Loudoun.

(3) Il y avait du vrai dans ces allégations. En janvier 1757, un grand conseil avait été tenu à Boston, auquel assistèrent lord Loudoun et les gouverneurs de la Nouvelle Angleterre et de la Nouvelle Ecosse. Il y fut résolu de lever les milices de ces deux provinces, de les joindre à 5,000 soldats réguliers arrivés avec lord Howe, et de tenter une attaque générale du Canada, d'abord contre Louisbourg.

(4) Le 18 mars, une reconnaissance avait été effectuée par le capitaine Poulariés. Le soir même le capitaine Dumas s'était avancé sur la glace

brûler (1) quatre barques, trois cents batteaux, trois hangards, une grande écurie, deux fours à chaux, un moulin à scie et un grand chantier de bois de chauffage, qu'il a fait sommer le commandant de se rendre ; qu'il lui a répondu que, quand il serait de cet avis, sa garnison n'y consentirait pas et qu'il a été forcé de voir brûler ses dehors sans pouvoir s'y opposer.

Le 30, j'allai à Varennes et le 31 à Monréal. J'y lus la relation de tout ce qu'a fait le corps aux ordres de M. de Rigaud pendant les cinq jours qu'il a été campé auprès du fort Georges (2).

Le 2 avril, nos grenadiers, excepté un seul qu'on croyait noyé, arrivèrent de Saint-Jean. M. de Poulariés, qui avait eu la main brûlée dans cette expédition, s'arrêta un moment à Longueil.

Le 4, j'allai à Monréal prendre des arrangemens pour faire parvenir à Carillon les effets de notre piquet, qui y est resté et qui n'avait emporté que l'équipement d'hiver et les vestes. Ceux des autres bataillons y sont aussi restés.

Le 7, le grenadier qu'on croyait noyé, homme très brave nommé Basin, arriva chez moi à 7 heures, me dit avoir

___

pour visiter les abords du fort : un soldat le précédait, frappant la glace avec sa hache pour s'assurer de sa solidité. Ce bruit le trahit. Les Anglais prévenus se tinrent sur leurs gardes.

(1) C'est dans les nuits du 21 et du 22 mars, que fut consommée l'œuvre de destruction. Il n'y eut d'épargné que le fort et encore n'échappa-t-il aux flammes que parce que le vent n'avait pas favorisé l'incendie.

(2) Lettre de Montcalm au ministre : « Les Canadiens ont été étonnés de voir que nos officiers et soldats ne leur ont cédé en rien dans ce genre de marche auquel ils n'étaient pas accoutumés. Il faut en effet convenir qu'on n'a pas d'idée en Europe des fatigues où l'on est obligé pendant six semaines de marches et coucher toujours quasi sur la neige ou sur la glace, être réduit au pain et au lard, et souvent à porter et traîner des vivres pour quinze jours. Nos troupes l'ont soutenu avec beaucoup de gaîté et pas le moindre murmure. Je ne saurais donner trop d'éloges à M. de Poulariés, qui commandait notre détachement. C'est un officier de grande distinction. »

été aveuglé (1) par la neige et privé de la vue pendant deux jours qu'il a passés dans l'isle à Lamothe. Qu'en traversant le lac il a calé cinq fois, et qu'il ne se serait pas sauvé sans l'aide des sauvages.

Le 8, le dégel rendit toutes communications difficiles.

Le 11, on traversa encore le fleuve en voitures sur la glace.

Le 13, je fis partir un sergent et un soldat pour escorter jusqu'à Saint-Jean les équippages de notre piquet.

Le 14, j'appris que le chemin de Saint-Jean était impraticable et que les équipages ne pouvaient pas y parvenir.

Le 18, j'allai à Bouchervillle. Ce fleuve commença à soulever les glaces, l'eau gagna le chemin je fus obligé de m'embarquer pour en traverser quelques parties.

Le 19, le fleuve refoula. Il se forma plusieurs chenaux et le soir il restait peu de glace.

Le 20, j'envoiai à Montréal un grenadier qui, à son retour, me dit qu'on traverse facilement le fleuve en batteau. M. le marquis de Montcalm me mande de prévenir le régiment de se tenir prêt à partir pour Carillon dès que la navigation sera libre, et qu'il fait passer le même avis à R. Roussillon, que M. de Bourlamaque commandera sur cette frontière et que La Sarre est destiné à travailler à Saint-Jean.

Le 21, je me rendis à Monréal sans obstacle. J'y appris les nouvelles arrivées hier de France, portées à Louisbourg par un senault entré dans le port le 20 février et parti de la Rochelle le 20 novembre.

---

(1) La retraite de Rigaud fut en effet marquée par un singulier incident, qui s'est renouvelé dans l'expédition d'Egypte sous Bonaparte. Le tiers des hommes d'un des détachements fut tout à coup frappé de cécité. On fut obligé de les conduire par la main. Cette ophthalmie ne fut que passagère. Deux jours de traitement la firent disparaître. Lettre de Montcalm au ministre, 26 avril 1757.

Le 23, je pris les arrangemens nécessaires pour l'équippement du régiment. L'abbé Piquet arriva de la Présentation.

Le 26, M. le marquis de Vaudreuil donna ses ordres et paquets à un officier de la garnison de Louisbourg qui y retournait. J'arrêtai les revues des quatre premiers mois 1757 avec le secrétaire du commissaire, M. Doreil étant resté malade à Québec.

Le 27, je revins à Longueil.

Le 30, j'allai à Monréal faire distribuer au régiment l'équippement.

Les 1er et 2 mai, j'allai dans tous nos quartiers faire les décomptes et avertir qu'on fût prêt à partir le 8.

Le 3, j'allai à Monreal pour les affaires du régiment.

Le 4, j'allai à Longueil et chercher un détachement de cinquante hommes avec lequel je vins à Monreal.

Le 5, je fis embarquer le détachement dans six batteaux destinés pour M. de Bourlamaque. Ils partirent à 10 heures pour descendre le fleuve jusqu'à Sorel et remonter la R. de Chambly.

Le 6, le régiment vint chercher des batteaux et prendre des vivres pour quatre jours.

Le 8, MM. les Marquis de Vaudreuil et de Moncalm envoient au régiment de Béarn ordre de partir demain de ses différens quartiers pour Saint-Jean, où il se rassemblera.

Le 8, M. de Bourlamaque est parti pour la Prairie, étant désigné pour faire les fonctions de major-général de son camp. Je m'embarquai avec lui. Nous montâmes à cheval à la Prairie, d'où nous gagnâmes la rivière du Poteau où nous nous embarquâmes et arrivâmes à 4 heures à demi lieue du fort de Chambly. Nous y trouvâmes rendu le régiment de R. Roussillon qui était occupé à faire le portage de ses bagages. Les batteaux de M. de Bourlamaque y arrivèrent à 6 heures.

Le 9, le régiment R. Roussillon partit à 7 heures. On fit le portage des équippages qui étaient dans les six batteaux de M. de

Bourlamaque. On nous donna à Sainte-Thérèse d'autres batteaux qui nous portèrent à Saint-Jean.

Le 10, R. Roussillon partit à 8 heures, M. de Bourlamaque à 11 heures, et campa à la Prairie à Boileau à 4 heures.

Le 11, nous nous embarquâmes à 4 heures, débarquâmes à la Pointe aux Fers pour laisser reposer les soldats et Canadiens, doublâmes ladite pointe et fîmes la traversée malgré le vent contraire. Nous cherchâmes inutilement un camp dans deux petites anses, nous fûmes obligés de pousser jusqu'à la Pointe aux Roches. Un septième batteau que nous avions pris à Saint-Jean ne nous y joignit pas.

Le 12, nous nous embarquâmes à 5 heures. M. de Bourlamaque envoia un batteau à la recherche de celui qui nous manquait. Nous profitâmes d'un assez bon vent pour aller camper aux Gravois.

Le 13, nous nous embarquâmes à 4 heures, doublâmes le Rocher Fendu, arrêtâmes à l'Isle Pelée, à midi à Saint-Frédéric et nous arrivâmes à Carillon à 6 heures. M. de Bourlamaque y trouva trois prisonniers que les Outaouas et Nepissingues ont enlevés auprès du fort Lydius, lesquels disent que les Anglais sont très tranquilles dans les deux forts, qu'on rassemble à Neufyork (1) beaucoup de troupes destinées à un embarquement.

Le 14, M. de Langy arriva à la Pointe du Jour avec vingt-cinq Iroquois, et deux prisonniers qu'ils ont faits auprès du fort Georges, ils confirment les dépositions de ceux d'hier.

---

(1) Pitt, le futur lord Chatam, et Legge venaient d'être nommés ministres. Ils avaient obtenu qu'on pousserait la guerre avec vigueur. Non seulement on avait envoyé des escadres et des troupes de renfort considérables en Amérique, mais encore le parlement, connaissant là famine qui menaçait nos colonies, avait interdit l'exportation des denrées hors des domaines britanniques.

M. de Bourlamaque fit la revue des piquets des troupes de terre et de la colonie. M. de Sabrevois partit pour Monreal avec les Outaouas et Nepissingues. R. Roussillon arriva à midi et campa entre le fort et la redoutte. Les Iroquois allèrent à la découverte pour tâcher d'enlever quatre Agnès qu'ils ont vus partir du fort Georges.

Le 15, le général fit partir pour Monreal le piquet du régiment de la Reine avec tous les malades. M. de Lusignan qui avait commandé pendant tout l'hiver à Carillon, s'embarqua pour aller reprendre le commandement de Saint-Frédéric. Les piquets de Lassarre et Languedoc quittèrent leurs barraques pour aller camper en avant et ceux de Béarn à la gauche de R. Roussillon.

Le 16, le général alla reconnaître la Chûte et le Portage pour voir où il asseoira les deux camps ; il n'y trouva pas de meilleures positions que celles de la campagne dernière. On fournit soixante-seize travailleurs pour les ouvrages du fort. Le nommé Laforce, interprète, partit avec quatre sauvages pour aller faire une découverte sur le chemin de Lydius. M. de Gaspé arriva à 6 heures avec plusieurs batteaux qui portaient les troupes de la colonie destinées à camper à la Chûte et au Portage et des ouvriers de différentes professions pour les ouvrages du fort.

Le 17, quatre-vingt-un travailleurs à 6 heures du matin. Deux soldats de R. Roussillon avec un Canadien qui étaient allés dans les bois avant l'escorte, vinrent avertir le général que le Canadien venait d'être pris par les Anglais. Le général fit partir sur le champ trente-cinq hommes aux ordres de M. de Calan, du régiment de Languedoc et quelques minutes après, deux officiers avec douze soldats et un sauvage pour les poursuivre et tâcher de les couper à la Montagne Pelée. Il fit à 8 heures la revue des trouppes de la colonie, dont il forma huit compagnies pour en envoyer cinq camps au bout du Portage et trois à la Chûte, il les trouva en mauvais état, la plupart des armes hors de service, et les soldats manquant de tout (1).

A 4 heures on entendit les détachements sortis le matin, les cris qu'ils faisaient firent juger qu'ils ramenaient le prisonnier. MM. le Borgne et Boucherville, débarqués les premiers, informèrent le général qu'ils avaient devancé avec cinq soldats le détachement au delà de la Montagne Pelée, qu'ils ont joint auprès des arbres maltachés les Anglais, qui, dès qu'ils les ont apperçus, ont abandonné le prisonnier, leurs vivres et tout ce qu'ils portaient, qu'ils ne les ont pas suivis à cause de leur petit nombre.

Le 18, le général est allé établir M. de Gaspé au Portage et M. de Celorom à la Chûte, et leur prescrire ce qu'ils ont à faire pour leur sûreté.

Le 19, beaucoup de travailleurs furent employés à remplir le terre-plein du rempart et des parapets, d'autres à miner, plusieurs ouvriers à faire des brouettes. On avait laissé voler et brûler celles de la campagne dernière.

Le 20, on apperçut par la trouée plusieurs batteaux qu'on jugea porter le régiment de Béarn, attendu depuis plusieurs jours. Le régiment débarqua à 10 heures et campa à la gauche du R. Roussillon.

Le 21, le général fit partir les batteaux de Béarn avec les malades. Une des barques mouilla devant le Hangard, elle portait des

---

(1) On commençait en effet à se dégoûter en France du Canada. Le budget de la colonie, ordinairement d'un million, s'était élevé à six millions en 1755, à onze en 1756, et il allait atteindre dix-neuf millions en 1757. On ne savait pas encore que les fonds d'Etat servaient aux trafics honteux de l'intendant Bigot et de ses complices, et à de scandaleuses fortunes. Aussi excuse-t-on presque la déplorable lettre de Voltaire à Moncrif, en date du 27 mars 1757: « On plaint ce pauvre genre humain, qui s'égorge à propos de quelques arpents de glace au Canada. »

munitions et de l'artillerie. Neuf Iroquois arrivant de Saint-Louis demandèrent à aller faire un coup au fort Lydius.

Le 22, le général envoia à Saint-Frédéric un détachement de soixante-seize hommes pour chercher des vivres. Il alla avec une escorte de grenadiers reconnaître les environs de la Chûte, visitter le camp et celui du Portage, il en trouva les travaux avancés.

Le 23, la barque mit à la voile. Le détachement sorti hier ramena dix batteaux chargés de vivres. L'interprète et les quatre sauvages sont revenus. Ils disent s'être approchés du fort Georges, d'où ils ont vu sortir quelques hommes, qu'ils n'ont apperçu dans le dehors ni tentes, ni batteaux, qu'ils se sont embusqués sur le chemin de ce fort à Lydius, qu'ils y ont vu passer des charriots escortés par deux cents hommes, et qu'ils n'ont pas pu en prendre un seul, qu'ils ont ensuite été auprès de Korlack, où ils ont tué un homme.

Le 24, le nombre des travailleurs fut augmenté pour aider les mineurs à déblayer les pierres des deux demi-lunes. Les sauvages tinrent conseil et témoignèrent un grand mécontentement de ce qu'on ne leur donne plus d'eau-de-vie. M. de Lotbinière, attendu depuis plusieurs jours, arriva avec trois batteaux chargés de boissons et provisions pour la cantine. Il nous apprit qu'on n'avait pas encore des nouvelles de France. Les lettres du fort Duquêne et de Niagara annoncent que les Anglais feront une tentative sur la Belle Rivière (1).

Le 25, le général envoya un détachement de cent douze hommes

---

(1) Les Anglais ne purent exécuter leurs projets contre les établissements de l'Ohio que beaucoup plus tard. Voir plus loin, année 1759. Lévis redoutait cette attaque. Voir dans sa correspondance lettre du 4 septembre 1757 au maréchal de Mirepoix : « La frontière de la Belle Rivière est sans contredit la partie de la colonie la plus faible et la plus difficile à soutenir, mais il faut cependant nous y maintenir à quelque prix que cela puisse être. Le salut de la colonie et de la Louisiane en dépend. »

faire un abbatis sur la rive droite de la R. de la Chûte pour garantir la navigation des surprises des Agnès. Les sauvages s'enivrèrent, volèrent dans le camp et eurent peine à partir. On laissa aller à la pêche, dans la R. du Pendu, trente hommes qui rapportèrent cent vingt carpes belles et bonnes.

Le 26, on continua l'abbattis. On ouvrit un chemin du hangard au fort afin de pouvoir monter plus facilement l'artillerie. On démolit les casernes de bois. Il nous arriva de Saint-Frédéric un batteau et un canot chargés de poisson.

Le 27, continuation de l'abbatis. On envoia à la pêche un détachement qui en fit une assez bonne. On commença un bâtiment pour la boulangerie.

Le général, qui passait sur les travaux les momens qu'il avait de libres, alla visiter l'abbatis. La barque construite dernièrement à Saint-Jean mouilla à 7 heures devant le hangard.

Le 28, travaux ordinaires pour le fort et l'abbatis. On déchargea la barque et on monta sept canots au fort.

Le 30, le général alla à l'abbatis où il n'avait envoié que vingt-six hommes, qui devaient le finir dans la journée, et faire ensuite du bois pour les fours à chaux. Il se rendit au portage et à la Chute pour visiter les travaux qui s'y font et reconnaître le chemin que tiennent les Agnès pour venir à la Chûte. On fournit une corvée pour porter à la Chûte les bois et instrumens du moulin et monter du bois aux fours à chaux.

Le 31, on envoia un détachement de trente hommes couper plusieurs arbres qui bornaient la vue du fort sur la rive gauche de la R. de la Chûte. On radoubla tous les affûts marins. On plaça des canons derrière les embrasures du fort. Les Iroquois sont revenus à 2 heures et disent avoir été sur le chemin du fort Georges à Lydius; qu'ils ont trouvé à mi-chemin un camp duquel ils ont vu sortir des troupes. Ils demandent à répartir pour faire des prisonniers.

Le 1er juin, augmentation de travailleurs pour aller chercher sur des diables des pièces nécessaires pour les parappets de demi-lunes. Le général tint conseil avec les sauvages. Ceux du Sault lui promirent de s'acheminer vers le fort Georges, et ceux de la Présentation lui dirent qu'ils veulent aller à Monréal. On envoia un détachement éclaircir une pointe de la R. de la Chûte et faire du bois pour les fours à chaux. Les Iroquois partirent à 2 heures avec un officier et un cadet.

Le 2, augmentation de travailleurs pour en employer une partie à abattre une élévation qui était à vingt toises en avant de la demi-lune du plateau.

Il arriva à 7 heures six sauvages de différentes nations conduits par M. de Langlade. Ils demandèrent à aller vers Orange.

Le 3, on envoia à Saint-Frédéric un détachement de quatre-vingts hommes chercher des vivres. Le général tint conseil (1) avec les sauvages, qui lui témoignèrent être fort aises de le voir, lui demandèrent beaucoup de choses et lui dirent que, puis-qu'ils désirent qu'ils aillent contre les deux forts, ils sont prêts à souscrire à ses volontés quoique M. de Vaudreuil les ait engagés à aller faire des prisonniers dans la partie d'Orange. Les sau-vages partis le 1er sont arrivés à 2 heures pour informer qu'ils s'approchèrent hier du fort Georges, qu'ils en virent partir une berge chargée de trente hommes et qu'ils croient qu'elle a abordé aux arbres maltachés. Le général a fait partir M. de Langlade avec des sauvages pour tâcher de l'enlever.

Le 4, le général alla reconnaître avec M. le chevalier de Ber-nets, commandant de R. Roussillon et plusieurs officiers des deux

---

(1) On aura remarqué la fréquence des conseils tenus par Montcalm avec les sauvages. Il entrait en effet dans sa politique d'avoir pour alliés les indigènes, et, avec un art infini et une patience admirable, il savait, tout en sacrifiant à leurs usages, les diriger à son gré.

bataillons le chemin qui conduit au poste qu'ils doivent occuper si l'ennemi vient, et celui de ce poste à la Chûte. Il les a trouvés (1) bien plaqués. Le détachement parti hier a ramené dix batteaux chargés de vivres. M. Langlade, revenu à 3 heures, rapporte avoir trouvée la piste des Anglais et l'avoir ensuite perdue sans pouvoir la trouver ; qu'il l'a jugée de douze hommes, qui ont vraisemblablement gagné la Montagne Pelée, d'où ils ont dû les voir arriver au camp de Gaspé et se sauver à leur aise, ayant beaucoup d'avance sur eux. On a donné aux sauvages des vivres pour douze jours afin qu'ils puissent partir demain de bonne heure.

Le 5, les sauvages demandèrent encore certaines choses. Ils voulurent mener avec eux un sergent et sept soldats qu'ils connaissaient bons marcheurs pour le fond de la baye, où ils doivent cacher leurs canots. On a envoié à Saint-Frédéric des maçons pour réparer les cheminées et les fours.

Le 6, augmentation de travailleurs pour abbattre beaucoup d'arbres à l'entrée du bois qu'on traverse pour aller à la Chûte. Le chirurgien-major de l'armée est arrivé avec deux batteaux.

Le 7, pendant qu'on assemblait les travailleurs, on entendit plusieurs coups de fusil et les boëtes du Portage et de la Chûte qui annonçaient l'arrivée des ennemis. On battit la générale. Dans ce moment, le général s'embarqua pour la Chûte avec les deux compagnies de grenadiers et les piquets du petit camp. Les bataillons laissèrent chacun un piquet et toutes leurs gardes pour la garde du fort aux ordres de M. de Lhopital. R. Roussillon se porta par le nouveau chemin sur les hauteurs de la rive gauche de la Chûte qui communiquent au chemin des Agniès et aboutis-

---

(1) On marque les chemins dans les bois en fesant des entailles aux arbres de distance en distance après quoi on dit le chemin est plaqué. (Note de Malartic).

sent à un vallon impraticable. Béarn à la Chûte dans son ancien camp en suivant le vieux chemin. Le général en débarquant à la Chûte fit marcher une compagnie de grenadiers, quelques minutes après l'autre, et deux piquets de Béarn pour secourrir ou dégager M. de Gaspé dont il ne recevait aucune nouvelle. Il demanda à Béarn un autre piquet pour garder le chemin, et se porta au bout du Portage où il apprit qu'avant le départ des découvertes une sentinelle avait apperçu dans le bois du monde, sur lequel il avait déchargé son fusil, qu'il en est sorti une trouppe qui a fait par peloton plusieurs décharges sur le camp, a paru chercher à le tourner et est rentrée dans le bois dès qu'il a entendu les boîtes ; que le détachement envoié à sa poursuite l'a vu de loin se rembarquer dans onze berges. Le général a fait partir deux détachements, leur a ordonné de suivre les deux rives du lac et d'observer les mouvements des ennemis, a envoié aux bataillons ordre de rentrer, est revenu à midi avec les piquets et a trouvé arrivés vingt-deux batteaux chargés de vivres et d'effets pour l'hôpital. Les détachements rentrés à deux heures ont dit avoir vu près le Pain de Sucre les berges faisant route vers le fort Saint-Georges. On a envoié un détachement de quarante hommes de troupes de terre au camp du Portage. A 4 heures du soir, les travailleurs se rendirent aux ouvrages, commencèrent un épaulement pour couvrir la boulangerie, les boutiques et écuries qui sont au-dessous du fort sur le bord de la R.

Le 8, travail ordinaire. Le détachement envoyé au camp du Portage est rentré à 8 heures. M. Jacob, lieutenant d'artillerie, est arrivé avec vingt-quatre batteaux chargés pour l'artillerie. On en a envoyé dix à Saint-Frédéric pour y charger des vivres. Les sauvages que le général voulait envoier au Portage, ont refusé de marcher.

Le 9, travailleurs à l'ordinaire. Il est parti dix-huit batteaux pour Saint-Jean. Les sauvages se sont enfin embarqués pour le

Portage. On a envoié un détachement chercher dans les bois de la sapinette, qui est un des meilleurs remèdes contre le scorbut (1). Le général est allé au Portage pour lier les sauvages par six branches de porcelaine et les engager à aller auprès du fort Saint-Georges. On a commencé à former le parc d'artillerie à la droite de R. Roussillon.

Le 10, augmentation de travailleurs. On a envoié dans le bois un détachement pour y faire des fascines. Il est parti vingt-deux batteaux pour Saint-Jean et deux pour aller prendre à Saint-Frédéric des ustensilles pour l'hopital. Le général a fait la visitte des magasins pour contenter les troupes de la colonie.

Le 11, travaux et détachements ordinaires. Vers 4 heures, un orage très violent a suspendu le travail.

Le 12, on a mis à l'air toutes les poudres qui étaient fort humides. A 10 heures, dix Nepissingues arrivant dans un canot, dirent que le parti de M. de Langlade a attaqué une garde avanthier, a pris quatre hommes et fait quatre chevelures, qu'il a été serré par les Anglais qui ont marché à leurs canots ; un quart-d'heure après, on entendit plusieurs coups de fusil sur le cap Diamant. On y envoia huit batteaux qui ramenèrent soixante-dix sauvages et cinq soldats. M. Langlade ajouta au compte-rendu par les Nepissingues qu'il a été forcé, pour revenir plus vite, d'abbandonner ses canots et de laisser dans les bois un sauvage blessé, un sergent et deux soldats qui ne pouvaient plus marcher aussi vite qu'eux. Les dépositions des prisonniers portent qu'il y a deux

---

(1) Cartier avait déjà éprouvé pour ses hommes, presque tous atteints du scorbut, les effets bienfaisants de ce remède. « Lequel arbre, écrit-il, a faict telle opération, que si tous les médecins de Louvain et de Montpellyer y eussent esté avec toutes les drogues d'Alexandrie, ilz n'en eussent pas tant faict en ung an que ledict arbre a faict en six jours, car il nous a tellement proffité, que tous ceulx qui en ont voullu user ont recouvert santé et guarison la grâce à Dieu. »

mille hommes au fort Georges et quinze cents à Lydius, la plus
grande partie miliciens (1), qu'on y attend des renforts, que la
petite vérolle y règne ainsi qu'à Orange, qu'on travaille aux fortifications des deux forts, que le lord Loudon s'est embarqué il y
a trois jours à Neuf-York avec les troupes réglées pour aller faire
le siège de Louisbourg. Les sauvages tinrent conseil chez le général, qui leur proposa d'aller chercher le blessé. Ils s'y refusèrent,
disant qu'Ononthio leur avait recommandé de se presser de lui
porter des nouvelles. M. de Langi est arrivé à 7 heures, a rendu
compte au général qu'il s'est approché de très près du fort Georges, qu'il n'a vu dans le dehors que vingt tentes, que ses sauvages
ayant voulu enlever deux sentinelles, ont été découverts et
qu'il est sorti du fort quatre-vingts hommes qui les ont forcés
de s'éloigner. Un détachement est allé reconnaître le revers
de la Montagne du Serpent Sonnet qui borde le chemin du
Portage.

Le 13, travaux ordinaires. Le général se donne beaucoup de
mouvemens pour décider les sauvages à aller chercher leur
blessé. Il en partit enfin cinq qui furent conduits en batteau par
huit soldats, qui les débarquèrent à une lieue du camp. Les Iroquois revenus avec M. de Langi partirent pour Monréal. A
3 heures, on entendit trois coups de fusil au cap au Diamant. On
y envoia un batteau qui ramena un des sauvages parti le matin,
qui s'était perdu. A 4 heures, on entendit sur le même cap

---

(1) Toutes ces nouvelles étaient vraies. Ce fut en apprenant le départ
de lord Loudoun pour Louisbourg que Vaudreuil et Montcalm se décidèrent à attaquer William Henry. La possession de ce fort permettait aux
Anglais de tomber sur nous à l'improviste. Il importait de les débusquer
et de les rejeter sur l'Hudson, sans attendre plus longtemps les vivres et
les renforts attendus d'Europe. Lévis conseillait une diversion contre
New-York, et, si on réussissait, la création d'une république indépen-
dante, sous le protectorat de la France. Voir lettre au maréchal de
Mirepoix du 4 septembre 1757.

d'autres coups de fusil. Les Iroquois qui s'y rendirent avec leurs
canots ramenèrent les autres sauvages qui dirent avoir trouvé
des pistes fraiches et qu'ils croient qu'un détachement ennemi
considérable rôde dans les environs. Le général a proposé aux
sauvages d'aller à sa rencontre. Ils lui demandèrent à tenir conseil et le prièrent de leur donner cent Français. Il leur répondit
qu'il ne les leur accorderait qu'autant que ce serait pour les
poster dans des points propres à combattre ou favoriser leur
retraite : les Outaouas, Nepissingues et Sauteurs refusèrent de
marcher. Les Iroquois promirent de partir demain, demandèrent
un sergent et vingt hommes pour les conduire en batteau jusqu'à
une certaine distance. Un habitant parti le matin pour le petit
marais ne revint pas.

Le 14, le sergent et les vingt soldats, partis dans la nuit avec
les sauvages sont rentrés à la pointe du jour après avoir mis les
Iroquois à terre à trois lieues du camp. Les Outaouas partirent
pour Monréal. M. de Gaspé a mandé au général que la berge
de la découverte a vu cinq hommes à l'ancien camp de Contrecœur.

A une heure, on entendit des coups de fusil sur le camp au
Diamant. On y envoia trois batteaux qui ramenèrent les Iroquois
qui rapportèrent avoir vu passer deux cents Anglais conduisant
deux prisonniers attachés et qu'ils n'ont pas osé les attaquer,
ayant reconnu des sauvages parmi eux. A 2 heures, on apperçut
un petit canot doublant le cap au Diamant. Nous fûmes surpris
agréablement d'en voir sortir le sergent et les deux soldats
abandonnés dans le bois. Le sergent rendit compte au général
que les canots des sauvages ainsi que leur bagage sont dans l'endroit où ils les ont cachés ; que les Anglais n'en ont pas approché
et que le canot qu'il ramène est un de ceux-là. La petite barque
est arrivée chargée de paille pour l'hôpital et d'équippemens pour
les trouppes. Quinze Iroquois sont partis pour Monréal.

Le 15, un détachement de soixante-dix hommes est parti pour aller chercher des vivres à Saint-Frédéric. Le général tint plusieurs conseils avec les sauvages qui lui promirent de partir demain. Les malades qui étaient dans l'hôpital du fort furent transportés dans celui de la redoute.

Le 16, augmentation de travailleurs pour traîner deux diables (1). On fit un chemin pour descendre de l'hôpital au bas du rocher, afin de pouvoir y puiser de l'eau qui y est moins mauvaise qu'ailleurs. Après midi, le mauvais temps suspendit les travaux.

Le 18, travaux et détachement à l'ordinaire. La goëlette arriva à 11 heures. Les Outaouas restés à la garde de leur blessé arrivèrent dans le canot de l'habitant pris dernièrement. Ils demandèrent qu'on allât chercher leurs camarades qu'ils avaient laissés à une lieue d'ici. On y envoya un détachement de douze hommes qui les ramena. A 2 heures, le général tint conseil avec des Iroquois qui lui demandèrent de partir demain pour le fort de Couarinet près duquel ils espèrent faire des prisonniers. Il est arrivé deux batteaux de Saint-Frédéric.

Le 19, relâche pour les travaux. Un détachement est allé mettre le feu à l'abbatis de la R. de la Chûte ; un autre alla chercher de la pruche et de la sapinette. Il partit deux batteaux pour Saint-Frédéric. Dix sauvages du parti de M. de Langi ramenèrent quatre canots abandonnés par les Outaouas. Le général alla reconnaître le revers de la montagne du Serpent Sonnet et se rendit au Portage suivant toujours le revers, et fit à son retour un nouvel emplacement pour l'hôpital. Le moulin à scie commença à travailler.

Le 20, travaux ordinaires. Les sauvages partirent pour le fort

---

(1) On nommait ainsi deux petits charriots à roues très basses pour traîner de très grosses pièces de bois (Note de Malartic).

de Couarinet. Un officier du camp du Portage vint rendre compte
que la découverte avait vu deux berges anglaises arrivant à
pleines voiles, qu'elles avaient changé de route dès qu'elles
avaient apperçu les nôtres, qu'une des deux a chaviré. La goëlette appareilla. M. de Lusignan informa le général qu'un soldat
de sa garnison, qui alla hier furtivement à la chasse, a été pris.
Les sauvages qu'on voulait envoyer au Portage ont refusé d'y
aller et de prêter de leurs canots.

Le 21, un détachement de douze hommes est parti avec quatre
sauvages pour tâcher de découvrir les pistes des Anglais qui
rôdent dans les environs dé Saint-Frédéric. Il arriva un canot de
Mississagués et quarante batteaux portant deux cents hommes
des troupes de la colonie. Nouvelles de France arrivées le 5 à
Québec et le 8 à Monréal.

Le 22, le général fit la revue du détachement arrivé hier, qu'il
envoya à la Chûte et au Portage pour renforcer ces deux camps.
M. de Gaspé mande que la découverte a vu deux berges anglaises
à l'endroit où avaient pris terre les troupes qui fusillèrent son
camp ; qu'il a envoié un détachement de soixante hommes pour
enlever ceux qui seront à terre. Les quarante batteaux sont partis
avec une escorte de huit hommes.

Le 23, on a commencé le nouvel hôpital ; on a donné une
escorte aux charpentiers, qui ont été couper les bois nécessaires
sur la rive gauche de la R. de la Chûte. On a envoié dans des
batteaux un détachement chercher des planches au moulin.
Augmentation de travailleurs pour l'artillerie et le génie. Le
détachement sorti du camp du Portage y est rentré.

Le 24, le général est allé au Portage par les montagnes. On a
trouvé ce chemin aussi long et moins praticable que l'autre. On
lui a rendu compte que la découverte a encore vu des berges
anglaises. Il est arrivé un écrivain de la marine pour faire les
fonctions de commissaire ; il a mené des boulangers et armu-

riers. On a marqué le camp du régiment de la Reine en avant de celui des Piquets.

Le 25, il est parti dix batteaux chargés de briques pour Saint-Jean afin qu'on puisse réparer les fours. M. Jacob a fait l'épreuve d'un canon de douze, qu'il a fait monter sur le devant d'un batteau. Il a tiré très juste et il se démonte facilement. Il est arrivé six Abenakis qui se disent suivis par deux cents autres sauvages. Le mauvais temps a suspendu les travaux.

Le 26, beaucoup de pluie. On a envoié un petit détachement couper du gros bois pour faire au Portage des fours en terre ; il manque depuis hier cinq soldats de ce camp. Le général alla visiter ces deux camps, ordonna une découverte par terre d'un officier et cinq sauvages pour savoir si les Anglais ont des postes dans les isles du lac.

Le 27, à une heure après minuit, le sergent de garde du petit camp envoia rendre compte que la sentinelle et le caporal de garde avaient entendu des berges filer le long du cap au Diamant. Le général se porta sur le champ sur la pointe de l'hôpital pour questionner la sentinelle. Celle du piquet de Béarn ainsi que le caporal lui dirent n'avoir entendu que le bruit ordinaire des lames se brisant contre le rocher. Il fit partir un officier et huit soldats dans un canot d'écorce pour aller fouiller les anses et bayes et pousser, s'il ne rencontre aucun ennemi, jusqu'au fort Saint-Frédéric en donnant avis à M. de Lusignan et à la Banque. Il a fait demander à M. de Gaspé quelques soldats pratiques des bois qu'il a envoiés sur le chemin de Saint-Frédéric en suivant les deux rives pour voir si les berges ont abordé l'une ou l'autre. Il a fait poster un caporal et quatre hommes en avant du bois de réserve pour découvrir toutes les berges et batteaux qui viendraient de Saint-Frédéric et a ordonné qu'on gréyât plusieurs batteaux. A 2 heures, on entendit plusieurs coups de fusil qui étaient le signal du caporal pour avertir qu'il voit des berges. Comme ils n'ont pas

été suivis par d'autres, on les a jugés tirés dans les bois. A
3 heures, l'officier envoié à Saint-Frédéric est revenu rendre
compte n'avoir rien vu en allant et revenant; que plus de 500 sauvages qui sont depuis hier à Saint-Frédéric battent les bois dans
le Nord et le Sud. Les Outaouas arrivés à 6 heures doivent
n'avoir trouvé que de vieilles pistes. M. de Langi, arrivé à
11 heures, mène deux prisonniers faits sur le bord de la R.
d'Orange, deux chevaux et le reste des canots et équippages du
parti de Langlade. Les prisonniers disent qu'on assemble les
milices et qu'il y a des petits camps sous les forts de la R.
d'Orange pour la sûreté des convois.

Le 28, travail ordinaire. Les Iroquois revenus avec M. de
Langi partirent pour Monréal. Les Outaouas tuèrent plusieurs
moutons dans le camp disant que tous les bestiaux qui sont sur
la terre leur appartiennent et qu'ils y sont pour les besoins communs du monde ; on ordonna de les enfermer. Ils demandèrent
dans le conseil des fusils, des équippemens et de la viande fraîche.
Le général leur donna deux de ses moutons. Il vint du Portage
trois officiers et sept cadets pour aller en guerre avec eux. On
augmenta les gardes pour en mettre une au parc d'artillerie qui
devenait considérable. Il arriva à 7 heures du soir sept soldats
dépêchés de Saint-Frédéric pour informer que deux prisonniers
anglais désertés de Monréal se sont rendus hier au fort exténués
de fatigue et de faim ; qu'ils disent être partis de Monréal il y a
quinze jours au nombre de quatre ; qu'eux deux ont mieux aimé
venir au fort que de mourir de faim ; que les autres continuent
leur route vers le fort Georges. La découverte du Sud arriva hier
au soir à Saint-Frédéric.

Le 29, il partit deux batteaux avec une escorte de douze
hommes pour aller chercher des bœufs à Saint-Frédéric. On
mit une garde à la boulangerie pour garder le biscuit, dont
on faisait une grande quantité et qu'on laissait gaspiller. Le

général a envoié cent travailleurs commencer un chemin qu'il a fait tracer de la Chûte au Portage pour le passage de l'artillerie et a passé la plus grande partie de la journée au conseil avec les sauvages qui le fatiguent par leurs demandes continuelles et qui tuèrent, en sortant du conseil, un taureau. Quelques Iroquois et Outaouas s'ennivrèrent et se battirent.

Le 30, travail ordinaire. Les sauvages partirent à neuf heures pour le fond de la baye. On porta des madriers et des planches du moulin. Le général alla voir le nouveau chemin qu'il trouva avancé et beau.

Le 1er juillet, travail ordinaire. On envoia un batteau à la recherche de la goëlette qu'on croiait à la presqu'isle. M. de Lusignan écrit que les Agnès ont levé la chevelure de deux sol-- dats qui étaient à la pêche ; que l'un est mort, que l'autre vit encore ; que les Iroquois ont été vainement à leur poursuite. On envoia chercher des croûtes au moulin à scie (ce sont la première et dernière planche d'une pièce). A 6 heures, on entendit quelques coups de fusil au-dessus du cap au Diamant. Un quart d'heure après, on apperçut plusieurs canots qui débordaient la pointe. Ils abordèrent au petit jour. Les officiers vinrent informer le général qu'hier au soir, à 10 heures, ils voulurent entrer dans la R. au Chicot, sur les bords de laquelle ils voulaient cacher leurs canots ; qu'ils essuyèrent plusieurs décharges de mousquet- teries ; qu'ils ne purent pas aborder la rive d'où elles partaient à cause des roches ; qu'ils furent obligés de débarquer sur l'autre où ils ont passé la nuit bien fatigués. Que les Anglais se sont retirés avant le jour ; que quelques sauvages qui les ont suivis ont trouvé un Moraignan mort, en ont pris un et un Anglais ; qu'ils reviennent pour ramener leurs blessés, dont deux sont morts ainsi qu'un cadet. Ils ont promis de repartir bientôt pour le manger. Le batteau envoié à la goëlette l'a laissée à Saint-Frédéric où elle est mouillée.

Le 2, on envoia à Saint-Frédéric cinquante hommes pour ramener des vivres. On enterra avec les honneurs militaires le cadet et deux sauvages morts. Les Sauteurs vinrent voir leur père, lui témoigner combien ils sont fâchés d'avoir été surpris et fusillés la nuit, le prièrent de les prendre en pitié et lui demandèrent de l'eau-de-vie pour pleurer et rire ensuite; leur père couvrit la mort des blessés par un capot, une chemise et une paire de mitaines, leur donna des branches de porcelaine pour essuyer leurs larmes, et un coup à boire, ainsi qu'aux autres nations qui vinrent le lui demander. Le général interrogea l'Anglais et le Moraignan, qui s'accordèrent à dire qu'à leur départ du fort Lydius, deux mille sept cents hommes de milice campaient dans les dehors; qu'il y a dans le fort cinq cents hommes de troupes réglées; que le général Web y arrivait avec trois mille hommes de vieilles troupes; qu'il y en a deux mille au fort Georges; que le colonel Aldyman avait été détaché avec trois cents hommes pendant huit jours dans le fonds de la baye pour savoir si nous y formons quelque établissement; que le détachement qui a fusillé les canots est de soixante hommes; que, dès qu'ils les ont découverts, deux hommes ont été détachés pour en donner avis au fort et demander du secours; qu'il s'est retiré après la quatrième décharge, et qu'il avait été envoié pour couper la retraite d'un de nos partis qui a fait des prisonniers sur les bords de la R. d'Orange; qu'il était venu directement sur la rive gauche au Chicot, où ils espéraient trouver les canots cachés. Qu'ils ne savent pas si le lord Loudon est parti; qu'ils ont ouï dire qu'il s'embarque.

A midi, il arriva trente-huit batteaux portant des vivres, soixante-douze beufs, quelques chevaux et des munitions. A 9 heures du soir, les sauvages crurent voir une berge au-dessus du Cap au Diamant, entendre des cris de mort, et battre la caisse. Le général leur proposa d'aller à la découverte. Ils s'y refusèrent parce qu'il ne voulut pas leur donner de camarades soldats ; ils amorcèrent leurs armes, se postèrent derrière des souches comme si l'ennemi arrivait. On envoia dans un batteau un sergent avec huit soldats se mettre en panne entre la pointe du dessous du cap au Diamant et celle de l'Hôpital pour observer s'il vient des batteaux ou berges. A 11 heures, une sentinelle crut entendre deux cris de mort et des bruits sourds que les uns prirent pour des coups de fusil, et les autres pour des coups de rames. On renforça la garde du Hangard.

Le 3, le sergent détaché dans le batteau rentra à 4 heures et dit n'avoir vu ni entendu rien de nouveau. Les sauvages allèrent à la découverte, revinrent à midi dire qu'ils ont trouvé la piste de deux Anglais. Les batteaux partirent pour Saint-Jean avec une escorte d'un sergent et huit hommes, et la barque avec un caporal et huit hommes.

On fit sur la rive droite un fourrage pour les bœufs et moutons qui ne trouvaient dans les environs de Carillon aucune bonne herbe. A cinq heures, il y eut un coup de tonnerre que les sentinelles prirent pour du canon de Saint-Frédéric, signal qui annonce qu'il y a des partis ennemis en campagne. Le général en fit avertir les sauvages dont une partie alla avec M. de Langi au Portage pour gagner le chemin de Saint-Frédéric au lac Saint-Sacrement et couper la retraite aux ennemis. Il plut tout le jour.

Le 4, on donna une escorte de quinze hommes aux fourrageurs. Soixante sauvages se rendirent à 4 heures au Portage pour faire la découverte dans toute cette partie ; ils revinrent à midi dire n'avoir trouvé aucune piste. On envoia chercher des madriers au moulin. On donna une augmentation de travailleurs au génie et à l'artillerie.

Le 5, travaux ordinaires. Ceux de l'artillerie commencèrent par une rampe de la R. au Hangard pour y monter plus facilement tout ce qu'on débarquait sur la grue. La pluie interrompit les travaux.

Il arriva deux canots sauvages qui dirent avoir laissé à Saint-Frédéric le régiment de la Reine et Lassarre. Le général alla faire marquer leur camp sur les deux rives de la Chûte.

Le 6, le général changea l'assiete du camp des deux régiments qu'il porta sur la rive droite à la gauche du chemin. Il trouva à son retour les campemens, et apprit qu'au lieu de trois canots sauvages qui devaient partir, sept sont en route pour Monreal. Les deux régimens arrivèrent à 10 heures et passèrent de suite à leur camp. On envoia à Saint-Frédéric cinquante hommes pour décharger la barque. Les troupes de la colonie qui campaient à la Chûte allèrent se joindre au camp du Portage.

Le 7, le général fit partir cinquante batteaux, conduits par cent cinquante Canadiens et escortés par un sergent et dix soldats. M. le chev. de Levis arriva à 10 heures avec la compagnie de grenadiers de Languedoc qui alla occuper la redoute de la Chûte. M. Mercier, commandant l'artillerie, fit accoupler deux batteaux qu'il fit porter pour le transport de l'artillerie. M. le chev. de Levis fit partir un détachement de quarante hommes pour mener dix batteaux à Saint-Jean où on en manque. Le général alla avec M. de Bourlamaque à la Chûte visitter les camps et faire faire le portage d'un batteau que trente hommes traînèrent sur un diable. Le détachement parti hier rapporte de Saint-Frédéric la cargaison de la barque. Il arriva trois batteaux avec un détachement de canoniers arrivant de France.

Le 8, on envoya deux batteaux à Saint-Frédéric. Le régiment de Languedoc arriva à 7 heures et alla occuper l'ancien camp du régiment de Guienne. Le général tint conseil avec les sauvages pour les engager à aller faire des prisonniers, ce qu'ils lui promirent et ils partirent à 10 heures. On ne fournit plus de travailleurs pour les fortifications, mais beaucoup pour l'artillerie. Le général alla camper à la Chûte pour hâter le portage. Les piquets campés dans le petit camp allèrent joindre leurs corps. On porta des vivres pour les troupes de la colonie à la Chûte d'où on rapporta des planches. Les sauvages ont laissé près de leurs cabannes un petit drapeau noir pour amuser le manitou, qu'ils nomment mauvais esprit.

Le 9, on fait le portage de cinq batteaux. Ceux envoiés hier à Saint-Frédéric ont rapporté des provisions nécessaires. Les Iroquois, Abenakis et Outaouas ont été reconnaître le chemin par terre, du Portage au fort Georges.

M. de Bourlamaque est allé à la Chûte où il a trouvé M. le chev. de Levis établi avec les trois bataillons (1). M. de Raymond arrivé avec cent soixante-seize soldats de la colonie a campé au petit camp. M de Lusignan mande qu'un caporal de sa garnison a été pris hier dans le Sud.

Les sauvages croyant voir et entendre passer des berges sont venus à la gauche du camp de Béarn pour s'en éclaircir et y ont reconnu leur erreur.

Le 10, il est parti un batteau pour Saint-Frédéric escorté par quinze hommes. M. le chev. de Levis mande à M. de Bourlamaque que les sauvages lui ont mené hier, à 11 heures du soir, huit prisonniers et porté deux chevelures, qu'ils ont laissé en embuscade plusieurs des leurs pour enlever un officier et sept soldats, que les prisonniers disent s'être avancés pour reconnaître le fort de Carillon. M. de Raymond est passé à la Chûte avec son détachement. Travaux et charrois d'artillerie à l'ordinaire. Les Outaouas arrivés à midi avec trois prisonniers disent n'avoir pas voulu tuer l'officier, qu'ils n'ont pas pu joindre ainsi qu'un soldat et un Agnès qui l'accompagnait. Les Iroquois sont partis avec leur pri-

---

(1) Les principales opérations de cette campagne ont été racontées par Lévis. (Lettres du 11 et du 19 juillet 1757 au marquis de Vaudreuil, du 1er septembre au marquis de Paulmy, du 2 septembre au prince de Soubise, du 4 septembre au maréchal de Mirepoix.)

sonnier et ont promis de revenir dans peu de jours. Il est arrivés deux cent cinquante Canadiens dans vingt batteaux du munitionnaire.

Le 11, quelques Outaouas sont partis pour Monréal avec leurs prisonniers, les autres ont promis de rester si on veut leur donner un baril de vin, qui leur a été remis dans la minute. M. de Vergon est arrivé avec cent soixante-seize soldats de la colonie, et M. de Bailleul avec deux cent quatre-vingt-dix-neuf Canadiens, les uns et les autres ont passé de suite à la Chûte. On a envoié au moulin un détachement de quarante hommes (1).

Le 12, on a fait passer à la Chûte tous les batteaux en état de servir. M. de Cabanac arrivé avec cent onze Canadiens a été envoié à la Chûte. On a envoié cinquante hommes dans quelques batteaux chercher à Saint-Frédéric du son et de l'avoine. M. de Lhôpital, lieutenant-colonel de Béarn, est mort en voulant se chausser, ils se plaignait depuis longtemps de douleurs internes.

Le 13, on a envoié à la Chûte tous les batteaux qui restaient à Carillon. M. Marin est arrivé avec deux cent cinquante sauvages, Folles Avoines, Renards, Crys, Pous, et Cicachas et M. de Laparguère avec quatre cents soldats de la colonie dans quarante batteaux du munitionnaire qui ont déchargé et sont repartis de suite. Ce détachement envoié hier à Saint-Frédéric est rentré et a envoié ses batteaux à la Chûte. A une heure, on a entendu un coup de fusil tiré de la rive droite, vis-à-vis le camp de Béarn et on a vu deux hommes se jeter à l'eau. On y a envoié un batteau et un canot qui ont ramené deux sauvages qui disent avoir

---

(1) Bougainville fut plus tard chargé par Montcalm de rédiger le rapport sur la prise de William Henry. Ce rapport, daté de Montréal, 19 avril 1757, existe en original au dépôt de la guerre (vol. 3,457, p. 121). Il a été publié par Dussieux, *Canada sous la domination française*, p. 291, 340. C'est à la date du 12 juillet que Montcalm était entré en campagne.

trouvé aux Deux-Rochers cinq cents Anglais, qui les ont poursuivis, et qu'ils ont été détachés par leur chef pour en donner
avis.

Le 14, M. Marin est parti le matin avec six cents sauvages.
M. le chev. de Levis est venu au fort tenir conseil avec d'autres
sauvages, pour les engager à aller entre les deux forts et les y a
décidés. Des Mississagues, du même parti que ceux revenus à la
nage, démentent leur rapport. Le général a envoié de la Chûte
cent Canadiens qui accompagneront les sauvages. Vingt Canadiens sont venus s'établir à Carillon pour passer des peaux de
chevreuils dont on a besoin pour faire des souliers. Le chef des
Mississagues revenu dit avoir entendu le bruit de plusieurs
caisses. Un soldat a été tué la nuit dernière par un sauvage.

Le 15, il est arrivé plusieurs officiers avec neuf cents soldats de
la colonie ou Canadiens, qui ont passé de suite à la Chûte où ils
ont commencé le portage de leurs batteaux. La pluie a suspendu
l'après-midi, le portage et les charrois.

On a tiré pendant la nuit, à la Chûte, quelques coups de fusil ;
d'après le bruit que les sentinelles ont entendu et qu'ils ont jugé
fait par les sauvages ennemis, les nôtres qui devaient partir sont
venus dire à leur père que le maître de la vie leur envoie cette
pluie pour les empêcher de se mettre en route et leur éviter
quelques mauvais coups.

Le 16, mauvais temps. Les sauvages ont refusé de partir,
disant qu'il y a trois mille hommes au fond de la baye, que c'est
les envoyer à la boucherie. M. de Sablé a demandé à aller à la
découverte avec six sauvages, promettant de la pousser aussi loin
qu'il pourra. Un cadet de la colonie s'est noyé au portage. Le
camp de St-Martin, qui a déchargé ses armes sans en prévenir, a fait battre la générale, une partie de l'armée a pris les
armes.

Le 17, les chemins étant très mauvais, on n'a pu faire aucun

portage. Les pontons ont porté quelques canons et des munitions;
les sauvages allés à la découverte sur la rive gauche du lac St-
Sacrement, ont tiré sur la berge de la découverte qu'ils ont cru
anglaise, ayant vu les hommes s'embarquer dès qu'ils les avaient
apperçus. M. de Sablé, de retour, dit avoir été au delà des deux
rochers et n'avoir rien vu de nouveau.

Le 18, un détachement de trente hommes est allé à St-Frédéric chercher des aggrès pour l'artillerie. M. Marin s'est embarqué
avec quatre-vingts soldats ou Canadiens et quatre cents sauvages
pour aller entre les deux forts. Les escortes, parties depuis plusieurs jours avec différens convois, sont rentrées. M. le marquis
de Montcalm est arrivé avec M. de Rigaud, plusieurs officiers de
la colonie, la compagnie des grenadiers du régiment de Guienne
et trois cents sauvages de trente-trois nations différentes. M. de
Postuaine (?) est allé débarquer à la Chûte avec cinq cent cin-
quante-sept Canadiens.

Le 19, un détachement de quarante hommes est allé chercher
dans la barque, qui est retenue à St-Frédéric par les vents contraires, des effets dont on a besoin. M. le marquis de Montcalm
a tenu conseil avec les sauvages, est allé à la Chûte et au portage.
On lui a rendu compte que la découverte a vu huit berges
anglaises sur le lac. Les miliciens de la ville de Monréal sont
arrivés au nombre de quatre cents. Neuf canots sauvages et le
munitionnaire avec deux canots bien armés. Le détachement
parti ce matin est rentré.

Le 20, la milice de Monréal est allée à la Chûte. On a fourni
beaucoup de travailleurs à l'artillerie et au munitionnaire pour
accélérer les ouvrages, transports et portage. M. le marquis de
Montcalm a été informé que M. de St-Ours (1), qui était avec

---

(1) Ce petit détachement avait été envoyé à la découverte par de
Rigaud. Si le lieutenant de Saint-Ours réussit à repousser les Anglais,

huit Canadiens à la découverte sur l'isle à la Barque, a été attaqué par cinq berges, qu'il a essuyé leur feu et celui d'une troupe
débarquée au nord, et qu'il a forcé l'ennemi par sa bonne deffense et les décharges qu'il a faites à propos presque à bout touchant, de le laisser rembarquer, qu'il est de retour au portage.
Il a été blessé légèrement à la main, un cadet dangereusement
et trois Canadiens légèrement.

Il est arrivé un convoi de trente-six batteaux.

Le 21, vingt-cinq batteaux ont pris la route de St-Jean et onze
celle de St-Frédéric, pour y prendre du biscuit. Le cadet blessé
est mort. M. de St-Ours, porté à Carillon, a ajouté au compte-
rendu hier, qu'après s'être rembarqué il a été suivi par une
berge, que l'ayant laissé approcher, il lui fit tirer quelques balles
qui portèrent si à propos qu'elle changea de route, que selon les
apparences, les Anglais étaient dehors depuis longtemps, ayant
la barbe fort longue. Le général est allé à la Chûte, les sauvages
l'y ont accompagné et y sont restés. Travaux ordinaires.

Le 22, on a fait passer à la Chûte beaucoup de vivres. Trente
des sauvages partis avec M. Marin et revenus ce matin rapportent que son avant-garde est tombée sur un poste ennemi de
trente hommes, qu'elle en a tué quelques-uns et que les autres
ont pris la fuite, que M. Marin les a renvoiés parce qu'ils sont
pieds nus et qu'ils manquent de vivres, et qu'il continue sa route.
M. de St-Luc est arrivé à midi avec plusieurs officiers et l'abbé
Piquet avec deux cents sauvages (1). Le général est allé à la

---

c'est qu'il avait recommandé à ses hommes de ne tirer qu'à bout portant,
et qu'il avait fait mettre trois balles dans chaque fusil.

(1) C'étaient des Abénaquis. Lire dans les *Lettres édifiantes et curieuses* la relation du P. Roubaud. Le chef de ces Abénaquis, quand il se
trouva pour la première fois en présence de Montcalm, lui tint un discours que n'aurait pas désavoué le plus habile des orateurs : « Mon père,
ne crains rien ; ce ne sont pas des éloges que je viens te donner. Je

Chûte et au portage. Il y a appris que les sauvages ont vu des berges sur le lac et qu'ils sont partis au nombre de trois cents, compris des Canadiens, pour aller s'embusquer et enlever les hommes qui débarqueront. Quarante autres sauvages de M. Marin sont revenus à 7 heures. Courrier de M. de Vaudreuil pour informer M. de Montcalm que deux vaisseaux de guerre sont dans le fleuve avec plusieurs marchands qui portent deux bataillons (1) du régiment de Berri, qu'il y a dans le port de Louisbourg une flotte considérable qui attend une escadre de Toulon, que ces nouvelles ont répandu la joie dans Québec, qui manquait de bien des choses.

Le 23, continuation de transports. Le munitionaire est parti pour St-Jean. Un détachement du corps royal composé de six officiers, vingt canoniers et bombardiers, parti de France au commencement de may, est arrivé ; le général a été informé que les sauvages partis ce matin se sont fusillés à la pointe du jour, sans se reconnaître, qu'il y en a eu un de blessé. Les batteaux envoiés à St-Jean sont rentrés. M. le chevalier de Lévis mande au général qu'un grenadier de la patrouille de Languedoc a été tué et deux autres blessés en rentrant au camp, par un parti de quinze

---

connais ton cœur, il les dédaigne. Il te suffit de les mériter. Eh bien ! tu me rends service, car je n'étais pas dans un petit embarras pour te marquer tout ce que je sens. Je me contente donc de t'assurer que voici tes enfants, tous prêts à partager tes périls, bien sûrs qu'ils ne tarderont pas à en partager la gloire. »

(1) Ces deux bataillons comptaient 1118 hommes à leur embarquement à Brest (avril 1757). Ils n'arrivèrent à Québec que le 29 juillet, dans un état déplorable. On se hâta de débarquer les malades. L'Hôtel-Dieu en reçut 160 et l'hôpital général 600. Prêtres et religieuses se dévouèrent à les soigner. L'évêque de Pontbriand partagea leurs dangers. 5 religieuses et 4 prêtres périrent. Quant au régiment de Berry, il perdit 3 officiers et 300 soldats. Voir lettres de Doreil (24 sept. 1747) et de la mère Sainte-Hélène (30 octobre).

Agnès, qu'il a envoié vingt grenadiers à leur poursuite et qu'il est sorti des détachemens de tous les camps. (1).

Le 24, M. le marquis de Montcalm a été informé que les Canadiens et sauvages se sont emparés de trois berges qui portaient trente hommes, que MM. de Corbière et Langlade en poursuivent vingt autres, que les prisonniers disent être de ce détachement et qu'on les suit par terre pour les recevoir si elles abbordent. Les Abenakis ont mené à 10 heures leurs prisonniers au général. M. Marin, arrivant à la même heure, lui a rendu compte que son avant-garde ayant repoussé un poste de trente hommes, il s'est approché du fort Lydius ; que les Anglais en sont sortis en grand nombre et l'ont suivi pendant plus d'une lieue, qu'il leur a tué cent cinquante hommes et fait un prisonnier, que les sauvages portent trente-deux chevelures et qu'il n'a perdu qu'un seul homme mort de fatigue ; il se loue beaucoup des Folles Avoines. On a donné une escorte de quinze hommes aux faucheurs. M. le chevalier de Levis a informé le général que toutes les berges sont prises avec cent vingt hommes, et qu'on en a tué cent quatre-vingts et que nous n'avons eu qu'un sauvage blessé dans les deux actions (2). Les prisonniers disent que ce détachement était de trois cent cinquante hommes, commandé par M. Parker, commandant du régiment de la Nouvelle Jersey, qu'il s'est sauvé avec trois berges, qu'il avait ordre d'attaquer nos postes avancés et de rester quelques jours dehors pour faire des prisonniers. A 5 heures, on a mené tous les prisonniers à Carillon ; ils ont été enfermés dans le nouvel hôpital. Deux cents sauvages sont arrivés à midi avec leurs missionnaires et interprètes.

Le 25, il est arrivé des batteaux chargés d'artillerie ; les sau-

---

(1) Lettre de Lévis au maréchal de Mirepoix.

(2) Cet engagement eut lieu sur le lac Saint-Sacrement. L'officier français qui commandait le détachement de 50 Français, et de plus de 300 sauvages Canadiens, se nommait de Corbière.

vages ont mené des prisonniers qu'ils avaient gardés au portage. Quelques Outaouas ont voulu partir pour Monréal, le général a eu peine à les retenir (1). Nous avons reçu beaucoup de convales- cens et soixante hommes des volontaires étrangers pour former les nouvelles compagnies de la colonie. Le général est allé au portage faire la revue du bataillon formé par les troupes de la colonie, des brigades composées par les Canadiens et de la compagnie franche (2). Il a ordonné le départ des prisonniers pour demain, les sauvages s'y sont opposés, menaçant de les suivre. M. de Bougie (?) a été obligé d'aller au portage s'aboucher avec M. de Saint-Luc, et haranguer les chefs des nations, qui ont enfin con- senti (3) au départ des prisonniers à condition que M. de Vau- dreuil leur fera donner du pain blanc et des souliers et en fera prendre grand soin.

Le 26, travaux et transport à l'ordinaire, les prisonniers sont partis à 9 heures, escortés par un lieutenant et quarante hommes, qui doit en embarquer une partie dans la barque qui est à Saint- Frédéric, renvoyer de Saint-Frédéric quinze batteaux, la moitié

---

(1) Après un premier succès, les sauvages avaient en effet l'habitude de ne pas s'exposer de nouveau aux hasards de la guerre dans la même campagne. Aussi Montcalm eut-il grand peine à les retenir. Voir les dé- tails de l'entrevue dans une lettre adressée par Bougainville au ministre de la guerre, le 19 avril 1757.

(2) A cette date, et d'après le rapport de Bougainville, 8,013 hommes étaient concentrés, savoir 7 bataillons de troupes réglées (3,081 soldats), 7 brigades de milices (2,946 soldats), 188 artilleurs, 820 sauvages domi- ciliés, avec 10 officiers français, 6 interprètes et 3 missionnaires, et 986 sauvages des pays d'en haut avec 7 officiers et 5 interprètes. Les sauva- ges étaient de 33 nations différentes.

(3) Quelques Anglais prisonniers avaient déjà été massacrés par nos auxiliaires indisciplinés. Les cadavres de ces victimes de la barbarie avaient même été dépecés et bouillis. Un de nos missionnaires, qui assistait à ce hideux festin, voulut leur faire quelque représentation : « Toi avoir le goût français, lui répondit brutalement un jeune sauvage, moi non : cette viande bonne pour moi ! »

de son détachement et tous les Canadiens. Le général a fait expédier à 10 heures un batteau pour aller chercher trois prisonniers désirés par les sauvages. Les volontaires étrangers ont été envoiés au portage. Le général a fixé au 28 le départ du corps détaché aux ordres de M. le chevalier de Levis, lequel sera composé de six compagnies de grenadiers, huit piquets, une compagnie de volontaires de trois cents hommes et de trois brigades de Canadiens de quatre cents hommes chacune et de sept à huit cents sauvages. Il est allé à la Chûte tenir conseil (1) avec toutes les nations, et à son retour il a retardé d'un jour le départ de M. le chevalier de Levis ; les prisonniers demandés par les sauvages ont été ramenés.

Le 27, il est arrivé un convoi de dix-huit batteaux. Le général est allé s'établir à la Chûte, y a tenu grand conseil avec toutes

---

(1) Ces conseils furent très importants. Bougainville, dans une lettre au ministre de la guerre, datée du 19 avril 1757, a conservé les détails de ce qui se passa dans l'assemblée des guerriers Nippissing. Le chef Kisenseck commença par faire l'éloge des exploits passés, et encouragea les sauvages des autres nations à persévérer dans l'alliance française. Montcalm prit ensuite la parole. « Mes enfants, je suis ravi de vous voir tous réunis en si grand nombre pour cette importante affaire. Tant que durera cette union, l'Angleterre ne pourra vous résister. Je ne puis pas vous dire de meilleures choses que mon frère Kisenseck. Il vous a découvert le secret de votre force. Notre grand Roi m'a sans doute envoyé pour vous protéger et vous défendre, mais il m'a recommandé surtout de travailler à vous rendre heureux et invincibles. Vous le serez, si vous conservez entre vous la concorde et l'union, et si vous vous aidez mutuellement dans les entreprises qui se font pour le bien commun. » Il leur présenta ensuite un collier de porcelaine, de six mille grains, comme gage de bonne intelligence et d'union, et le jeta au milieu de l'assemblée. Les Iroquois le relevèrent. Le chef Pennahouel le présenta même aux nations de l'Ouest, en les conjurant de s'attacher à la fortune de la France. Le collier appartenait de droit à la nation qui avait fourni le plus grand nombre de guerriers, les Iroquois du Saut Saint-Louis et du lac des Deux Montagnes, mais ils en firent honneur aux nations de l'Ouest.

les nations pour leur faire part de ses dispositions pour le départ et la marche de l'armée (1).

Le 28, il est arrivé quarante-neuf soldats des volontaires étrangers, quelques Canadiens et sauvages et beaucoup de convalescens que M. de Bourlamaque a envoyés de suite à leurs corps. Il a gardé les volontaires étrangers pour former la garnison du fort. On a porté au portage des vivres et des munitions.

Le 29, les bagages de l'armée ont été déposés à Carillon dans plusieurs magasins qui leur étaient destinés, les compagnies de grenadiers et piquets de R. Roussillon et Béarn se sont rendues au camp de Contre-Cœur, où se rassemble le corps de M. le chevalier de Lévis (2) qui doit se mettre en marche demain pour aller

---

(1) Deux jours auparavant, le 25 juillet, Montcalm avait envoyé ses instructions à chaque commandant. Elles renferment des détails intéressants, et font honneur à la sagesse du général. « Vous n'ignorez pas quelle est la nature de l'expédition que nous allons entreprendre. Votre expérience dans le métier de la guerre vous dit assez que la célérité en doit principalement faire le succès..... Vous savez aussi quels sont les difficultés, l'embarras et conséquemment les lenteurs inséparables des transports dans ce pays. Nous avons peu de bateaux ; les munitions de guerre ou de bouche en emportent la plus grande partie, de sorte que nous sommes forcés de faire passer par terre une grosse division de l'armée. N'est-ce pas rendre justice à votre zèle et à celui de vos officiers que d'être convaincu qu'ils se prêteront de bonne grâce et avec joie à tout ce qui pourra hâter la fin de notre entreprise? Ils verront eux-mêmes que ce qui pourrait ailleurs être regardé comme chose de nécessité, serait, dans cette occasion, luxe préjudiciable au bien du service. » Suivent diverses prescriptions pour alléger la marche du convoi : En voici une curieuse : « La couverture et une peau d'ours sont le lit d'un homme de guerre dans une expédition pareille. Cependant je ne défends pas un matelas. L'âge et des infirmités peuvent le rendre nécessaire à quelques personnes. Je n'en porterai pas, et ne mets pas en doute que tous ceux qui le pourront ne fassent volontiers comme moi. On a pourvu à ce qu'à la suite de l'armée il y en ait pour les malades et les blessés. »

(2) Ce fut le vendredi 29 juillet que Lévis se mit en marche avec l'avant-garde, composée de 2,490 hommes. Voir le *Mercure Français* de 1757, et le rapport de Bougainville. Ils se décomposaient ainsi : 700 régu-

par terre à la baye de Ganaouski, où il attendra l'armée. La garnison du fort en a pris possession à midi, elle est aux ordres de M. Dalquier, capitaine de grenadiers dans Béarn, et composée par quarante-deux soldats de troupes de terre et quarante-neuf volontaires étrangers. La brigade de R. Roussillon, a fourni plusieurs corvées pour conduire à la Chûte des batteaux chargés. Malartic, major de cette brigade, est allé à 6 heures au portage prendre les ordres du général pour le camp de cette brigade.

Les sauvages ont tué plusieurs bœufs, ont volé du vin à MM. les officiers, d'autres effets, et ont fait tapage toute la nuit. On a été obligé de renvoier sur les derrières ceux qui restaient.

Le 30, M. le chevalier de Levis est parti à la pointe du jour. La brigade de R. Roussillon est venue camper en avant du portage (1), la droite appuyée au lac et la gauche à la montagne. Le général a tenu conseil avec les sauvages pour les gronder. Les brigades de Lassare et la Marine ont été occuper le camp Brûlé, chaque soldat portant une rame ou des avirons. On a travaillé tout le jour au portage des munitions. On a commandé au coucher du soleil une brigade pour le finir dans la nuit. Le feu a pris dans le camp des sauvages (2) et a gagné le portage ; toutes les brigades y ont envoié des détachemens qui l'ont éteint.

---

liers, 1290 Canadiens et environ 500 sauvages. Voir surtout *Correspondance de Lévis*, lettre du 1er septembre au marquis de Paulmy.

(1) Le point fixé pour la première étape était la baie de Ganaouské, à 40 kilomètres du portage, à 16 du fort George. Le chef Iroquois Ganactagon avait lui-même donné ces précieuses indications.

(2) Bougainville raconte, dans son rapport qu'ayant voulu prévenir Montcalm de l'arrivée de la division Lévis à la première étape, il s'adressa à un chef Nipissing nommé Kispenseck. « Je me chargerais bien de te conduire, lui dit le sauvage, mais j'ai appris que mon fils est blessé ; il faut que je le voie. » — « Ne crains rien ; j'ai rencontré le chirurgien qui l'a pansé, et il m'a affirmé que sa blessure était légère. » — « Si tu m'en réponds, je vais te conduire, puisque le service d'Onnontio le demande. Je verrai mon fils à mon retour. »

Le 31, la brigade de R. Roussillon et une de Canadiens sont allées à la Chûte prendre tous les effets qui y étaient restés. M. de Bourlamaqne qui les suivait a envoié à Carillon un détachement de trente hommes chercher des vivres et beaucoup d'ustentiles ; les brigades de la Reine et Lassarre ont fourni deux cents hommes pour en faire le portage, les sauvages sont partis à 4 heures du soir, pour aller attendre l'armée à quatre lieues en avant. Le feu a pris à leur camp, presque toute l'armée s'y est portée pour l'arrêter et l'empêcher de gagner l'artillerie. MM. Wolfs, dépêché par M. le chevalier de Levis est arrivé à 2 heures pour informer M. de Montcalm qu'il a campé hier à cinq lieues du camp Brûlé, qu'il a passé par de très mauvais chemins, que toutes les troupes s'en sont bien (1) tiré, excepté deux officiers malades qu'il renvoie. La brigade de R. Roussillon, un bataillon de la Marine, et les Canadiens ont pris des batteaux et des vivres pour huit jours.

Le 1er août les brigades campées au camp Brûlé ont pris des vivres. Les troupes ont embarqué leurs équippages. On a envoié à Carillon quelques malades. M. le marquis de Montcalm a dépêché un courrier pour apprendre à M. de Vaudreuil le départ de l'armée qui s'est embarquée à midi, et a défilé dans l'ordre suivant : la brigade de la Reine. formée par un bataillon de ce régiment, un de Languedoc et un de la Marine, celle de Lassarre, formée par ce bataillon et celui de Guienne, celle de Courte-Manche, formée par des soldats de la colonie et des Canadiens ; cent dix batteaux (2) chargés d'artillerie qui portent la brigade

---

(1) La nuit avait été mauvaise pour les sauvages, qui s'ennuyaient de leur oisiveté dans un camp où il n'y avait à boire ni vin ni eau-de-vie. Ceux d'entre eux qui étaient convertis passèrent leur temps à se confesser à leurs missionnaires, les sulpiciens Piquet et Mataret, et le jésuite Aubral, mais ils ne s'attirèrent que les railleries des sauvages des pays d'en haut.

(2) D'après Bougainville les pontons qui portaient l'artillerie « n'étoient autre chose que deux bateaux accouplés et liés ensemble par une plate

R. Roussillon, formée par le bataillon de ce nom, et celui de Béarn ; celle de Saint-Ours, composée par des Canadiens et tous les canoniers, bombardiers et gens attachés à l'artillerie ; trente-deux batteaux chargés de vivres et portant la brigade de Gaspé, formée par les Canadiens ; et deux batteaux portant un piquet de R. Roussillon, chargé de faire l'arrière-garde. Elle a doublé le camp Brûlé, la Montagne Pelée, les arbres (1) Maltachés malgré une forte pluie qui a duré jusqu'à 7 heures, elle a fait une petite halte (2) vis à vis le Pain de Sucre et est arrivée le 2 à la pointe du jour à la baye de Ganaouské, elle y a trouvé M. le chevalier de Levis (3), qui en est parti à 10 heures, avec son corps. Le général a fait mettre l'armée en mouvement à midi, marchant par terre. Elle s'est arrêtée à l'entrée de la nuit, à l'anse au Sable. Les batteaux l'y ont jointe ; les sauvages ont pris dans les environs une berge anglaise, qui allait à la découverte (4). L'armée

---

forme, qui portoit la pièce de canon ou le mortier monté sur son affût ; espèce de ponton d'un très bon usage pour toute espèce de rencontre dans un lac tel que le lac Saint-Sacrement, dont les eaux ne s'élèvent jamais, la chaîne de montagnes qui le borde des deux côtes le mettant à l'abri des coups de vent. »

(1) Ou plutôt matachés.

(2) C'était afin de visiter le champ de bataille où venait de s'illustrer de Corbière. Les traces en étaient toutes fraîches. Quelques cadavres flottaient encore sur les eaux. D'autres étaient étendus dans les bois, mais horriblement mutilés et hachés en morceaux par les sauvages.

(3) La marche de Lévis à travers les bois avait été fort pénible, même pour les sauvages, à cause des chaleurs excessives, et surtout des obstacles que présentaient les arbres renversés. Aussi les sauvages avaient-ils beaucoup admiré leur chef français. « J'ai la confiance de toutes les troupes, même des Canadiens et des sauvages qui disent que je suis un homme comme eux ; c'est la dernière marche que j'ai faite pour notre expédition, qui me procure cet éloge, qui est grand parmi les sauvages. » Lettre de Lévis au maréchal de Mirepoix.

(4) Les Français n'étaient pas attendus. Un des moutons que transportait l'armée se mit à bêler, et ce cri fit découvrir l'embuscade ; mais les sauvages se jetèrent à la poursuite des Anglais en poussant des cris horribles, et réussirent à s'emparer du bateau et de trois prisonniers.

n'y est restée qu'une heure et est arrivée à 10 heures au camp
de M. le chevalier de Levis. L'artillerie n'a pu y arriver que le 3,
à la pointe du jour. On a donné aux batteaux les gardes nécessaires. L'armée s'est mise en bataille à 5 heures ; M. le chevalier
de Levis, faisant avec son corps l'avant-garde, a marché de suite
pour aller prendre poste sur le chemin du Lydius et arrêter les
secours qui voudraient pénétrer par cette partie (1) : l'armée l'a
suivi sur trois colonnes et est arrivée dans cet ordre à vue de fort
Georges, la brigade de R. Roussillon a reçu ordre de border la crête
d'un ravin qui est vis à vis de ce fort, 1 heure après, d'aller
joindre l'armée sur un plateau qui est sur la gauche du fort.
Elle est restée dans cette position jusqu'à 5 heures du soir.
Les sauvages ont beaucoup tiré sur le fort, ont repoussé plusieurs petites sorties, tué près de cent hommes et fait quatre prisonniers. Ils ont tué ou pris cent bœufs, cent cinquante moutons
et vingt chevaux.

Le général a envoié à 6 heures, aux brigades de Lassarre et
R. Roussillon, ordre d'aller s'établir dans le camp que leur dési-
gnera M. de Bourlamaque et est resté avec la brigade de la Reine
pour passer la nuit au bivouac, à portée de M. le chevalier de Levis. M. de Bourlamaque a fait camper la brigade de Lassarre sur
le bord du ravin, la gauche appuyée à la petite anse, dans laquelle
doit débarquer l'artillerie, celle de R. Roussillon à sa droite, il a
porté une garde de cinquante hommes en avant du ravin, une de
même force dans l'anse, où on a allumé à l'entrée de la nuit des
feux pour servir de points de reconnaissance aux batteaux. A
7 heures, M. de Bourlamaque a reçu un billet du général qui
porte que les découvreurs disent avoir vu partir du fort Lydius des

---

(1) Le général Webb occupait ce poste avec environ 4,000 hommes.
On l'accusa plus tard d'avoir quitté le fort George, au moment où l'on
craignait l'attaque des Français.

trouppes qui viennent par les montagnes. Les piquets des brigades campées ont couché au bivouac. On a débarqué un mortier,
deux obusiers, beaucoup de munitions et d'outils. Les prisonniers
d'hier et d'aujourd'hui s'accordent à dire que le 1ᵉʳ, il n'y avait
dans le fort et le camp retranché que mille deux cents hommes,
que dans la nuit du 1ᵉʳ au 2 et dans la jouréne du 2, il en est entré mille trois cents.

Le 4, la brigade de la Reine est venue camper à la droite de
R. Roussillon, celle de Gaspé un peu en arrière, et sur la droite
de la Reine, celle de Saint-Ours, en arrière de Lassarre. Le
général est arrivé au camp à 7 heures, est allé avec M. de Bourlamaque et les ingénieurs et officiers d'artillerie reconnaître le
fort (1), décider où ils ouvriront la tranchée et établiront des
batteries. A son retour, il a écrit (2) à M. de Levis de faire ren-

---

(1) Le fort George formait un carré flanqué de quatre bastions et protégé par un fossé de six mètres. L'escarpe et la contrescarpe avaient été
taludées de sable mouvant. Vingt-trois pièces de canon, quatre mortiers et
des pierriers étaient sur les murs ; mais la place n'était à l'abri que d'un
seul côté, où se trouvait un plateau isolé s'avançant dans les marais et
fortifié par de solides palissades et des monceaux de pierre. Il aurait fallu
au moins 20,000 hommes pour investir la place et le camp retranché :
Aussi Montcalm fut-il obligé de laisser aux Anglais un moyen de
s'échapper.

(2) Le même jour Montcalm envoyait au commandant du fort la sommation suivante : « J'ai investi ce matin votre place avec des forces
nombreuses, une artillerie supérieure, et tous les sauvages des pays d'en
haut, dont un détachement de votre garnison vient de n'éprouver que
trop la cruauté. Je dois à l'humanité de vous sommer de vous rendre. Je
serai encore maître de retenir les sauvages et de faire observer une capitulation, n'y ayant eu jusqu'à présent aucun sauvage de tué. Je pourrais
n'en être pas maître dans d'autres circonstances, et votre opiniâtreté à
défendre votre place ne peut en retarder la prise que de quelques jours
et exposer nécessairement une valeureuse garnison, qui ne peut être
secourue, attendu la position que j'ai prise. Je demande une réponse
décisive sur l'heure. » Voici la réponse de Monro : « Je regarde comme
faveur la lettre que vous m'avez fait l'honneur de m'écrire. En réponse,
je prends la liberté de vous informer que les troupes que je commande

trer une partie de ses détachemens et d'occuper avec quatre brigades de la colonie, la compagnie franche et les sauvages, les hauteurs qui bordent la droite du camp. On a donné des outils aux troupes et on leur a demandé des fascines et saucissons. On a commandé à 1 heure cent cinquante travailleurs pour ouvrir un chemin du dépôt à la queue de la tranchée (1). On a établi l'hôpital sur la gauche de la petite anse où on a posté une garde. M. de Bourlamaque, qui était chargé de la direction du siège, a demandé pour le coucher du soleil quatre cent cinquante travailleurs et trois cents hommes pour les garder. Ces troupes ont été rendues à 9 heures au rendez-vous, et, postées tout de suite, ont ouvert la tranchée (2) à mille toises du fort ; et ont commencé deux batteries. Les canoniers qui allaient au lieu marqué pour la batterie de la droite n'ayant pas répondu au qui vive de la garde postée en avant ont essuyé quelques coups de fusil qui ont fait quitter l'ouvrage à quelques travailleurs, qui l'ont repris quelques minutes après. Les six piquets ont été placés en avant de la batterie de la gauche et un sur sa gauche, deux en avant de la batterie de la droite et un sur sa droite. On a travaillé avec la plus grande vivacité jusqu'à 4 heures du matin que les piquets sont entrés dans la tranchée. Les travailleurs de nuit ont été relevés par deux cents qui ont perfectionné l'ouvrage de la nuit et fort avancé les communications. Les ennemis nous ont renvoié quelques bombes et boulets qui ont fait peu de mal à la tranchée.

---

dans le fort et au camp sont déterminées à se défendre jusqu'au dernier soupir. »

(1) Rapport de Bougainville. « Malgré la difficulté que présentoit partout un terrain embarrassé de troncs d'arbres et d'abattis, qui forçaient à se servir de la hache et de la scie, l'ouvrage avança rapidement, et, à la pointe du jour, on était enterré partout. »

(2) La tranchée s'ouvrit à sept heures du soir, à sept cents mètres du front d'attaque, sous la protection de soldats commandés par de Roquemaure et Sermonville.

Plusieurs étant tombé dans les camps des brigades de Lassarre et R. Roussillon, le général leur a ordonné de le porter à quatre cents toises en arrière et d'établir tout de suite les communications. La brigade de la Reine a eu ordre, en cas d'attaque, de se porter à la droite de la batterie royale, Lassarre à la queue de la tranchée, R. Roussillon d'en appuyer la tête et M. le chev. de Levis de descendre des hauteurs pour prendre l'ennemi en flanc. Vers les 4 heures, les découvreurs sont venus donner avis qu'il arrivait un renfort du fort Lydius. Le général a envoié à M. le chev. de Levis trois compagnies de grenadiers avec ordre d'aller à la rencontre de ce renfort. Il se disposait à les suivre avec une partie de l'armée lorsque les sauvages lui ont mené un prisonnier et porté la veste d'un homme qu'ils ont tué, dans laquelle on a trouvé une lettre (1) du général Web, commandant sur cette frontière au commandant du fort qui porte que, vüe la position du fort Lydius, il ne lui paraît pas prudent de marcher au fort Georges. Qu'il lui fait part des nouvelles que lui a données un Français pris depuis peu. Les troupes qui avaient marché sont rentrées. On a envoié au commencement de la nuit, à la tranchée, trois compagnies de grenadiers et deux piquets qu'on a postés comme hier aux ordres de M. de Fontbonne, L. C. et

---

(1) Voici cette lettre : « ... Le général m'a ordonné de vous informer qu'il ne croit pas prudent, vu l'état présent des affaires au fort Lydius, que vous connaissez, de tenter de se joindre à vous, ou de vous envoyer aucun secours, jusqu'à ce qu'il ait été renforcé par les milices des colonies. Il a donné des ordres pour les faire marcher immédiatement. Un de nos partis a amené ici, la nuit dernière, un de vos prisonniers canadiens de l'armée des assiégeants. Elle est très considérable, et occupe tous les environs de la place.... Le général a jugé à propos de vous donner cette connaissance, afin que, dans le cas où il serait assez malheureux par le délai de l'arrivée des milices, pour ne pouvoir vous donner à temps des secours, vous soyez à même de faire les meilleures conditions qu'il serait en votre pouvoir..... signé G. d'Artiman, aide de camp. » .

Dhert, major, et six cents travailleurs employés aux batteries et communications.

Le 6, le général est allé à la pointe du jour à la tranchée voir démasquer et jouer la batterie (1) royale composée de neuf canons et un mortier. Les travailleurs de nuit ont été remplacés par trois cents occupés à perfectionner l'ouvrage de la nuit. Le feu ennemi n'a pas été vif. Plusieurs de nos bombes et boulets sont tombés dans le fort. La garde de la tranchée a été relevée à 4 heures par trois compagnies de grenadiers et trois piquets aux ordres de M. de Privas, L. C. et Malartic, major. Quatre cents travailleurs ont été employés à perfectionner la batterie royale, à ouvrir un boyau et le diriger vers les jardins du fort. Le feu des ennemis, quoique vif, n'a tué ni blessé personne.

Le 7, les travailleurs ont été renvoiés à la pointe du jour et remplacés par trois cents qui ont continué le travail de la nuit. Le général est venu à 6 heures aux batteries qui l'ont salué par une décharge générale (2). Elles ont continué à tirer un coup par minute. Les sauvages faisaient des cris de joie (3) lorsqu'ils voiaient des boulets frapper le fort et des bombes tomber dedans.

---

(1) La batterie de gauche, forte de huit canons et d'un mortier, avait été démasquée dans la nuit du 5 au 6. Elle prenait en écharpe la défense du front du lac, du front de l'ouest et la rade des barques. La batterie de droite, forte de huit canons, deux obusiers et un mortier, ne fut armée que dans la nuit du 6 au 7. Elle prenait en écharpe une partie du front d'attaque, et, par ricochet, le camp retranché, à six heures du matin une double salve des deux batteries salua la visite de Montcalm à la tranchée.

(2) Montcalm venait de recevoir la nouvelle de sa nomination de commandeur de Saint-Louis, et des lettres de France qui lui annonçaient des récompenses pour l'armée à l'occasion de la prise de Chouéguen. Aussi la joie était-elle vive parmi les assiégeants. Voir la lettre qu'il écrivit à ce propos, le 15 avril 1757, au ministre de la guerre marquis de Paulmy.

(3) D'après le rapport de Bougainville, les sauvages suivaient avec attention toutes les opérations du siège. « Il est vrai que M. de Montcalm

Vers les trois heures, les Anglais ont voulu faire une sortie (1) pour établir un poste sur le chemin de Lydius. M. de Villiers, commandant la compagnie franche, les a attaqués avec sa troupe et les sauvages, a tué cinquante hommes, fait quatre prisonniers et forcé le reste de rentrer dans le fort. Les brigades ont fourni soixante-douze servans à l'artillerie. Le lieutenant qui a conduit les prisonniers de Carillon à Monréal nous a rejoins et nous a porté beaucoup de lettres de France. Les troupes ont fait une grande quantité de gabions, fascines et saucissons, et les Canadiens des rondins pour établir un chemin sur un petit marais (2) et un ravin, qu'il faut traverser pour pouvoir se loger dans les jardins. La garde de la tranchée a été relevée par trois compagnies de grenadiers et six piquets aux ordres de M. de Senezergues (3), L. C. et Joannès, major. On a fourni deux cent trente travailleurs, cent pour les batteries et en commencer une troisième, cent

---

a su gagner leur affection ; ils disent eux-mêmes qu'il connaît leurs usages et leurs manières, comme s'il avoit été élevé au milieu de leurs cabanes. Chose presque sans exemple, il est venu à bout de les conduire pendant toute cette expédition, sans leur donner ni eau-de-vie, ni vin, ni même d'équipement dont ils avoient le plus grand besoin. »

(1) La sortie eut lieu dans la nuit du 7 au 8 (Rapport de Bougainville).

(2) Ce marais était couvert en partie par un coteau, mais qui présentait une ouverture de vingt mètres de large. Montcalm, pour éviter le moindre retard, fit faire ce passage difficile en plein jour, et malgré le feu du rempart. Avant la nuit le marais était traversé par une chaussée capable de porter l'artillerie.

(3) Senezergues était un des meilleurs officiers de l'armée. Voici le témoignage que rendait Lévis sur son compte (lettre du 1er septembre au marquis de Paulmy) : « Dans la force et la vigueur de l'âge, encouragé par son zèle et sa bonne volonté, il a résisté aussi bien que personne à toutes les peines que nous avons eues dans la marche, et m'a beaucoup secondé.... Je me suis aidé de ses conseils et de son activité dans les manœuvres... Je ne pense pas qu'il y ait de meilleurs lieutenants colonels que lui ; il mérite que ses talents et ses services vous soient connus. »

toises en avant et au centre des deux autres, le reste aux ingénieurs pour prolonger le boyau, descendre dans le ravin et y
jetter un pont. A 10 heures du soir, quelques sauvages postés en
avant des piquets ont tiré sur deux Anglais qui se sont déclarés
déserteurs. Ils en ont donné un au général et gardé l'autre.

Le 8, on a renvoié les piquets et les travailleurs à la pointe du
jour. Ceux-ci ont été remplacés par trois cents, employés à la nouvelle batterie à faire un épaulement pour couvrir le port, une
rampe pour aboutir aux jardins dans lequel on veut se loger la
nuit prochaine; il y a eu à ce travail deux hommes tués et cinq
blessés. On a demandé beaucoup de gabions, fascines et saucissons. Plusieurs bombes sont tombées dans le fort, une entre
autre, dans un bastion, sur un baril de poudre qui a sauté.
A trois heures de l'après-midi, on a vu reluire des fusils et vu
paraître des hommes sur la montagne. Les sauvages ont fait leurs
cris d'assemblée, les découvreurs ont averti qu'il arrive du secours.
Le général a envoié trois compagnies de grenadiers à M. le chev.
de Levis, les a suivies avec la brigade de la Reine et celle de
Gaspé. La brigade de R. Roussillon s'est portée sur les hauteurs,
pour en cas de besoin suivre le général ou venir au secours de la
tranchée. Celle de Lassarre a renforcé la tranchée et celle de
Saint-Ours est restée à la garde des batteaux. M. de Bourlamaque a fait des dispositions pour repousser les sorties, a ordonné
aux officiers d'artillerie de tirer à toute volée sur le camp retranché, dans lequel on voit beaucoup de mouvement et les Anglais
en bataille. A 4 heures on a entendu plusieurs coups de fusil, suivis de cris sauvages (1), une demie heure après, un aide de camp
du général est venu informer M. de Bourlamaque que le secours

---

(1) Ce n'était qu'une fausse alarme donnée par les sauvages. D'après
le rapport de Bougainville, « la promptitude de notre mouvement servit
au moins à augmenter encore la confiance que les sauvages ont en

s'est éclipsé et que les troupes vont rentrer. Les gardes et travailleurs ont été relevés à 5 heures par trois compagnies de grenadiers et six piquets aux ordres de MM. le chev. de Levis, Bernet, L. C. et Bellecombe, major, et par cinq cent cinquante travailleurs, dont cent pour la batterie, et les autres, pour achever le pont et établir un logement sur la crête extérieure du ravin. Un déserteur arrivé à 10 heures dit qu'il y a cinq cents hommes dans le fort, et quinze cents dans le camp retranché, qu'ils sont fort inquiétés par nos boulets et nos bombes. Le feu des ennemis a été vif, nous avons eu dans la tranchée deux hommes de tués et huit blessés.

Le 9, les travailleurs se sont trouvés avant le jour à couvert et établis dans les jardins. Ils ont été relevés par trois cents occupés à perfectionner le logement. Nos batteries ont fait un feu très vif. A 7 heures (1) le fort a arboré le pavillon blanc, les gardes en ont vu sortir un détachement qu'elles ont envoyé reconnaître, l'officier qui le commande a répondu qu'il est suivi par un L. C. blessé, chargé des propositions de la capitulation, M. de Bourlamaque a envoié rendre compte au général qui est venu de suite à la tranchée, a gardé le détachement et le L. C., et a envoié au fort, en otages, deux de nos officiers. Le général est convenu avec le L. C. Young de la reddition du fort et camp retranché aux conditions suivantes (1) savoir, que la garnison, forte de deux

---

nous, et à leur montrer qu'avec raison ils comptoient autant sur la vigilance que sur la valeur des troupes françoises, qu'ils appellent leur mur d'appui. »

(1) C'était à huit heures du matin, et le 9, d'après le rapport de Bougainville.

(2) Voici le texte de la capitulation : « I. La garnison du fort Guillaume-Henri et les troupes qui sont dans le camp retranché y joint, sortiront avec leurs armes, et bagages des officiers et des soldats seulement. Ils se retireront au fort Edouard, escortés par un détachement de troupes françaises, quelques officiers et interprètes attachés aux sauvages, et partiront demain matin de bonne heure. II. La porte du fort sera

mille deux cents hommes, sortira du fort et du camp avec armes et bagages et une pièce de canon, qu'elle ne servira pas de dix-huit mois contre la France et ses alliés, que les vivres et munitions seront laissés dans les magasins tels qu'ils y sont ; que dans l'espace de quatre mois, tous les prisonniers français faits sur les terres de l'Amérique Septentionale seront rendus, que la garnison évacuera le fort après midi et partira demain à la pointe du jour, escortée par une compagnie de grenadiers et un piquet. Les articles ont été signés de part et d'autre à midi, et à 2 heures, les gardes ont pris possession des portes du fort et du camp. A la même heure, M. le chev. de Levis s'est posté avec la brigade de la Reine et les quatre de la colonie sur le chemin de Lydius, où il a établi son camp. Le général a mené chez lui le L. C. Young qu'il garde en otage. Il a été obligé d'aller gronder et haranguer les sau-

---

remise après la signification (*sic*) de la capitulation aux troupes de S. M. très chrétienne, et le camp retranché au moment du départ des troupes de S. M. Britannique. III. On remettra de bonne foi aux troupes de S. M. très chrétienne toute l'artillerie, munition de guerre et de bouche, et généralement tout, excepté les effets des officiers et soldats..., et, pour cet effet, il sera remis, avec la capitulation, un inventaire exact des effets et des munitions, en observant que cet article s'étend sur le fort, retranchement et dépendances. IV. Les garnisons du fort, camp retranché et dépendances, ne pourront servir de dix-huit mois, à commencer de ce jour, contre S. M. très chrétienne, ni contre ses alliés, et l'on remettra, avec la capitulation, un état exact de ces troupes, où sera compris le nom des officiers, majors, autres officiers, ingénieurs, artilleurs, commissaires et employés. — V. Dans le cours de trois mois seront remis à Carillon tous les officiers, soldats, Canadiens, femmes et sauvages, pris par terre, depuis le commencement de cette guerre, dans l'Amérique Septentrionale, et, moyennant le reçu des commandants français, on remettra pareil nombre de la garnison du fort George, pour servir suivant le contrôle qui en sera remis par l'officier Anglais qui conduira les prisonniers. — VI. Il sera donné un officier pour otage jusqu'au retour du détachement qui sera donné pour escorte aux troupes de S. M. Britannique. — VII. Tous les malades et blessés hors d'état d'être transportés au fort Edouard, resteront à la garde de M. de Montcalm qui en prendra le soin convenable, et les renverra aussitôt après leur guérison.

vages (1) qui voulaient tuer et enlever des Anglais. Il leur a permis, ainsi qu'aux Canadiens, de piller les marchandises qui étaient dans le fort. Les officiers anglais leur ont donné de l'argent pour se garantir de leur fureur (2). Le général n'a pu rentrer chez lui qu'à neuf heures. Il a fait partir M. de Bouguainville pour aller porter à M. de Vaudreuil la nouvelle de la reddition du fort.

Le 10, la garnison s'est mise en marche à 6 heures pour se rendre au fort Lydius sous l'escorte prescrite. Les sauvages (3) l'ont suivie, ont enlevé et dépouillé plusieurs officiers et soldats. Le général a couru après eux accompagné par plusieurs officiers

---

— VIII. Il ne sera pris de vivres, pour la subsistance des dites troupes, que pour aujourd'hui et demain. — IX. Le marquis de Montcalm, voulant donner au lieutenant-colonel Monro et à sa garnison des marques de son estime, par rapport à leur défense honorable, leur a accordé une pièce de canon du calibre de six. —· Fait dans la tranchée, sous le fort Guillaume-Henri, le 9 avril 1757, à midi. »

(1) D'après le rapport de Bougainville, Montcalm n'avait accepté la capitulation qu'après avoir obtenu l'assentiment des chefs sauvages. « Il demanda aux chefs s'ils pouvoient répondre que leurs jeunes gens n'enfreindroient pas les conditions. Les chefs l'assurèrent unanimement qu'ils approuvoient tout ce qu'il feroit et qu'ils empêcheroient leurs jeunes gens de commettre aucun désordre. »

(2) Les officiers Anglais commirent l'imprudence de leur distribuer des liqueurs fortes. Ils provoquèrent ainsi leur fureur et réveillèrent leurs mauvais instincts. Dès la première heure quelques sauvages ayant pénétré dans le fort par l'embrasure des canons massacrèrent et scalpèrent quelques blessés. Montcalm eut grand peine à les calmer.

(3) Les Abénaquis de Penaskené en Acadie s'étaient mis en embuscade. Ils commencèrent par réclamer des provisions et des vêtements, puis bientôt firent entendre des cris de mort. Les Anglais, au lieu de faire bonne contenance, s'enfuirent à la débandade, et les soldats de l'escorte se trouvèrent impuissants. Lire à ce propos la note sur le voyage de M. Jonathan Cawer dans l'Amérique Septentrionale, au sujet du massacre des Anglais par les sauvages, après la capitulation du fort William-Henry, en 1757, rédigée par l'ingénieur Desandrouins, témoin oculaire. Voir également le rapport adressé par Vaudreuil au ministre de la marine, marquis de Paulmy (Montréal, sept. 1757). — (Dépôt de la guerre, vol. 3,457, pièce 134).

pour les leur arracher. Il a fait entrer dans le fort et camp retranché ceux qu'il a pu joindre et que les sauvages ont voulu rendre. La plus grande partie des sauvages ressemblaient à des forcenés qui ne reconnaissaient plus leur père et que rien ne pouvait retenir, ils emmenaient par force officiers et soldats anglais, les femmes et les enfants. Leur rage s'est calmée un peu (1) vers les 10 heures. Quelques nations vont partir pour Monreal avec leurs prisonniers (2). D'autres sont venus chez le général lui dire qu'ils n'avaient pas eu d'esprit, qu'ils reconnaissaient leur faute, et qu'ils ramènent les prisonniers (3), qui ont été conduits sur-le-champ au fort. Les brigades de Lassarre et R. Roussillon ont décampé à midi pour aller camper sur le plateau qui est à la gauche du fort. Celle de Saint-Ours, sur les bords du Lac et celle de

---

(1) Montcalm avoua plus tard qu'il avait couru plus de dangers en cherchant à arrêter la fureur des sauvages qu'en prenant le fort. Sans le secours des Français, aucun Anglais n'aurait échappé. Près de cinquante d'entre eux furent néanmoins massacrés. Ce fait a été indignement travesti par le romancier Cooper dans son *Dernier des Mohicans*. N'a-t-il pas soutenu que 1500 Anglais avaient été les victimes de la perfidie des sauvages ! Ce chiffre est contredit par les rapports officiels de Vaudreuil, de Bougainville, et par le récit circonstancié de la campagne fait par le missionnaire des Abénaquis, probablement le père Roubaub.

(2) On lit dans la relation de Desandrouins : « A trois ou quatre cents pas du camp, j'aperçus un sauvage qui conduisoit tranquillement un Anglois, en suivant notre tranchée. Il cherchoit sans doute un coin pour le dépouiller et peut-être même le massacrer. J'allay hardiment à sa rencontre, et, l'ayant joint, je lui saisis les deux poignets avant qu'il se fût défié de moi. Le tenant ainsi, je crois à l'Anglois effrayé, et lui faisois signe de s'enfuir vers notre camp. Mais cet homme, plus haut que moi de quatre pouces, demeuroit immobile et comme pétrifié. »

(3) Desandrouins rapporte que près de 400 Anglais furent emportés par les sauvages jusqu'au delà de Montréal. « Le marquis de Vaudreuil, ne pouvant employer la force qu'il n'avoit pas, eut bien de la peine à obtenir d'eux la délivrance de quelques-uns de leurs prisonniers, plutôt encore par l'appât des liqueurs fortes, que par égard ou persuasion... Je n'ay pas seu que, de ceux qu'ils emmenèrent au-delà de Montréal, aucun ait jamais trouvé le moyen de regagner sa patrie. »

Gaspé dans les jardins. Le commandant de l'escorte des prisonniers, revenu à 2 heures, a informé le général qu'il lui a été
impossible d'arrêter la fureur des sauvages, qu'ils ont blessé deux
de ses soldats, qui lui manque un sergent, qui, selon les apparences, a poussé jusqu'au fort Lydius avec les Anglais qui ont pu
échapper (1) aux sauvages. Le général leur a fait enlever tous
ceux qui leur restaient et les a fait mettre dans le fort et le camp
retranché dont on a doublé les gardes. Il a gardé chez lui le colonel Monrau, un L. C. et deux autres officiers. MM. les officiers à
son exemple, se sont chargés de tous les autres. On a commencé
à déblayer l'artillerie et les munitions qui étaient dans le fort.
Elles consistent (2) en quatre-vingts bouches à feu, quinze mille
boulets, deux cents bombes, trente milliers de poudre, vingt
affûts ou crapaux, trois mille trois cents barils de farine ou de
lard, et quelques barils de sel et pois. Le général a expédié un
courrier pour informer M. le Marquis de Vaudreuil de la conduite
des sauvages.

Il a été ordonné de ne pas s'écarter parce que les Agnès rodent
dans les environs du camp. On a tué hier un courrier et on a
pris un sauvage ennemi qui avait pénétré dans le camp. Une lettre
du général Web qui porte qu'il a reçu un renfort de deux mille
hommes, qu'ils se reposeront le 9, et que le 10 il enverra mille
hommes au camp avec cent cinquante sauvages, conduits par le
colonel Jhonson, secours annoncé trop tard qu'il aurait pu hâter

---

(1) Près de quinze cents Anglais parvinrent sains et saufs au fort
Lydius. Pendant plusieurs jours on tira le canon pour servir de direction
à ceux qui erraient encore dans les bois. Ils rentrèrent en effet les uns
après les autres, mais presque sans vêtements et épuisés de fatigue.

(2) Voici l'inventaire exact des munitions trouvées dans le fort, 44 canons, mortiers et pierriers, 35,835 livres de poudre, 2,522 boulets, 545
bombes, 14,800 balles, 1 caisse de grenades, 1 caisse d'artifices, 3,000
quarts de farine et de lard.

en fesant passer la moitié de ses forces au fort. Les officiers anglais s'en plaignent hautement.

Les 11, 12, 13 et 14, on a employé mille cinq cents travailleurs au déblai de l'artillerie et des vivres qu'on a embarqués pour le portage et à la démolition du fort (1). On a fait chercher inutilement dans le fort une cache où un Anglais disait qu'on trouverait deux millions. Il est arrivé un convoi du portage. Le régiment de Lassarre et les piquets de l'armée ont pris les armes pour l'exécution d'un soldat qui avait manqué à un officier de la colonie. Le soir on a mis le feu à tous les bâtiments et bois qui restaient dans le fort. Un détachement de trente hommes, aux ordres d'un lieutenant, est allé porter des lettres (2) au fort Lydius.

Le 15, il est arrivé quelques batteaux du Portage. Le comman-

_____

(1) Les Français en effet n'étaient pas assez nombreux pour conserver le fort Georges. Ils ne pouvaient même pas s'emparer du fort Lydius et ruiner le pays jusqu'à Albany, car les Canadiens étaient rentrés dans leurs foyers pour faire la récolte, et la plus grande partie des sauvages s'étaient débandés.

(2) Une de ces lettres était adressée par Montcalm au général Webb : « La défense honorable du colonel Monro m'a déterminé à lui accorder, et à sa garnison, une capitulation honorable. Elle n'aurait pas souffert la moindre altération si vos soldats n'avaient pas donné du rhum aux sauvages, et si cette troupe avait voulu sortir avec plus d'ordre pour exécuter ce que je lui avais fait prescrire, et si les Abénaquis idolâtres de Penaskessé en Acadie n'avaient pas cru avoir à se plaindre de quelques mauvais traitements. Vous savez ce que c'est de contenir deux cents sauvages de trente-trois nations différentes. Je n'en avais que trop de craintes, que je n'avais pas laissé ignorer dans ma sommation au commandant du fort. Je m'estime heureux que le désordre n'ait pas eu de suites aussi fâcheuses que j'étais en droit de le craindre. Je me sais gré de m'être exposé personnellement, ainsi que mes officiers, pour la défense des vôtres, qui rendent justice à tout ce que j'ai fait dans cette occasion. » Il écrivait aussi au général en chef lord Loudoun pour le prier d'exécuter strictement la capitulation, et l'informer du massacre qu'il n'avait pu arrêter qu'en partie. Ces deux lettres sont un témoignage de la droiture et de l'humanité de Montcalm. Elles ont été publiées par Dussieux, ouvrage cité, p. 310-314.

dant du détachement parti hier, revenant du fort Lydius, dit avoir
été bien reçu par les Anglais, quoiqu'ils soient très fâchés qu'on
n'aie pas prévu l'infraction faite par les sauvages à la capitulation. Le général fait partir à 10 heures tous les Anglais qu'on a
retirés aux sauvages. Ils ont été escortés par deux compagnies de
grenadiers, et la compagnie franche. On a fait combler les fossés
du fort.

Le 16, les régiments R. Roussillon et Béarn sont partis à
6 heures dans les batteaux de la brigade de Lassarre, pour aller
camper dans l'île Longue et y attendre des batteaux. L'armée
s'est embarquée à midi, M. le chevalier de Levis, commandant
l'avant-garde. Il est arrivé neuf déserteurs anglais, qui disent
que les milices reprennent le chemin de leurs provinces.

Le 17, les régiments ont reçu vingt-trois batteaux. On a dépêché un courrier pour en demander un supplément, il en est arrivé
douze autres le soir.

Le 18, les régiments se sont embarqués à 6 heures, ont fait
halte vis-à-vis l'isle à la Barque et sont arrivés à 3 heures au Portage. R. Roussillon est allé camper en potence à la droite de la
Reine et Béarn au Petit Rapide. M. le marquis de Montcalm s'est
établi au Portage et M. le chevalier de Levis à la Chûte. M. de
Rigaud parti hier avec tous les Canadiens qui, arrivés au Portage,
n'ont pensé qu'à regagner leurs foyers sans s'embarrasser du
portage considérable qu'il reste à faire.

Le 19, Béarn est allé occuper son ancien camp à Carillon, y
fournir les travailleurs nécessaires pour les ouvrages intérieurs
du fort et le déblay de l'artillerie et des vivres. On a chanté dans
les trois camps le Te Deum en action de grâce de la prise du fort
Georges (1).

---

(1) La nouvelle de la victoire fut annoncée à Louis XV le 11 octobre, et
le 22 novembre Bernis, alors ministre des affaires étrangères, écrivait à

Le 20, mauvais temps qui a rendu le portage difficile. On a entendu trois coups de fusil sur le cap au Diamant. On y a envoié un batteau qui a ramené quatre Nepissingues avec deux Anglais qu'ils ont pris auprès d'Orange.

Le 21 et 22, mauvais temps; le général a fait la revue des trouppes campées au Portage et à la Chûte.

Le 23, beau temps. On a fait le portage de beaucoup de vivres. Le général est venu à Carillon faire la revue de Béarn.

Le 24, mauvais temps. On a fourni des travailleurs à l'artillerie pour les fortifications.

Le 25, beau temps On a beaucoup travaillé au portage. M. de Bouguainville, arrivé à midi, apporte beaucoup de paquets de France.

Le 26, beau temps. On a beaucoup avancé le portage. M. le marquis de Montcalm est venu à Carillon régler avec l'ingénieur les ouvrages à ajouter au fort.

Le 27, on a profité du beau temps pour continuer le portage et accélérer les transports.

Le 28, mauvais temps. Le général est parti avec quatre batteaux conduits par des soldats de la colonie. Le munitionnaire est arrivé à 10 heures.

Le 29, beau temps. Deux déserteurs arrivant du fort Lydius disent que les Anglais se tiennent sur leurs gardes et sortent rarement des retranchemens, qu'ils ont envoié un détachement

---

Montcalm : « J'ai vu avec bien du plaisir les succès que vous avez eus, et j'en ai lu volontiers les détails dans les lettres que vous m'avez fait l'honneur de m'écrire le 20 du mois d'avril dernier. Tout est dû à la sagesse de votre conduite et à l'habileté de vos combinaisons. On vous rend justice ici. J'admire, pour moi, celle que vous prenez plaisir à rendre aux officiers qui vous ont secondé dans vos opérations. Il y a tout à espérer des suites qu'elles doivent avoir. J'y compte beaucoup, et je vous en félicite de tout mon cœur. »

reconnaître le fort Georges. M. le chevalier de Levis a envoié un détachement dans cette partie et un autre au fond de la baye.

Le 30, le détachement revenant du fond de la baye rapporte avoir vu une berge, qui a gagné terre dès qu'elle l'a apperçu, que les hommes qui la conduisaient ont fait beaucoup de bruit dès qu'ils ont été dans le bois.

Le 31, R. Roussillon est venu camper à la droite de Béarn. M. de Bourlamaque est venu prendre le commandement de ce camp. Le régiment de Languedoc est venu camper sous le fort, sur la rive gauche de la R. de la Chûte.

A 10 heures, on a vu quelque chose déborder la pointe du cap au Diamant. On y a envoié un batteau qui a pris à la remorque un radeau portant trois Canadiens pris dans différens temps par les Anglais. Ils reviennent de Neufyork, d'où ils se sont évadés. M. le chevalier de Levis est venu camper à Carillon avec les régiments de la Reine et le bataillon de la Marine.

Le 1er septembre, les régiments de la Reine, Lassarre, Languedoc, Guienne et le bataillon de la Marine se sont embarqués successivement pour aller camper à St-Frédéric et y faire du bois pour la garnison. M. le chevalier de Levis est parti à 10 heures avec six compagnies de grenadiers, six piquets et cent Canadiens pour le fond de la baye. M. de Bourlamaque est allé au Portage donner des ordres pour la retraite du bataillon de la Marine et replier tout ce qui y reste.

Le 2, on a fourni des travailleurs pour les fortifications et l'artillerie. Le bataillon de la Marine est venu camper au-dessous du fort.

Le 3, M. le chevalier de Levis, de retour, paraît content des reconnaissances qu'il a faites dans le fond de la baye et sur les rives de la R. au Chicot. Il a fait détruire des retranchemens qu'il y a trouvés. Le général est parti à midi pour Monreal.

Le 4, il est parti des batteaux chargés de malades. M. de Raymond est allé avec un détachement au Portage, pour cacher six batteaux dans des petites anses et sous des branches.

Le 5, M. de Bourlamaque est allé au Portage voir si les batteaux sont bien cachés, faire retirer plusieurs berges de l'eau et faire enterrer le batteau à canon. On a travaillé aux bâtimens du fort, à chavirer les poutres nécessaires pour les couvrir et à monter l'artillerie du hangard au fort.

Le 6, travail ordinaire. On a envoié au Portage des Canadiens chercher des berges et brûler celles qui sont hors de service.

Le 7, travail ordinaire. Les faucheurs employés depuis quinze jours à faire du foin en ont beaucoup porté. Les régiments ont commencé à faire des palissades, étant obligés d'en fournir cinq cents chacun.

Le 8, il est arrivé des batteaux de St-Jean et de St-Frédéric.

Le 9, le mauvais temps a suspendu les travaux. Il est arrivé des batteaux chargés de vivres et rafraîchissemens. Ils sont repartis après avoir chargé du lard pour St-Frédéric.

Le 10, continuation du mauvais temps. Il est parti un officier et dix-sept soldats des compagnies de la Marine demandés par M. de Vaudreuil pour le conseil de guerre, qu'il a ordre d'assembler, pour examiner la conduite du commandant (1) qui a défendu et rendu le fort de Beau Séjour.

Le 11, beau temps. Il est parti cent quatre-vingts malades.

Le 12, travail ordinaire. On a envoié dans le bois couper du

---

(1) Cet officier se nommait de Vergor. C'était un protégé de l'intendant Bigot, qui, en lui faisant obtenir le commandement du fort Beauséjour, lui avait donné cet odieux conseil : « Profitez de votre place. Taillez, rognez : vous avez tout pouvoir, afin que vous puissiez bientôt me rejoindre en France, et acheter du bien à côté de moi. » Vergor avait livré sans résistance le poste qu'on lui avait confié. Il méritait la mort. Ses hautes protections le sauvèrent de l'infamie.

cèdre, avec lequel on fait du bardeau qu'on arrange comme de l'ardoise, pour couvrir les maisons.

Le 13, augmentation de travailleurs pour embarquer l'artillerie qui doit descendre et charger dix-sept batteaux de lard.

Le 14, on a encore augmenté le nombre des travailleurs. Tous les batteaux sont partis. Un soldat de la Marine a déserté avec un soldat anglais.

Le 15, M. de Sabrevois est parti avec quinze Canadiens, pour aller à la poursuite des deux déserteurs et pousser, s'il ne les joint pas, jusqu'au fort Georges, afin de voir si les Anglais y font quelque établissement. Il est arrivé des batteaux de St-Frédéric.

Le 16, travail ordinaire. On a donné une escorte à des faucheurs qui ont été aux Deux-Rochers ; ils ont dit, à leur retour, avoir vu une berge et des pistes fraîches.

Le 17, travail ordinaire. Les charpentiers ont commencé la cazematte de la gauche. M. de Sabrevois est rentré avec son détachement, dit n'avoir pas trouvé de pistes fraîches, ni le moindre établissement au fort Georges.

Le 18, les charpentiers et équarisseurs ont travaillé ; les autres ouvriers se sont reposés. Les faucheurs sont allés dans les différents endroits où ils ont laissé du foin. On a envoié à la pêche, qui n'a pas été heureuse.

Le 19, travaux ordinaires. Il a déserté trois soldats des troupes de terre.

Le 20, M. de Bourlamaque a fait partir M. de Mazerac, capitaine au régiment de Béarn, avec un détachement de soixante hommes, pour aller camper ce soir aux Deux-Rochers et faire demain la découverte dans le fond de la baye et dans la R. au Chicot.

Le 21, travail. Le commandant de St-Frédéric écrit que deux Anglais qui se sont évadés de Monreal se sont rendus hier dans son fort exténués de faim et de fatigue, qu'ils disent qu'ils étaient quatre, que les deux autres continuent leur route. On vient de les trouver dans les bois et de les mener chez le général.

Le 22, travail ordinaire. M. de Mazerac, rentré à midi, a rendu compte au général qu'il a fait le tour du fond de la baye ; qu'il est entré dans la rivière au Chicot, et qu'il lui a paru que les Anglais n'y sont pas venus depuis longtemps.

Le 23, rien d'intéressant.

Le 24, il a déserté deux soldats de la colonie.

Le 25, le général a fait embarquer au bout du Portage un détachement de Canadiens qui a ordre de débarquer à la baye de Ganaouské et d'aller s'embusquer sur le chemin du fort Georges pour arrêter les déserteurs.

Le 26, travaux. On a envoié au fourrage et couper du bois de cèdre. On a tracé, de l'angle flanqué du bastion de la poudrière au rentrant de l'épaulement, un petit fossé pour enceindre cette partie avec des palissades.

Le 27, travaux. On a commencé à monter les charpentes des bâtimens de la gauche et à planter des palissades.

Le 28, il est arrivé quinze batteaux chargés de vivres.

Le 29, le reste de l'artillerie qui doit descendre a été embarquée.

Le 30, on a fait partir des malades.

Le 1er octobre, on a demandé à chaque bataillon une augmentation de trois cents palissades.

Le 2, les sauvages ont porté beaucoup de gibier et l'ont vendu fort cher.

Les 3, 4 et 5, travaux ordinaires. On a commencé à fraizer les embrassures.

Le 6, on a entendu à 6 heures du soir quelques coups de fusil tirés vers la Chûte. M. de Barrante, capitaine dans Béarn, commandant la garde qui y est, a envoié informer le général que la

garde avancée a été fusillée par les Agnès qui ont blessé deux
sentinelles. Le général a fait sur le champ renforcer le bivouac
des grenadiers par vingt autres.

Le 7, les grenadiers de bivouac sont allés à la découverte au
delà de la Chûte. Le général y est allé à 8 heures, a appris qu'hier
au soir, on a tiré huit coups de fusil sur le poste avancé, qui
rentra sur-le-champ dans le retranchement ; que deux hommes
ont été tués et ont eu la chevelure enlevée. On juge aux pistes
que ce parti était de huit sauvages.

Le 8, le nombre des travailleurs a été augmenté. M. de Raymond est allé au bout du Portage faire mettre quatre batteaux
à l'eau.

Le 9, M. d'Oreillan, capitaine dans R. Roussillon, est allé avec
un détachement de cinquante hommes s'embarquer sur le lac
Saint-Sacrement pour conduire au fort Georges un capitaine
anglais, une femme et trois soldats qu'on avait enlevés aux sauvages et qu'on a fait guérir de leurs blessures.

Le 10 et le 11, travaux ordinaires. Le nombre des travailleurs
a été augmenté de quatre cents. Les bataillons ont reçu ordre de
faire chacun cent cordes de bois pour le chauffage de la garnison.

Le 12, M. d'Oreillan, rentré avec son détachement, rapporte
avoir remis les Anglais à un détachement venu du fort Lydius
et qu'ils se sont séparés tout de suite pour faire chacun leur
route. Les soldats ont rapporté beaucoup de légumes des jardins
du fort Georges où les Anglais n'ont fait aucun établissement.

Le 13, le général est allé au Portage avec un détachement de
grenadiers, a ordonné qu'on relâche les batteaux et a supprimé
la garde qui allait tous les jours au Portage. Les briquetiers sont
partis pour Québec dans deux batteaux chargés de beaucoup
d'effets.

Le 14, les Agnès se sont présentés trois fois pendant la nuit
dernière devant le poste de la Chûte. Ils ont tenté d'enlever des

sentinelles qui les ont reçus à coups de fusil. Le général est allé à ce poste à 8 heures, a fait augmenter le retranchement par quelques pièces et renforcer la garde par douze hommes. Les Canadiens ont été chercher des lambourdes et des madriers au Portage.

Le 15, l'ingénieur chargé de la direction des travaux est parti pour Québec. Quatre piquets des régimens de la Reine, Lassarre, Languedoc désignés pour former en partie la garnison du fort sont arrivés à 4 heures et ont campé sur le plateau du fort.

Le 16, mauvais temps qui a suspendu tous les travaux.

Le 17, travail ordinaire.

Le 18, la patrouille des grenadiers a été fusillée à l'entrée du bois par les Agnès qui en ont tué quatre, à qui ils ont enlevé la chevelure et en ont blessé trois qui se sont retirés. On a envoié à leur poursuite un gros détachement qui n'a pas pu les rejoindre. La seconde patrouille a mené un Anglais qu'elle a trouvé dans les bois et qui vient de Monreal.

Le 20, le général a fait partir le bataillon de la Marine et les Canadiens des trois gouvernemens. Il s'est embarqué à midi avec une compagnie de grenadiers, trois piquets et soixante Canadiens pour aller aux deux rochers et de là au fond de la baye. Les bataillons ont travaillé au fort et à porter les palissades et le bois exigés.

Le 21, le régiment de Béarn n'a point fourni de garde. Le général est revenu à 9 heures du soir avec une partie de son détachement, très content d'avoir reconnu le fond de la baye.

Le 22, le régiment de Béarn s'est embarqué dans dix-sept batteaux et a laissé un piquet pour la garnison du fort. Je suis parti une demi-heure avant le régiment; je me suis arrêté au-dessus de Saint-Frédéric et, malgré un vent de nord-est très violent, j'ai été camper sur la pointe à la Peur, à huit lieues de Carillon.

Le 23, je me suis embarqué à 7 heures. Nous avons eu peine

à gagner le Rocher Fendu, où nous avons déjeûné. Nous nous sommes arrêtés à 7 heures sur la rivière au Sable pour y faire la souppe. Le vent ayant calmé à 9 heures, nous nous sommes rembarqués, avons doublé les isles aux Quatre-Vents, au Chapon et de Velcourt.

Le 23, nous avons débarqué à 3 heures du matin sur l'isle à la Mottre, en sommes partis à 4, avons fait plusieurs traverses, doublé la pointe au Fer, le moulin Faucault et sommes arrivés à 7 heures à Saint-Jean. J'y ai trouvé les régiments de Lassarre et Languedoc, celui de la Reine étant parti pour Québec.

Le 25, j'ai fait partir mon batteau pour descendre la R. de Chamblay et remonter ensuite le fleuve jusqu'à Monreal. J'ai pris avec un petit détachement le chemin de la Prairie par terre et l'ai trouvé très mauvais, presque toutes les savanes étant noyées. Je me suis arrêté un instant au moulin qui est sur la R. de Monréal. Je suis arrivé à 3 heures à la Prairie et à 4 à Monreal, où commande M. le chev. de Levis en l'absence de M. de Vaudreuil, qui est à Québec. Le 26, j'ai travaillé au logement du régiment.

Le 27, j'ai été à la Prairie savoir si le régiment y était rendu. Je n'y ai trouvé que deux officiers, à qui j'ai remis les ordres de M. de Levis et je suis revenu de suite à la ville.

Le 28, le régiment a débarqué à 9 heures, à la pointe Saint-Charles, six compagnies sont parties pour la pointe Claire, Sainte-Anne et Sainte-Geneviève, les autres sont entrées dans la ville où elles ont été logées ainsi que dans les faubourgs.

Le 29 et le 30, rien d'intéressant.

Le 1er novembre, la ration (1) du soldat a été réduite à demi-

---

(1) L'état de la colonie en effet ne s'améliorait pas. Le 18 septembre 1757, Montcalm terminait une de ses lettres au ministre, par ces mots navrants dans leur héroïque simplicité : « Manque de vivres. Le peuple

livre de pain, une livre de viande et un quarteron de pois. M. le chevalier de Levis a appris que la flotte anglaise, qui croisait de-vant Louisbourg, a essuyé le 22 septembre une tempète qui a jeté plusieurs vaisseaux à la côte, qu'il s'est sauvé deux cents hommes qui se sont rendus prisonniers à Louisbourg. Je suis parti le 5 pour aller faire faire la visite de nos quartiers, que j'ai trouvés passables. Ils sont étendus occupant la moitié de l'isle. On a ap-pris que R. Roussillon était rendu dans ses quartiers qui sont la Prairie, Boucherville et Varenne. Guienne occupe Chambli, Saint-Charles, Saint-Antoine, Saint-Denis ; Saint-Ours Sorel et Con-

---

réduit à un quarteron de pain. Il faudra peut-être encore réduire la ration du soldat. Pas de poudre. Pas de souliers. » Lettres de Doreil, en date du 22 et du 25 octobre 1757 : « Je gémis de voir une colonie si intéres-sante, et les troupes qui la défendent, exposées, par la cupidité de cer-taines personnes, à mourir de faim et de misère. M. de Montcalm s'éten-dra peut-être davantage. Je lui en laisse le soin. Rien n'échappe à sa prévoyance ni à son zèle. Mais que peut-il faire ainsi que moi ? Des re-présentations entre lesquelles on est toujours en garde, et qui ne sont presque jamais écoutées... Le moment critique est arrivé ; le munition-naire vient de déclarer l'état des ressources. Les fonds sont finis... Je n'espère qu'au moment heureux où, avec la permission du Roi, je pourrai repasser en France, et n'être plus spectateur inutile de choses aussi monstrueuses que celles qui se passent sous nos yeux. M. de Moras, mi-nistre de la marine, ignore la principale cause de notre triste situation. Il ne convient ni à M. le marquis de Montcalm, ni à moi de tenter de l'instruire, d'autant plus que nos représentations ne parvien-draient pas vraisemblablement jusqu'à lui. Les remèdes doivent être puissants et prompts ; car, si malheureusement une escadre anglaise barrait l'entrée du Saint-Laurent au petit printemps, tout périrait ici de faim et de misère, et nous serions hors d'état de nous opposer à la plus petite surprise de nos ennemis. » Lévis n'avait pas non plus grand espoir. Voir sa lettre au maréchal de Mirepoix : « Si nous n'avions pas affaire à des troupes faibles et timides, nous ne pourrions pas nous flatter des succès que nous avons, mais je crains que les Anglais de l'Amérique ne fassent à la fin ce que les Moscovites ont fait aux Suédois, parce qu'il nous arrive aussi de brider le cheval par la queue, et même notre expé-dition ; mais il y a des gens à qui tout réussit. » Voir lettres du 22 avril et du 6 mai 1758 au marquis de Paulmy.

trecœur ; Languedoc les trois Rivières et quelques paroisses de ce gouvernement. Les troupes de la colonie, les autres ; Lassarre, l'île Jésus, Terre-Bonne et l'Assomption ; la Reine, Québec ; et Berry, les paroisses de ce gouvernement (1).

Le 7, M. le marquis de Vaudreuil est arrivé à Québec.

Le 11, M. de Fleury a reçu ordre d'aller à Saint-Jean, prendre six batteaux pour aller chercher des farines à Carillon.

Le 15, nouvelles des pays d'en haut. Le commandant de la Belle Rivière écrit qu'il avait envoié au fort Cumberland un parti qui a été découvert par un déserteur, que le commandant de ce fort a fait sortir un détachement de cent cinquante hommes pour aller couper sa retraite, qu'il a eu un homme tué et deux blessés. Le commandant du Détroit mande que son fils, commandant un parti qu'il a envoié à la guerre, s'est perdu.

Le 18, M. de Belètre, parti à la fin de septembre avec trois cents soldats ou Canadiens pour aller tenter quelque expédition du côté de Mohawks (2), est arrivé avec cent cinquante prisonniers et rapporte qu'il s'est emparé de trois forts, qu'il a brûlé un village (3) Palatin, dans lequel son détachement a fait un butin considérable et tué quatre cents hommes.

Le 22, M. de Fleury arrivant de Carillon (4) rapporte que les

---

(1) Sur la répartition des troupes dans leurs quartiers d'hiver, et les précautions prises pour leurs subsistances, voir lettre de .Lévis au marquis de Paulmy du 8 octobre 1757.

(2) Partie supérieure de la rivière Hudson, habitée par les sauvages Agnès.

(3) Le village Palatin servait d'entrepôt aux Anglais pour le commerce de pelleterie. Ils avaient toujours là un grand dépôt de marchandises et de provisions.

. (4) Une sédition avait éclaté au fort Carillon à la suite des vols éhontés sur les subsistances militaires. Voir le journal de Desandrouins : « Les soldats exaspérés avoient résolu de tuer leurs officiers et de livrer le fort aux Anglois. » L'émeute fut apaisée par l'énergique intervention du commandant d'Héhécourt.

Anglais y sont venus au nombre de trois cents avec le projet de brûler les dehors. Qu'ils n'ont pas pu forcer une garde de quinze hommes, qui était dans un petit retranchement, commandé par le nommé Aymet, sergent dans Béarn, qu'ils ont seulement éventé la Charbonnière, après quoi ils se sont retirés, qu'un soldat de Béarn a été tué.

On a réduit (1) la ration du soldat à demi-livre de bœuf et autant de cheval quoique les bœufs ne manquent pas, je pourrais dire quelle friponnerie; les lettres (2) de Québec disent qu'on y joue

---

(1) Dès le mois de septembre, des réductions sur la ration avaient déjà excité des murmures. En décembre, la révolte fut menaçante. Sans Lévis qui harangua ses grenadiers, et les pria de donner l'exemple, comme dans une ville assiégée, des troubles sérieux auraient éclaté. Voir lettre de Montcalm à la marquise de Saint-Véran : « Nos troupes ont vécu et vivent encore avec une demi-livre de pain, trois livres de cheval et une de morue. Le peuple est au quarteron de pain. Ma maison et ceux qui ont dîné journellement chez moi sont au même ordinaire pour le pain. Il y a de la fermentation dans le peuple et dans les troupes... Vous voyez que nous ne sommes pas sans inquiétude. » Cf. le journal de Desandrouins.

(2) Voir la lettre adressée par Montcalm au ministre de la guerre (24 avril 1757) : « J'ai trouvé que nos officiers s'adonnaient aux jeux de hasard. On n'a joué ni à Québec, ni à Montreal, jusqu'à l'arrivée de M. de Vaudreuil à Québec. M. Bigot aime le jeu. M. de Vaudreuil a cru devoir permettre une banque chez M. Bigot. J'ai dit ce que je devais, mais je n'ai pas voulu défendre. M. de Maron, capitaine dans le régiment de la Reine, a perdu 12,000 fr. Cette tolérance pour la maison de M. Bigot aurait fait jouer ailleurs, si je n'avais par mis aux arrêts un capitaine. Je n'en écris pas à M. de Machault. Cela ne servirait qu'à détruire la paix qui règne entre M. de Vaudreuil, M. Bigot et moi ; mais je dois à mon ministre compte de ma conduite. » — Lettre du commissaire Doreil (26 février 1758) : « On a joué ici (à Québec), chez l'intendant, jusqu'au mercredi des Cendres, un jeu à faire trembler les plus intrépides joueurs. Bigot y a perdu plus de 200,000 l., au quinze, au passe-dix, au trente et quarante. » — Lettre de Montcalm au ministre de la guerre : « Le jeu de hasard est poussé à l'excès chez l'intendant, je n'en écris pas au ministre de la marine ; j'évite tout ce qui aurait l'air de plainte ou de reproche. Le Roi vient d'envoyer à M. de Vaudreuil

un jeu ruineux. M. de Vaudreuil a fait partir, le 20 décembre,
un détachement de cent Canadiens ou sauvages.

---

l'ordonnance du 6 août, qui rappelle l'ordonnance, rendue pour la colonie, en 1744, pour défendre les jeux de hasard, enjoignant d'y tenir la
main. » Journal de Desandrouins : « Le jeu surtout y fut poussé aux
derniers excès. On y a vu des coups de 15 et 1,800 louis de différence
de la perte au gain. L'intendant a perdu pendant l'hyver 204,000 livres.
Plusieurs officiers ont gagné prodigieusement ; d'autres ont perdu et se
sont ruinés de fond en comble. »

Le 2 janvier, courrier de Carillon pour informer que les Anglais y ont reparu le 24 décembre au nombre de cent cinquante, qu'ils ont tenté de mettre le feu aux maisons, qu'ils sont sous le fort et en ont été empêchés par le canon ; qu'ils ont séjourné 24 heures dans le bois, ont tué quinze vaches et attaché sur la tête d'une une lettre qui porte : Je vous suis obligé, monsieur, du séjour que vous m'avez laissé prendre et je vous remercie de la viande fraiche que vous m'avez envoiée. J'aurai soin de vos prisonniers. Mes complimens à M. de Montcalm. Signé : Roger (1), commandant les compagnies franches.

Le 18, un commis du munitionnaire est parti pour aller faire la visitte des magasins de Saint-Frédéric et Carillon. On a fait partir un détachement de vingt-deux hommes des troupes de terre et quelques Canadiens, gens de choix pour renforcer la garnison de Carillon, dont le commandant n'est pas content (2). Elle se plaint

---

(1) Roger était le principal des partisans anglais qui tenaient la campagne en même temps que les troupes régulières. Il a laissé, par ses exploits et sa bravoure, une grande réputation dans la Nouvelle Angleterre.

(2) En effet nos soldats étaient fort maltraités. Lettre de Bougainville (20 janvier 1758 : « Expatriés, manquant de tout, ne pensant plus qu'à cette espèce de gloire qu'on acquiert en se raidissant contre les difficultés de tout genre, haïs, enviés, ayant tout à souffrir du climat, du pays et des habitants, nous n'apprenons ici qu'à être patients. » Lettre de

que les vivres sont mauvais et qu'on ne lui a pas donné l'équippement qui lui revenait. M. de Vaudreuil a chargé un capitaine
de la colonie et le lieutenant-général de police de Monréal d'aller
faire le recensement de tout le blé et autres grains qui se trouvent
dans ce gouvernement. Le courrier du fort Duquêne dit que tout
est tranquille sur cette frontière, que les sauvages commencent à
se rebuter (1) d'aller en guerre, parce qu'ils ne reçoivent plus
de présens, les magasins étant dépourvus.

Le 9 février, M. de Vaudreuil a reçu des paquets de France,
par la voie de Louisbourg. Le gouverneur de cette isle lui a
mandé qu'il attend les Anglais de bonne heure. Les hommes
chargés de ces paquets ont été deux mois en chemin. Ils ont
passé à l'île Saint-Jean (2), d'où ils ont gagné l'Acadie, ont remonté

Doreil du 26 février 1758 : « Le peuple périt de misère, les Acadiens
réfugiés ne mangent, depuis quatre mois, que du cheval et de la merluche, sans pain. Il en est déjà mort trois cents. Le peuple à Québec est
toujours réduit, ainsi que nous, à un quarteron de pain par jour, et pour
la viande on oblige à prendre la moitié de cheval à six sols. Nos soldats
sont à la demi-livre depuis le 1er novembre. On leur donne trois livres de
cheval, trois livres de bœuf, deux livres de pain et deux livres de merluche pour huit jours, ils prennent cela en patience. »

(1) Les sauvages étaient en été fort maltraités. Voir le journal de Desandrouins, passim : « Grande agitation dans l'esprit des sauvages des
pays d'en haut. Tous ces peuples ayant descendu l'année dernière pour
le siège du fort Georges, ont rapporté la petite vérole dans leur pays qui
y a fait des ravages étonnants. Les peuples soupçonneux ont imaginé
que les François ne les avoient attirés que pour les faire périr par la
maladie. Joignez à cela beaucoup de mauvaise foi de la part de ceux qui
font avec eux la traite des pelleteries, et la dureté des commandants de
postes qui sont dans l'impossibilité de leur faire les présents ordinaires. »
— « On ne fait pas les présents ordinaires aux sauvages. Les Chactas,
nation puissante, en paraissent très mécontents. » — « Nous pourrions,
avec un bon commandant dans ce pays-là, imposer aux sauvages par nos
forces et les contenir par de riches présents. »

(2) L'île Saint-Jean est au nord de l'Acadie, à l'ouest de l'île de Cap
Breton.

partie de la rivière Saint-Jean et sont venus au Kamouraska (1),
à 40 lieues de Québec, ils ont traversé toutes les rivières sur la
glace (2).

Le 14, le commis revenu de Carillon dit avoir trouvé les
vivres en bon état dans les deux forts, que les Anglais n'ont pas
paru depuis quelque temps, que la grande quantité de neige qu'il
y a dans le bois empêche toute entreprise.

Le 24, M. le marquis de Montcalm est arrivé de Québec avec
M. de Pontleroi, ingénieur en chef, qui vient de Louisbourg.

Le 30, un courrier de Carillon nous apprend que M. de Langy
a attaqué, avec les Iroquois, deux cents hommes qui travaillaient
au pied du fort Lydius, lesquels étaient couverts par un détachement ; qu'il les a tous dispersés, tué vingt-deux hommes dont les
sauvages portent les chevelures, et qu'il n'a pas perdu un seul
homme. M. de Vaudreuil a fait partir dans les premiers jours de
mars un parti de deux cents Canadiens ou sauvages pour Carillon,
d'où ils iront tâcher d'enlever quelques convois qui vont de
Sarastou au fort Lydius.

Le 15, nouvelles de Carillon, qui apprennent au général
le retour de M. Wolfs (3), qui a porté ses dépêches au fort
Lydius. Cet officier se loue des honnêtetés qu'il y a reçues. Il y a
vu le capitaine Roger, qui a badiné sur la viande fraîche qu'on lui

---

(1) Sur la rive droite du Saint-Laurent entre la rivière du Loup et la
rivière Ouelle, entre les ilots des Pèlerins et l'île aux Coudres.

(2) L'hiver de 1757 à 1758 fut en effet très rude. Le thermomètre descendit plusieurs fois à 28 degrés au-dessous de zéro. Cf. le journal de
Desandrouins : « On a trouvé huit ou dix Acadiens, malades ou vieillards, gelés et roides dans leurs lits, faute de bois, quoiqu'il y ait un
entrepreneur, payé par le Roy, pour leur en donner ! »

(3) Le lieutenant Wolfs avait été envoyé par Montcalm au général Loudoun pour négocier l'échange des prisonniers. La négociation n'avait pas
abouti sous l'injuste prétexte du crime commis par les sauvages au lendemain de la prise du fort Georges.

a laissé manger, et lui a répondu de prendre garde à lui, puisque depuis peu il a dû avoir de nos nouvelles par M. de Langy. Que quatre Outaouas ont attaqué un petit (1) convoi qu'ils ont dispersé, tué quatre hommes, pris et pillé plusieurs trains.

Le 19, un cadet détaché de Carillon est venu informer M. le général que les deux cents hommes partis depuis peu y sont arrivés le 12 ; que, le même jour, un vieux jongleur avait annoncé qu'on verrait bientôt les Anglais ; que le 13, cinq sauvages venant de la découverte dirent avoir vu les pistes d'un détachement de deux cents hommes ; que les chefs firent sur-le-champ leurs cris et partirent avec tous les sauvages et quelques Français ; qu'ils firent près de trois lieues sans rien rencontrer ; que, se doutant que les Anglais gagnaient le chemin de la Chûte, ils revinrent sur leurs pas pour suivre la même route que M. de la Durantaie, qui, étant à l'avant-garde, joignit les ennemis à la Montagne Pelée ; qu'il essuya leur première décharge qui fit un peu reculer sa trouppe ; que M. de Langy, les ayant tournés avec une bonne partie des sauvages et étant tombé sur eux, les a entièrement défaits ; que les sauvages, ayant trouvé une chevelure, dans le chemin, d'un Anglais, n'ont pas voulu faire de quartier et ont levé cent quarante-quatre chevelures et que l'on croit que, de tout ce détachement, il ne s'est sauvé que douze hommes.

Le 23, quelques Abenakis sont partis pour Carillon.

Le 28, les Iroquois sont arrivés au sault Saint-Louis. M. de la Durantaie est venu chez M. le général et lui a fait le détail de l'affaire du 13.

Le 29, les sauvages blessés sont arrivés au sault. M. le général leur a envoié des chirurgiens.

---

(1) D'après une lettre de Montcalm au ministre de la marine de Moras (Québec, 19 février 1758), les Français n'avaient tenu la campagne que par petits détachements, à cause du manque de vivres.

Le 31, les grands chefs du Sault sont venus chez Ononthio tenir conseil et lui témoigner l'affliction (1) où ils sont d'avoir eu, à l'affaire du 13, sept de leurs guerriers tués et quinze blessés. Le général leur a débouché les oreilles et le gosier, essuyé leurs larmes et couvert les morts avec de gros présens.

Le 1er avril, les sauvages se sont ennuyés. A 9 heures du soir on a vu un gros nuage extraordinaire, fort blanc, qui a couru de l'est au nord et a duré 1 heure. Nous apprenons que les Acadiens ont pris deux cents bœufs et un batteau conduit par cinq Anglais et qu'ils ont manqué une chaloupe chargée de vivres.

Le 2, un officier d'artillerie chargé de mettre en état le train qui est à Saint-Jean, est venu rendre compte de son travail.

Le 3, deux courriers de Carillon informent M. le général que M. Wolfs a été avec les Abenakis dans le gouvernement de Boston, qu'il a été découvert et qu'il n'a pas pu faire des prisonniers. Qu'il a brûlé deux maisons et tué quarante bœufs. Qu'un capitaine et un lieutenant du régiment de Blacney (?) se sont rendus, le 19, à Carillon, exténués de faim et de fatigue, ayant rôdé pendant sept jours dans les bois sans pouvoir trouver la route qu'ils avaient faite avec le capitaine Roger. Ces officiers croient le lord Loudon parti pour Londres (2).

Le 5, le général a fait dîner quelques sauvages avec lui, l'un

---

(1) Montcalm se vantait dans une lettre au ministre de la marine Moras d'être devenu l'ami des sauvages: « Pour ce qui est des sauvages, je crois avoir saisi leur génie et leurs mœurs. Je dois peut-être plus leur confiance à mes succès qu'à mes faibles talents ; mais, dans ce moment-ci, j'ose assurer que, même dans les pays d'en haut, mon nom seul fera autant d'impression que ceux que l'on croit l'idole de ces peuples. Ils ont pour principe de considérer autant le chef de guerre que le chef de cabane. — » Lettre du 19 février 1758.

(2) Pitt, indigné de la mollesse de Loudoun, avait obtenu non seulement son rappel, mais encore sa comparution devant un conseil de guerre. Il avait été remplacé par Abercombry.

d'eux lui a assuré avoir tué le capitaine Roger, qui lui a donné ses
tablettes et une médaille, qu'il a laissées au commandant de Carillon.

Le 9, nouvelles de Niagara et de Cataraconi où tout est tranquille. Il paraît que les Anglais se donnent de grands mouvemens pour détacher (1) les cinq nations de notre alliance, ainsi
que les Loups. Le Gouvernement de Philadelphie a tenu avec
eux un grand conseil, dans lequel il leur a distribué beaucoup
de calumets de paix, et quarante hausse-cols d'argent. Un chef
des cinq nations a porté un de ces hausse-cols au commandant de
Niagara. On voit dessus un soleil, un sauvage et une sauvagesse
qui entretiennent du feu, et un sauvage fume avec un Anglais à
l'ombre de l'arbre de la paix. Le chef est parti de suite pour aller
avec un parti frapper et manger de la viande fraîche d'un convoi
de bœufs que les Anglais envoient aux Loups de Thioga.

Le 13, quelques Iroquois sont venus voir le général.

Le 14, le fleuve a dépris, et le Grand Chenail a été libre.

Le 15, il est venu des canots du Sud.

Le 17, on a donné aux soldats quinze livres de bœuf pour
quinze jours et du sel pour le saler. On en a tué mal à propos une
si grande quantité, qu'il y en aura beaucoup de perdu. Il eut
mieux valu le donner aux troupes que du cheval.

Le 18, les nouvelles de Niagara et Frontenac annoncent que le
colonel Jonhson a tenu un grand conseil avec les cinq nations,
qu'il leur a dit que les Anglais ont été peu sensibles à la perte des
Palatins qui étaient de mauvais sujets, qu'ils ont trouvé le moyen
de réduire (2) le Canada, en empêchant les secours et vivres d'y

---

(1) Les Anglais avaient compris l'importance de ces alliances avec les
indigènes, et ils usaient de tous les moyens pour détacher nos alliés et
augmenter le nombre de leurs partisans.

(2) Ces menaces n'étaient malheureusement pas pure forfanterie. Pitt

arriver, que nous mourrons de faim, parce qu'ils ont pris l'automne dernière beaucoup de bâtiments chargés de secours, qui ne
les dédommagent pas de la perte qu'ils ont faite devant Louisbourg (1), qu'à l'issue du conseil, le colonel a voulu aller dans
tous les villages faire des présents, qu'il a été détourné par deux
Onontaguès (2) qui lui ont persuadé qu'Ononthio vient avec ses
guerriers. Les Agnès ont envoyé leurs réponses aux colliers que
les Iroquois leur ont donnés, leur promettant d'observer une exacte
neutralité, et les invitent à venir au grand conseil qu'ils doivent
tenir à la Grande Cabanne.

Le 22, M. le général a expédié un courrier pour faire partir
une goëlette pour France. Quelques Iroquois, Nepissingues et
Algonkins sont partis pour aller venger la mort des sauvages
tués.

Le 24, M. de Chabert est parti avec quelques officiers pour
Niagara, d'où il ira en ambassade chez les cinq nations ; il est
suivi par un commis du munitionnaire chargé de visiter (3) les

---

venait de décider l'envoi au Canada des vingt régiments qui venaient de
capituler à Clostersevern, et leur avait donné pour chef un officier distingué, Jeffrey Amherst.

(1) En effet l'amiral Boscawen, avec une flotte de 24 vaisseaux, 18 frégates et 150 transports, 16,000 hommes de troupes, 86 canons et 47 mortiers attendait à Halifax le moment favorable pour aborder à l'île de Cap
Breton et attaquer Louisbourg.

(2) Sur les Onontagués consulter CHARLEVOIX, *Nouvelle France*, III,
214-368.

(3) Cette enquête, si nécessaire, ne devait jamais être faite sérieusement, car elle était dirigée par ceux-là même qui avaient intérêt à cacher toutes les malversations, l'intendant Bigot, et ses complices Péan,
Bréard, Varin, Estèbe, Cadet. Ainsi qu'il résulte du procès qu'on leur
intenta en 1763, Bigot et ses associés faisaient partie de plusieurs sociè-
tes organisées pour voler l'état ; telles étaient la maison Gradis de Bordeaux (acte du 10 juillet 1748), et la maison de Claverie à Québec,
connue sous le nom de la Friponne. En outre ils enflaient leurs mémoires, et faisaient de doubles emplois d'états de rations ; aussi gagnaient-ils
à l'aide de ces faux jusqu'à 250 p. 100. Cf. lettre de Montcalm, du 4 no-

magasins de tous les forts et voir en quel état y sont les vivres.

Le 26, il est parti un détachement d'ouvriers pour Carillon.

Le 27, nouvelles de St-Jean. La barque qui a été construite l'hiver dernier a été lancée à l'eau. Elle sera chargée incessamment d'effets destinés pour Carillon.

Le 2 mai, nouvelles de Cataraconi et de Carillon. Les premières portent qu'un Ononthagué qui allait à Orange a été rencontré par un parti anglais qui voulait le tuer, qu'il a été sauvé par quelqu'un de ce parti, qui a assuré qu'il était des cinq nations, qu'il s'en est plaint au commandant d'Orange, qui a répondu que les Anglais sont décidés à se venger des trahisons que leur font journellement les cinq nations. Celles de Carillon annoncent le retour de M. de Langy, qui a vu défiler sur le chemin de sa route un convoi de deux cents chariots, qu'il n'a pas pu l'entamer ni faire un seul prisonnier.

Le 3, le courrier de Québec nous apprend qu'à son départ on n'avait connaissance d'aucun bâtiment en rivière. Un officier d'artillerie est parti avec vingt cinq batteaux chargés de vivres, munitions et marchandises pour les ports de Frontenac, Niagara et de la Belle-Rivière. Cet officier est chargé de faire revêtir les fortifications de Niagara.

Le 5, on a fait partir un courrier pour porter ordre aux régiments de la Reine et de Berri de former des piquets des soldats

---

vembre 1757, adressée à Belle-Isle, ministre de la guerre. « L'avidité a gagné les officiers, gardes-magasins, commis, qui sont vers l'Ohio, ou auprès des sauvages dans les pays d'en haut. Ils font des fortunes étonnantes. Un officier engagé il y a vingt ans comme soldat a gagné 700,000 livres. Ce n'est que certificats faux admis également. Si les sauvages avaient le quart de ce que l'on suppose dépensé pour eux, le roi auroit tous ceux de l'Amérique, et les Anglois aucuns..... Il paroît que tous se hâtent de faire leur fortune avant la perte de la colonie, que plusieurs peut-être désirent comme un voile impénétrable de leur conduite. »

que les habitans ne sont plus en état de nourrir et de les faire partir pour Carillon.

Le 7, le courrier de Québec nous apprend qu'on (1) commence à manquer dans cette ville de bien des choses.

Le 10, nouvelles de la Présentation, qui portent que quatre-vingt-quatre sauvages de ce village qui ont été dans les environs de Korlak rapportent quarante-six chevelures et trois prisonniers, qu'il y a eu un Iroquois tué et un Ononthagué blessé. Les prisonniers disent que l'on construit un fort auprès du village des Palatins.

Le 12, le courrier de Québec nous apprend qu'il y a une grande misère (2).

Le 15, les sauvages de la Présentation sont arrivés avec leur prisonnier. Courrier de St-Frédéric dépêché par le commandant

---

(1) Fragment de lettre adressée au ministre par M. Daine, dans les premiers jours de mai. « Rien de plus triste et de plus affligeant que la situation actuelle de la colonie. Après avoir passé une partie de l'automne et de l'hiver dernier à un quarteron de pain par jour pour chaque personne, nous sommes depuis six semaines réduits à deux onces. Toutes les ressources sont épuisées, et nous sommes à la veille d'essuyer la plus cruelle famine, si les secours n'arrivent pas dans quinze jours. Les expressions me manquent pour vous décrire nos malheurs. Les animaux commencent à manquer ; les bouchers ne peuvent pas fournir un quart du bœuf nécessaire pour la subsistance des habitants de la ville ; sans volailles, sans moutons, sans veaux, sans légumes. »

(2) Lettres de Doreil du 26 février et du 30 avril (Dépôt de la guerre, Canada, 1758, pièces 40, 85, 105) : « Le peuple périt de misère. Les Acadiens réfugiés ne mangent depuis quatre mois que du cheval ou de la merluche sans pain. Il en est déjà mort plus de trois cents. Le peuple Canadien a un quart de livre de pain par jour. La livre de cheval vaut six sols, on oblige ceux qui sont en état d'en manger de prendre cette viande par moitié. Le soldat a demi-livre de pain par jour ; pour la semaine on lui donne trois livres de bœuf, trois livres de cheval, deux livres de pois et deux livres de morue. » Au mois de mai il n'y avait plus de pain ni de viande ; la livre de bœuf valut alors vingt-cinq sols, autant la livre de farine, et « cependant, écrit Doreil, ils prennent leur mal en patience. » Lettre de Levis à la maréchale de Mirepoix (26 juin) : « Nous venons de passer un hiver bien misérable par le manque de

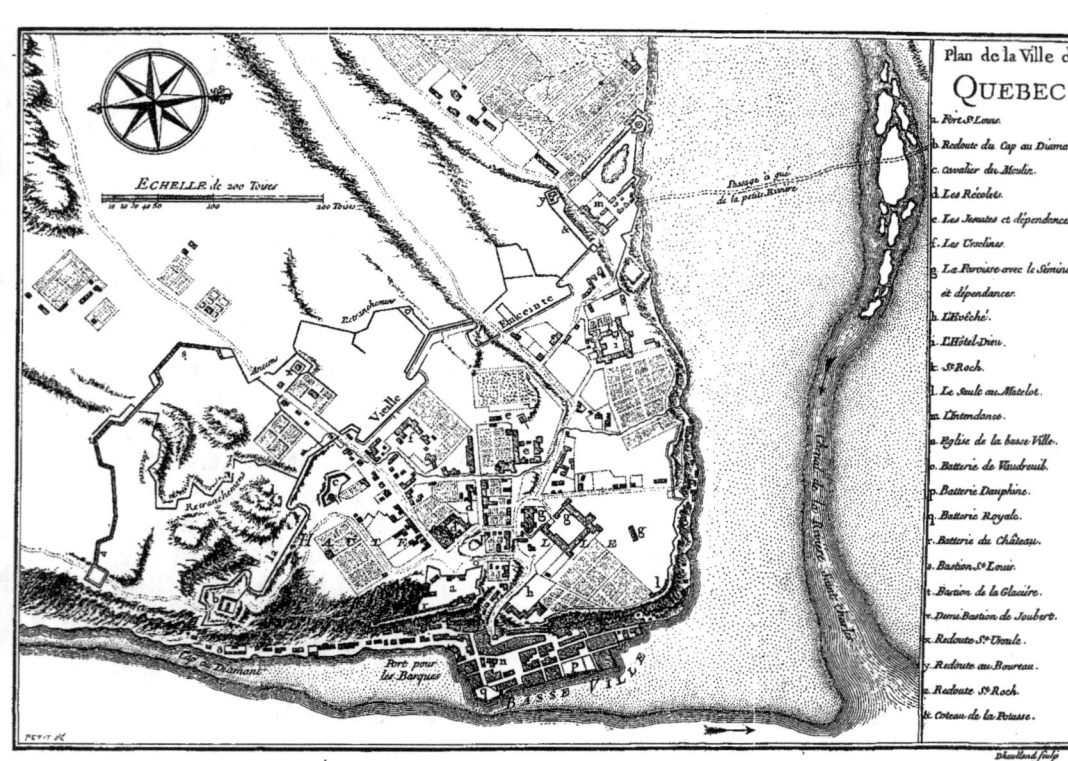

Plan de la Ville de
QUEBEC

a. Fort St Louis.
b. Redoute du Cap au Diamant
c. Cavalier du Moulin.
d. Les Récolets.
e. Les Jesuites et dépendances.
f. Les Ursolines.
g. La Paroisse avec le Séminaire
et dépendances.
h. L'Evêché.
i. L'Hôtel-Dieu.
k. St Roch.
l. Le Saule au Matelot.
m. L'Intendance.
n. Eglise de la basse Ville.
o. Batterie de Vaudreuil.
p. Batterie Dauphine.
q. Batterie Royale.
r. Batterie du Château.
s. Bastion St Louis.
t. Bassin de la Glacière.
v. Demi Bastion de Joubert.
x. Redoute St Ursule.
y. Redoute au Boureau.
z. Redoute St Roch.
&. Coteau de la Potasse.

ECHELLE de 200 Toises

Passage à gué
de la petite Rivière

R. St Charles

Enceinte

Vieille

Retranchmt

Retrait

Château

VILLE

BASSE VILLE

Port pour
les Barques

Cap Diamant

PETIT fc.

Dheulland sculp.

pour informer M. le général que quatre hommes de sa garnison ont été pris par les Agnès et qu'un parti anglais a défait dix-sept hommes de celle de Carillon, qui étaient dans un batteau.

Le 16, un cadet détaché de Carillon pour conduire deux Anglais, que M. de Langy a pris sur le chemin de Boston, nous a appris que le commandant de Carillon ayant besoin de bois pour faire couvrir un hangard, avait fait reconnaître les rives de la R. au Pendu, que le lendemain il avait fait embarquer un détachement de quarante-cinq hommes dans trois batteaux, qu'un des trois, qui portait dix-sept hommes, avait été fusillé à son approche de terre par quarante Anglais ou sauvages. Les deux autres s'étaient mis en panne pour faire feu et avaient reçu ordre de revenir au fort. Qu'un ouvrier et un soldat de la colonie, qui avaient été à la chasse malgré les deffenses, ont été pris.

Nouvelles de tous les postes d'en haut. Il y règne beaucoup de tranquillité. On attend au fort Duquène (1) beaucoup de vivres des Illinois. Le commandant du détroit se meurt. Les cinq nations vont rarement à Niagara, le commandant ne leur étant pas agréable. Il y a un peu de fermentation et de mécontentement contre nous, chez les sauvages de St-Joseph (2), les Miamis et les Ouias. Les Folles Avoines ont tué onze Français à la baye et manqué le commandant. Ils ont pillé un magasin. Il est mort, à Michillimakinak, beaucoup de sauvages de la petite vérolle. Les Anglais font ce qu'ils peuvent pour leur persuader (3) que nous

---

vivres, toute la colonie a été réduite à n'avoir qu'une demi-livre de pain par jour, et à manger du cheval. Nous avons eu bien de la peine à contenir les peuples et à les réduire à ce genre de vie. A mon particulier, il m'a fallu user de beaucoup de fermeté avec les troupes, pour les empêcher de se révolter. »

(1) Sur l'Ohio, aujourd'hui Pittsburg.

(2) La mission de Saint-Joseph se trouvait à l'extrémité méridionale du lac Michigan.

(3) Voir plus haut, p. 163, un fragment du journal de Desandrouins.

la leur avons donnée pour les détruire. Le commandant de la Louisiane mande qu'il y a deux ans (1) qu'il n'a eu des nouvelles de France, qu'il est très embarrassé pour contenter les nations sauvages, n'ayant rien à leur donner.

Le 18, on a expédié un courrier chargé d'ordres pour les pays d'en haut. Un négociant est parti avec quatre canots pour le détroit. Le général a envoié ordre de rester à St-Jean.

Le 19, trente Nepissingues, qui doivent partir pour Carillon, sont venus voir M. le général et ont chanté la guerre chez lui.

Le 20, quelques sauvages de la Présentation et des cinq nations ont tenu conseil chez M. le général, l'ont prévenu que la moitié de leurs frères nous est favorable et l'autre aux Anglais ; qu'elle sera facile à ramener, s'il reçoit bientôt des vivres et des marchandises. Le bruit se répand que quatre berges anglaises ont pénétré dans le lac Champlin. Les Nepissingues et Algonkins ont traversé le fleuve pour aller à leur rencontre.

Le 22, nouvelles de France. Nous apprenons qu'une frégate et huit vaisseaux marchands ont mouillé le 19 devant Québec ; qu'ils sont sortis au nombre de douze de la rivière de Bordeaux ; qu'ils ont été séparés sur le grand banc ; qu'ils ont pris un navire anglais qui leur a dit avoir rencontré à une lieue de Louisbourg M. de Boissier avec cinq vaisseaux de ligne.

Le 24, le régiment de la Reine est arrivé à Chambli et y a trouvé ordre de se rendre à Carillon.

Le 25, courrier de Québec, qui nous apprend l'arrivée de deux bâtimens de Louisbourg chargés de vivres. Les lettres de cette place disent qu'un bataillon du régiment de Cambis et un des volontaires étrangers y sont arrivés ; que M. Desgouttes est entré

---

(1) Cet aveu n'est-il pas la condamnation de la déplorable politique coloniale du gouvernement français. — Sur la Louisiane au xviiie siècle, consulter Le PAGE DU PRATZ, *Histoire de la Louisiane*, 1758, 3 vol. in-18.

dans le port avec cinq vaisseaux et trois frégates ; que le lendemain huit vaisseaux anglais ont paru à vüe de l'isle.

Le 26, un courrier de Québec nous annonce l'arrivée de deux
vaisseaux. L'un de la première division, l'autre de la seconde.
Celui qui avait relâché à Brest rapporte que le vaisseau qui y était
entré avec lui a été obligé d'y rester pour se radouber. Celui de
la seconde rapporte que sa division a été attaquée par cinq corsaires ; que la frégate chargée de les escorter avait fait signal de
sauve-qui-peut, et se battait avec le plus gros ; qu'il a vu amari-
ner trois bâtimens et qu'il ignore le sort des autres.

Le 27, un courrier de Carillon a porté à M. le général les
dépêches du général Alberkombrik (1). Elles ont été remises à
M. d'Hebecourt, commandant à Carillon, par un détachement
anglais de quinze hommes qui ont dit à ce commandant qu'il y a
une armée à Halifax (2); qu'il n'y a au fort Lydius que la garnison
ordinaire avec un régiment écossais ; que le capitaine Roger n'a
pas été tué ; que c'est lui qui a pris les quatre hommes de Saint-
Frédéric ; que les dix-sept de Carillon l'ont été par les cinq
nations, qui en ont tué sept et mené dix au fort Lydius dont
deux blessés. Le général anglais mande qu'il n'envoie pas le
colonel Schuler et M. Martin propose d'envoyer en échange six
cadets ou Canadiens.

Le 29, nouvelles de la Belle Rivière. Le commandant du fort
Duquène mande que les Katabas ont tué un homme et pris deux
de sa garnison ; que les Loups l'ont vengé en lui menant ou por-

---

(1) C'était le successeur de lord Loudoun. Il s'appelait Abercombry.
(2) Halifax, qui s'appela d'abord Chibouctou ou Chédabouctou, n'était
qu'un mauvais village lorsqu'elle fut choisie en 1749 pour capitale de
l'Acadie qui comprenait alors Nouvelle Écosse, Nouveau Brunswick et Île
du Prince Edouard. Lord Cornwallis lui amena les premiers colons, et elle
prit le nom de son principal fondateur, lord Halifax, alors ministre du
commerce. Ses progrès furent rapides.

tant cent quarante prisonniers ou chevelures et qu'il a encore plus de cent sauvages en guerre dans différentes parties.

Le 30, le courrier de Québec nous apprend que le vaisseau le *Lion* s'est perdu sur l'isle aux Barques, et qu'on a envoié des petits bâtimens pour sauver sa cargaison qui consiste en farine et lard.

Le 1ᵉʳ juin, M. de Langy, qui arrive de Carillon, dit n'avoir pas pu faire un prisonier dans sa dernière course. Que les Anglais ont des petits camps au fort Lydius et sous tous ceux de la R. d'Orange pour la sûreté des convois.

Le 2, nous apprenons de Carillon que M. Outelas (?), avec trente Algonkins et Nepissingues, a trouvé la piste d'un détachement anglais qui venait sur la rive droite du lac Champlin ; qu'il l'a joint et tué deux Anglais, deux sauvages, fait neuf prisonniers et qu'il n'a eu personne tué ou blessé. Les nouvelles de Québec annoncent que le vaisseau le *Zélindor* est arrivé au sault du Cochon, après avoir touché plusieurs fois et perdu son gouvernail. On a envoié cinquante matelots pour le radoubler et sauver la cargaison.

Le 3, on apprend l'arrivée de la frégate la *Judith* qui a pris sur le grand banc deux navires anglais. Les matelots assurent qu'un gros bâtiment français chargé de troupes s'est perdu corps et biens sur Terre-Neuve.

Le 4, M. le général a tenu conseil avec les Algonkins et les Nepissingues, les a pressés d'aller frapper quelques coups sur la frontière de Lydius et d'être de retour dans vingt-cinq jours, leur disant qu'il aura alors besoin d'eux pour une expédition importante. M. Outelas est arrivé avec ses prisonniers ; les Iroquois les auraient tués s'ils n'en eussent été empêchés. Le général a beaucoup caressé Kisentsk, fameux chef sauvage.

Le 5, sept compagnies de Béarn qui étaient dans la ville sont allées camper quatre à Saint-Gabriel avec un piquet de la Marine et trois auprès du moulin de la Chienne pour travailler au chemin qui est très mauvais. M. de Bourlamaque est arrivé de Québec.

Le 6, 7, 8 et 9, on a employé deux cent quarante travailleurs au chemin.

Le 10, j'ai été à la Chinne. J'ai trouvé trop d'ouvrage pour le nombre de travailleurs.

Le 13, des sauvages de différentes nations sont venus voir M. le général qui les a engagés à aller faire des prisonniers auprès du fort Lydius.

Le 14, des voiageurs arrivant des Cèdres disent qu'on y a trouvé des pistes d'un parti de trente hommes. Quelques officiers sont partis pour aller prendre au sault des sauvages et aller à la recherche de ce parti.

Le 16, nous apprenons l'arrivée du vaisseau le *Rhinocheros*, qui a laissé au Kamouraska un vaisseau à trois mats.

Le 17, courrier de Carillon qui dit qu'un détachement envoié à la poursuite d'un déserteur a eu connaissance d'un parti anglais. M. de Lusignan mande que ce parti est venu tirer quelques coups de fusil sur son fort.

Le 18, le régiment de Lassarre est parti pour Carillon ; les sept compagnies de Béarn campées à la Chinne et à Saint-Gabriel sont revenues occuper leur logement. Les six cantonées dans l'isle sont venues camper sous la ville.

Le 19, on a travaillé à l'embarquement de Béarn. Les nouvelles de Carillon sont : que le capitaine Roger s'est approché de la Chûte avec un détachement de trente-cinq hommes, que les sauvages envoiés à sa rencontre en ont tué la moitié et fait deux prisonniers. On presse les préparatifs et dispositions nécessaires pour le départ de M. le chevalier de Levis (1) qui doit aller avec

---

(1) De Vaudreuil, comprenant que les Anglais allaient attaquer Carillon, aurait voulu faire une diversion vers l'Ontario. Lévis était chargé de cette

un corps considérable chez les cinq nations et ensuite faire une
expédition importante. Les nouvelles du fort Duquêne nous apprennent que les Katabas ont surpris quelques Canadiens qui
coupaient du bois, en ont blessé mortellement un qui a cependant cassé la cuisse d'un sauvage, qui voulait lui lever la chevelure, que les autres Canadiens, qui avaient pris la fuite sont
revenus aux cris, ont levé la chevelure du sauvage, et ont ramené
le blessé dans le fort; qu'il y est arrivé un convoi des Illinois
escorté par six cents hommes. Les dépositions des prisonniers
sont que les Anglais sont partis pour Louisbourg avec une flotte
considérable, qu'il y a cinq mille hommes au fort Lydius, et
qu'on y en attend trois cents destinés à camper sur le bord du
lac Saint-Sacrement.

Le 20, courrier de Québec qui nous apprend l'arrivée du vaisseau, la *Valeur* qui dit en avoir laissé d'autres à l'entrée du
fleuve.

Le régiment de Béarn s'est embarqué dans vingt batteaux pour
se rendre à Carillon en remontant la rivière Chambli. Il a laissé
un détachement de soixante-onze hommes pour l'expédition
de M. le chevalier de Levis qui a campé à Vercher, à sept
lieues.

Le 21, mauvais temps. Le régiment s'est embarqué à huit
heures, a essuyé plusieurs orages avant d'entrer dans la R. de
Chambli et a campé au-dessus de Sorel, à huit lieues.

Le 22, il s'est embarqué à 5 heures, a fait halte à Saint-Ours
et campé à Saint-Antoine, à 5 heures.

---

opération délicate, dont le triple but était d'entraîner les Iroquois dans
notre alliance, d'empêcher le rétablissement d'Oswego, et d'inquiéter le
flanc de l'armée d'Abercombry. 800 soldats et 2,200 Canadiens lui
avaient été confiés, mais il fut subitement rappelé en arrière par la nouvelle de l'irruption des Anglais dans nos lignes. — Lettres de Levis au
comte de d'Argenson (2 juillet) et au comte de Belle-Isle (4 juillet).

Le 23, il a passé devant Saint-Charles-Bel-Œil et a campé à l'entrée du bassin de Chambli, à huit lieues.

Le 24, malgré un très mauvais temps, il est arrivé à Chambli à 6 heures du matin, a fait le portage de ses équipages, a laissé ses batteaux au fort de Chambli s'est embarqué dans d'autres à Sainte-Thérèse et est arrivé à Saint-Jean à 4 heures

Le 25, il a pris des vivres pour six jours, il a fait bénir ses drapeaux, s'est embarqué à midi dans vingt-sept batteaux et a campé sur la prairie à Boileau, à 4 heures.

Le 26, embarqué à la pointe du jour, il a fait halte au Moulin-Faucault et a campé dans l'anse aux Roches-Noires. Il y a passé plusieurs batteaux venant de Carillon, les conducteurs nous ont pressés de faire diligence parce qu'on y attend l'ennemi.

Le 27, embarqué à la pointe du jour, a gagné, malgré un gros vent, l'isle au Chapon et il a campé dans l'anse aux Gravois, à 11 heures.

Le 28, un fort vent du sud-ouest l'a empêché de partir avant midi. Il n'a pas pu camper au rocher Fendu, parce que les batteaux n'y auraient pas été en sûreté. Il est entré à 6 heures dans l'anse à la Bouteille, sur la rive droite, à 7 heures.

Le 29, quelques batteaux qu'il avait laissés derrière l'ont joint à six heures, dans l'anse à la Barque, il a fait halte aux premières habitations de Saint-Frédéric et a gagné, malgré le vent contraire, la presqu'isle à 6 heures et demie.

Le 30, parti à la pointe du jour, il est arrivé à 8 heures à Carillon et a campé sur le bord de la R. de la Chûte. M. le marquis de Montcalm est arrivé à 2 heures avec les officiers du corps royal.

Le 1er juillet (1), l'armée s'est mise en mouvement à 5 heures,

---

(1) Sur la campagne signalée par la victoire de Carillon on peut lire : 1° Relation officielle de la victoire (Dépôt de la guerre, vol. 3,498, p. 138),

les régiments de la Reine, Guienne et Béarn sont allés camper
à la tête du Portage, Lassarre et Languedoc sur la rive gauche de
la R. de la Chûte, et Rousillon et le 2e bataillon de Berri, entre le
fort de Carillon et la redoute et le 1er bataillon de Berri dans le
fort. Les troupes ont été occupées toute la journée à l'établissement du camp et au portage des équipages. Quelques sauvages
qui arrivent de la découverte disent que les Anglais font un
chemin qui communique à celui des Agnès par le revers de la
montagne Pelée. M. de Langy, qui a tenu la même route qu'eux,
dit le contraire. Un détachement de trente hommes s'est embarqué dans deux berges pour aller à la découverte sur le lac.

Le 2, quelques coups de fusil tirés en avant du camp de Béarn
ont fait prendre les armes à ce régiment, qui était prêt à se porter
en avant; lorsque le capitaine de garde a envoié rendre compte
que son lieutenant détaché avec six hommes, ayant trouvé une
plume en cherchant son sabre, s'était retiré promptement derrière un arbre, qui lui a passé un coup de fusil tiré par un sauvage, prêt à fondre sur lui. Que cet officier l'en a empêché en le
prévenant par un coup de fusil qu'il n'a évité qu'en tombant
ventre à terre, qu'il a ensuite pris la fuite lorsqu'il a entendu
crier : à moi, volontaires ! Lesquels ont accouru en faisant des
cris sauvages. M. de Bourlamaque est venu camper derrière le
régiment de la Reine et allé reconnaître les montagnes qui
bordent la gauche du camp. On a charrié des munitions et fait
le portage de beaucoup d'ustensiles d'artillerie. M. de Montcalm
s'est établi au camp de la Chûte. On a formé deux compagnies de
volontaires de cent hommes, chacune tirés sur les huit bataillons,
l'une commandée par M. Bernard, du régiment de Béarn, et
l'autre par M. Duprat, du régiment de Lassarre.

2° Lettre de Montcalm au ministre de la guerre Belle-Isle (id., p. 143).
3° Lettres de Levis au maréchal de Belle-Isle (10 juillet 1758), au ministre de la marine Moras (même date), au roi de Pologhe (12 juillet).

Le 3, la berge de la découverte n'a rien vu de nouveau. La grande garde postée entre le lac et le mont Agné a été réduite à soixante-dix hommes. On est allé chercher des vivres à Carillon. On a ramassé le bois nécessaire pour construire une boulangerie. M. de Raymond est arrivé avec cent dix-huit Canadiens ou soldats de la colonie. M. Mercier, arrivant de Monréal, nous apprend que M. le chevalier de Levis est en marche pour nous joindre (1), qu'il y a quelques vaisseaux de guerre et marchands en rivière, sortis de Louisbourg (2), depuis le débarquement des Anglais. Un Abénaki ivre a égorgé son camarade et a décampé.

Le 4, M. Bernard est allé à la découverte avec une partie de sa compagnie sur la rive droite du lac, et n'a trouvé aucune piste. On a commencé un petit retranchement pour couvrir la tête du pont du Petit Rapide. M. de Montcalm est venu au camp du Portage. M. de Raymond est venu camper au-delà du pont. M. de Langy s'est embarqué à 7 heures du soir avec cent vingt-huit volontaires pour aller savoir ce qui se passe au fort Georges.

Le 5, service à l'ordinaire. On a fait le portage de quelques munitions. A 3 heures après midi, on a entendu un coup de fusil sur la montagne qui borde la gauche du camp et l'on a vu baisser et lever un pavillon blanc, qui est le signal donné au lieutenant qui y est de garde pour avertir qu'il découvre des berges ou batteaux sur le lac. A 4 heures, une partie du détachement de M. de Langy est revenu. L'officier qui la commande rapporte qu'étant parti ce matin de la baye de Ganaouské, ils ont été aperçus du fort Georges, d'où on a sur le champ fait partir

---

(1) Lettre de Lévis au comte d'Argenson (2 juillet 1758).
(2) Louisbourg était à ce moment assiégé par la flotte de Boscawen et l'armée d'Amherst. Malgré l'héroïque résistance du gouverneur, de Drucourt, et de la petite garnison, Louisbourg allait être forcé de capituler le 26 juillet.

soixante berges qui les .ont d'abord poursuivis vivement et
ensuite lentement; que M. de Langy est resté avec quelques
canots pour les observer. M. de Bourlamaque a fait tout de suite
partir M. de Trepezac, capitaine dans Béarn, avec trois piquets
et cent volontaires pour aller à la Montagne Pelée éclairer les
mouvemens des ennemis et les empêcher de débarquer dans
cette partie. M. de Langy, qui arrive, l'a suivi. M. Germain, capitaine dans la Reine, a été envoié à 5 heures avec trois piquets
entre la montagne et le lac pour soutenir nos postes avancés et
empêcher l'ennemi de s'établir dans cette partie. Toutes les
troupes ont eu ordre d'être fort alertes et prêtes au premier avis.
On a envoié trois berges à la découverte.

Le 6, on a entendu, à une heure du matin, une douzaine de
coups de fusil vers les postes avancés. Les troupes ont couru aux
armes. Un quart d'heure après, elles ont reçu ordre de rentrer.
Nous apprenons que les sauvages ennemis ont tiré sur le nommé
Parisien, caporal de Béarn, et les hommes qu'il menait à la faction, qu'ils voulaient prendre; qu'ils ont été repoussés à coups de
fusil, quoiqu'ils eussent déjà colleté le caporal et une sentinelle.
Aujourd'hui nous avons vu baisser et lever souvent le pavillon de
signal et nous avons apperçu .beaucoup de berges traverser du
nord au sud et chercher un lieu de débarquement. La berge de
la découverte a envoié le même rapport. M. Germain est rentré
à 7 heures. M. de Bourlamaque a ordonné qu'on travaille au
portage des équippages, n'ayant aucune nouvelle de M. de Trepezac; il a donné ordre de détendre et de mettre le feu aux
équippages qu'on ne peut pas emporter, et il a mis la brigade en
marche en colonne renversée; les grenadiers et volontaires faisaient l'arrière-garde, lesquels ne se sont retirés qu'après avoir
fait quelques décharges sur les berges qui approchaient. La brigade est arrivée à 9 heures à la Chûte, a défilé devant les
deux brigades qui étaient en bataille sur les deux rives

et s'est arrêtée à la droite de Lassarre, au pied des hauteurs où elle s'est reposée. On a envoyé à Carillon chercher des batteaux pour embarquer les bagages qui assommaient les soldats. A 4 heures, nous avons entendu une fusillade que nous avons jugée faite par ce détachement de Trepezac et les Anglais. Les généraux ont été tentés de marcher à son secours. Un quart d'heure après, nous avons vu arriver quelques soldats de ce détachement qui disent que M. de Langy, qui les guidait s'était égaré et qu'il n'a retrouvé la bonne route que vers les 3 heures. Qu'ils avaient alors entrepris de passer la rivière de la Chûte, vis-à-vis d'une petite isle, que les premiers qui avaient tenté le passage y ayant trouvé trop d'eau, ils étaient monté plus avant pour en trouver un meilleur et qu'en rentrant dans le bois ils avaient essuyé plusieurs décharges d'un détachement ennemi considérable, que près de cinquante hommes (1) se sont sauvés de différens côtés ; que M. de Trepezac, quoique blessé mortellement, est du nombre, ainsi que deux autres officiers, et que tout le reste a été tué ou pris. A 5 heures 1[2, l'armée s'est mise en marche pour se rendre à Carillon, où elle est arrivée à 7 heures, elle s'est mise en bataille à l'entrée du désert et elle y a passé la nuit au bivouac. L'armée anglaise est débarquée au Portage avec 1500 (2) berges.

Le 7, on a battu la générale au jour. Quelques régiments ont pris des vivres. Les trois brigades se sont portées à l'entrée du

---

(1) Les Français perdirent dans ce premier engagement 284 hommes, dont 100 furent faits prisonniers. L'ennemi de son côté perdit lord Howe, l'âme de l'expédition, qui était venu lui-même, pendant l'hiver, étudier la position de Carillon.

(2) D'après GARNEAU (*Canada*, II, 277) citant le Dr Dwight « le ciel était extrêmement pur et le temps superbe, la flotte avançait avec une exacte régularité aux sons d'une musique guerrière. Les drapeaux flottaient étincelants aux rayons du soleil, et l'espoir d'un triomphe futur brillait dans tous les yeux. »

bois. Elles y ont commencé un abbatis et y ont travaillé tout le jour avec une vivacité (1) incroyable. Cet abbatis embrasse tout le terrain qui est entre la R. de la Chûte et le ravin qui aboutit au bois de réserve qui borde le lac Champlin (2). A 5 heures du soir, M. de Bourlamaque a partagé également le terrain de cet abbatis aux sept bataillons qui ont eu chacun cent vingt-sept pas à garder ; il a permis de tendre quelques tentes derrière et d'allumer les feux de cuisine ; il leur a ordonné de coucher au bivouac, aux gardes de border l'abbatis, de faire de fréquentes patrouilles dehors et d'y allumer de grands feux. Les soldats de la Colonie et les Canadiens au nombre de trois cents ont été

------

(1) On lit dans le journal de Desandrouins : « Un grenadier de Béarn dit à son camarade : « S'il se trouvoit un huguenot parmi nous, il faudroit le traiter comme un Anglois après un miracle comme celui-là. Et pourquoi, dit l'autre ? Le miracle est au bout de nos fusils avec lesquels nous avons tué les Anglais. Comment, répliqua le premier : mais je maniois des arbres, dont je ne peux remuer les branches aujourd'hui » Il avoit raison, le doigt de Dieu s'y est fait sentir visiblement. »

(2) L'importance de cette position avait été signalée par un jeune officier en garnison à Carillon, d'Hugues. Le 1er mai 1758 il avait rédigé un mémoire détaillé, dont les ingénieurs, chargés par Montcalm d'organiser la défense, eurent le bon sens de suivre les indications. « Pour prendre Carillon, y était-il dit, l'ennemi doit d'abord s'emparer de cette hauteur. Il est donc essentiel de la défendre, et un général qui veut empêcher le siège doit y faire un bon retranchement. Ce retranchement, fait de troncs d'arbres superposés, doit être fraisé par des branches sèches, bien élaguées et entrelacées. Toutes les approches seront embarrassées par un abattis d'arbres jusqu'à la distance de 100 toises. Ce retranchement peut se perfectionner en deux fois 24 heures et être bien gardé par 6.000 hommes. Il coûterait bien du monde à qui voudrait le forcer, et même, s'il était bien défendu, il ne serait pas enlevé par une armée trois fois plus nombreuse que celle des assiégés. » D'après le journal de Desandrouins, « ces retranchements étaient faits de troncs d'arbres posés les uns sur les autres parallèlement au fossé. Les terres du fossé étaient relevées en parapet, et arrangées de telle façon que les coups de fusils passassent au travers. En avant du retranchement on avait semé quantité de grosses branches d'arbres aiguisées par le bord et entrelacées de manière à faire l'office de chevaux de frise. »

postés dans le bois de réserve. Les piquets restés à Monréal pour l'expédition (1) de M. le chev. de Levis sont arrivés à 5 heures et à 7 ont été placés en arrière de leurs bataillons avec les volontaires.

Le 8, on a battu la généralle (2) longtemps avant le jour. M. le chev. de Levis est arrivé avec M. de Senesergues à 5 h. du matin. Chaque bataillon a travaillé à son terrain (3). Les gardes et les grenadiers se sont postés à cent cinquante pas en avant de l'abbatis pour couvrir les travailleurs. A 9 heures, on a découvert beaucoup de monde sur le sommet et le bas de la montagne qui borde la rive droite de la R. de la Chûte, d'où on a tiré sur notre gauche. Les volontaires de Bernard (4) postés dans les bois de la rive gauche ont répondu de même. Nous avons jugé que les généraux ennemis y sont pour reconnaître notre position. Le chev. Darenis, lieutenant des volontaires, y a eu le bras cassé. Nos généraux ont fait la visite de l'abbatis, qu'ils ont trouvé en état de défense. A midi, les régiments de la Reine et Béarn commençaient à élever quelques épaulemens, pour se mettre à couvert de l'enfilade de quelques hauteurs, lorsqu'on a entendu beaucoup de coups de fusil tirés sur la gauche. Un moment après, sur le centre et ensuite sur la droite. Un coup de canon tiré du fort, signal convenu pour commencer l'attaque, a fait rendre chacun à son poste.

---

(1) C'étaient 400 hommes d'élite, du régiment de Béarn, sous les ordres du capitaine Pouchot.

(2) L'armée française comptait 3,474 soldats, 472 Canadiens et 16 sauvages. Les auteurs anglais ont exagéré les forces de Montcalm. Smolett, dans son *Histoire d'Angleterre*, les a portées au chiffre de 6,000 hommes.

(3) Le retranchement qui suivait toutes les sinuosités du terrain avait 490 mètres de développement, et tout son front était protégé par des abattis d'abre. Les officiers avaient pris la hache en main, et encourageaient les soldats par leur exemple.

(4) Malartic a oublié de citer les volontaires de Duprat. Ils défendaient la gauche avec les régiments de la Sarre et de Languedoc.

Les grenadiers et les gardes sont rentrés sans perdre un seul homme. Les bataillons ont bordé l'abbatis (1) sur trois des hauteurs, ayant derrière eux leurs grenadiers et piquets en réserve pour se porter aux endroits pressés. La brigade de Lassarre a répondu par de bonnes décharges à une colonne qui s'est présentée devant elle. Celle de R. Roussillon à deux qui en voulaient au Centre (2); la Reine et Béarn à une quatrième qui est venue tâter la droite. Plusieurs berges (3) ont débouché de la R. de la Chûte pour venir mettre à terre une troupe qui peut tourner notre gauche. M. de Poulariés, capitaine des grenadiers de R. Roussillon est descendu avec sa compagnie et les volontaires de Béarn sur le bord de la rivière pour les fusiller. On a tiré du fort (4) quelques volées de canon qui ont coulé bas deux berges. Les autres sont rentrées dans la R. et n'ont pas reparu. Le feu se soutenait vivement de part et d'autre. Nos soldats étaient si attachés à leur place (5) que je ne peux pas en avoir deux pour aller

---

(1) On avait travaillé aux retranchements jusqu'à la dernière minute. Il ne restait que quelques parties incomplètes. Voir le journal de Desandrouins : « Pendant tout le jour, je m'occupay à animer le soldat au travail, à lui expliquer la manière d'arranger les arbres et les branches, et surtout à faire sentir aux vieux soldats l'excellence de notre position appuyée aux deux ailes à deux escarpemens, et n'ayant pas 300 toises de front malgré le contour des retranchements. Ils écoutoient fort attentivement ce dernier article et prenoient confiance. »

(2) Au centre se trouvait encore un bataillon du régiment de Berry.

(3) Ces bateaux avaient été transportés du lac Georges la nuit précédente, à force de bras. Ils étaient destinés à faire une diversion sur la gauche du mamelon et à soutenir les colonnes d'assaut.

(4) Le commandement du fort avait été confié au lieutenant de Louvicon.

(5) L'ordre du jour, rédigé par Montcalm avant la bataille, portait expressément : « Quand il y aura quelque ordre à faire passer pendant l'attaque, ou quelque demande à faire, elles ne seront portées que par un officier que chaque commandant de bataillon enverra pour cela. »

chercher des cartouches qui commençaient à manquer. Je fus obligé d'ordonner aux nommés Radurel et Saint-Antoine, sergents de distinction, de me suivre pour venir chercher une caisse de cartouches que j'avais mise en réserve. Nous la portâmes à nous trois, et ils la distribuèrent sur le champ. Nous fûmes assez heureux pour n'être touchés par aucune des balles qui tombaient en abondance sur le terrain que nous parcourûmes. Deux minutes après cette distribution, j'allai porter à M. le chev. de Levis un ordre du général et je reçus à côté de lui un coup de feu qui perça le fléchissant de mon genou gauche. J'essayai inutilement de me relever ; on m'enleva et on me porta à l'hôpital. On attaquait et on se défendait avec une égale valeur ; les colonnes ennemies, quoique rafraîchies (1) par les renforts qu'elles recevaient et se joignant souvent pour faire des efforts communs, tantôt sur la droite, sur le centre ou sur la gauche, n'avançaient pas de dix pas, trouvant partout une vigoureuse résistance, par l'attention du soldat à tirer à propos (2) et par la vivacité avec laquelle les généraux postaient les grenadiers et les piquets où il était nécessaire. M. le chev. de Levis se porta à propos avec le régiment de la Reine derrière celui de Guienne, où l'ennemi en force paraissait vouloir faire des progrès (3) ; il l'arrêta et envoia ordre aux

---

(1) Abercombry, ne pouvant se persuader qu'un ennemi aussi inférieur en nombre prolongerait autant la résistance, renouvela jusqu'à six fois ses attaques. Elles furent toujours repoussées avec perte.

(2) Journal de Desandrouins : « Impossible de trouver plus de sang-froid et de bravoure qu'on en vit ce jour-là chez le soldat. J'ay été témoin qu'aucun ne tiroit son coup sans viser son homme, et que la plupart attendoient souvent un assez long temps, de voir paraître un tirailleur, posté derrière une souche, pour ne pas le manquer, quoique les balles pleuvassent dru comme grêle. » Les sauvages disaient plus tard que les Français « avaient été tout fusils. » En effet, au dire de Desandrouins, ils avaient tiré chacun de 70 à 80 coups. « Aussi on a été obligé de changer quantité de fusils pendant l'action. »

(3) Un incident assez étrange avait failli tout compromettre. Le capi-

Canadiens de sortir du bois de réserve pour inquiéter le flanc gauche de l'ennemi. Vers les 5 heures et demie, leur feu commença à se ralentir. On laissa sortir quelques soldats qui firent quelques prisonniers. A 6 heures, les ennemis firent une nouvelle tentative qui ne leur réussit pas mieux que les premières. Ils commencèrent leur retraite à 7 heures, laissant leurs meilleures troupes pour la protéger ; la fatigue et le peu de troupes que nous avions ne permirent pas à nos généraux de la troubler. Ils défendirent de tirer, s'apercevant que le feu qu'on essuyait était fait par quelques hommes cachés derrière des arbres, qui attendaient la nuit pour se retirer. On croit la perte des Anglais très considérable dans cette journée et celle du 6 (1). Cinq cents hommes tués ou blessés, compris trente-huit officiers. Du régiment de Béarn, M. Trepezac, Pons, lieutenant, et Doué, enseigne, tués ; Montgay, capitaine, Malartic, capitaine aide-major, blessés (2). M. le marquis de Montcalm fait porter du vin et de la bière aux troupes qui en avaient grand besoin. Ce général passa avec M. le chev. de Levis devant tous les bataillons et ont témoigné hautement leur entière satisfaction (3).

---

taine Bassignal, du Royal Roussillon, s'amusait à faire flotter un mouchoir rouge au bas d'un fusil. Les Anglais prirent ce signe pour un drapeau parlementaire et coururent aux retranchements, en tenant leur fusil au-dessus de leur tête et criant quartier. Les Français, croyant que ces Anglais voulaient se rendre, montèrent sur le parapet pour les recevoir. Heureusement le capitaine Pouchot se rendit compte de la fausse manœuvre, et ordonna un feu de file qui renversa près de trois cents assaillants.

(1) Dans son rapport, Abercombry n'avoue que 2,987 hommes hors de combat : mais la perte de l'ennemi fut bien plus considérable, au moins 5,000 hommes.

(2) Les Français perdirent 12 officiers et 92 soldats tués sur le champ de bataille, 25 officiers et 248 soldats blessés. Bourlamaque avait eu la clavicule et l'omoplate cassées.

(3) Lettre de Montcalm à sa mère. « Je vous envoie pour vous amuser deux chansons sur le combat du 6 juillet dont l'une est dans le style des

On a travaillé pendant la nuit à laver les armes, à élever

poissardes de Paris. M. le curé de Vauvert aimera beaucoup mieux les
inscriptions latines et françaises.

I

Je chante des François
La valeur et la gloire,
Qui toujours sur l'Anglois
Remportent la victoire.
Ce sont des héros
Tous nos généraux
Et Montcalm et Lévis
Et Bourlamaque aussi.

II

Mars qui les engendra
Pour l'honneur de la France,
D'abord les anima
De sa haute vaillance,
Et les transporta
Dans le Canada,
Où l'on voit les François
Culbuter les Anglois.

III

Allons à Carillon,
Allons voir la merveille
Où chaque bataillon
D'une ardeur sans pareille,
Fixe, frappe et bat,
Dans un seul combat
Où trois mille François
Chassent vingt mille Anglois..

IV

Montcalm, sans s'étonner,
Dit avec confiance...
Soldats, il faut s'armer
Et montrer sa vaillance.
Il faut aujourd'hui
Mettre votre appui
Dans le bras seul de Dieu
Pour vaincre dans ce lieu.

14

à la droite quelques épaulemens. Les troupes ont couché le

V

Lévis, dans le moment,
A la droite prit place ;
Bourlamaque à l'instant
A la gauche fit face ;
Et Montcalm se mit,
L'œil sur l'ennemi,
Au centre, à chaque bout,
Et se portait partout...

VI

Sous de tels généraux
Le soldat plein d'audace
Jette en plusieurs morceaux
Les Anglois sur la place ;
C'est sur la hauteur
Qu'on voit sa valeur
Tandis que nos colons
Défendent les vallons.

La chanson en style des poissardes de Paris est plus accentuée, on le comprend. Quelques couplets en donneront suffisamment une idée. Ils se chantaient sur l'air : *Sur le port avec Manon un jour, etc.*

L'aumônier fit l'exhortation,
Puis il donnit l'absolution :
Aisément cela se peut croire,
Enfants, dit-il, animez-vous,
L'bon Dieu, sa mère, tout est pour vous.

S...é. J'sommes Catholiques. Les Anglais sont des hérétiques. Ce sont des chiens ; à coups d'pied, à coups d'poings, faut leur casser la gueule et la mâchoire.

Soldats, officiers, gnéraux,
Chacun en ce jour fut héros.
Aisément cela se peut croire.
Montcalm, comm' défunt Annibal
S'montrait soldat et général.

S...é. S'il y avoit quelqu'un qui ne l'aimit point. J'veux être un chien ; à coups d'pied, à coups d'poing, je lui casserai la mâchoire.

long de l'abbatis (1), fort alertes et désirant revoir l'ennemi
demain.

Le (2), on a battu la généralle une heure avant le jour. A
5 heures on a laissé sortir des soldats qui ont tué quelques An-

---

> Quand les Anglois se virent rabouler,
> Ils commencèr' à déloger.
> Assurément cela se peut croire.
> Montcalm leur souhaitit l'bonsoir :
> Adieu, Messieurs, jusqu'au revoir.

S...é. Profitez de l'avis ; si jamais j'vous revoyons. Je veux être un
chien, à coups d'pied, à coups d'poings, j'vous casserai.

Lire également la lettre écrite du champ de bataille par Montcalm à
son ami Doreil (*Mercure de France*, janvier 1760, p. 211) : « L'armée,
et trop petite armée du roi vient de battre les ennemis. Quelle journée
pour la France ! Si j'avais eu deux cents sauvages pour servir de tête à
un détachement de mille hommes d'élite, dont j'aurois confié le commandement au chevalier de Levis, il n'en seroit pas échappé beaucoup dans
leur fuite. Ah ! quelles troupes, mon cher Doreil, que les nôtres. Je n'en
ai jamais vu de pareilles ! »

(1) Si Montcalm ne poursuivit pas les Anglais, ce fut à cause de l'épuisement et du petit nombre de ses troupes, et aussi parce qu'il croyait
que les Anglais profiteraient de leur supériorité numérique pour renou-
veler l'attaque des retranchements.

(2) Dans cette même journée du 9, Montcalm envoyait à Vaudreuil son
rapport abrégé sur la bataille. Tout en lui annonçant « qu'il se mettait
en mesure de recommencer ce matin-là même, si les Anglois en avaient
envie, » il rendait justice à ses compagnons d'armes : « Je n'ai eu que le
mérite de me trouver général de troupes aussi valeureuses. » Voir ses
lettres au ministre : « Le succès de cette journée est dû à la valeur incroyable de l'officier et du soldat. Les officiers qui composaient cette
armée ont donné de si grandes preuves de courage, que chacun mérite-
rait un éloge particulier. » — Lettre du 12 juillet : « Si jamais il y a
eu un corps de troupes digne de grâces, c'est celui que j'ai l'honneur de
commander. Aussi je vous supplie, Monseigneur, de l'en combler. Pour
moi je ne vous demande pas d'autres que de me faire accorder par le
Roi mon retour. » Lettre de Doreil au ministre (18 juillet) : « Ce qu'il
y aurait à dire sur M. de Montcalm est au-dessus de tout éloge. Conqué-
rant de Choueguen et du fort Georges, toujours victorieux depuis son
arrivée au Canada, il ne manquait plus à sa gloire que de sauver la colonie au moment décisif. » ... Cf. le *Mercure de France* d'octobre 1758
avec le récit détaillé de la bataille.

glais qui voulaient faire résistance. On a aperçu un feu fort épais
à la Chûte. M. Bernard qui est allé à la découverte a envoié
rendre compte qu'il peut mettre le feu à un retranchement fait sur
le chemin de la Chûte. Le général lui a envoié l'ordre. Quelques
sauvages et Canadiens allés en avant pour piller, sont venus avertir que l'ennemi se rembarque et n'a pas d'autre projet. On en-
terre (1) nos morts. M. Wolfs est arrivé à 8 heures du soir avec
son détachement. Cet officier a dit au général, qu'en débarquant
au fort Georges, il n'y avait trouvé personne; mais qu'à demie
lieue dudit fort, il avait rencontré un corps considérable, commandé par milord Hauw (2), qui a été tué à l'affaire du 6, que
ce corps était campé en bataillon quarré, dans le centre duquel
étaient les berges, batteaux et munitions, que le général lui avait
demandé son ordre, l'avait traité très honnètement et fait conduire le lendemain au fort Lydius, où le général Alberkombrie,
commandant en chef, l'avait retenu, lui disant que les lettres de
M. de Vaudreuil exigeaient des réponses longues qu'il ne pouvait lui donner que dans quelques jours. Qu'il s'était douté qu'on
le retenait pour l'empêcher de nous informer de leurs mouve-

---

(1) Ils furent enterrés sur le champ de bataille. Au sommet du mausolée fut dressée une grande croix avec cette inscription :

> « Quid dux? Quid miles? quid strata ingentia ligna ?
> En signum ! En victor ! Deus hic, Deus ipse triumphat.»

Le général composa lui-même ce quatrain :

> « Chrétiens ! ce ne fut pas Montcalm et sa prudence,
> Ces arbres renversés, ces héros, leurs exploits,
> Qui des Anglais confus ont brisé l'espérance,
> C'est le bras de ton Dieu, vainqueur sur cette croix. »

L'abbé Piquet avait composé une autre inscription, plus fière :
« Non plus ultra qui jam a Gallis cœsi, victi, fugatique fuistis Angli,
anno 1758, die vero 8 julii, septem contra unum. » Hélas ! les Anglais
sont allés ultra !

(2) Lord Howe.

mens, que le général lui avait demandé des nouvelles du parti commandé par le capitaine Roger, qui avait eu un mauvais sort, que, d'après sa réponse, le capitaine Roger présent avait été grondé. Qu'il a été ramené au fort Georges dès que leur armée, qu'il a jugé de 20,000 hommes, a été prête à s'embarquer, qu'il y a vu deux mille batteaux ou berges, dont mille cinq cents ont été emploiés au transport des troupes et le reste à celui de l'artillerie. Que cette armée fut embarquée dans un moment et prit la route du portage où elle allait comme à une conquête assurée. Qu'il l'a suivie et que, lorsqu'elle a marché à la Chûte, il a été conduit à la montagne Pelée, où il est resté trois jours bien mécontent ; que le colonel Jonhson est arrivé le 7, avec quatre cents sauvages des cinq nations, Loups ou Moraygnans ; que le même jour il passa un courrier annonçant la prise de Louisbourg (1), que le 8, au soir, il avait vu défiler beaucoup de berges qui paraissaient chargées de blessés. Que l'officier qui le gardait en avait appelé plusieurs et avait discontinué. Que le 9, toute cette armée avait repris le chemin du fort Georges, où on le ramenait, que s'en étant plaint au major général, l'officier qui le gardait avait reçu ordre de lui rendre sa liberté et son canot. Les troupes ont couché le long de l'abbatis. Les prisonniers sont partis pour Monreal.

Le 10, M. le chevalier de Levis est allé au portage avec les compagnies de grenadiers et piquets de l'armée. Il a trouvé sur les deux rives de la Chûte au Portage et au camp Brûlé des retranchemens qu'il a fait détruire. Il a envoié vingt barils de farine. Les Anglais en ont jeté beaucoup dans le lac en se rembarquant. Les soldats et Canadiens sont revenus chargés de butin et on a rapporté beaucoup de souliers (2) avec leurs boucles. M. le che-

---

(1) Louisbourg avait capitulé le 26 juillet.
(2) On en trouva plus de cinq cents paires. Les fuyards les avaient perdus en traversant les marais qui bordent les rives du lac.

valier de Levis est rentré à 5 heures. On a enterré les Anglais morts sur le champ de bataille.

Le 11, les régiments de la Reine, Lassarre, R. Roussillon, Languedoc, Guienne et Béarn sont venus camper en avant du fort. Les deux bataillons de Berri entre le fort et la redoute.

Le 12, on a commencé à retravailler l'abbatis pour en faire un retranchement. M. de Rigaud est arrivé avec trois cents Canadiens et autant de sauvages Iroquois, Nepissingues, Algonkins et Abenakis.

Le 13, la goëlette est partie pour Saint-Jean. MM. de la Valtrie et chevalier de la Corne, sont arrivés avec mille soldats de la colonie et autant de Canadiens. Deux travailleurs ont trouvé dans le bois un sergent anglais, qui leur a dit être déserteur. Ils l'ont mené chez M. le marquis de Montcalm qui l'a fait interroger. Il a répondu que les Anglais ont perdu six mille hommes à l'attaque des abbatis et qu'ils se sont retirés très épouvantés. Qu'ils ont perdu plusieurs officiers de distinction. Que les colonels Jonhson et Brostrik (?) sont partis le lendemain du retour au fort Georges, avec tous les sauvages et sept mille hommes, pour Korlak, et s'opposer aux projets que nous avons sur cette frontière. Qu'ils ont encore onze mille hommes au fort Georges, qu'ils s'y retranchent. Qu'ils ont fait le portage de la grosse artillerie et de quelques berges. Qu'ils ont quatre officiers et cent dix soldats du détachement de Trepezac.

Le 14, le général a formé deux bataillons avec les soldats de la colonie et les Canadiens.

Le 15, le général a envoié ordre à M. de Saint-Luc, qui est à six lieues d'ici avec beaucoup de sauvages, de n'arriver que demain un peu tard, afin de ne pas retarder le départ des sauvages qu'il a décidés hier à aller voir ce qui se passe au fort Georges.

Le 16, M. de Courtemanche est parti avec trois cents sauvages et deux cents Canadiens, pour aller s'embarquer entre les forts

Georges et Lydius, troubler le portage des Anglais et intercepter leurs convois. M. Saint-Luc est arrivé à 3 heures de l'après-midi avec deux cents sauvages et quelques Canadiens.

Le 17, M. de Rigaud est allé camper à la Chûte avec le premier bataillon de la colonie, composé de mille deux cents soldats ou Canadiens. On a tiré deux coups de fusil du cap au Diamant. On y a envoié un canot qui a ramené deux Abénakis qui ont mal aux pieds.

Le 18, M. le chevalier de la Corne est allé camper au Portage avec le second bataillon de la colonie, composé comme le premier. M. de Saint-Luc a fait partir un cadet, un Canadien et six sauvages, pour le fort Georges.

Le 19, trois déserteurs anglais, envoiés du Portage, font le même rapport que le sergent et ajoutent qu'il leur a manqué six mille hommes le lendemain de l'attaque des abbatis, et qu'il a été défendu de dire qu'on en avait perdu plus de mille neuf cents.

Le 20, M. de Saint-Luc est allé s'établir au Portage avec les sauvages. Il est arrivé cinq cents hommes de la ville de Monreal, aux ordres de M. de Prudhomme. Les sauvages partis le 18 sont revenus. Ils disent avoir été à la baye de Ganaouské. Que plusieurs feux qu'ils ont vus les ont empêchés de pousser plus loin.

Le 21, M. le chevalier de Levis est allé au Portage avec une compagnie de grenadiers. Il est arrivé un convoi de batteaux chargés de vivres. On a tiré deux coups de fusil du cap au Diamant. On y a envoié un canot qui a rapporté trois Abénakis.

A 3 heures, on a aperçu les canots de M. de Courtemanche, qui a débarqué à 7 heures. Cet officier a informé le général, que les sauvages s'étant trop pressés d'enlever une patrouille de huit hommes, il était sorti de derrière un retranchement trois cents hommes, qui y rentrèrent dès qu'ils virent les sauvages et Canadiens, prêts à fondre sur eux. Qu'il ramène trente-cinq prisonniers ou chevelures. Qu'il a eu un sauvage tué et trois blessés, dont deux mortellement. Les sauvages ont fait danser et chanter un Onayote qu'ils ont pris.

Le 22, M. le marquis de Montcalm a tenu plusieurs conseils avec les sauvages, pour les engager à rester avec lui. Il leur a barré le chemin de Monreal par un collier et les a assurés qu'il n'a rien sur le cœur contre eux, qu'il sera fort aise de les garder et que plusieurs d'entre eux suivront M. de Saint-Luc qui doit aller à la guerre avec les Népissingues. Ils ont promis au général de lui répondre demain.

Le 23, les Iroquois ont répondu au général qu'ils l'avaient cru fâché parce qu'il leur avait fait des reproches, que puisqu'il leur a ouvert son cœur, ils lui laisseront une partie de leurs guerriers. Le mauvais temps a empêché M. de Saint-Luc de partir. A 5 heures, le général a été informé qu'il est arrivé à l'isle au Mouton un détachement anglais, qui conduit le L. C. Schuler et un officier d'artillerie, à qui M. de Vaudreuil avait permis d'aller passer six mois dans la nouvelle Angleterre, et avec eux un capitaine de milice de Québec, à qui le général Alberkombrik a permis de venir passer quelque temps chez lui. Les sauvages le prenant pour un Anglais voulaient le maltraiter. M. le marquis de Montcalm et M. le chevalier de Levis se sont embarqués pour la Chûte. Ils y ont fait revenir l'officier anglais et l'ont laissé chez M. de Rigaud, pour éviter tout accident. Le capitaine de milice dit qu'à son arrivée à Albany, tout le monde lui disait Carillon pris, et que trois heures après il s'était aperçu d'une consternation générale à la première nouvelle de la défaite de l'armée anglaise.

Le 24, quelques sauvages sont partis pour Monreal. L'officier anglais a demandé des nouvelles de plusieurs officiers qu'il croiait pris. M. le chevalier de Levis est allé reconnaître le marais de la droite de la trouée. M. de Saint-Luc s'est embarqué avec cinq cents Canadiens ou sauvages pour tâcher de s'emparer de quelques convois sur le chemin de Lydius. M. de Montcalm a envoyé à 6 heures, à l'officier anglais, qui est parti sur-le-champ pour le fort Georges, les réponses pour le général anglais.

Le 25, l'abbé Piquet avec d'autres missionnaires est revenu des deux rochers d'où ils ont vu partir ce matin M. de Saint-Luc. Des sauvages qui reviennent de la chasse disent avoir trouvé, près de la montagne Pelée, plus de quatre cents Anglais morts de leurs blessures.

Le 26, M. le Mercier est parti pour Monreal. Un officier de la colonie s'est embarqué avec huit Canadiens et autant de sauvages pour la baye Ganaouské.

Le 27, on a embarqué quelques blessés pour Monreal. M. Jacob a exercé les canoniers à tirer la pièce de 12, qu'il a fait monter sur un batteau. Un officier est parti pour aller chercher des recrues à Québec. La petite barque a mouillé auprès du hangard, la grande a mis à la voile pour Saint-Jean. Une compagnie de grenadiers est allée garder les travailleurs qui coupent du bois sur la rive droite vis-à-vis du lac.

Le 29, MM. de Montcalm et de Levis sont allés visiter le camp de la Chûte et ameuter quelque parti. A 9 heures du soir, on a entendu des cris sauvages. Des Canadiens et sauvages, conduisant un canot, ont abordé au camp, ils disent que M. de Saint-Luc, qui a fait un beau coup, arrivera demain.

Le 30, M. de Saint-Martin parti avec deux cents hommes pour le fort Georges est rentré à 1 heure du matin, et a rendu compte qu'il a découvert quinze berges, qui voulaient l'engager et qu'il n'a pas voulu se hasarder, sachant qu'il y a fortes gardes dans les isles. M. de Saint-Luc arrivé à 8 heures rapporte qu'il a été attaquer le 28, un convoi de quarante-quatre charrettes, conduites par cent trente charretiers, vivandiers et marchands, et escortées par cent hommes. Qu'il a fait quatre-vingts prisonniers; que

les sauvages ont fait cent onze chevelures. Qu'il a fait défoncer
tous les barils de farine et de lard, et les barriques de vin et
d'eau-de-vie. Qu'il a fait tuer les bœufs et qu'il a laissé piller le
reste. Après quoi, il s'est retiré avec perte d'un sauvage et trois
blessés. Tous les musiciens du général Alberkombrik sont du
nombre des prisonniers. La barque et deux batteaux sont partis
pour Saint-Jean.

Le 31, il est arrivé un convoi de batteaux. Plusieurs sauvages
se sont enivrés. On a aperçu quelques berges anglaises sur le lac
Saint-Sacrement.

Le 1er août, un déserteur venant du fort Georges dit qu'il y a
dans le camp quinze mille hommes, cinq cents dans le fort d'entrepôt et mille à Lydius. Que le général Alberkombrik a voulu
faire rembarquer l'armée pour venir prendre sa revanche ; que
les milices, ayant refusé de marcher, il s'est décidé à attendre
sept mille hommes qui viennent de Louisbourg ; qu'ils occupent
deux grandes îles du lac gardées chacune par quatre cents
hommes ; qu'ils ont un détachement de deux cents hommes sur
une montagne de la rive droite ; que le capitaine Roger est toujours à la découverte, tantôt au nord, tantôt au sud ; qu'ils sont
retranchés au fort Georges avec des arbres ; qu'ils n'ont pas de
canons dans ce retranchement ; qu'ils en ont placé quelques
pièces dans le petit fort construit sur le terrain de celui que nous
brûlâmes l'été dernier ; qu'il ont envoié au fort Lydius quelques
canons mortiers et deux cents berges ; qu'ils ont mis le reste
dans le marais qui est entre le fort et le retranchement. M. le
chev. de Levis (1) est allé au Portage ; il est parti des batteaux
chargés de blessés. Il est arrivé quarante-deux Mississagués. Les
soldats qui savent nager et plonger ont reçu ordre de se rendre au

_____

(1) Lettre de Levis à la maréchale de Mirepoix, 28 octobre 1758.

Portage afin de chercher l'artillerie et les munitions qu'on prétend que les Anglais ont jetées dans le lac.

Le 2, le général a visité les travaux.

Le 3, M. Pouchot, capitaine dans Béarn, s'est chargé de construire une redoute pour assurer la droite des retranchemens. Les sauvages qni s'étaient mis en route pour le fort Georges sont revenus disant qu'ils aiment mieux aller au fond de la baye.

Le 4, M. Marin est parti avec quatre cents Canadiens ou sauvages pour aller enlever quelques convois sur le chemin de Lydius On a entendu quelques coups de canon tirés au fort Georges.

Le 5, quelques sauvages qui n'avaient pas pu partir hier sont allés joindre M. Marin. M. le Borgne s'est embarqué au bout du Portage avec seize hommes qu'il a choisis, pour aller débarquer au Pain de Sucre et s'approcher par terre du fort Georges.

Le 6, le général a envoié quelques sauvages à la découverte. M. de Boucherville, qui arrive de Monreal, nous porte des nouvelles de Louisbourg.

Le 7, M. de Bougainville est parti pour Monreal, où il va communiquer certaines dépêches à M. de Vaudreuil. Le feu a pris aux retranchemens et a été éteint dans l'instant. Un déserteur anglais arrivé hier au soir dit que le capitaine Roger a été détaché avec neuf cents hommes pour s'opposer à la retraite de M. de Saint-Luc.

Le 8, deux sauvages arrivent des Deux Rochers, disent y avoir laissé les débris d'un camp. A 3 heures. il s'est élevé un orage très violent.

Le 9, on a arrêté deux soldats de la Colonie qui désertaient ; deux sauvages du parti de M. Marin sont arrivés avec deux prisonniers.

Le 10, M. Marin, arrivé avec son détachement, a rendu compte au général que, s'étant décidé à aller s'embusquer auprès d'un

chemin très fréquenté et pas éloigné du fort Lydius, il avait
entendu, en faisant route, quelques coups de fusil ; que ses
découvreurs étaient venus l'informer qu'ils avaient connaissance
d'un parti de cent Anglais qui les serrait de près. Qu'il avait de
suite embusqué ses gens ; qu'ils avaient fait deux décharges sur
les Anglais qui s'éparpillèrent et se mirent derrière des arbres,
d'où ils faisaient un feu très vif. Que les Anglais avaient été
bientôt renforcés par un secours de cinq cents hommes, et, peu
après, par un autre de deux cents ; que, s'apercevant qu'il
avait plusieurs blessés, que les Anglais étaient trop nombreux
pour espérer de les forcer à la retraite, il avait fait la sienne en
très bon ordre, ramenant ses blessés et cinq prisonniers ; qu'il a
laissé treize morts sur le champ du combat ; qu'il n'a pas été
poursuivi ; que quelques sauvages sont retournés pendant la nuit
sur le terrain du combat, y ont trouvé les Anglais buvant et
chantant. Il est arrivé douze batteaux chargés de vivres. Il est
parti un détachement de deux cents Canadiens pour aller couper
du bois pour la garnison de Saint-Frédéric.

Le 11, M. Wolfs est parti pour aller porter au fort Georges les
réponses de nos généraux. Les batteaux arrivés hier sont partis
chargés de blessés.

Le 12, deux cents Canadiens sont partis pour aller relever ceux
qui sont à Saint-Frédéric, qui ont la permission de retourner
chez eux.

Le 13, M. de Bougainville, arrivant de Monreal, nous apprend
l'arrivée de plusieurs vaisseaux marchands.

Le 14, deux cents Canadiens sont allés relever ceux qui sont à
Saint-Frédéric qui doivent retourner chez eux. M. de Bougainville est parti à la pointe du jour pour le fort Georges. Les chirurgiens m'ayant ordonné de changer d'air pour guérir plutôt ma
blessure, on m'a embarqué à 10 heures. Mon batteau a gagné le
large tout de suite, a arrêté un moment auprès de Saint-Frédéric,

où j'ai appris que les Anglais ont enlevé un homme qui était passé dans le sud pour voir sa récolte. Nous fîmes la soupe au Rocher Fendu. Nous en partîmes à minuit et arrivâmes le 15 à la pointe du jour à l'isle au Chapon ; nous y restâmes 2 h. pour nous reposer. Nous dînâmes à la pointe aux Fers et allâmes faire la soupe au moulin Faucault. Nous y trouvâmes des Mississagués qui manquaient de vivres : je leur en fis donner. Nous arrivâmes le 16 à la pointe du jour à Saint-Jean. Nous descendîmes de suite à Sainte-Thérèse ; j'y fis débarquer une partie des équippages et quelques hommes, afin que le batteau descendit plus facilement le rapide de Chambli. J'arrivai au fort à 10 heures. On me porta sur un brancard à la Prairie, où nous arrivâmes à 5 heures.

Le 17, je m'embarquai à 8 heures et débarquai à 9 à Monréal. Je me fis porter tout de suite chez M. le général.

Le 19, un courrier de Carillon a porté au général les réponses des Anglais à M. de Bougainville.

Le 21, M. de Montigny, arrivant de Québec, nous apprend l'arrivée d'un vaisseau de Marseille, qui en a vu prendre un avec lequel il faisait route.

Le 23, nouvelles du Mississipi et de plusieurs postes. Quelques lettres annoncent que les Anglais marchent au fort Duquêne et qu'ils y seront bien reçus.

Le 24, courrier de Québec annonçant l'arrivée de deux vaisseaux de la Rochelle sortis avec d'autres du même port sous l'escorte de deux vaisseaux de guerre. Les nouvelles de Louisbourg disent qu'on attaque et qu'on se défend vivement ; que les Anglais ont perdu cinq cents hommes à la sortie du 9, commandée par M. Marin, L. C. de Bourgogne, qui a eu soixante-dix hommes tués ou blessés.

Le 26, à 1 heure du matin, un courrier dépêché de Frontenac nous apprend que des sauvages, qui allaient en guerre sur la frontière de Choueguen, sont venus informer M. de Noyan, qu'ils ont vu dans la baye de Niaourée beaucoup de berges et un corps considérable de trouppes, qui a selon les apparences des projets sur le fort de Frontenac ou sur celui de la Présentation. M. de Vaudreuil a fait commander la milice de la ville et du gouvernement.

Le 27, M. Duplessis, nommé commandant du secours qu'on a envoié à Frontenac, s'est rendu à la Chinne avec tous les officiers de la colonie, de milice, et quatre cents Canadiens.

Le 28, M. Duplessis est encore à la Chinne. Les embarquemens se font lentement et mille effets qui manquent par défaut de prévoyance les retardent.

Le 29, le reste des Canadiens, commandés, s'est rendu à la Chinne, aux ordres de M. de Contrecœur. Courrier de Frontenac qui dit qu'à son départ les Anglais commençaient la traverse de la Grande Isle, que M. de Noyan (1) l'a dépêché pour en donner avis, qu'il a pris toutes les précautions nécessaires pour se bien deffendre, qu'il a fait armer les barques et mettre en travers à l'entrée de la baye, afin qu'elles puissent canonner le débarquement.

Le 30, on apprend que le fort Frontenac (2) a capitulé le 27,

---

(1) Noyan commandait à Frontenac, mais ce fort, comme la plupart de ceux du Canada, était mal construit, sans terre-plein, ni fossés, ni chemin couvert. « Voilà ce qu'on appelle un fort dans ce pays-ci, écrivait au ministre de la guerre, le 18 octobre 1758, l'ingénieur de Pontleroy ; suffisant à la vérité lorsqu'on ne faisait la guerre que contre des sauvages ou des partis sans artillerie ; mais aujourd'hui les nombreuses forces des Anglais et leur artillerie doivent bien changer le système de la guerre, et par conséquent la défense des frontières. »

(2) Frontenac était l'entrepôt de la marine française sur les lacs. Il se trouvait presque abandonné, depuis qu'on avait concentré les troupes sur le lac Champloin. Le colonel anglais Bradstreet, détaché avec trois mille hommes et onze bouches à feu, n'eut pas de peine à s'en emparer, après trois jours de résistance. Il y trouva pour deux millions de marchandises, deux mille quarts de farine et cinq cents quarts de lard. Voici comment Montcalm annonça ce malheur au ministre : « Les ennemis se sont emparés du fort de Frontenac qui, à la vérité, ne valait rien,

au soir, après 48 heures de tranchée ouverte. Que M. de Noyan est prisonnier de guerre, avec sa garnison, et renvoié sur sa parole. Que les Anglais se sont emparés des deux barques armées, qu'ils ont radoublées, qu'ils ont brûlé les autres, et qu'ils travaillent à embarquer les vivres, les munitions, l'artillerie et les marchandises, qu'ils ont trouvées en grande quantité. M. de Noyan se loue fort des bons traitements qu'il a reçus. Il était facile (1) d'éviter une perte aussi considérable en envoyant un corps de trouppes {sur cette frontière lorsque M. de Montcalm informa le général que les Anglais avaient, après la retraite du portage, fait passer des trouppes dans cette partie.

Le 31, la garnison de Frontenac est arrivée, le courrier de Québec annonce la prise de Louisbourg (2), nouvelles des

---

mais ce qu'il y a de plus fâcheux, ils ont pris beaucoup de vivres, beaucoup de marchandises, quatre-vingt canons grands et petits, et détruit la marine qui était due à ma prise de Choueguen, en brûlant cinq de nos bâtiments et en enmenant deux... J'avais demandé mon rappel après la journée glorieuse du 8 juillet, mais puisque les affaires de la colonie vont mal, c'est à moi de tâcher de les réparer ou d'en retarder la perte le plus qu'il me sera possible. Je souhaitte que mes intentions soient secondées : je n'ose en répondre. »

(1) Vaudreuil n'avait en effet pris aucune précaution pour garantir Frontenac, dont il n'aimait pas le commandant de Noyan. Il paraît même qu'à la dernière demande de renforts adressée par le malheureux commandant, il aurait répondu d'un ton insultant : « Il faut que cet officier ait peur. » Il était trop tard, lorsqu'il se décida à envoyer Duplessis, major de Montréal, avec mil cinq cents Canadiens, et tous les sauvages qu'il put réunir. Ils s'avançaient à marches forcées, et étaient arrivés à la Présentation, quand ils apprirent la capitulation de Frontenac. Noyan n'avait sous ses ordres que soixante-dix hommes. Montcalm, écrivant au ministre de la guerre, Belle-Isle, n'hésite pas à faire retomber sur Vaudreuil la responsabilité de la prise de Frontenac. « Les sauvages l'avoient averti trois semaines auparavant. Ils lui avoient dit : tu dors ! où est notre chef de guerre ? »

(2) Louisbourg, dans l'île de Capbreton, avait été bloquée le 2 juin, par le général Amherst. Défendue par le gouverneur de Drucourt, qui

Cèdres qui nous apprennent l'arrivée de M. Duplessis à la pointe au Diable. Que M. Benoît en était parti avec la 1re division. M. de Vaudreuil a ordonné qu'on prépare trente canots d'écorce pour envoier à la Présentation, d'où ils porteront cinq cents hommes à Niagara.

Le 1er septembre, on a fait partir plusieurs canots chargés de vivres et munitions nécessaires pour la Présentation. Quelques sauvages des cinq nations sont venus voir M. le général, l'ont assuré que les Anglais avaient voulu nous amuser en s'emparant des îles du lac Saint-Sacrement, qu'ils ne pensaient qu'à rétablir Choueguen et les forts de la rivière. Qu'ayant su que nous n'avions à Frontenac qu'une faible garnison, ils avaient envoié un corps de deux mille hommes s'en emparer. Qu'ils les y envoient encore, ayant entendu des coups de canon ; lorsqu'ils ont passé sous les isles qui sont vis-à-vis. Ils lui ont conseillé d'envoyer les jeunes gens à Niagara, pour leur éviter le même sort. Ils l'ont averti que les Goyagouars se plaignent fort de n'avoir pas eu part aux présens portés par M. de Longueil, qu'ils en ont laissé à la Présentation quelques-uns, qui ont dit au commandant, que sa-

---

n'avait sous ses ordres que que deux mille cinq cents soldats, six cents miliciens et quelques sauvages, la ville résista jusqu'au 27 juillet. La capitulation fut dure et humiliante. Deux cent vingt-un canons, dix-huit mortiers, beaucoup de vivres et de munitions tombèrent entre les mains des vainqueurs. Les habitants de la ville furent renvoyés en France, mais les soldats et marins furent conduits en Angleterre comme prisonniers. La ville fut détruite de fond en comble et n'a jamais été relevée. « Des traces de fossés éparses çà et là, un pan de mur démantelé dominant la mer ; vers l'intérieur une enceinte de glacis en amphithéâtre, quelques restes de nos vastes magasins sous les voûtes desquels s'abritent les bestiaux errants ; puis parfois, quand la mer est calme, quelques débris de nos vaisseaux coulés que les pêcheurs prétendent apercevoir encore sur le fond ; voilà aujourd'hui tout ce qui reste de Louisbourg. » DU HAILLY, *Campagne et station sur les côtes de l'Amérique du Nord.*

chant qu'il allait être attaqué par les Anglais, ils viennent l'aider à se deffendre, mourir avec lui, avec leur père, la *robbe noire*, et leurs frères de ce village. M. de Vaudreuil les a renvoiés, leur a fait beaucoup de présens et les a engagés à partir demain pour la Présentation. Il est arrivé plusieurs canots de Michillimakinak. On en a arrêté les conducteurs pour les envoyer à la Présentation. Nouvelles de Carillon, qui portent que les Anglais sont bien retranchés au fort Georges et qu'ils y construisent une galère.

Le 2, M. le général a dépêché un courrier à M. le marquis de Montcalm, pour l'engager à venir passer quelques jours avec lui. Le reste des canots d'écorce est parti pour la Chinne.

Le 3, on a appris que tous les canots sont en route pour les Cèdres.

Le 4, des sauvages assurent que les Anglais ont abandonné Frontenac, que M. Duplessis doit être arrivé à la Présentation, et que ses autres divisions y seront rendues demain.

Le 5, M. de Sacépée (?) donne avis à M. de Vaudreuil, de Saint-Jean, qu'il a été informé hier qu'il y a eu un détachement ennemi à cinq lieues de son fort. On lui a envoyé les miliciens des Trois Rivières et les Abénakis pour le secourir ou aller à la rencontre de l'ennemi.

Le 6, on apprend qu'un batteau chargé de provisions a relâché à Saint-Jean ; que les conducteurs disent qu'ayant vu des tentes au moulin Faucault et cent cinquante Anglais ou sauvages, ils n'avaient pas osé continuer leur route. M. de Charly, qui arrive de Carillon, dit n'avoir rien vu sur le lac et rapporte que M. de Sabrivois, qui a été à la découverte auprès du fort Georges, croit le camp des Anglais moitié moins considérable que le nôtre et qu'il y a moins de batteaux que le mois dernier. L'aide de camp du général Alberkombrik a écrit à M. de Bouguainville pour lui faire part de la prise de Louisbourg.

Le 7, les Canadiens et sauvages revenus de Saint-Jean disent

15

que des Canadiens désertés de Carillon ont donné l'alarme des jours passés.

Le 9, M. le marquis de Montcalm est arrivé de Carillon avec M. de Bouguainville, aide maréchal des logis général de l'armée, et Pont-le-Roi, ingénieur en chef de la Colonie. Il a conféré avec M. le général sur les affaires et l'état de la Colonie. On a expédié un courrier pour faire partir les six vaisseaux de guerre qui sont à Québec. M. le général a eu beaucoup de sauvages de différentes nations. Il a proposé aux uns d'aller à Carillon et aux autres à la Présentation.

Le 11, le courrier de la Présentation annonce l'arrivée de tous les canots, et que M. de Montigné a dû en partir hier.

Le 12, le courrier de Québec nous apprend l'arrivée de deux vaisseaux de la Rochelle. M. de Godefroi venant du Détroit avec six canots d'écorce dit qu'il est parti du Niagara le 6 de ce mois ; qu'il a laissé le commandant à ce poste très inquiet sur le compte des barques, qu'il attend depuis longtemps ; qu'il ignore la prise de Frontenac et que lui ne l'a apprise qu'aux Isles de Coui par quelques Mississagués. M. le général a reçu des lettres de M. de Boishebert, qui l'informe de son retour à Miramichi avec tout son détachement et lui envoie la relation de la campagne de l'isle Royale.

Le 13, M. le marquis de Montcalm qui a travaillé ces jours-ci à des mémoires sur le parti à prendre dans les circonstances présentes, les a remis à M. de Vaudreuil (1) et est parti pour Carillon

---

(1) Il y avait en effet dissentiment entre Vaudreuil et Montcalm au sujet de la direction à donner aux opérations militaires. Voici la lettre écrite à ce propos par Montcalm au ministre de la guerre (28 juillet) : « Depuis la journée du 8, M. de Vaudreuil, rempli d'idées avantageuses que l'expérience à la guerre et la connaissance d'une frontière qu'il n'a jamais vue, lui feraient bientôt perdre, ne cesse de m'écrire qu'il est possible, avec de gros détachements, de faire quitter à l'ennemi sa position au bord du lac Saint-Sacrement. Je suis fondé à croire qu'il ne pré-

avec M. de Bouguainville. Il est arrivé plusieurs canots de Michillimakmak et autres postes, transports considérables de vivres et marchandises à la Chinne.

Le 14, M. de la Colombière est arrivé avec un détachement de Canadiens du gouvernement de Québec. Il nous apprend l'arrivée d'un vaisseau.

Le 16, un courrier de Carillon nous apprend que huit berges anglaises se sont approchées de l'isle au Mouton ; que M. le chev.

---

sente cette idée chimérique et comme impossible que pour me compromettre... Vous pouvez assurer S. M. que la diversité d'opinions ne nuira jamais, pour ce qui me regarde, à mon service. C'est à cette diversité d'opinions et à la respectueuse soumission que j'y mets toujours que l'entreprise de Chouaguen est due. Le marquis de Vaudreuil, après l'avoir souhaitée, était près d'y renoncer et je ne le ramenai que par des mémoires. » Autre lettre en date du 1er août : « Il est dur pour un général bien intentionné de se trouver à mille cinq cents lieues de son pays, de servir hors de son département et d'avoir toujours à craindre la nécessité de se justifier... Je ne puis me dispenser d'informer le ministre de ma triste situation. Ma santé s'use ; le travail, l'inquiétude et le chagrin ne peuvent que l'activer. Au milieu du succès, j'ai à craindre qu'on ne cherche à faire désapprouver ma conduite. » Vaudreuil avait en effet demandé le rappel de Montcalm. « M. de Montcalm pourra servir très heureusement en Europe. Personne ne rend plus de justice que moi à ses excellentes qualités; mais il n'a pas celles qu'il faut pour la guerre de ce pays. Il faut avoir beaucoup de douceur et de patience pour commander les Canadiens et les sauvages. Le Roi m'ayant confié la colonie, je ne peux m'empêcher de prévenir les suites fâcheuses que pourrait produire un plus long séjour de M. de Montcalm. » Montcalm, de son côté, avait demandé le rappel de Vaudreuil, et Doreil, son confident, profitait de son séjour en France pour réclamer avec instance le changement de gouverneur et son remplacement par Montcalm. Voir lettre citée par Garneau, *Canada*, II, 292 : « Si la guerre doit durer encore ou non, si l'on veut sauver ou établir le Canada solidement, que S. M. en confie le commandement à M. de Montcalm. Homme de cabinet comme de détails, il est grand travailleur, juste, désintéressé jusqu'au scrupule, clairvoyant, actif et n'a en vue que le bien ; en un mot il est homme vertueux et universel. Quand M. de Vaudreuil aurait de pareils talents en partage, il aurait toujours un défaut originel, il est Canadien. »

de Repantinie les poursuit. Les Abenakis arrivant de Korlaki ont
mené à M. le général un prisonnier qui dit que les Anglais ont
dix mille hommes au fort Georges ; qu'il en est débarqué à Neuf-
York six mille qui viennent de Louisbourg ; qu'ils en ont six
mille sur la frontière de Choueguen occupés au portage ; qu'il
croit qu'on ne rétablira pas les forts.

Le 17, M. de Fleury, arrivant de la Présentation, a informé
M. le général qu'il a été à Frontenac (1) avec M. de Contrecœur;
qu'ils ont trouvé le fort facile à réparer ; que les fours et les bâtimens n'ont pas été détruits ; qu'ils ont trouvé six canons de douze
qui n'ont pas été encloués. M. d'Hugues est parti pour la Présentation avec un détachement des troupes de la Colonie.

Le 18, M. de Langy, arrivé dans la nuit, a rendu compte à
M. le général qu'il a été avec quelques sauvages à Choueguen ;
qu'il l'a trouvé abandonné ; qu'il y a vu une de nos barques brûlée;
que l'autre a fait naufrage avec plusieurs berges ; qu'il en a jugé
par la quantité de matières et d'agrès qu'il a vu flotter. M. le
général a ordonné aux officiers qui comptaient partir pour la
Présentation de se rendre à Carillon, où il a envoié par un courrier les nouvelles de M. de Langy.

Le 19, M. de Pontleroi est parti pour aller reconnaître la frontière du lac Onthario et chercher une bonne position pour y
construire un fort. L'abbé Piquet qui retourne à la Présentation
triomphant l'y accompagne.

Le 21, nouvelles de Carillon, où on est tranquille. M. de Repantinie a été embusqué pendant trois jours sans trouver occasion de
faire un prisonnier.

Le 23, on a fait partir un convoi considérable pour la Présen-

_____

(1) Vaudreuil, très inquiet de la perte de Frontenac, avait résolu de
rétablir ce fort à tout prix. Lévis avait été désigné pour commander cette
partie de la frontière.

tation, et trente canots chargés de marchandises pour la Belle Rivière.

Le 24, nous apprenons par le courrier de Québec l'arrivée d'un gros vaisseau marchand.

Le 25, nous apprenons le retour du pilote qui a conduit les vaisseaux de guerre hors le fleuve. Nouvelles de la Belle Rivière, où on est tranquille. Les Anglais ont envoié aux Loups beaucoup de colliers pour les engager à être neutres. Les Loups ont porté les colliers à M. de Lignery, commandant au fort Duquêne. M. de Montigny s'est rendu en sept jours à Niagara. Le commandant de ce fort n'avait appris la prise de Frontenac que huit heures avant son arrivée et se préparait avec cent hommes, qui faisaient toute sa garnison, à brûler les dehors du fort et à se défendre de son mieux.

Le 26, M. de Saint-Luc, arrivant de Carillon, dit qu'on n'y a point de nouvelles de l'ennemi, que deux partis sont en campagne, l'un vers le fort Georges, et l'autre vers Lydius.

Le 28, le supérieur de Saint-Sulpice, arrivant de Québec, rapporte que le lieutenant du Roi interrogeait au moment de son départ un Acadien (1), qui a déposé avoir ouï dire à un maître de barque qu'il a vu dans le parage de Gaspé près de vingt voiles dont sept vaisseaux de guerre.

Le 29, les nouvelles de Carillon annoncent qu'un déserteur du fort Georges dit avoir laissé seize mille hommes dans les retranchemens (2), huit cents dans le fort d'entrepôt et mille cinq cents

---

(1) Après la prise de Louisbourg, la flotte anglaise avait pris l'île Saint-Jean et détruit les établissements de Gaspé et de Saint-Louis, formés par des Acadiens. Elle fit aussi une tentative contre Miramichi, et se retira vers la mi-octobre.

(2) La situation était en effet désespérée. Montcalm ne l'ignorait pas. Dès le 1er septembre, après la prise de Frontenac et de Louisbourg, il avait écrit au ministre de la guerre : « La situation de la colonie est des

à Lydius, qu'il y a un train d'artillerie considérable, qu'on y
attend cinq régiments qui viennent de Louisbourg. Qu'on radou-
blait les berges et batteaux et qu'il croit qu'ils reviendront à Carillon dès que le renfort aura rejoint. Un sauvage arrivant du fort
de Bull, dit qu'il y a huit mille hommes dans cette partie, que
plusieurs des cinq nations se sont joints aux trois cents de nos
alliés qui vont en guerre sur cette frontière.

Le 30, un courrier de Québec a porté à M. le général la déposition de l'Acadien, conforme à l'exposé ci-dessus. M. le général
a fait commander tous les Canadiens en état de marcher, pour

---

plus critiques, la paix est nécessaire. Les Anglais ont, indépendamment
de leur armée de Louisbourg, trente mille hommes pour agir contre le
Canada. Nous n'avons que huit bataillons, douze cents soldats de la colonie; le surplus est dans les forts de la Belle Rivière : « J'écris la vérité, comme citoyen, sans être découragé, résolu de m'ensevelir sous les
ruines de la colonie. La paix est nécessaire, ou le Canada est perdu. »
Telle était également l'impression de Doreil : « Que la paix se fasse cet
hiver, sans quoi le Canada est perdu sans ressource. Outre l'extérieur,
son intérieur est une machine mal montée qui est toujours prête à crou-
ler. Mais il n'y a plus à espérer malgré les soins et les talents de M. le
marquis de Montcalm. Je ne serai pas surpris si l'ennemi était maître
de la colonie avant l'arrivée des premiers secours du printemps. » Voir
du même Doreil une lettre confidentielle, du 31 juillet 1758, adressée au
ministre de la guerre Belle-Isle dépôt de la guerre, vol. 3498,
pièce 191) : « L'ineptie, l'intrigue, le mensonge, l'avidité perdront dans
peu cette colonie, qui coûte si cher au Roi. Si elle échappe cette année,
ce qui n'est pas encore certain, l'ennemi pouvant revenir avec de plus
grandes forces et plus de précautions, il est absolument nécessaire de
faire la paix en hiver, ou elle sera aux Anglais l'année prochaine... La
paix, la paix n'importe à quel prix pour les limites; on y gagnera même
si l'on travaille bien lorsqu'elle sera conclue. » Il terminait en demandant
le remplacement de Vaudreuil par Montcalm. Autre lettre de Doreil à
Belle-Isle (12 août et 31 août 1758), où il insiste sur la nécessité de conclure la paix. (Dépôt de la guerre, vol. 3499, p. 28, 45.) — Lettre de
Levis au ministre de la marine Berryer (17 mai 1759) : « Je pense qu'il
sera, s'il le faut, plus utile pour le service du Roi que nous périssions les
armes à la main que de souffrir une capitulation qui perdrait pour toujours cette colonie à Sa Majesté. »

aller à Carillon, et a fait prévenir les sauvages de se tenir prêts.

Le 1ᵉʳ novembre, les sauvages du Sault et du lac, sont venus voir M. le général, lui ont dit n'avoir dans leurs villages que quatre-vingt-quinze guerriers, qui sont à ses ordres. Que les autres sont à la guerre ou à la chasse.

Le 2, on a envoié à la Chinne les Canadiens nécessaires pour monter les batteaux destinés pour Frontenac.

Le 3 et le 4, quelques officiers sont partis pour Carillon avec beaucoup de Canadiens.

Le 5, on a envoié à la Chinne des guides pour les devants et derrières des batteaux destinés pour Niagara. M. de Saint-Luc est parti pour Carillon, avec les sauvages qu'il a pu rassembler.

Le 6, on a fait passer à la Chinne beaucoup de vivres et munitions pour pourvoir le fort, qu'on construit sur la frontière de la Présentation.

Le 7, un courrier de Carillon porte les dépêches du général Alberkombrik, qui réclame les prisonniers qu'on doit lui renvoier, en échange de la garnison de Frontenac. Les nouvelles de la Belle Rivière annoncent qu'une armée de sept mille Anglais était le 15 décembre à douze lieues du fort Duquêne.

Le 8, M. Doreil, commissaire des guerres, arrivé de Québec, nous apprend que l'*Aigle*, vaisseau de cinquante canons s'est perdu auprès de Mécatinat, par la faute du pilote. Que deux cent quatre-vingts hommes de l'équipage se sont sauvés avec peu de chose. Que les Anglais s'établissent dans la baye de Gaspé, qu'ils y ont porté le bois nécessaire pour construire des maisons.

Le 9, un courrier de la Présentation annonce qu'un sauvage qui revient du fort de Bull dit que le colonel Brakstreck (1), re-

---

(1) Bradstreet.

vient à Frontenac, avec un corps considérable, pour nous empêcher de nous y rétablir. Nouvelles de Carillon. On est tranquille.

Le 11, des députés de la Présentation annoncent les ambassadeurs des cinq nations, qui demandent que M. de Longueil se
trouve ici le 16 à leur arrivée, et qu'ils ne pourront rester que
quatre jours.

Le 12, un courrier de Carillon dit qu'on y travaille beaucoup, et qu'on attend l'ennemi avec tranquillité.

Le 13, on a fait partir beaucoup de batteaux pour la Présentation.

Le 14, l'abbé Piquet est arrivé avec les ambassadeurs des cinq
nations, qui disent que les Anglais sont toujours au fort de Bull,
qu'ils y construisent deux forts aux deux bouts du portage. Qu'ils
ont embarrassé l'embouchure de la R. de Choueguen, et qu'ils
assurent qu'ils prendront Carillon. Que les trente sauvages qui
étaient allés en guerre sont revenus, après avoir tué un Ona-
zote habillé en Anglais. Le courrier de Québec nous apprend que
les Anglais sont venus ravager les habitations de Montlouis, qu'ils
sont bien établis à Gaspé, et qu'ils y construisent deux forts.

Le 15, je me suis embarqué dans une goëlette pour descendre
à Québec. Nous avons passé sous Longueil, la Longue Pointe, la
pointe au Tremble, le bout de l'isle, Varennes, Repantinie, Vercher, Saint-Sulpice, Contrecœur, Lavaltrie, Saint-Ours, Autraye,
la Noray, Sorel et Berthier, et avons mouillé à l'entrée des isles.

Le 17, nous avons appareillé à la pointe du jour, sommes
entré dans le lac Saint-Pierre, avons passé sous Maxkinongé,
Maxa, Saint-François, la Rivière du Loup, Massis, l'Abbadie, les
Trois Rivières, le cap de la Madelène, Champlin, Vatiscan ; avons
descendu le Richelieu, doublé le ploton et mouillé auprès du cap
Santé.

Le 18, nous avons chassé pendant la nuit sur notre ancre,
nous avons été forcés d'appareiller avant le jour, et nous sommes

arrivés à Québec à 8 heures du matin. Nous y avons appris que deux cent quatre-vingts hommes de l'*Aigle* sont au Macalinat (?). Que les Anglais ont renvoié la moitié de l'équipage d'un bâtiment marchand, qu'ils ont pris dans la baye de Gaspé.

Le 22, nouvelles de Carillon, où on est fort tranquille.

Le 23, un courrier de Monreal nous apprend qu'un détachement de huit cents Anglais est venu au fort Duquène, pour en lever le plan, brûler les hangards qui sont en dehors et tuer ou prendre ceux qui voudraient s'y opposer. Qu'il a été défait par les Canadiens (1), qui sont sortis du fort, qui ont pris le major Grant, commandant ce détachement, trois officiers, cinquante soldats et en ont tué ou blessé quatre cents, et que le reste a été dispersé dans les bois. Les sauvages n'ont pas voulu suivre les Canadiens, ils n'ont pensé dans le commencement de l'action qu'à sauver leurs effets, et ne se sont joints à eux que lorsqu'ils ont vu la victoire décidée. Alors, ils ont levé des chevelures et le lendemain ils ont pris le chemin de leurs villages.

Je suis parti par terre avec le colonel Schuler et un autre officier anglais, que M. l'intendant m'a prié de conduire à Monreal. Nous avons passé à Sainte-Foi, au Carrouge, la pointe au Tremble, les Ecureuils, la R. Jacquartier, au cap Santé, et avons couché à Deschambaut.

Le 26, nous sommes partis à 6 heures, avons passé aux Grandines, la R. Sainte-Anne, celles de Vatiscan, Champlin, avons rencontré au cap la Madelène un officier d'artillerie qui m'a appris que nous avons abandonné Frontenac. Nous avons passé les trois chevaux, et couché aux Trois Rivières.

----

(1) Les Canadiens, au nombre de sept à huit cents, étaient sous les ordres d'Aubry. Le succès fut complet ; mais les Anglais et leur général Forbes ne se découragèrent pas. Ils profitèrent du départ des Canadiens et des sauvages pour tenter une nouvelle attaque qui, cette fois, réussit.

Le 27, nous sommes partis à 6 heures, avons passé à Labadie, la R. du Loup, de Maxkinongé, la baye des Atokas, le chenail du Nord, la R. au Chicot, celle de Berthier et avons couché à Berlier.

Le 28, nous sommes partis à 6 heures, avons passé à Lanoray, Autray, la Valtrie, Saint-Sulpice, Repentinie, la R. de l'Assomption au bout de l'isle, la pointe au Tremble, la Longue Pointe, et sommes arrivés à 2 heures à Monreal. J'ai remis à M. le général les deux officiers anglais dont je n'ai eu qu'à me louer.

Le 29, nouvelles de Carillon et de Niagara. Les premières disent que l'armée anglaise commence à défiler vers ses quartiers.

Le 30, un officier arrivé de Carillon rapporte que les Anglais ont abandonné les bords de la Saint-Sacrement ; qu'ils ont laissé au fort Lydius mille hommes de troupes réglées et deux cent cinquante miliciens.

Le 31, plusieurs officiers et beaucoup de soldats de la Colonie sont arrivés.

Le 2 novembre, les officiers anglais sont partis pour Carillon. J'ai été à la longue pointe au Tremble et à la R. des Prairies établir le logement des compagnies qui doivent y passer l'hiver.

Le 3, j'ai été pour la même besogne à Saint-Sulpice et la Valtrie. J'ai vu passer M. de Bouguainville qui conduit à Québec les prisonniers de la Belle Rivière.

Le 4, je suis revenu à Monreal. J'y ai appris que les Anglais ont abandonné Gaspé.

Le 5, plusieurs officiers des troupes de terre sont arrivés pour travailler au logement de leur bataillon.

Le 6, il a fait un froid très vif.

Le 8, M. le chev. de Montreuil, aide-major général arrivant de Carillon, dit avoir eu grand froid et que les trouppes souffriront.

Le 9, M. le général a expédié le courrier chargé de ses dernières dépêches pour France. M. le marquis de Montcalm est arrivé à 10 heures du matin et M. le chev. de Levis à 7 heures du soir, très fatigué du mauvais temps.

Le 11, j'ai été attendre le régiment à la pointe au Tremble.

Le 12, j'ai appris que les régiments qui devaient descendre la R. de Champlin ont été obligés d'abandonner leurs batteaux, qui sont pris dans les glaces et qu'ils viennent par terre à Longueil, où ils ont traversé le fleuve le 12 au soir et le 13 dans la matinée.

Le 15, j'ai été à la pointe au Tremble, la R. des Prairies et au sault des Récollets voir l'établissement des compagnies. J'ai rencontré le courrier qui porte la nouvelle du départ des vaisseaux.

Le 16, j'ai été pour le même objet à Repentinie, Saint-Sulpice et la Valtrie.

Le 17, je suis revenu à la Longue Pointe, où sont les compagnies de l'état-major. J'y ai appris que M. de Saint-Ours, arrivant de la Belle Rivière, rapporte que M. de Lignery a envoié un corps de quatre cents hommes auprès du camp retranché (1) des Anglais, à vingt lieues du fort Duquêne; qu'il a dispersé les gardes avancées composées de cent cinquante hommes; qu'il a tué ou enlevé quatre cents chevaux et beaucoup de bœufs, et que personne n'est sorti du camp retranché.

Le 19, j'ai fait partir un détachement de quarante hommes pour aller chercher à Chambly les équippages du régiment.

Le 20, je suis venu à Monreal. J'y ai appris que toutes les troupes sont rendues dans leurs quartiers, savoir : la Reine et Berri dans le gouvernement de Québec; Languedoc avec des troupes des Colonies dans celui des Trois Rivières; Lassarre, R. Roussillon dans celui de Monreal; Guienne et Béarn avec des compagnies de la Colonie dans celui de Monreal. On a fait partir

---

(1) Le camp retranché était le nouveau fort de Loyal-Hanna, construit par Forbes.

trois cents hommes pour la Présentation et un courrier chargé des ordres pour le départ d'un bâtiment qui n'avait pas pu suivre les autres.

Le 22, quelques officiers sont arrivés avec beaucoup de Canadiens de Niagara.

Le 23, les officiers arrivés hier disent avoir entendu des coups de fusil en passant devant Quinté ; qu'ils ont jugé qu'ils venaient de plusieurs batteaux désemparés qui demandaient du secours.

Les 26, 27 et 28, différens courriers pour annoncer le départ du dernier bâtiment et l'arrivée d'une goëlette partie de Bordeaux au mois d'août. Les deux bâtimens qu'on a envoiés au Mecatinat ont fait côte. L'équipage de l'*Aigle* est à trente lieues de Québec. M. Wollfs, qui arrive du fort Lydius, se loue fort des bons traitemens qu'il y a reçus. Il nous apprend que le général Alberkombrik a été rappelé et remplacé par le général Amherst, qui commandait le siège de Louisbourg.

Le 30, on a expédié un courrier pour faire partir la goëlette arrivée dernièrement. Il est arrivé plusieurs batteaux du Niagara.

Le 1er décembre. nouvelles de Carillon. La barque y est enfin arrivée. Un parti de soixante sauvages est en campagne et un détachement à la poursuite de trois déserteurs. Il est arrivé un officier du fort Duquêne avec deux déserteurs anglais qui assurent qu'ils ont beaucoup perdu à l'attaque de leurs postes avancés ; qu'ils sont réduits aux viandes salées; que les maladies leur ont enlevé quinze cents hommes ; qu'ils en ont laissé trois mille dans le camp retranché; qu'on y attend le général, qui était resté à Williambourg.

Le 8, nouvelles de Saint-Frédéric. Quatre Canadiens, désertés de Newyork, disent qu'il a paru au mois de novembre quelques frégattes françaises sur les côtes de la Nouvelle Angleterre ; qu'elles ont pris quelques corsaires et retenu dans les ports les bâtiments marchands ; que les Anglais ont laissé deux mille hommes à Louisbourg ; qu'ils en relèvent les fortifications et qu'ils se proposent de venir prendre leur revanche à Carillon le printemps prochain avec vingt mille hommes, et qu'ils feront le siège de Québec avec une armée de terre et de mer ; que le peuple est las de la guerre et désire la paix.

Le 10, nouvelles de la Présentation, où l'on pousse les travaux avec vivacité. Les chantiers pour la construction des deux barques sont établis et les bois prêts.

Le 22, M. le marquis de Montcalm est parti pour Québec malgré une poudrerie ou autrement une neige très épaisse.

Le 10 janvier, deux officiers arrivant du fort Duquêne nous apprennent à 10 heures du soir que M. de Lignery a été (1) obligé de brûler ledit fort le 23 novembre à l'approche de l'armée anglaise ; qu'il a envoié toute l'artillerie, les munitions et les malades aux Illinois (2) et qu'il s'est retiré avec sa garnison au fort Machault (3) suivi par quelques sauvages ; que les autres sont retournés dans leurs villages, bien disposés pour les Français ;

---

(1) Les Anglais rendus prudents par la défaite de Braddock ne s'étaient avancés qu'avec de grandes précautions dans la vallée de l'Ohio. Forbes avait réuni près de six mille hommes à Raystown, à trente lieues du fort Duquesne. Il bàtit un fort à Loyal-Hanna, et envoya en reconnaissance huit cents soldats sous les ordres du major Grant. Lignery les fit attaquer brusquement par les Canadiens, et les mit en fuite. Forbes était décidé à attendre la fin de l'hiver à Loyal-Hanna, mais les prisonniers apprirent que les sauvages avaient rejoint leurs cantonnements, et qu'il restait à peine cinq cents hommes à fort Duquesne. Forbes résolut de profiter de sa supériorité numérique et se porta à l'improviste contre fort Duquesne. Lignery ne pouvait résister. Il brûla le fort, après avoir embarqué son artillerie sur l'Ohio pour les Illinois, et se retira avec sa garnison dans le fort Machault, sur l'Erié. Forbes pris possession des ruines fumantes et donna à cet amas de cendres le nom de Pittsburg.

(2) Sur cette évacuation du fort Duquesne, on peut consulter une lettre de Malartic au Ministre de la Guerre (Dépôt de la guerre, Canada, 1758, p. 39, et deux lettres de Montcalm (Id., p. 40.)

(3) Le fort Machault avait été construit au sud du lac Erié, non loin de Venanga, dans la vallée de l'Alleghany.

que quelques jours avant la retraite, un de nos partis en avait
défait un anglais et mené cinq prisonniers chargés de lettres d'un
officier qui écrivait au général anglais qu'il partait pour un village
de Loups, qu'il savait qu'il hasardait sa vie, qu'il était trop heureux de la sacrifier pour sa patrie et qu'il comptait le rejoindre
dans peu de jours au fort Duquène, s'il peut s'en tirer sain et
sauf. Un officier d'artillerie qui venait avec ceux-ci s'est perdu
entre Toronto et Frontenac. On n'en a aucune nouvelle. Ces officiers disent que les sauvages vont peu à Niagara ; qu'ils rede-
mandent M. Pouchot. Le courrier de Québec dit que les habitans
du bas du fleuve assurent qu'il y a dans le havre Saint-Nicolas (1)
un brigantin parti de France à la fin de l'été.

Le 15, nouvelles de Carillon. Les sauvages ont arrêté près du
fort Lydius deux déserteurs du régiment de Berri. Ils ont fait
couper la tête à l'un par son camarade et l'ont forcé de la porter
au bout d'un bâton jusqu'au fort ; qu'ils l'ont mis en prison en
arrivant et qu'ils espèrent obtenir sa grâce du commandant qui,
s'en étant douté, lui a fait faire son procès et l'a fait exécuter
avant l'ouverture des portes.

Le 17, on a fait partir un commis du munitionnaire pour la
presqu'isle et un courrier pour porter des ordres dans tous les
postes d'en haut.

Le 18, l'officier d'artillerie qui s'était perdu est arrivé le
onzième jour de son départ de Toronto. Il a été obligé d'y retourner pour retrouver sa route. Il dit avoir rencontré un courrier
venant en canot du détroit où le bruit courait que les Anglais
ont tenu un grand conseil (2) avec les sauvages de la Belle

---

(1) Sur la rive gauche du Saint-Laurent, entre les pointes de la Trinité
et de la Croix.

(2) Allusion au traité d'Easton, conclu par Williams Johnson et plusieurs gouverneurs avec les tribus Indiennes. C'était la première rupture

Rivière pour leur demander de faire alliance avec eux ; qu'ils le leur ont promis à condition qu'ils repasseront les Apalaches. Le fleuve a été gelé le 10, et le 15 on l'a traversé sur la glace.

Le 25, courrier de Québec qui annonce qu'il y a dans cette ville une grande misère (1). M. l'intendant demande du blé de ce gouvernement et promet de le payer douze livres le minot. On a publié une ordonnance qui annulle tous les marchés que les habitants ont faits pour fournir du grain aux particuliers. Les sauvages du Sault demandent du grain et des marchandises et menacent de s'aller établir ailleurs pour y trouver de quoi vivre.

Le 29, deux capitaines de la Colonie sont partis avec un secrétaire de M. le général pour aller faire une revue (2) générale des

---

de cet admirable système des alliances Indiennes, fondé par Champlain, et organisé par Talon et Frontenac.

(1) D'après Garneau (*Canada*, II. 289), une partie de la population avait été arrachée à l'agriculture pour les exigences de la guerre, et la terre était restée sans laboureurs, ce qui nécessitait des importations de céréales encore plus considérables que dans les années précédentes, D'un autre côté, les hostilités sur mer rendaient les importations plus dificiles, et il fallait ménager le temps des cultivateurs et régler les opérations militaires de manière à pouvoir en laisser libre le plus grand nombre possible pour le temps des semailles et de la moisson. Ainsi la guerre et la culture s'entrenuisaient et toutes deux marchaient ensemble vers une ruine commune. Aussi, comprend-on que Montcalm, que Doreil, que Bigot lui même, insistent tellement dans leur correspondance sur la nécessité de conclure la paix.

(2) D'après une lettre de Montcalm au maréchal de Belle-Isle, ministre de la guerre (12 avril 1759) : « On a enfin fini le recensement général du Canada; quoique on ne me l'ait pas communiqué, je crois être sûr qu'il n'y a pas plus de quatre-vingt-deux mille âmes, sur quoi au plus douze mille hommes en état de combattre, et sur ce nombre, ôtant ce qui est employé aux travaux, transport des bateaux dans les pays d'en haut, on ne réunira jamais plus de sept mille Canadiens, et si faut-il que ce ne soit pas dans le temps des semences ou des récoltes, autrement en faisant tout marcher, les terres seraient incultes, la famine s'en suivrait ; nos huit bataillons feront trois mille deux cents hommes, de la colonie,

miliciens de ce gouvernement et dresser un rôle de ceux qui sont en état de servir. On fait les mêmes revues dans les autres gouvernements. Il est parti plusieurs trains chargés de farine pour Québec. Le lieutenant-général de police de Monreal a été chargé d'aller avec un commis du munitionnaire savoir la quantité de bled que chaque paroisse peut fournir.

Le 2 février, le courrier de Québec nous apprend l'arrivée de trois prisonniers faits auprès de Miramichi, lesquels disent que, si la paix ne se fait pas, ils viendront attaquer (1) le Canada avec cent mille hommes, par différentes frontières, et qu'ils n'ont jamais fait d'aussi grands préparatifs. Le commandant de Miramichi mande que les Acadiens sont toujours indolens (2) et paresseux à faire ce qu'il leur est commandé ; que les Anglais ont pénétré dans deux rivières, sur les bords desquelles ils ont fait des ravages et tué ou pris quelques hommes, que le froid les a arrêtés. Qu'il a envoié un parti de cinquante hommes auprès de leur nouveau fort ; qu'il a reçu des vivres qui le mettent en état d'attendre les secours du printemps ; qu'il fait passer ce courrier

---

au plus quinze cents hommes à mettre en campagne. Qu'est-ce contre au moins cinquante mille hommes qu'ont les Anglais ? »

(1) Pitt avait dirigé trois armées contre le Canada : Amherst au centre avec 12,000 hommes, Prideaux à l'ouest, et Wolf à l'est avec 11,000 soldats d'élite, secondes par les 18,000 marins de l'amiral Saunders. A ces forces accablantes Montcalm, en mai 1759, ne pouvait opposer que 3,685 hommes ainsi répartis : La Reine 440, la Sarre 489, Royal-Roussillon 485, Languedoc 473, Guyenne 436, Berry 908, Béarn 454 (Rapport de Bernier). Aussi Doreil écrivait-il confidentiellement au ministre de la guerre Belle-Isle (31 avril 1758) : « La guerre continuant, le Canada finira toujours par être pris un peu plus tard. Nous savons, à n'en pas douter, que la cour d'Angleterre, forcée par la fureur de la nation, est résolue à l'envahir à tel prix que ce soit ; elle en a les moyens, elle les mettra en usage jusqu'à l'extrémité. »

(2) Malartic se fait ici l'écho trop complaisant de certains préjugés coloniaux contre les Acadiens. On les accusait à tort de nonchalance. C'était d'épuisement qu'ils s'arrêtaient. Voir le beau livre de Rameau, *Acadiens et Canadiens*, 1, 133.

par un chemin qu'on croit plus court de cinquante lieues ; qu'il a ordonné au courrier de le plaquer à son retour. M. l'intendant écrit que Saint-Castin, un chef des Mic-Macs, a été tué par un habitant de Kamouraska ; que les sauvages furieux veulent venger sa mort et qu'il sera difficile de les calmer.

Le 5, courrier du détroit qui apprend que M. de Belêtre, commandant dans cette partie, est rétabli ; que les sauvages sont bien disposés, qu'ils n'ont appris l'évacuation du fort Duquêne que longtemps après. Ce courrier dit n'avoir trouvé dans les environs de Cataraconi aucune piste d'ennemis. Qu'on presse à la pointe au Baril la construction des barques et que nous avons un parti sauvage en campagne.

Le 11, nouvelles de la presqu'isle. Les Anglais ont construit un fort sur la R. Malengeulée (1). Ils y ont laissé quatre cents hommes. Ils ont envoié à Royal Haneau (2) leur grosse artillerie, et les troupes ont regagné leurs provinces. Courrier de Carillon. Le commandant écrit que les sauvages ont fait une chevelure et deux prisonniers auprès du fort Lydius. Ils rapportent qu'un bataillon de Royal Américain est dans ce fort ; qu'il sera relevé incessamment par un autre du même régiment. Que le colonel Privot (3), qui commandait sur cette frontière, est parti pour Albanie, où on construit une grande quantité de berges et de batteaux ; que le général Amherst est à Neuf York (4), où il tient

---

(1) C'est la Monongahela.

(2) Royal Hanna, bâti par Forbes dans sa campagne contre Lignery.

(3) Sans doute Prideaux.

(4) Les Anglais avaient organisé une quintuple attaque. Wolf devait remonter le Saint-Laurent et marcher contre Québec, escorté par la flotte des amiraux Saunders, Durell et Holmes. Amherst tenterait le passage du lac Champlain, et descendrait le Richelieu et le Saint-Laurent pour se réunir à Wolf. Prideaux avec Johnson et les Indiens prendrait Niagara, descendrait l'Ontario, enlèverait chemin faisant Montréal, et se joindrait à Wolf et Amherst. Enfin le colonel Stanwix battrait la campa-

les assemblées pour la levée des troupes et des subsides que le
peuple trouve énormes ; que leurs régiments sont en quartier
auprès d'Albanie, Korlak et dans la Pensilvanie ; qu'ils ont à
Louisbourg trois mille hommes qui travaillent à rétablir cette
place ; qu'il y a dans le port trois vaisseaux de ligne ; qu'ils ont
un corps de troupes sur la rivière Saint-Jean ; qu'ils n'ont pas
reçu de recrues de la vieille Angleterre ; que les régiments se
sont recrutés dans la Nouvelle ; qu'ils disent qu'ils prendront le
Canada ou qu'ils y périront ; qu'ils ont au fort Lydius deux sauvages qui viennent les informer de ce qui se passe à Carillon, et
qu'ils ont en campagne deux partis de cinquante hommes chacun.
On a fait partir pour Québec une partie du bled ramassé. Les
sauvages ont mené à M. le général quatre Iroquois des cinq
nations qu'ils ont rencontrés à la chasse dans les environs de la
pointe au Baril, où ils venaient à la découverte et tâcher de faire
des prisonniers ; ils les en ont détournés et les ont engagés à
venir avec eux à Monreal voir Ononthio. Ils lui ont dit que les
Anglais font au fort de Bull des dispositions pour venir brûler les
constructions de la pointe au Baril , qu'ils ont rassemblé tous les
équippemens et munitions nécessaires pour une expédition
d'hiver ; qu'ils ont auprès de ce fort six cents batteaux et trois
mille hommes (1) en quartier, entre le fort et Korlak, où il y a,
ainsi qu'à Albanie, beaucoup de batteaux. Ces sauvages ont

gne, et purgerait d'ennemis les rives du lac Ontario. C'étaient, sans compter les matelots et les auxiliaires, 30,000 hommes de troupes régulières
qui envahissaient le Canada. Ainsi que l'écrivait le commissaire Doreil :
« L'Angleterre a actuellement plus de troupes en mouvement dans ce
continent que le Canada ne contient d'habitants, en comprenant les vieillards, les femmes et les enfants. Quel moyen de pouvoir résister à cette
multitude ? » C'était rigoureusement vrai. D'après le dénombrement fait
dans l'hiver de 1758 à 1759 il n'y avait dans le Canada que 15,229 h. en
état de porter les armes (à Québec 7,541, aux Trois Rivières 1,313, à
Montréal 6,405) et 5,300 soldats.

(1) C'était l'armée de Prideaux et de Johnson qui se concentrait.

pressé M. le général de faire passer promptement des secours à la pointe au Baril, s'il veut conserver ce poste. Ceux de la Présentation lui ont représenté qu'ils sont exposés à voir leur village brûlé, et perdre tout ce qu'ils possèdent. Il leur a promis de ne pas les abandonner et a bien traité ceux des cinq nations, les engageant à passer quelque temps avec lui, et a fait commander quatre officiers et cent cinquante soldats de la Colonie pour aller renforcer les garnisons de la Présentation et de la pointe au Baril.

Le 1er mars, un commis du munitionnaire est parti avec vingt-trois hommes, destinés pour Niagara, le détroit et autres postes.

Le 2, M. de Celorom est parti avec les officiers et soldats, commandés pour la pointe au Baril, où il commandera, et M. de Benoit à la Présentation.

Le 3, M. le général a tenu conseil tous les jours avec les sauvages, domiciliés et ceux des cinq nations, auxquels il a tous les jours donné à dîner, et il a exigé qu'ils restent avec lui quelques jours de plus, afin de donner le temps à M. de Celorom de se rendre. Le munitionnaire (1) leur a donné un repas si somptueux, qu'ils ont témoigné un grand étonnement et demandé s'ils étaient chez quelques chefs supérieurs à M. de Vaudreuil, et ont dit que les Anglais ne leur font pas aussi bonne chaire. Ils ont promis de le faire savoir à leur nation et à leurs alliés (2).

On a envoié au-dessus des Cèdres l'artillerie et les munitions

---

(1) Le munitionnaire était un des complices de Bigot. Il se nommait Cadet. Lors du procès de 1763 il fut banni pour neuf ans de Paris, et condamné à 500 livres d'amende et à 300,000 livres de restitution. Comme il réclamait au gouvernement 10 ou 11 millions qui lui étaient dus, pour être quitte, on le réhabilita.

(2) Les sauvages n'étaient pas les seuls à s'étonner de ces dépenses énormes. Voir lettre de Bougainville au ministre de la guerre, du 4 novembre 1757. Déplorant que le munitionnaire ait acheté peu de farine,

nécessaires pour l'armement des barques, et les trouppes qui partiront pour Niagara à la 1re navigation ont été prévenues de se tenir prêtes. Le bled ramassé n'a pas produit la moitié de celui qu'on demande. On croit le recensement mal fait, et on parle d'en faire un second. On a envoié à MM. les curés des émissaires pour les engager à fournir tout celui qu'ils ont. Les habitans en vendent tous les jours pour de l'or ou de l'argent blanc.

Le 7, M. le marquis de Montcalm est arrivé de Québec.

Le 10, on a fait partir un détachement pour aller garder aux Cèdres l'artillerie, les agrès et les munitions.

Le 12, quatre Mississagués arrivant de Toronto portent des lettres du commandant de ce fort et de ceux des autres postes. Ils ont dit à Ononthio qu'ils viennent lui offrir les services de leur nation, et savoir pour quelle partie il les destine ; qu'ils ont trouvé M. de Celoron à la Présentation, où il n'y a rien de nouveau.

Le 14, nouvelles de la Louisiane (1) et de tous les postes d'en haut. M. de Plevet mande à M. le général qu'il n'a pas reçu l'année dernière de marchandises de France. Qu'il aurait été très embarrassé pour les sauvages s'il n'avait pas trouvé moyen d'en avoir par l'Espagne et la nouvelle Angleterre. M. de Macastin, commandant aux Ilinois, écrit qu'il a été très surpris de voir arriver l'artillerie du fort Duquêne (2), que les Serokis ont attaqué le convoi, ont tué deux hommes et blessé trois. M. de Lignery écrit de la presqu'ile que les Anglais se sont renforcés à

---

et beaucoup d'eau-de-vie et de vin, il ajouta : « Mais couvrons cette matière d'un voile épais ; elle intéresseroit peut-être les premières têtes d'ici. »

(1) La Louisiane était à peu près abandonnée à elle-même. Voir les navrantes dépêches publiées par MARGRY, *Origines françaises des pays d'outre mer*, t. V et VI.

(2) C'était l'artillerie du fort Duquesne que de Lignery avait prudemment évacuée au fort des Illinois.

la Belle Rivière, qu'ils y construisent des batteaux ; qu'il enver-
rait ses sauvages à la guerre, s'il avait des marchandises et des
munitions à leur donner. Les commandants des autres postes
annoncent les sauvages dans les meilleures dispositions. Les Hurons du détroit sont partis pour un conseil auquel ils ont été invités
par les Loups et Chaouanons.

Le 15, un sauvage des cinq nations est venu avertir M. le général, que les Anglais fourmillent au fort de Bull et dans la R. de
Choueguen, qu'ils marchent par division de cinq cents hommes
avec des vivres et munitions pour deux mois. Que les divisions
sont précédées par des détachements de miliciens armés d'outils
propres à rompre les glaces, qu'il les croit en chemin pour venir
brûler nos barques, qu'il a vues en passant et qui lui ont paru
belles. Que le colonel Brastrek leur a fait dire qu'il vient tuer (1)
Ononthio, qu'il leur demande de ne pas se mêler de la querelle,
mais de venir le voir faire. Qu'il leur a recommandé d'engager
leurs frères à se retirer, afin qu'ils ne trempent pas leurs mains
dans leur sang ; qu'ils enverront (2) cinq mille hommes à Nia-

---

(1) Les Anglais avaient en effet médité une triple attaque, et trois
armées devaient se rencontrer sous les murs de Québec. Le rapport du
sauvage n'était que trop vrai, et, en tenant compte de l'exagération,
toutes les prédictions des Anglais allaient se réaliser.

(2) Montcalm avait pénétré les intentions des Anglais. Voici un fragment de la belle lettre qu'il adressait le 12 avril 1759 au maréchal de
Belle-Isle, ministre de la guerre : « A Québec, l'ennemi peut venir si
nous n'avons pas d'escadre, et Québec pris, la colonie est perdue. Cependant nulle précaution ; j'ai écrit, j'ai dit de même que M. de Pont Le Roy,
ingénieur, excellent sujet, et le sieur Pellegrin, capitaine du port de
Québec, bon marin pour sa partie, devaient prendre une disposition pour
empêcher une fausse manœuvre à la dernière alarme. J'ai fait offre de
mettre de l'ordre, la réponse : « Nous aurons le temps. » Je ne sais rien
des projets de M. de Vaudreuil, encore moins ce qu'il pourra mettre en
campagne de Canadiens, comme nous sommes en vivres et munitions ;
le public m'apprend que nous sommes mal sur l'un et l'autre article, et

gara pendant qu'une armée navale viendra prendre Québec, et qu'une autre armée pénétrera par le lac Champlin ; que c'en est fait d'Ononthio ; qu'ils le verront mort incessament, et qu'ils ne feront pas comme les Français, qui ne leur ont pas donné un brager à la prise de Choueguen.

M. Benoît mande que la Présentation est à l'abri d'un coup de main, et que sa garnison est résolue à se bien défendre. Le courrier de Québec nous apprend que quelques prisonniers qu'a faits M. de Monteroille auprès d'un fort que les Anglais ont sur la R. Saint-Jean, ne parlent que des préparatifs qu'on faits à Chibouton (1) et à Louisbourg, pour le siège de Québec.

Le 16, les nouvelles de Carillon disent que le 9, deux sauvages revenant de la découverte avaient informé le commandant, qu'ils avaient trouvé la piste d'un parti considérable. Qu'on avait sur-le-champ tiré un coup de canon pour faire rentrer quinze hommes qui coupaient du bois sur la rive droite, vis-à-vis de l'hôpital ; que ces travailleurs ayant pris le bruit du canon pour celui d'une mine, étaient restés dans le bois et y avaient été attaqués un quart d'heure après par soixante hommes, qui en ont pris ou tué onze, et que quatre sont revenus au fort. Quelques sauvages ont poursuivi ce parti et ont fait un prisonnier. Que dans la poursuite il y a eu un Abenaki tué et deux blessés. Ce prisonnier dit que ce parti était de trois cent cinquante hommes et avait le projet de brûler les hangards et bâtimens de la basse ville et de lever le plan du fort, que la garnison du fort Lydius a été renforcée, qu'on y attend tous les jours d'autres troupes ; qu'on y

---

ce public croit toujours la partie des vivres mal gouvernée. Je devrais m'estimer heureux dans les circonstances de n'être pas consulté, mais, dévoué au service de S. M., j'ai donné un avis par écrit pour le mieux, et nous aurons avec courage et zèle, M. le chevalier de Lévis, M. de Bourlamaque et moy, pour retarder la perte prochaine du Canada. •

(1) Ancien nom d'Halifax.

ramasse beaucoup de foin, qu'on y radouble les trains de l'artillerie ; que le général Amherst est à Neuf York ; que les assemblées des provinces pour la milice sont finies, que celle de Boston en fournira quinze mille ; que le capitaine Roger commandait le dernier parti et qu'il attend cinq cents hommes pour augmenter ses chasseurs. Le commandant de Carillon mande que les Abenakis ont tort de se plaindre de ce que les Iroquois ont parlé pendant la poursuite aux Agnès, puis qu'en les appelant ils les fusillaient.

Le 19, l'abbé Piquet écrit de la Présentation qu'ils sont tranquilles et se tiennent sur leurs gardes.

Le 22, M. le chevalier de Repentinie est arrivé avec cent cinquante hommes destinés pour la Belle Rivière. Il est parti le 24, pour les Cèdres, d'où il se rendra à la Présentation par terre. M. Marin est arrivé de Québec avec un autre détachement.

Le 27, M. Pouchot est parti pour la Présentation, où il commandera jusqu'à ce que les barques puissent le porter à Niagara.

Le 28, M. le général ayant appris que les glaces menacent, a ordonné que les piquets destinés pour Niagara se rendront à Monréal.

Le 31, les piquets de R. Roussillon et Guienne sont partis avec un détachement de deux cents Canadiens. On a appris que M. Pouchot est parti hier des Cèdres, et qu'il a envoié sonder les glaces du lac.

Le 1er avril, les piquets de Lassarre et Béarn sont partis avec deux cents Canadiens.

Le 2, le dernier détachement destiné pour Niagara est parti pour les Cèdres. M. le général a reçu des lettres de M. Pouchot, qui lui mande que le lac est dépris. Le fleuve a commencé à travailler.

Le 4, le fleuve a dépris, son refoulement a fait un spectacle curieux. Les glaces se sont cassées avec tant de violence, que celles qui bordaient la terre ont été portées beaucoup au-dessus, ont formé plusieurs montagnes et ont abbatu une maison.

Le 7, courrier du fort Machault. M. de Lignery mande qu'il s'y soutient toujours, que les Anglais construisent des forts à Altigné et à Royal Hanna ; que les sauvages se familiarisent beaucoup avec eux ; qu'ils nous paraissent encore attachés, et qu'il espère les engager à frapper, s'il reçoit des secours capables de leur en imposer, qu'il a plusieurs partis à la guerre.

M. Pouchot (1), écrit qu'il est arrivé le 5 à la Présentation, qu'il a reconnu les dehors, qu'il n'y a pas trouvé une bonne position, qu'il ne fait pas cas des retranchements qu'on y a fait, que sa meilleure ressource est de tenir ses armes en état et de tâcher de joindre l'ennemi au débarquement. Qu'on a mis en dépôt dans l'îsle aux Galops tout ce qu'il y a de précieux à la Présentation. Que cette îsle peut être défendue par deux cents hommes. Que les barques seront lancées à l'eau incessament. Qu'il travaillera à faire le meilleur retranchement possible à la pointe au Baril, dès qu'il aura les outils nécessaires, que M. Daillebout de retour de Cataraconi, n'a rien vu d'intéressant dans sa route. Qu'une partie des sauvages partis avec M. de Labourladerie a relâché, et que cet officier continue sa route par terre. Que six Loups sont allés voir ce qui se passe à Choueguen.

Le 11, un Canadien dépêché de l'Acadie informe M. le général que les Anglais sont entrés dans la R. Saint-Jean ; qu'ils ont détruit quelques habitations, tué six habitans et pris autant ; que

---

(1) Vaudreuil se défiait à tort de cet excellent officier. Montcalm en faisait au contraire grand cas. Voici ce qu'il écrivait à son sujet, le 17 avril 1759, au maréchal de Belle-Isle : « Enfin M. Pouchot va commander à Niagara ; on auroit dû l'y envoyer dès l'automne dernier ; il étoit capable et agréable pour les sauvages ; on me l'avoit promis ; mais comment se déterminer à relever un officier canadien, quoique peu capable et peu agréable pour les sauvages ? »

nos troupes manquent de vivres ; que le commandant se dispose à aller à la rencontre des Anglais dès qu'ils se mettront en mouvement ; que M. de Boishebert n'était pas encore arrivé.

Le 14, un courrier de Carillon nous apprend que le parti de M. Hertel (?) a jeûné pendant près de quarante jours, ayant été dans le gouvernement de Boston pour y prendre un pauvre habitant dont ils ont tué la femme et brûlé la maison. Cet homme assure que les milices ne s'assemblent pas encore. Un Iroquois a pris auprès du fort, entre Orange et Sarastou, un soldat devant être Américain, sorti de ce fort avec d'autres pour faire une patrouille. Ce soldat dit que le général Amherst est à Neuf York ; qu'il attend sept régimens de la vieille Angleterre, et qu'il se flatte de prendre cette campagne le Canada, qu'il se propose d'attaquer par différentes frontières. Que le major de son régiment commande à Orange, le colonel Aldyman au fort Lydius, où on attend le colonel Privot ; que la garnison de ce fort est composée de huit compagnies de Royal-Ecossais, quatre de Royal-Américain et des troupes de Roger. Un autre sauvage avait pris deux hommes sur le chemin d'Orange à Lydius, il les menait attachés. Un s'étant détaché et lui ayant tiré un coup de fusil, il a levé la chevelure à l'autre.

Le 15, un courrier arrivé de Québec aujourd'hui a mis six jours en route parce que les chemins sont très mauvais.

Le 18, nouvelles de la Présentation. Plusieurs sauvages qui étaient avec M. de la Boularderie sont de retour et disent avoir rencontré, à une lieue du fort du Bull, des Ononthagués, et qu'ils ont présenté quatre branches de porcelaine pour leur dire qu'ils viennent chercher des nouvelles ; qu'un des Ononthagués leur a proposé de venir à leur village, d'où ils iront à la Fourche assister à un grand conseil, auxquels ils sont invités par le colonel Johnson, en leur disant qu'ils y apprendront les nouvelles. Que les Anglais les traiteront bien ; qu'ils peuvent les suivre en toute sûreté ;

qu'ils enverront chercher des Français qui sont dans les villages voisins pour leur expliquer ce qu'ils auront à leur dire ; que M. Labourladerie a pris le parti de les suivre ; que les barques sont agréyées et prêtes à mettre à la voile.

Le 22, nouvelles de la presqu'isle de Niagara et de la Présentation. Nul avis de ces postes que l'ennemi se mette en mouvement.

Le 28, nouvelles de la Présentation. M. Benoit écrit que les barques sont en route depuis le 25, et M. de Montigny avec trente batteaux depuis le 24. Il est retranché sur la pointe au Baril ; que son dépôt l'est à l'isle au Galops ; qu'on travaille à la troisième barque ; que M. de Laboularderie, de retour, se loue beaucoup des Onayotes ; qu'il a été au village des Sonontacans, où à son arrivée on a tiré une boîte. Qu'un sauvage l'ayant averti que c'était un avis donné aux Anglais, il avait passé la R. assez à propos pour éviter un détachement considérable qu'il a vu après avoir fait une demi-lieue ; que les cinq nations paraissent décidées à observer la neutralité, à quelques trahisons près ; que les Anglais ont construit un fort dans le portage, dont la garnison, ainsi que celle du fort de Bull ne sont pas nombreuses.

Le 1er may, M. Mercier (1), arrivant de Québec, nous apprend que la goëlette la *Sérieuse*, partie de Québec le 22 novembre, s'est perdue sur le cap Nord et que l'équippage s'est sauvé. Le commandant de Miramichi mande qu'il manque de vivres ; que la dizette l'a empêché de faire beaucoup de mal aux Anglais pen-

---

(1) Ce Mercier, commandant l'artillerie canadienne, était un des complices de Bigot: Montcalm parle de lui en termes méprisants dans une lettre confidentielle au maréchal de Belle-Isle : « M. Mercier, qui commande l'artillerie, est entrepreneur sous d'autres noms. Tout se fait mal et cher. Cet officier, venu simple soldat il y a vingt ans, sera bientôt riche d'environ 6 ou 700,000 livres, peut-être un million, si ceci dure .» (12 avril 1759.)

dant l'hiver. Que le nommé Beausoleil se propose d'enlever le premier bâtiment qui se présentera pour entrer dans Beauséjour.

Le 2, M. Outelas arrive avec deux hommes qu'il a pris près de la R. d'Orange sur un petit détachement sorti du fort Lydius pour reconnaître les canots sauvages qui traversaient. Le reste de ce détachement a été tué ou s'est sauvé. On voit, dans les dépositions de ces prisonniers, que le bataillon de R. Américain, qui était au fort Lydius, a été relevé par un régiment d'Hanovre ; que les compagnies de R. Ecossais y sont encore, ainsi que le corps de Roger, composé de quatre cents hommes, lequel sera dans peu augmenté de cent hommes et par quelques Moraignans ; que le général Amherst fait la tournée de la Pensilvanie et est attendu à Boston ; que ce général ne viendra pas à Carillon ; qu'il attaquera le Canada par le haut et le bas du fleuve (1) ; qu'il y a à Halifax douze vaisseaux de ligne et qu'ils en attendent d'autres de la vieille Angleterre ; qu'on prendra les transports dans les ports de la Nouvelle ; que les milices sont commandées, mais pas assemblées ; que cinq provinces, voisines d'Albanie, fourniront chacune huit mille hommes ; que les autres fourniront à la Belle Rivière, où il y aura une petite armée ; que les rendez-vous des troupes sont Albanie et Neuf York, où sont les magasins ; que les bâtimens qu'on fait au fort Lydius sont des casernes ; et qu'on y travaille au radoub de l'artillerie, des berges et batteaux.

Le 3, M. de Bourlamaque est arrivé de Québec.

Le 6, un courrier de Québec nous apprend que M. Stolbo s'est

---

(1) On n'avait pour ainsi dire pris aucune précaution sur le Saint-Laurent, à cause de la difficulté prétendue de remonter un fleuve qu'on avait toujours regardé comme impraticable sans le secours des pilotes côtiers, mais les Anglais avaient acheté des traîtres, et étaient résolus à pénétrer jusqu'à Québec avec leur flotte. Voir le *Mémoire sur la campagne de* 1759, par JOANNÈS (DUSSIEUX, ouv. cité, p. 380-395.)

sauvé des prisons de cette ville avec un officier de milice et une famille irlandaise ; qu'ils descendent le fleuve dans un batteau de roi qu'ils ont enlevé. On a envoié à leur poursuite.

Le 7, on a commandé beaucoup de Canadiens pour monter à la Chinne trente batteaux. L'on porte tous les jours les munitions et marchandises qu'ils doivent embarquer pour la Présentation.

Le 8, on a permis d'engager des Canadiens pour les canots du détroit des Ouias et autres postes. Ces hommes sont les meilleurs et les plus vigoureux du pays. Un courrier de Québec dit que quelques habitans ont vu filer le long de l'isle à la Grâce le batteau de M. Stolbo. Le régiment de la Reine est arrivé hier à Chambly.

Le 10 (1), M. de Bourlamaque est parti pour aller commander sur la frontière de Carillon.

Le 11, les trente batteaux sont partis pour la Présentation. M. de Vassan, arrivé à 9 heures du soir, nous apporte des nouvelles de Niagara du 4, du fort Machault et du Détroit du mois dernier et de Saint-Joseph du 10 mars. En voici l'extrait : Les barques portent bien la voile. Elles l'ont porté en dix-sept heures de Niagara à Frontenac, où il a eu peine à trouver un batteau pour descendre. Les sauvages paraissent décidés en notre faveur; les Hurons et Outaouas du détroit ont défait un détachement de cinquante hommes qui conduisaient des malades du fort Duquène à Royal-Hannau. Les Chouanons et les Loups ont mis en déroute l'avant-garde d'un corps qui marchait au fort Machault. M. Bélètre doit être rendu à la presqu'isle. Le Détroit n'est pas en état de fournir des vivres, la dernière récolte ayant été perdue

---

(1) A cette date, le gouverneur, de Vaudreuil, envoyait ses instructions à tous les chefs de poste, et demandait que tous les hommes de seize à soixante ans se tinssent prêts à prendre les armes. En même temps on adressait à Dieu des prières publiques, pour demander la victoire.

faute de monde pour la faire. Les Anglais veulent établir trois cents familles allemandes à la Belle Rivière. Cette nouvelle divulguée fait dire aux sauvages qu'ils veulent usurper leurs terres. On croit M. de Langlade parti avec beaucoup de sauvages de Michillimakinak pour le fort Machault. Deux Têtes Plattes sont venu voir M. Hertel à Chatacouin, lui porter des bonnes paroles pour leur nation et pour les Loups qui paraissent disposés à prendre la hache de leur père le Français. Ils se plaignent des trahisons des Anglais qui lui ont témoigné être étonnés de n'avoir reçu aucune réponse de leur père depuis un collier qui leur fut envoyé en 1756. M. Pouchot mande avoir appris des Sononthacans qui arrivent de chez le colonel Johnson que les projets (1) des Anglais pour cette campagne sont d'attaquer Québec et Carillon et de se tenir sur la défensive au fort de Bull et à la Belle Rivière, d'où il tentera de les débusquer si un parti qu'il a envoié à Choueguen, et qui a ordre de pousser jusqu'au fort de Bull lui confirme ce rapport. M. le Verrier mande de Saint-Joseph que les sauvages sont en chasse ; que, dès qu'ils seront de retour, il les enverra à la destination qui lui est prescrite. Tous les postes manquent de vivres.

Le 13, nous apprenons par un courrier de Saint-Jean que M. de Bourlamaque en est parti le 11 avec les batteaux d'artillerie et le régiment de la Reine le 12. Que le deuxième bataillon de Berri y arrivera aujourd'hui et le troisième demain ; que deux

---

(1) Tel était en effet le projet des Anglais. En prenant Québec, ils rendaient toute résistance impossible. L'importance de ce poste tenait moins à son rang de capitale qu'à sa position stratégique et à ses moyens de défense. Québec avait déjà été assiégée trois fois par les Anglais, en 1629, par l'amiral Kerkt, du temps de Champlain ; en 1690, par William Phipps contre Frontenac ; en 1711, par Kill : mais la ville n'avait succombé qu'à la première attaque : Frontenac s'était glorieusement défendu, et en 1711, la flotte anglaise, accueillie par la tempête aux sept îles, n'était même pas arrivée jusqu'à Québec.

schebeks sont lancés à l'eau ; que le troisième le sera la semaine prochaine et le quatrième peu de jours après, et que les barques sont prêtes à mettre à la voile.

Le 14, M. de Bouguainville (1) parti pour la France l'automne dernier, et sorti de la rivière de Bordeaux le 28 mars, est arrivé à 10 heures du matin chargé des paquets de la Cour. Il annonce une flotte de dix-huit (2) vaisseaux marchands de quatre cents tonneaux chacun, chargés de vivres (3) et munitions. Son arrivée a comblé de joie toute la Colonie (4), particulièrement les trouppes

---

(1) Bougainville était parti le 12 novembre 1758. La traversée avait été heureuse. Il avait présenté au ministre quatre mémoires : le premier comparait les forces des deux partis ; le second et le troisième exposaient les besoins les plus impérieux, si on voulait continuer la guerre ; le quatrième, en prévision de l'abandon du Canada, proposait un plan de retraite sur la Louisiane. Louis XV accueillit avec bonté Bougainville, mais la guerre continentale absorbait toutes nos ressources, et le Canada était comme sacrifié. L'histoire a du moins recueilli la belle réponse de l'envoyé colonial à l'incapable Berryer, ministre de la marine : « Monsieur, quand le feu est à la maison, on ne s'occupe pas des écuries. » — « On ne dira pas que vous parlez comme un cheval. »

(2) Ces vaisseaux portaient trois cent vingt-six recrues : secours dérisoire, mais, ainsi que l'écrivait Montcalm au ministre, en lui annonçant l'arrivée du convoi : « Le peu est précieux à qui n'a rien... J'ose vous répondre d'un entier dévouement à sauver cette malheureuse colonie ou à périr. »

(3) Lettre de l'intendant Bigot au ministre, 22 mai 1759 : « Il y aura dans ces provisions quatre-vingts jours de vivres pour le soldat, à raison de demie livre de farine et demie livre de lard par tête ; ce qui ne fait pas à beaucoup près la ration due. Une fois cette consommation faite, nous serons réduits à la viande salée jusqu'à la récolte. Nous avions demandé trois fois autant de vivres. »

(4) Bougainville, avant de quitter la France, avait été nommé colonel et chevalier de Saint-Louis. Il apportait les récompenses demandées par Montcalm, et lui remit le brevet de lieutenant-général avec des lettres flatteuses, mais il ne se faisait aucune illusion sur l'issue de la campagne. Ainsi qu'il l'avait écrit, avant de quitter la France, à la marquise de Saint-Véran : « Presque toutes les grâces demandées par M. votre fils pour les troupes sont accordées. Leur traitement est augmenté, et M. de Montcalm aura de la part de la Cour toutes les

de terre. Elles n'avaient pas reçu des grâces depuis longtemps, il en porte beaucoup (1).

Le 15, un officier venu sur la flotte informe M. le général qu'il a débarqué à la Prairie, qu'il manque trois vaisseaux, qui se sont séparés de cette flotte depuis longtemps, qu'on croit en avoir eu connaissance au bas du fleuve.

Le 17, les Iroquois ont mené un prisonnier qu'ils ont fait auprès d'Albanie. Il assure que les troupes sont encore dans leurs quartiers.

Le 19, nouvelles de Carillon. M. de Lagni a ramené quelques prisonniers des environs du fort Lydius, d'après leurs déposi-

---

choses qui peuvent lui rendre son emploi agréable, et j'ose croire qu'il aura toutes les facilités de faire le bien sans être barré dans ses opérations. Malheureusement il est bien tard, et je crois que c'est le cas du médecin après la mort. Au moins est-ce une chose satisfaisante pour M. de Montcalm et pour ses parents, que sa gloire est entièrement à couvert, et que la Cour, bien instruite de la position du Canada, et de l'impuissance où elle est d'y établir même une infériorité moins monstrueuse, saura gré à son général de tous les instants dont il reculera la perte de cette nouvelle colonie. » Montcalm, de son côté, ne pouvait plus garder d'espoir, depuis la lettre que lui avait adressée le ministre de la guerre, à la date du 19 février 1759 : « Outre que les troupes de renfort augmenteraient la disette des vivres que vous n'avez que trop éprouvée jusqu'à présent, il serait fort à craindre qu'elles ne fussent interceptées par les Anglais dans le passage ; et, comme le Roi ne pourrait jamais vous envoyer des secours proportionnés aux forces que les Anglais sont en état de vous opposer, les efforts que l'on ferait ici pour vous en procurer n'auraient d'autres effets que d'exciter le ministère de Londres à en faire de plus considérables pour conserver la supériorité qu'il s'est acquise dans cette partie du continent. »

(1) De Vaudreuil était nommé grand croix de Saint-Louis et Montcalm, commandeur du même ordre ; Lévis, maréchal du camp ; Bourlamaque et Senezergues, brigadiers ; Dumas, major-général et inspecteur des troupes de la marine. Des croix et des grades étaient en outre accordés à beaucoup d'officiers. — On a conservé la lettre de remerciments, adressée par Montcalm au ministre de la guerre. (Dépôt de la guerre, vol. 3540, pièce 60.)

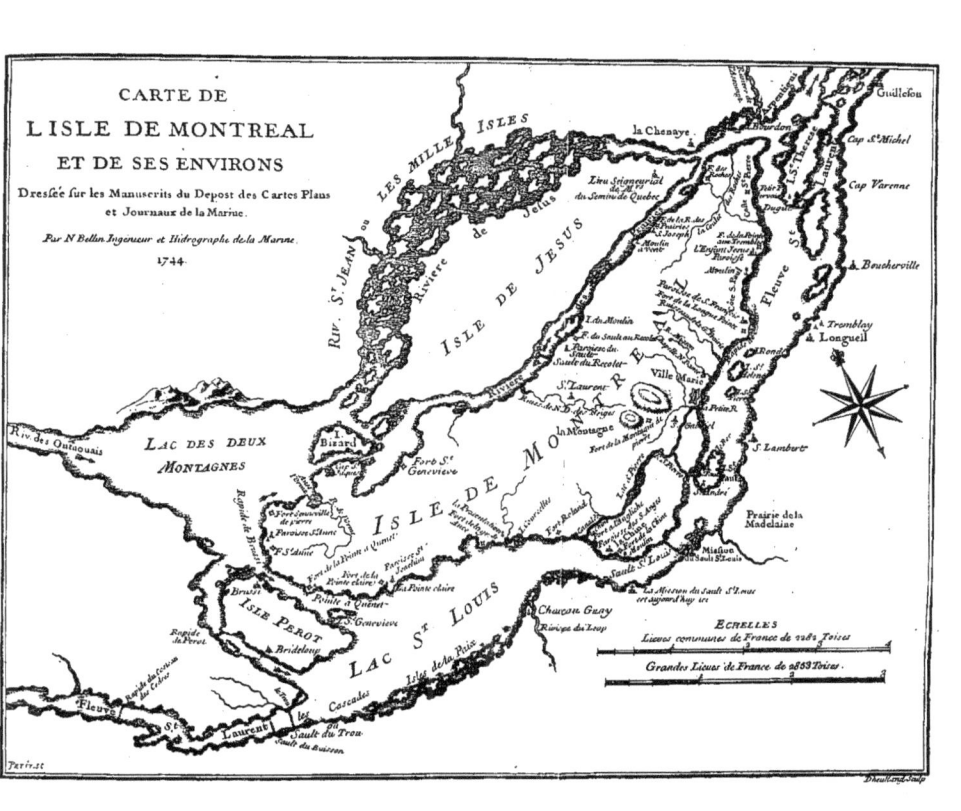

CARTE DE
L'ISLE DE MONTREAL
ET DE SES ENVIRONS

Dressée sur les Manuscrits du Depost des Cartes Plans
et Journaux de la Marine.

Par N Bellin Ingenieur et Hidrographe de la Marine.
1744.

RIV. S.T JEAN ou LES MILLE ISLES

Rivière de Jesus

ISLE DE JESUS

Lieu Seigneurial du M.rr du Semin. de Quebec

la Chenaye

Guillefon

Cap S.t Michel

Cap Varenne

Boucherville

Tremblay

Longueil

RIV. des Outaouais

LAC DES DEUX MONTAGNES

Bizard

Fort S.te Genevieve

ISLE DE MONTREAL

Ville Marie

S.t Laurent

la Montagne

S.t Lambert

S.t André

Prairie de la Madelaine

Mißion

ISLE PEROT

Bridelong

LAC S.t LOUIS

Chateau Guay

Rivière du Loup

Sault S.t Louis

Cascades

Sault du Trou
Sault du Buisson

FLEUVE S.t LAURENT

ECHELLES
Lieues communes de France de 2282 Toises

Grandes Lieues de France de 2853 Toises.

tions, M. le marquis de Montcalm a décidé M. le général à l'envoyer à Québec.

Le 20, on a expédié des courriers pour tous les postes.

Le 21, M. le marquis de Montcalm s'est embarqué pour Québec avec MM. de Bouguainville et Malartic.

Le 22, nous avons débarqués au cap la Madelène et sommes arrivés à Québec à 7 heures du soir.

Le 23, il est arrivé cinq vaisseaux qui se sont joints aux autres. Les Capitaines qui ont mouillé aujourd'hui disent avoir eu connaissance de dix vaisseaux mouillés au Bic, que le mauvais temps et la brume les ont empêchés de connaître s'ils sont de guerre ou marchands. M. le marquis de Montcalm a envoyé ordre au régiment de Languedoc de se rendre ici le plus tôt possible. A minuit, les signaux ont averti que les vaisseaux sont anglais. On a expédié deux courriers pour informer M. de Vaudreuil et faire descendre le plus tôt possible toutes les troupes qui sont dans le gouvernement de Monreal.

Le 24, deux courriers confirment les avis des signaux. M. de Vaudreuil est arrivé à quatre heures du soir avec plusieurs officiers. M. de Montcalm a fait reconnaître par MM. de Bouguainville et Malartic des positions (1) bonnes pour asseoir des camps et a travaillé aux dispositions nécessaires pour la défense de cette frontière.

Le 25, MM. de Bouguainville et Pontleroi ont été reconnaître l'isle d'Orléans. Malartic a été chargé de reconnaître la partie du

---

(1) Montcalm aurait voulu établir un camp à la Pointe Lévis, devant Québec, pour s'opposer au débarquement. Il aurait également voulu rester maître du fleuve en défendant par de fortes batteries le plateau du cap Tourmente qui commandait la passe à la pointe est de l'île d'Orléans, et le point saillant de la baie qui fait face à la pointe ouest de l'île aux Coudres : mais ces projets ne furent pas agréés par Vaudreuil. Il fallut se borner à compléter autant que possible la défense de la ville et à établir un camp retranché sur la côte de Beauport.

Carrouge (1). Plusieurs marins ont été sonder la traverse pour savoir si on peut la barrer.

Le 26, M. de Montcalm est allé au Carrouge. M. de Bouguainville et Pontleroi lui ont rendu compte que l'isle d'Orléans n'est pas susceptible de deffense. M. de Lévy écrit qu'un sauvage lui a dit avoir compté dix voiles à l'îsle Verte et cinquante au Bic. Tous les officiers de la colonie sont partis pour aller sur les deux rives du fleuve, faire retirer les bestiaux, les conduire sur les derrières ou dans les bois et cantons les plus éloignés des ennemis. On a expédié un courrier pour hâter (2) la marche de M. de Levis et des troupes réglées avec les Canadiens qui doivent descendre. Les marins ont trouvé la traverse trop large pour être barrée.

Le 27, M. de Bouguainville et Malartic ont reconnu les rives des R. Saint-Charles, Beauport et Montmorency, ils les ont trouvées faciles à défendre en certains points et dans d'autres trop étendues, pour être défendues par un petit nombre de troupes. Les Anglais sont dans le même parage. L'isle aux Cendres ne peut être défendue que par un corps de quatre mille hommes. M. de Vaudreuil a envoyé ordre de l'évacuer, et de brûler les Cazeux (3) qui ne sont bons à rien, quoique le Roi les ait payés fort cher.

---

(1) Sur la rive gauche du Saint-Laurent, en amont de Québec. On trouve un autre cap Rouge en aval, et sur la même rive, mais il s'agit du premier.

(2) On venait de recevoir la nouvelle que les ennemis, au nombre de treize gros vaisseaux, avaient paru à Saint-Barnabé, soixante lieues au-dessous de Québec. Il fallait se concentrer. Lévis était alors à Monréal. Les soldats et les miliciens l'accompagnèrent, mais il ne fut suivi que par quelques sauvages. Les indigènes attendaient le résultat d'une lutte qui leur paraissait trop incertaine pour qu'ils prissent parti.

(3) Ces cazeux ou cayeux étaient des radeaux ou plutôt des trains de bois destinés à porter soit des troupes, soit même de l'artillerie.

Le 28, le courrier de Monreal nous apprend que M. le chevalier de Levis descend avec la plus grande diligence et qu'il est suivi par les troupes.

Le 29, M. le chevalier de Levis, arrivé à 10 heures du matin, dit avoir laissé les bataillons très près. Malartic a reçu ordre d'aller les arrêter au Carrouge pour les y faire camper, il est arrivé à 3 heures. Il y a appris que quelques batteaux ont déjà passé, il en a fait entrer plus de vingt dans la Rivière. On se disposait à monter au camp, lorsqu'il a reçu ordre d'envoyer à Québec les bataillons qui y sont arrivés à 10 heures. Ils ont couché dans les batteaux, où ils étaient mal, étant harassés de fatigue et de la pluie qu'ils ont essuyée tout le jour.

Le 30, M. le chevalier de Levis est allé reconnaître un camp sur la rive droite de la R. Saint-Charles et l'a établi à demi-lieue au-dessus de l'hôpital général, dans un beau terrain un peu sablonneux, bordé de bois sur le derrière, et environné d'eau. Il a envoyé ordre aux troupes d'entrer dans la R. à marée montante pour se rendre au camp, où les bataillons sont arrivés successivement depuis 10 heures jusqu'à midi. La première division des troupes de la colonie y est arrivée à 3 heures.

Le 31, plusieurs bataillons ont été prendre des vivres à la ville. Les nouvelles d'en bas sont que les Anglais ont soixante-seize vaisseaux (1) à l'isle au Coudre.

Le 1er juin, quelques pelotons de soldats de la colonie sont arrivés avec des Canadiens des gouvernements de Monreal et des Trois Rivières. Ils ont campé à la gauche des troupes de terre.

---

(1) C'était la flotte de Saunders, composée de 20 vaisseaux de ligne, 10 frégates, 18 autres bâtiments plus légers, et un très grand nombre de barques et chalands. Dès le 27 mai elle avait débarqué un corps de troupes à l'île d'Orléans, et le 29 à Beaumont.

Le 2, les bataillons ont renvoyé leurs batteaux à la ville. Ils ont fourni chacun cent travailleurs pour commencer un pont sur la R. Saint-Charles et un ouvrage pour le couvrir. On a permis aux Canadiens du gouvernement de Québec de retourner chez eux (1). M. le chevalier de Levis est allé reconnaître les terres que les R. de Beauport et Montmorency arrosent.

Le 3, un officier détaché de Carillon est arrivé avec un prisonnier, que M. de Langy a fait auprès d'Orange. Cet homme dit que les Anglais sont en marche pour le fort Georges avec un gros train d'artillerie. Que cinq bataillons de troupes réglées ont été embarqués à Neuf York et Boston pour l'expedition de Québec. Qu'ils attendent le général Woolfs qui en est chargé avec trois régimens de la vieille Angleterre, et des détachemens des autres régimens. Qu'il y a quatre mille hommes destinés pour Korlak et six mille pour la Belle Rivière.

Le 4, M. le marquis de Montcalm est venu visiter le camp.

Le 5, nous avons appris l'arrivée de cinq gros vaisseaux. On est fort occupé à la ville à déménager (2); et découvrir les maisons de la basse, et quelques-unes de la haute. M. de Niguerville est parti avec des Canadiens et sauvages pour l'isle au Coudre.

---

(1) On avait renoncé à défendre Québec, dont les fortifications n'étaient qu'ébauchées, et ne pouvaient être achevées à temps, mais on avait résolu la construction d'un camp retranché en avant de la ville, du côté de Saint-Charles, et bientôt, quand Lévis fut arrivé, jusqu'à la rivière de Montmorency qui était de plus facile défense.

(2) D'après le rapport de Joannès, « M. le marquis de Vaudreuil avoit envoyé plusieurs officiers des troupes de la colonie avec ordre de faire évacuer les habitations du bas de la rivière et de faire cacher, à quelques lieues dans le bois, les femmes, les enfants et le bétail; mais les ennemis, qui les découvrirent pour la plus grande partie, ne manquèrent point de bœufs pendant toute la campagne, ce qui acheva de nous persuader que c'étoit assez inutilement qu'on avoit fait manger du cheval aux troupes pendant tout un hiver. »

Le 6, les feux allumés dans le sud font croire qu'une partie de la flotte est à moitié fleuve. Quelques coups de canons le persuadent.

Le 7, M. de Niguerville est revenu fort mécontent des sauvages qui n'ont pas voulu passer dans l'isle. Il se loue fort de sept Canadiens qui les ont nargués, l'ont suivi et ramènent trois gardes marine qu'ils ont pris. Ces jeunes gens assurent qu'ils n'ont à l'isle au Coudre que sept vaisseaux de ligne. Que les autres sont des frégates ou des prises ; qu'ils sont partis d'Halifax le 7 mars ; que leur armée navale et de terre y était rassemblée et devait en partir à la fin de ce mois.

Le 8, le feu a pris à un brûlot, qu'on préparait. On l'a éloigné des autres bâtimens. Nouvelles de Carillon où tout est tranquille.

Le 9, courrier de l'isle d'Orléans expédié par un marin, qui rend compte que huit vaisseaux anglais sont au bas de la traverse. Qu'ils veulent sonder. On presse les ouvrages du port. On élève des redans et des redoutes dans différentes parties.

Le 10, M. de Courtemanche est parti avec cinq cents Canadiens et sauvages pour l'isle d'Orléans, et M. de Repentinie avec deux cents hommes pour Saint-Joachim.

Le 11, on a commencé un second pont sur la droite et très près de l'autre. Nouvelles de Monreal.

Le 12, nous apprenons qu'il est arrivé huit vaisseaux de plus au Bic. Tous les généraux et M. de Vaudreuil ont fait la visite du camp et de tous les postes, et ont dîné chez M. de Bouguainville, qui commande le camp de Beaufort formé par toutes les compagnies de grenadiers et douze cents Canadiens.

Le 13, les troupes fournissent depuis plusieurs jours deux mille quatre cents travailleurs pour les ouvrages de la ville, ceux des ponts, des gués et de la Canardière. On a chargé plusieurs vaisseaux de vivres, munitions et marchandises pour les Trois

Rivières et Monreal. M. l'évêque a abandonné son palais, qu'on veut retrancher, pour défendre la montée de la basse ville à la haute.

Le 14, travaux ordinaires. Nous apprenons qu'un vaisseau a fait la traverse et qu'il est suivi par sept autres. On a pressé le déblay de la basse ville et le départ des vaisseaux. Chaque bataillon a reçu cent huit Canadiens qui y seront attachés toute la campagne et feront le même service que les soldats.

Le 15, M. Mercier est allé à l'isle d'Orléans avec M. Courval pour reconnaître la flotte anglaise. A 4 heures du soir, nous apprenons qu'il y a quatre vaisseaux de plus à la traverse. On a fait descendre un brûlot pour essayer d'en brûler quelqu'un. Un détachement du corps de cavalerie (1), qu'on a formé et qui campe à Charlebourg, est allé à la ville chercher son armement et équippement. M. de la Rochebeaucourt, aide de camp de M. de Montcalm, commande ce corps.

Le 16, M. Mercier, de retour de l'isle d'Orléans, a laissé les vaisseaux anglais mouillés près Saint-François au nombre de sept. Il y est retourné avec quatre pièces de canon de douze pour tâcher de les éloigner de la Côte. On a lâché un brûlot et quelques radeaux qui n'ont eu aucun succès. Nouvelles de la Belle Rivière qui nous apprennent que les Anglais ont peu de forces sur cette frontière. On mande de Niagara (2) que les sauvages

_____

(1) La cavalerie ne comptait que 200 hommes, placés sous le commandement du capitaine de la Roche-Beaucourt, aide de camp de Montcalm.

(2) Le capitaine Pouchot avait été envoyé au fort Niagara pour empêcher l'ennemi de descendre par là à Québec. Comme il avait de nombreux amis parmi les Iroquois, on comptait qu'il réussirait à conjurer la défection menaçante de nos alliés indigènes. Mais il n'amenait avec lui qu'un faible renfort de 149 soldats et 157 Canadiens. Aussi se regardait-il comme voué à la mort, ou tout au moins à la captivité. En se séparant

viennent de toutes parts pour voir M. Pouchot ; qu'il a en campagne plusieurs partis sauvages et Canadiens qui pourront
reprendre une partie de la Belle Rivière. Les lettres de la Présentation disent que les Anglais assemblent une armée de dix
mille hommes à Korlak. Les uns la croient destinée à rétablir
Choueguen, les autres qu'elle n'y fera qu'un entrepôt ; qu'elle s'y
séparera en deux ; qu'une division marchera à Niagara et l'autre
descendra à la Présentation.

Le 17, les troupes ont reçu ordre d'embarquer les équippages
pour les envoyer à Deschambault et de ne garder que l'absolument nécessaire. Nous apprenons de l'isle d'Orléans que dix-sept
berges détachées pour enlever un de nos brûlots ont été arrêtées
par quelques boulets que leur a envoyés M. Mercier ; que dès
que les sauvages les ont vu reprendre la route des vaisseaux, ils
ont mis leurs canots à l'eau, les ont suivis, et se sont emparé
d'une chaloupe conduite par sept hommes, qu'ils viennent de
mener chez M. de Vaudreuil. Ces prisonniers disent que les vaisseaux sont mouillés hors de la portée du canon de l'isle d'Orléans ;
que leur armée est composée de vingt-deux (1) vaisseaux de ligne,
trente frégates et deux cents batiments de transport ; qu'ils ont
quinze mille hommes de débarquement ; qu'ils croient que tout sera
en rivière sous quinze jours ; qu'ils ont sur les vaisseaux, vis-à-vis
l'isle d'Orléans, dix-sept mille hommes de troupes réglées et
deux cents coureurs de bois ; qu'ils comptent que nous n'avons

---

de Montcalm, il lui avait dit : « Il y a apparence que nous ne nous rever-
rons qu'en Angleterre. »

(1) La flotte anglaise, commandée par l'amiral Saunders, comptait vingt
vaisseaux, vingt frégates, et un grand nombre de transports, près de
cent cinquante. Deux de ses officiers étaient destinés à une grande célé-
brité, Jervis, depuis lord Saint-Vincent, et Cook, l'illustre explorateur.
Un traître, Denis de Vitré, servait de pilote. Il fut largement récompensé
de sa trahison.

à leur opposer que deux mille hommes de troupes réglées et trois mille Canadiens. Le bataillon de Monreal est allé camper à Beauport.

Le 19, vent de nord très violent accompagné de pluie. On a fait revenir l'artillerie qui avait été portée à l'isle d'Orléans ; quelques pelotons de Canadiens du gouvernement de Monreal sont arrivés ; plusieurs vaisseaux chargés de divers effets de la ville ont mis à la voile pour monter.

Le 20, nous apprenons que M. Aubert a eu connaissance de quatorze vaisseaux d'augmentation ; que la brume l'a empêché d'en compter un plus grand nombre. M. l'intendant a fait prier MM. les officiers et particuliers qui ont de l'argent monnayé, de vouloir le lui remettre pour des lettres de change sur le trésor royal ou sur son banquier. Il en a besoin pour trouver du bled.

Le 21, le courrier d'en bas nous apprend l'arrivée du reste de la flotte composée de cent trente voiles qui sont au Bic (1). On a dépêché plusieurs courriers pour hâter la retraite des femmes, enfans et bestiaux des paroisses les plus exposées et pour recommander aux officiers qui sont en avant la plus grande vigilance. On a lancé à l'eau une batterie flottante de douze canons. On la nomme le *Diable*. Il a été décidé de désarmer deux frégattes pour faire servir à terre les équippages. On a ordonné de découvrir toutes les maisons de la basse ville qui sont sous la volée des batteries de la haute.

Le 22, le courrier d'en bas assure que quatre-vingt-quatre voiles ont monté l'isle Verte. On presse les travaux de la ville et les autres.

Le 23, M. Aubert mande qu'il se replie ; que les premiers

_____

(1) Le Bic est situé à 240 kilomètres de Québec, sur la rive droite du Saint-Laurent.

vaisseaux de la seconde division sont au Pot à l'eau-de-vie. J'ai vu un état de notre armée qui, lorsqu'elle sera rassemblée, sera de quinze mille hommes (1) :

Le voici :

Troupes de terre	2,200 hommes
Gouvernement de Monreal	4,800 —
Des Trois Rivières	1,100 —
De Québec	4,400 —
Ville de Québec	840 —
Royal Sintaxe ou le Collège. . . .	35 —
Acadiens.	150 —
Sauvages	300 —
Cavalerie	200 —
Artillerie	200 —
La rade.	1,460 —
Total.	15,685 hommes

Les troupes de la Colonie sont comprises dans les gouverne-mens ; il faut déduire de ce total les malades, la garnison de la ville qui restera dans la partie de Sainte-Foy, les gardes des ponts, les redans et autres ouvrages nécessaires servant à l'artillerie.

---

(1) Lettre d'un témoin oculaire, citée par GARNEAU (*Canada*, II, 303). « On n'avait pas compté sur une armée aussi forte, parce qu'on ne s'était pas attendu à avoir un si grand nombre de Canadiens ; on n'avait eu l'intention de n'assembler que les hommes en état de soutenir les fatigues de la guerre ; mais il régnait une telle émulation dans ce peuple qu'on vit arriver au camp des vieillards de 80 ans et des enfants de 12 à 13 ans qui ne voulurent jamais profiter de l'exemption accordée à leur âge ; jamais sujets ne furent plus dignes des bontés de leur souverain, soit par leur patience dans les peines et les misères qui dans ce pays ont été extrêmes, soit par leur constance dans le travail : ils étaient dans l'armée exposés à toutes les corvées. »

Le 24, un courrier de Monreal annonce l'arrivée des sauvages. Un d'en bas assure que douze vaisseaux ont fait la traversée, et qu'ils en ont vu trente se disposer à l'entreprendre.

Le 25, courrier de Monreal chargé des réponses du général Amherst à M. de Vaudreuil. M. de Bourlamaque mande que l'armée anglaise a commencé le portage, que le général Amherst est campé au fort Edouard, et qu'il y a apparence qu'il opérera incessament. On écrit de Monreal qu'on fait partir pour Carillon les secours qu'on est en état d'y faire passer.

Le 27, les régimens de R. Roussillon et de Guienne ont été camper sur les deux rives de la R. de Beauport. M. de Vaudreuil est parti pour Monreal avec plusieurs dames. Trois vaisseaux se sont présentés à 8 heures à l'entrée du bassin, et y sont restés jusqu'à 11 heures. Le soir nous avons eu un orage violent.

Le 28, les régiments de Lassarre et Béarn et le bataillon des Trois Rivières ont campé entre le régiment de Guienne et la Canardière, près du fleuve, afin de pouvoir se porter aux endroits où l'ennemi voudra débarquer. Les brûlots (1) sont descendus pour tenter de brûler quelque vaisseau ennemi. Ceux qui les commandaient se sont trop pressés d'y mettre le feu. Ils n'ont approché aucun vaisseau et ont été échouer sur la pointe de l'isle d'Orléans. Les Anglais s'en sont moqué, riant beaucoup.

Le 29, le gouvernement de Québec ont venu camper à la droite des Trois Rivières. Les généraux ont fait la visite de tous les postes. Le *Diable* est venu se mouiller avec quelques chaiouppes armées de canons entre la rivière de Beauport et la Canardière.

––––––––––

(1) Il y avait sept brûlots de 3 à 400 tonneaux. Les ennemis purent en changer la direction en les remorquant au large de leurs vaisseaux, qui en furent quittes pour la peur. Un mois plus tard on lança des radeaux enflammés qui se consumèrent sans plus de résultat.

Le 30, huit vaisseaux sont entrés bon matin dans le bassin ; quelques chaloupes se sont présentées pour sonder en avant de la pointe de l'isle d'Orléans. Deux batteaux armées de canon leur ont envoyé quelques volées qui les ont ramenés derrière les vaisseaux. Ces vaisseaux ont rangé le sud, ce qui fait présumer qu'on y fait une descente. M. l'intendant, le trésorier et le munitionaire sont venus s'établir au quartier général. M. Langlade est arrivé avec deux cents sauvages. M. de Courtemanche et Repentinie se sont repliés sur les troupes campées auprès du sault de Montmorency. Nous avons aperçu une colonne au-dessus de la pointe de Levis. Il paraît qu'elle travaille à s'y retrancher ; quelques sauvages qui s'en sont approché ont été tuer huit hommes et fait un prisonnier qui dit que nous serons attaqués cette nuit entre les rivières de Beauport et Saint-Charles ; que les plus gros vaisseaux sont restées à l'isle au Coudre ; que l'amiral Saunder est sur une frégatte ; que trois mille hommes sont débarqués à la pointe de Levis (1), et un grand nombre à l'isle d'Orléans. A 8 heures du soir, les troupes ont reçu ordre de se porter aux postes qui leur sont assignés, elles y ont été alertes toute la nuit (2).

Le 1er juillet, les troupes sont rentrées au jour. Grande fusillade faite par les Canadiens qui ont cru que l'ennemi a pénétré

---

(1) Le général anglais avait en effet occupé la pointe Lévis, et la pointe de l'île d'Orléans, eu face de Québec et du camp de Beauport. Il y avait aussitôt installé deux camps.

(2) Montcalm avait essayé de débusquer les Anglais de la pointe Lévis. Il avait confié 14 à 1500 hommes à Dumas pour tâcher de surprendre les batteries que le général Moukton faisait construire. Dumas divisa ses hommes en deux troupes qui, dans l'obscurité de la nuit, tirèrent l'une contre l'autre et se débandèrent sans avoir seulement pris le contact avec l'ennemi. On donna à cette échauffourée le nom de Coup des Ecoliers, parce que les élèves des Ecoles, qui faisaient partie du détachement, furent la cause première de la méprise.

dans la partie qu'ils défendent. On a travaillé à rendre les communications plus faciles et à des épaulemens sur différens points. Nous avons vu un campement dans l'isle d'Orléans et un sur la pointe de Levis, près de laquelle plusieurs vaisseaux sont mouillés. Les batteaux canoniers ont envoyé quelques boulets à des berges qui voulaient sonder, et le *Diable* a tiré sur une frégatte qui a voulu l'approcher.

Le 2 (1), les troupes ont pris les armes une heure avant le jour et sont rentrées après le lever du soleil. Il paraît que la position du camp de l'isle d'Orléans est changée et que celui de la pointe de Levis est renforcé. A 3 heures de l'après-midi, on a vu de la ville, sur le plateau qui est vis-à-vis, deux détachemens qui cherchent, selon les apparences, à reconnaître. Les sauvages ainsi que les volontaires de Repentinie ont été s'établir au camp de M. le chev. de Levis, auprès du sault Montmorency. A 10 heures du soir, on a vu et entendu un signal parti de la flotte. Les troupes se sont portées de suite à leurs postes. Un grand bruit fait en avant de la partie que garde Béarn a hâté la marche de ce régiment qui a appris qu'il était fait par un batteau, qui a été chargé par une lame, qui l'a rempli. M. le marquis de Montcalm y a accouru avec son état-major. Le régiment de Royal-Roussillon a tiré sur un batteau qui n'a pas répondu au : Qui vive !

Le 3, les troupes sont rentrées au grand jour. Le mauvais temps a empêché de travailler. Le camp de l'isle d'Orléans a été augmenté.

Le 4, les troupes ont pris les armes une heure avant le jour et sont rentrées après le retour des patrouilles de terre et d'eau. Il

---

(1) Dès le 2 juillet Wolf avait fait élever cinq batteries, dont trois à mortier, sur la crête de la côte à la pointe Lévis. Cinq mortiers et dix grosses pièces de canon purent ouvrir leur feu dès le 12 juillet.

a plu tout le jour. A midi, on a aperçu une berge faisant route vers la ville, partant pavillon parlementaire. On a envoyé à sa rencontre un bateau canonnier, qui l'a arrêté, et a pris une lettre de l'amiral Saunder pour M. de Vaudreuil, qui lui a envoié demi-heure après sa réponse par M. Mercier, qui a été arrêté par la première frégate. Au commencement de la nuit, on a entendu beaucoup de bruit et battre différentes batteries dans le camp de la pointe de Levis.

Le 5, les troupes ont pris les armes à l'ordinaire. L'amiral a renvoié les femmes qu'il avait prises et qu'il avait annoncées hier. Elles rapportent que les Anglais ont dix mille hommes de troupes réglées, qu'ils veulent persuader qu'ils en ont dix-huit; qu'ils comptent y joindre deux mille matelots et nous attaquer incessament, qu'ils croient que nous avons peu de monde et que Carillon est pris depuis le 12 juin. Courrier de Monreal qui porte des nouvelles des pays d'en haut. Il est parti de Niagara un corps de mille cinq cents hommes pour la Belle Rivière. Un parti d'Agnès a attaqué M. de la Mittière qui venait de chez les cinq nations et l'a pris. M. de la Corne est en marche avec mille deux cents hommes, pour aller sur la rive droite de la R. de Choueguen, sur laquelle les Anglais ne sont pas encore rendus. M. de la Veranderie (1), arrivé à Monreal avec quelques sauvages, mande que les Christinaux n'ont pas osé descendre à cause de la petite vérolle qu'ils craignent beaucoup.

Le 6, on a pris les armes à l'ordinaire. Les Outaouas ont pour-

(1) De la Vérandrye appartenait à l'héroïque famille des découvreurs, qui venaient de s'illustrer par leurs voyages et leurs aventures dans les régions de l'ouest. Voir MARGRY, *Origines françaises des pays d'outre mer*, t. V et VI.

(2) Les Christinaux habitaient au-delà des grands lacs du Saint-Laurent, vers le Neepissing et le Winnipeg.

suivi une berge qui s'est approchée du Sault pour sonder, l'ont jointe près l'isle d'Orléans, ont pris deux hommes qu'ils ont tués parce qu'ils ne voulaient pas marcher. Ont fait plusieurs décharges sur une colonne qui venait à eux, et se sont rembarqués à la faveur du feu que faisaient leurs camarades, qui sont descendus sur la grève pour assurer leur retraite. Une des batteries du camp de M. de Levis a tiré sur cette colonne. On a vu deux boulets donner dedans.

Le 7, un parti de Micmacs a voulu débarquer dans le Sud, vis-à-vis un poste ennemi qui l'en a empêché. Un déserteur qui arrive assure que nous serons attaqués incessament sur trois points différens, savoir : le Sault, la R. de Beauport et la Canardière. Le soir nous avons vu beaucoup de mouvement dans le camp ennemi.

Le 8, à 2 heures du matin, nos patrouilles ont vu deux vaisseaux appareiller et en ont fait le signal. L'armée s'est portée en avant dans la minute et est rentrée au jour. A 2 heures, deux frégates sont entrées dans le chenail du nord de l'isle d'Orléans, suivies de deux vaisseaux. Ils ont canoné le camp de M. de Levis, jusqu'au soleil couchant. Les batteries de la ville ont envoyé quelques bombes et boulets à celles que les ennemis font à la pointe de Levis. A 4 heures, nous avons vu beaucoup de berges filer le long de l'isle d'Orléans. L'armée a pris les armes au soleil couchant et s'est portée à ses postes.

Le 9, l'armée est rentrée au jour. Nous apprenons que les Anglais ont débarqué à l'Ange Gardien (1), et qu'ils s'approchent

---

(1) C'était pour se rapprocher du camp français que Wolf s'était porté avec 3,000 hommes sur la pointe de la rive gauche de la rivière Montmorency. Les deux camps n'étaient plus séparés que par la rivière de la Chute, torrent guéable seulement trois milles plus haut, au bas de la côte, près le Saint-Laurent.

du Sault. Les Canadiens, Outaouas et Micmacs ont attaqué l'avant garde, l'ont repoussée sur le corps de l'armée qu'ils ont fusillé, après quoi ils se sont retirés. Ils disent avoir tué de quatre-vingts à cent hommes, ils en ont eu vingt tués (1) ou blessés. On a formé une compagnie de volontaires tirée des cinq bataillons des troupes de terre. L'armée a pris les armes à la fin du jour.

Le 10, l'armée est rentrée au jour, un déserteur anglais qui nous arrive dit qu'il veut revoir Québec, où il a été il y a quelques années, et où il se plaisait fort. Il rapporte que les Anglais ont trois mille hommes à la pointe Levis, qu'ils y font une batterie de treize mortiers et de six canons de 32 ; qu'ils ont sept mille hommes au Sault, que le général a mandé à l'amiral qu'il n'a perdu au débarquement personne, qu'il a eu cinquante hommes tués dans un petit choc. Les batteries de la ville ont tiré sur celles des ennemis. Nos volontaires et sauvages se sont fusillés avec les Anglais d'une rive du Sault à l'autre. Il est arrivé un autre déserteur. Les soldats ont couché habillés dans leurs tentes.

Le 11, les batteries de la ville ont tiré sur celles des ennemis. La réserve de Repentinie est allée au camp de M. de Levis. Les nouvelles de Carillon du 3 portent que les prisonniers que M. de Langy a faits, auprès du camp du fort Georges, disent que l'armée anglaise n'y est pas encore rassemblée et ne le sera que vers le 15. Qu'on y attendait le général Amherst et qu'il viendra à Carillon par eau et par terre. Celles de Niagara annoncent que M. Pouchot a rappelé tous les détachemens qu'il a dehors et que l'ennemi arrive à lui. Celles de la Présentation disent que M. le

---

(1) Cette attaque avait été dirigée par Repentigny. Les Anglais surpris dans les bois comprirent leur imprudence et se hâtèrent de regagner le camp de l'Ange Gardien.

chevalier de la Corne est sur la R. de Choueguen avec mille deux cents hommes, que nos sauvages ont fait, auprès de Korlak, des prisonniers qu'ils ont été obligés de tuer, ayant été attaqués à leur retour par les Agnès. Celles de Monreal, qu'on a ramassé six mille minots de bled ; que les rôles, faits par les curés, des hommes restés dans les paroisses en état de porter les armes en produisent mille deux cents. Nos volontaires et sauvages se sont fusillés avec les Anglais. Nous avons eu un capitaine de milice et un sauvage tués, et un soldat blessé. Le régiment de R. Roussillon est allé camper à la droite du camp de Levis. Ceux de Lassarre, Guienne et Béarn et le bataillon des Trois Rivières ont porté leur camp un quart de lieue plus loin, afin d'être à même de renforcer celui de Levis, d'aller à leur ancien, aux Guets ou à la Canardière. Les grenadiers et piquets ont couché au bivouac.

Le 12, les bataillons ont fourni des travailleurs pour deux batteries, qu'on construit dans le camp de Levis. Celles de la ville ont tiré sur celles des ennemis. Nous avons vu beaucoup de berges filer le long de l'isle d'Orléans. Un détachement des Canadiens de la baye Saint-Paul est arrivé, et a évité le camp ennemi qu'il ne savait pas dans cette partie. Nos volontaires et les Anglais se sont fusillés. Nous avons eu un soldat blessé. Au commencement de la nuit, une frégate et une goëlette à bombes se sont approchées de la ville et l'ont canonnée et bombardée. La batterie de la pointe de Levis a fait aussi un feu très vif toute la nuit. M. Dumas est parti avec deux mille hommes pour tâcher de s'emparer de cette batterie.

Le 13, le détachement parti hier au soir n'a pu remplir son objet. Les batteaux du Sault, de la pointe de Levis et les galiottes ont tiré sur le camp de Levis et sur la ville, dans laquelle il est tombé beaucoup de bombes. Il y a eu un Canadien tué dans le camp de M. de Levis. Ce général a fait élever plusieurs épaulemens pour mettre les troupes à couvert des batteries que les Anglais ont sur la rive gauche du Sault, lesquelles enfilent ledit camp. Nos découvreurs ont donné avis que l'ennemi fait un chemin de son camp, au gué d'hiver. M. de Levis a fait renforcer ce poste et ordonné d'observer de très près tout ce qui se passe dans cette partie. M. de Montcalm est allé à la ville pour rassurer les bourgeois très effrayés de l'effet des bombes (1). On a été obligé d'y envoyer vingt hommes par bataillon pour renforcer et encourager la garnison, laquelle sera relevée tous les deux jours. M. Hertel est arrivé avec cent sauvages, Scious, Aouias et d'autres nations. Un violent orage a fait taire les batteries.

Le 14, le camp du Sault a canonné vivement celui de Levis qui a continué les épaulemens. M. Duprat est allé au guet d'hiver avec ses volontaires et cent Canadiens. Vers midi, le feu des ennemis s'est ralenti. M. le chev. de Levis a fait la visite de tous les postes et guets. M. le marquis de Montcalm est allé aux guets. Nous avons mené un canon au camp de Levis. Nos batteaux canonniers ont poursuivi une berge qui leur a échappée en s'échouant. Nous apprenons que les ennemis font d'autres batteries à la pointe de Levis et au Sault. On a achevé tous les chemins pour communiquer avec tous les postes.

Le 15, les Anglais ont bien chauffé le camp de Levis et la ville. Nous avons conduit plusieurs canons au dit camp.

Le 16, un parti canadien et sauvage a passé la R. du Sault. Le feu sur le camp de Levis et la ville a été vif. Il y a eu dans le camp trois Canadiens blessés qui aidaient à traîner un mortier ;

_____

(1) Ce bombardement de Québec était une cruauté inutile, puisqu'il n'avançait en rien la conquête. Dans l'espace d'un mois les plus belles maisons devaient, ainsi que la cathédrale, être incendiées. La basse ville fut entièrement brûlée dans la nuit du 8 au 9 août. Québec ne présenta bientôt plus qu'un monceau de ruines.

un pot à feu a embrasé une maison de la ville qui a été avec quatre autres réduite en cendres. Le courrier de Monreal nous apprend que le chev. de la Corne, qui allait à Choueguen, a trouvé les Anglais retranchés sur l'ancien fort Onthario; qu'il a tâté ces retranchemens ; qu'il s'est fusillé pendant une heure avec eux ; qu'il s'est retiré avec perte de vingt hommes et autant de blessés et qu'il est de retour à l'isle au Galop. M. Pouchot mande que trois mille Anglais sont arrivés le 16 à trois lieues de Niagara et qu'il attend tous les détachemens qu'il a envoyés à la Belle Rivière.

Le 17, les sauvages ont mené trois prisonniers, et porté neuf chevelures d'une patrouille de douze hommes qu'ils ont enlevée, quoiqu'elle fut soutenue par plusieurs compagnies de grenadiers. Les dépositions des prisonniers sont que le général Woolf est au camp du Sault, qu'il parle souvent de nous attaquer, que les troupes en avaient reçu l'ordre avant-hier et contre-ordre à la fin du jour. Qu'ils se proposaient de traverser le Sault sur des ponts auxquels on travaille depuis huit jours. Que les troupes légères viendront par la grève, qu'ils ont beaucoup de mortiers et canons au camp du Sault où ils ont le fond de dix mille hommes et six mille à la pointe de Levis. Qu'ils ont trente batteaux plats en état de porter cent hommes chacun. Que cinq cents coureurs de bois viennent tous les soirs auprès des guets, que leur général y vient souvent dans la nuit. Qu'ils croient que nous avons cinq mille hommes et trois mille sauvages. Que le bruit court dans leur camp que nous voulons abandonner le bord du Sault ; qu'ils comptent le général Amherst à dix lieues d'ici ; que sept ou huit femmes et un vieillard portent souvent des rafraîchissemens à leur général ; qu'il est défendu de les questionner. Le régiment de R. Roussillon et le gouvernement de Monreal étant trop exposés ont été campés en arrière de la maison de M. de Levis. Ils ont été remplacés par le régiment de Lassarre et des détachemens des trois gouvernemens. Ces troupes seront relevées tous les jours. Ce poste étant aussi dangereux qu'une tranchée.

Le 18, on a beaucoup travaillé dans le camp de Levis. Les troupes du camp de Monreal y ont porté beaucoup de gabions, fascines et saucissons. Sept cents sauvages qui avaient passé le Sault sont revenus le soir, disant que les Outaouas ont barré le chemin aux autres nations parce qu'ils n'avaient pas tous leurs guerriers, et les ont priés d'attendre à demain, afin de faire un meilleur coup. La flotte a fait beaucoup de signaux. Nous avons vu aller et venir plusieurs berges et chalouppes, entre-autres une dans laquelle il paraît qu'il y a des officiers de distinction, qui a abordé l'Amiral. Quelques vaisseaux ont appareillé et sont descendus. Nos batteaux cannoniers ont cannoné plusieurs berges. M. de Montcalm a fait la visite de plusieurs postes. Nouvelles de Carillon où l'on est tranquille et d'où il part parti sur parti afin d'être informé des mouvemens de l'ennemi. A 11 heures du soir, quatre vaisseaux ou frégattes ont passé sous la ville qui leur a laissé le passage libre.

Le 19, M. Dumas a été détaché avec six cents hommes, pour aller chercher les vaisseaux qui sont au-dessus de la ville. Ils ont mis le feu au seul brulot qui nous restait à Silleri. Les commandants des frégattes sont partis pour aller les monter au-dessus du Richelieu. M. de Boishébert (1) est arrivé avec cent dix hommes exténués de faim et de fatigue. Les vaisseaux ont beaucoup tiré dans la partie de Silleri. On découvre dans le sud une colonne qui marche à même hauteur. Les troupes ont eu ordre de coucher tout habillées, et d'être prêtes à marcher. M. le chevalier de Levis, en faisant la visite de ses postes, s'est trouvé vis-à-

---

(1) Boishébert était le commandant des derniers Acadiens restés fidèles au drapeau national.

vis le général Woolfs, qui faisait la sienne. Un déserteur dit que le général a passé à 5 heures du soir avec cinq cents grenadiers à la pointe de Levis.

Le 20, on a entendu longtemps avant le jour quelques charges de fusil dans la partie de Silleri. Toute la droite a pris les armes à 2 heures du matin et est restée à la tête de son camp. Lassarre s'est porté à la Boulangerie et Béarn sur le grand chemin, vis-à-vis la maison de Duchenai, et tout est rentré après le lever du soleil. Les camps anglais paraissent tranquilles. Nous avons appris que les décharges de Silleri ont été faites sur des berges qui voulaient mettre des hommes à terre. M. Dumas suit les vaisseaux par terre. Nouvelles de Niagara qui portent que la tranchée est ouverte, que l'ennemi faisait un feu vif, que son armée est de 3,500 hommes, que les cinq nations ont demandé à M. Pouchot, qui le leur a accordé, un conseil dans lequel ils lui ont fait des excuses de ce qu'elles ont donné passage aux Anglais (1) sur leurs terres et les ont conduits. Elles lui ont offert de rester avec lui, ce qu'il a refusé. Il a exigé qu'elles reprennent le chemin de leurs villages ; que les détachemens de la Belle Rivière étaient attendus le 16. M. de Vaudreuil a expédié un courrier pour porter des ordres à Niagara et à l'isle aux Galops. Les batteries du Sault et de la pointe de l'isle d'Orléans ont fait un feu fort vif pour favoriser le retour du général Woolfs. Un caporal de la Colonie, qui avait été envoié à la poursuite de M. Stobbo et pris par les Anglais, est revenu nous rejoindre. Les volontaires de Duprat ont tiré à 11 heures du soir sur les ennemis qui travaillaient au premier gué. Ils ont continué toute la nuit. On leur a répondu par des grenades. Nos travailleurs ont continué le

---

(1) Les sauvages étaient en effet gagnés à la cause anglaise, et, en attendant l'occasion de se jeter sur les Français, gardaient une neutralité tout à notre désavantage.

boyau de la gauche sur la côte de la rive droite du Sault. Les batteries de la pointe de Levis ont fait un feu très vif sur la ville. Le régiment de Béarn a monté la garde à la gauche avec cinq cents hommes du gouvernement de Monreal et cinquante des Trois Rivières. On a placé deux cents hommes sur les hauteurs, quatre-vingts dans la première redoute qui est sur la gauche, et soixante dans la seconde, d'où on fournit des petits postes sur le bord du fleuve et du Sault. Le reste a été réparti de façon à se porter dans le moment aux points les plus exposés.

Le 21, nous avons vu de la gauche descendre du campement des brancards chargés de blessés, beaucoup de berges aller et venir. Les curieux nous ont procuré quelques volées de canon et plusieurs bombes. Trois sont tombées dans le terrain de Béarn et n'ont tué personne. Nous avons appris que trois cents Anglais débarquèrent hier à la pointe aux Trembles ; que trois cents Canadiens ou sauvages qu'on y envoia les forcèrent à se rembarquer ; qu'ils emmenèrent plusieurs femmes. Il a plu toute la journée.

Le 22, continuation du mauvais temps. La cavalerie est partie pour la pointe aux Trembles. Le commandant des vaisseaux qui sont au-dessus de la ville a écrit à M. de Vaudreuil qu'il lui renverrait demain les femmes et vieillards que ses troupes ont pris à la pointe aux Trembles et demande la permission de laisser descendre un batteau chargé de malades. Le curé du Cap Santé mande qu'on a vu une chaiouppe dans laquelle il y avait beaucoup de monde s'approcher du platon (?). A 11 heures du soir, les batteries de la pointe de Levis ont commencé sur la ville un feu des plus vifs. Elles ont jeté des pots à feu qui ont réduit en cendres la cathédrale. On a diminué la garde de la gauche d'une compagnie de grenadiers et de cinquante hommes des Trois Rivières.

Le 23, nous apprenons que quinze maisons ont été brûlées avec la cathédrale. Deux frégates ont voulu passer sous la ville à la pointe du jour. Nos batteries les ont forcées à changer de route. Les régimens de Guienne et Béarn sont venus occuper leur ancien camp près la Canardière. Les femmes et vieillards annoncés sont arrivés. Ils disent avoir été bien traités à bord ; qu'on a pillé leurs maisons (1) ; que le général Woolfs et M. Stobbo étaient sur les vaisseaux. A sept heures du soir, un vaisseau a tiré onze coups de canon. Après le coucher du soleil. les batteries de la pointe de Levis ont jeté beaucoup de bombes et pots à feu dans la ville.

Le 24, nouvelles de Carillon où on était tranquille. On savait le général Amherst au fort Georges (2). Un officier anglais est venu à l'anse des mers demander que nous nous conformions au cartel. M. de Bouguainville lui a porté la réponse du général. Le curé de l'Ange Gardien mande qu'un détachement de deux cents anglais a pénétré dans les profondeurs et a enlevé des bestiaux. M. le chev. de Levis a décidé deux cents sauvages à passer la rivière du Sault. Les batteries du Sault et de la pointe de Levis ont fait un feu très vif. Il y a eu une maison brûlée. Les troupes du camp ont envoié cent travailleurs à la ville pour l'artillerie.

---

(1) Wolf avait étendu la dévastation aux environs de Québec. Dans toutes les paroisses depuis l'Ange Gardien jusqu'au cap Tourmente furent brûlées les maisons et coupés les arbres fruitiers. Sur la rive droite du Saint-Laurent les paroisses de Saint-Nicolas et de Sainte-Croix subirent le même sort. L'île d'Orléans fut également ravagée. A Saint-Joachim les prisonniers furent massacrés d'une façon barbare. C'était un véritable système de terreur que les Anglais voulaient étendre à toute la contrée. Plus de 1400 maisons furent alors détruites.

(2) Pourtant, dès le 22 juillet, le général anglais Amherst avait débarqué à contre cœur, au nord du lac Saint-Sacrement, avec 8,743 réguliers, autant de milice, et de l'artillerie. Bourlamaque, qui l'observait sur le lac Champlain, ne pouvait pas songer à résister, et s'était déjà replié sur Saint-Frédéric, abandonnant Carillon que sa petite garnison avait reçu l'ordre de faire sauter.

Le 25, on a fourni beaucoup de travailleurs pour l'artillerie. La droite a battu la générale d'après un avis que l'ennemi est débarqué en forces à Saint-Michel. M. de Bouguainville y a marché dans la minute avec trois compagnies de grenadiers et autant de piquets. A 7 heures, M. de Vaudreuil a reçu une lettre de M. de Saint-Martin qui l'informe qu'il suit huit berges qui veulent mettre du monde à terre, et qu'il espère s'y opposer. Nous apprenons qu'une frégate et cinq berges se sont présentées devant Sillery, où elles ont trouvé cinq de nos chalouppes et quelques batteaux abandonnés par les gardiens, qui se sont réfugiés à terre pour les défendre ; qu'elles ont pris une chalouppe et un batteau, et qu'elles ont été forcées d'abandonner une troisième qu'elles emmenaient. Les troupes de la droite sont restées sous les armes jusqu'à 9 heures. M. de Bouguainville est rentré à 2 heures. Cinq Canadiens de l'Ange Gardien ont mené un prisonnier qu'ils ont fait dans un petit parti qu'ils ont dispersé. Ce prisonnier dit qu'on fait une autre batterie dans le camp du Sault ; que le général ne trouve pas le passage facile.

Le 26, les batteries de la pointe Levis ont fort inquiété la ville. Nous avons découvert à la pointe du jour la nouvelle qui bat notre grand chemin et plusieurs berges et batteaux derrière la frégatte. A une heure après midi, nous avons entendu plusieurs décharges. Nous avons été informés, vers 2 heures, que les sauvages ont attaqué une colonne qui venait au gué d'hiver ; qu'ils l'ont d'abord repoussée et qu'ils ont été repoussés à leur tour par une autre colonne accourue au secours de la première ; qu'elle les a forcés à repasser le Sault dans le moment que M. de Repentinie voulait le passer pour les soutenir ; qu'il a bordé ses retranchements, d'où il a fait un feu si vif qu'il les a forcés à la retraite. Nous avons eu dix-huit hommes tués ou blessés. On ignore la perte des Anglais, mais on a vu descendre de leur camp plusieurs brancards. M. de Levis a marché avec une partie de son camp

au secours de M. de Repentinie et M. de Montcalm s'est porté
avec toutes les compagnies de grenadiers et le régiment de R.
Roussillon à la hauteur de la maison de M. de Levis. Les généraux sont rentrés à 4 heures avec les troupes. Les Acadiens ont
mené trois prisonniers d'un petit parti qu'ils ont mis en déroute
dans le sud ; ces prisonniers disent qu'il y a cinq régiments à la
pointe de Levis, à la rivière des Etchemins, trois cents hommes
qui y sont retranchés, et en avant cent coureurs des bois ; qu'il
y a dans le camp quatre cents hommes toujours prêts à aller au
secours de ces deux postes ; que le général les visite souvent ;
qu'ils ont sur les vaisseaux, qui sont au-dessus de la ville, treize
cents hommes avec des batteaux plats en état de porter chacun
cent hommes ; qu'ils font des radeaux sur lesquels ils comptent
mettre six pièces de canon et cent cinquante hommes. Le bruit
court dans leur camp qu'il y a ordre d'attaquer, quelque péril
qu'il y ait, et qu'ils embosseront quatre vaisseaux devant la ville.

Le 27, feu très vif sur la ville, assez lent sur la gauche. Les
sauvages ont passé le Sault pour lever la chevelure des hommes
qu'ils ont tués hier. Ils en ont rapporté 12. Ils ont trouvé un Outaoua
percé de plusieurs coups de bayonette et qui a les oreilles et le
nez coupés. Trente grenadiers et soixante volontaires se sont
embarqués au commencement de la nuit pour soutenir ceux qui
conduisent les caïeux. On y a mis le feu assez près des vaisseaux,
qu'ils n'ont pas pu abborder, ayant été détournés par les courans
et des berges envoiées pour les accrocher ; les ennemis pour s'en
venger ont fait un feu terrible sur la ville.

Le 28, feu très vif sur la ville ; la gauche a été ménagée. Une
berge s'est approchée de la ville avec pavillon parlementaire. Le
batteau envoié à sa rencontre porte une lettre du général (1)

----

(1) Voici le manifeste de Wolf : « Son Excellence, piquée du peu
d'égards que les habitants du Canada ont eu à son placard du 29 juin

Wolf qui prévient qu'il donne aux Canadiens jusqu'au 10 août pour se reconnaître ; que ce terme expiré, il fera traiter avec la dernière rigueur tous ceux qui seront pris les armes à la main. A 9 heures, M. de Repentinie a donné avis qu'il voit vis-à-vis de lui un corps de quatre mille hommes. Toutes les troupes ont pris les armes sur le champ. Deux heures après, il a mandé que ce n'est qu'une patrouille beaucoup plus forte qu'à l'ordinaire. Les troupes sont rentrées de suite. Courrier de Monreal : il ne transpire rien de ses dépêches.

Le 29, feu moins vif qu'à l'ordinaire. On a envoié des travailleurs à Silleri. Les régiments ont fait des gabions et des fascines pour la ville. Toutes les charrettes attachées aux corps et autres. sont parties à 9 heures du soir pour aller chercher des farines à la pointe au Tremble. On mande de la ville qu'on craint une escalade par le derrière de la basse ville. Un mortier du camp a envoié quelques bombes à un vaisseau qui a voulu s'en approcher.

Le 30, feu très vif sur la ville, presque pas sur le camp de Levis. M. de Montcalm est allé à la ville pour tâcher de concilier

---

dernier, est résolue à ne plus écouter les sentiments d'humanité qui la portent à ménager des gens aveuglés sur leurs propres intérêts. Les Canadiens par leur conduite se montrent indignes des offres avantageuses qu'il leur faisait. C'est pourquoi il a donné ordre aux commandants de ses troupes légères et autres officiers de s'avancer dans le pays, pour y saisir et enmener les habitants et leurs troupeaux, et y détruire et renverser ce qu'ils jugeront à propos. Au reste, comme il se trouve fâché d'en venir aux barbares extrémités dont les Canadiens et les Indiens leurs alliés lui montrent l'exemple, il se propose de différer jusqu'au 10 avril prochain à décider des prisonniers, envers lesquels il usera de représailles, à moins que, pendant cet intervalle, les Canadiens ne viennent se soumettre aux termes qu'il leur a proposés dans son placard, et par leur soumission toucher sa clémence et le porter à la douceur. Donné à Saint-Henri, le 25 uillt 1759. Joseph Dalling, major des troupes légères. »

le génie et l'artillerie. Le régiment de Béarn a monté la garde à la gauche.

Le 31, feu sur la ville à l'ordinaire. Depuis hier au soir à 10 h., pas un seul coup de canon sur la gauche. Béarn a fourni trois cents travailleurs pour continuer le zig-zag. A 10 heures du matin, j'ai été visiter les ouvrages. J'ai aperçu sur le plateau de la rive gauche du Sault une douzaine d'officiers qui examinent notre position. A 11 heures, deux frégattes (1) ont appareillé et sont venues de suite s'embosser vis-à-vis les deux redoutes gardées par MM. de Mazerac et Laparguière, capitaines dans Béarn. Elles ont été suivies par un vaisseau de soixante canons qui s'est embossé au-dessus d'elles. Ils ont tous les trois commencé un feu très vif sur les deux redoutes et les retranchements que nous avons bordés dans l'instant. Les trois batteries (2) du Sault ont commencé en même temps à nous battre à revers et ont continué, ainsi que les trois bâtimens, depuis midi jusqu'à 7 heures. Plusieurs bombes et boulets sont tombés dans les redoutes et retranchemens, y ont tué ou blessé soixante hommes et brûlé quelques tentes. A 3 heures, nous avons vu beaucoup de berges et de batteaux portant des troupes se rassembler derrière les bâtimens, faire route tantôt vers le Sault, tantôt vers la pointe de l'Essai. Nous avons vu beaucoup de mouvement dans le camp du Sault et une colonne en sortir pour demeurer sur la grève; M. le chev. de Levis est venu tout de suite derrière le centre du régiment de Béarn, d'où il a observé les ennemis. Il est allé ensuite visiter

---

(1) Ces deux frégates, chacune de 16 canons, et le vaisseau le *Centurion*, de 60 canons, étaient destinées à protéger le débarquement de Moukton, venant de la pointe Lévis.

(2) Une nouvelle batterie de 20 canons de 24 et de 7 mortiers, avait été installée au camp du Sault. C'étaient, en comptant les vaisseaux, 126 pièces, auxquelles les Français ne pouvaient opposer que 20.

quelques postes et est revenu au régiment où il était, quelque
chose qu'on put lui dire pour sa conservation, qui nous était précieuse, exposé à une grêle de bombes et boulets. Il y donnait
ses ordres avec une tranquillité et un sang-froid admirables. A
5 heures, la colonne descendue du Sault a commencé à passer la
R. au bord de la grève et s'est formée après l'avoir passée. Dans
le même moment, les berges ont débouché de derrière les vaisseaux ; les hommes qu'elles portaient ont débarqué, se sont
formés en colonne et ont marché, ainsi que la colonne du Sault,
à nos retranchemens qu'ils ont voulu forcer entre les deux
redoutes. Le feu qu'ils ont essuyé de la redoute gardée par M. de
Mazerac les a forcés de se jetter beaucoup sur leur gauche. L'autre
redoutte, n'étant pas susceptible de défense, a été abandonnée (1)
par sa garde, qui s'est retirée sur la hauteur occupée par le gouvernement de Monreal. M. le chev. de Levis s'y est porté et a
animé par sa présence les Canadiens. Il y a trouvé les régiments
de Lassarre et Guienne envoiés par M. le marquis de Montcalm
qui était au centre de l'armée : les ennemis se sont emparé de la
redoute abbandonnée et ont tenté de grimper sur la hauteur.
Les Canadiens (2) ont fait sur eux un feu si nourri qu'en moins
de demi-heure, ils les ont forcés à se retirer, à abbandonner la
redoute et regagner leurs berges et leur camp. Il est survenu un
orage si violent et une pluie si abbondante que nous n'avons pas
pu descendre des retranchemens et troubler leur retraite. Les

---

(1) Lévis avait ordonné cette évacuation, comprenant l'avantage qu'il
y aurait à laisser l'ennemi tenter l'escalade du coteau. En effet le rivage,
très marécageux, était rempli de fondrières. La côte elle-même formait
un escarpement abrupt et à peu près impraticable, quand la terre était
humide.

(2) Fort heureusement pour les Canadiens, les treize compagnies de
grenadiers et les deux miliciens Américains qui montaient à l'assaut
n'étaient pas soutenus. Voir sur cette bataille du 31 juillet lettre de Levis
au maréchal de Belle-Isle (2 août).

équippages des frégates en sont sortis et y ont mis le feu. Il paraît que les Anglais ont eu cinq cents hommes tués ou blessés (1). Ils n'ont essuyé que le feu des redoutes et d'une partie du G. de Monreal, ayant passé hors de la portée des autres troupes. Quelques volontaires qu'on a laissé sortir ont pris un capitaine écossais et quelques soldats blessés. Béarn a été relevé à 10 heures du soir et n'a pu arriver dans son camp qu'à minuit à cause des mauvais chemins, fort heureux de n'avoir eu que treize hommes tués par le canonnement et le bombardement qu'il a essuyés pendant huit heures. Un sergent déserteur du R. Américain rapporte que les Anglais ont perdu, à la fusillade du 26, deux capitaines, deux lieutenants et quarante-cinq soldats, qu'ils en ont eu beaucoup de blessés, entr'autre le major général qui a eu un bras cassé.

Le courrier de Monreal nous apprend que l'ennemi était le 20 (2) à trente toises du chemin couvert de Niagara, où on n'avait

---

(1) Dans cette journée du 31 juillet Wolf avait éprouvé un véritable échec. Il est vrai que, dès le principe, il avait mal auguré de cette tentative, mais il y avait été poussé par des ordres impératifs venus d'Angleterre. Voir sa lettre ou plutôt son rapport au ministre: « Si la place de Québec était disposée de manière que notre artillerie pût servir, que nos troupes pussent agir ensemble, qu'enfin nous pussions assurer notre retraite en cas de malheur, je pourrais essayer de réussir: mais ici je ne trouve aucun de ces avantages. Le rivage sur lequel les troupes doivent se former est rempli de limon à une grande profondeur, et coupé par des trous. La côte que nous avons à monter est escarpée et en quelques endroits impraticable. L'ennemi est nombreux derrière ses retranchements et son feu est très vif..... J'avais bien vu tout cela, mais le désir d'exécuter les ordres du roi m'a fait faire cette tentative, persuadé qu'une armée victorieuse brave tous les obstacles. » Voir le récit de la bataille dans la relation de Joannès.

(2) C'est le jour même où le général anglais Prideaux était tué à la tranchée. Son successeur, William Johnson, suivit fidèlement son plan, et réussit à s'emparer du fort. Pouchot, le commandant français, s'honora par sa belle résistance. Il fut réduit à faire des embrasures avec des

aucune nouvelle des détachemens de la Belle Rivière. M. de Bourlamaque s'est retiré derrière la rivière à la Barbue, et Carillon
est assiégé depuis le 25.

Le 1ᵉʳ août, les troupes se sont reposées. Les sauvages ont
rendu quelques prisonniers qu'ils ont faits pendant la nuit. Les
batteries du Sault ont tiré sur des Canadiens et soldats qui
allaient aux frégattes dont les carcasses ne sont pas brûlées. Ils
en ont rapporté de la toile et des outils. On a enterré soixante-
huit Anglais trouvés morts sur le terrain de l'attaque. On a fourni
des travailleurs à la ville et pour mener un crapeau à la gauche.
Le convoi de la pointe au Tremble est arrivé à midi. M. Dumas
est revenu avec la cavalerie et un piquet.

Le 2, on a envoié des travailleurs à Silleri, employés sous la
direction de M. Joannès, major de Languedoc. Les Anglais ont
beaucoup chauffé la ville et tiré quelques volées sur les gens
qui allaient aux frégates. Les généraux ont écrit à l'amiral Saunders, d'après les instances du capitaine écossais. On a envoyé à la
ville des travailleurs pour déblayer les décombres et réparer les
rues que les bombes ont rendu impraticables. Nous avons vu
beaucoup de mouvement dans le camp de la pointe de Levis et
beaucoup de berges en partie pour le Sault. Les régiments ont
porté des gabions et saucissons à la ville.

Le 3, les Anglais ont remorqué avant le jour le vaisseau qui
était dans le chenail de l'isle d'Orléans et l'en ont sorti. Ils ont
fait un feu très vif sur la ville, très peu sur la gauche. A 8 heures,
nos généraux ont été informés que les ennemis font des mouvemens vis-à-vis le poste de Repentinie. M. le marquis de Montcalm a accouru dans l'instant à la gauche. Il a ordonné aux
troupes de prendre les armes, a fait avancer R. Roussillon à por-

_____

paquets de pelleteries, et à bourrér les canons avec des couvertures et
des chemises.

tée de secourir la partie qui sera pressée. Il est revenu à midi et a fait rentrer les troupes ; il nous a dit qu'il croit que l'amiral Saunders est venu avec un gros détachement reconnaître les bords du Sault. M. de Blot, capitaine au régiment de Guienne, est allé remplacer M. Dumas. M. de Levis a informé M. de Montcalm qu'il sait que l'ennemi porte un corps de mille deux cents hommes au gué d'hiver.

Le 4, feu sur la ville à l'ordinaire. M. de Boishebert qui est au-dessus de la ville mande qu'il a à son poste cinq déserteurs anglais. Nous avons vu passer des munitions pour le camp du Sault. A 2 heures, les batteries de la pointe de Levis ont arboré pavillon français et anglais, et nous avons vu arriver dans une berge un officier chargé de réponses de l'amiral et du général Wolfs. Celui-ci se plaint des cruautés des sauvages, annonce qu'il ne peut pas suivre certains articles du cartel, et que nous devons avoir peu de prisonniers de la dernière action ; qu'il garde les femmes jusqu'à ce que nous rendions celles que nous détenons dans la colonie, et qu'il est dans l'intention d'user de représailles pour toutes les barbaries des sauvages. Le régiment de Béarn et tous les piquets ont pris les armes pour l'exécution d'un déserteur. Ce régiment a monté la garde à la gauche, et a travaillé aux Cayeux ; un soldat qui était en faction sur la grève a déserté et a procuré à la garde, qui y est postée, une pluie de grenades.

Le 5, feu terrible sur la ville. Il est venu au camp du Sault des berges qui ont débarqué des munitions et embarqué beaucoup de bestiaux. A 2 heures, un batteau de vingt tonneaux est entré dans le chenail du nord de l'isle d'Orléans et a joint la frégatte. Trois déserteurs anglais se sont rendus au poste de Repentinie. Le régiment de Béarn a employé trois cents hommes aux ouvrages de la Crête. Les volontaires sont venus chercher des outils pour avoir un nouveau boyau, et les Canadiens ont élevé des épaulemens dans la partie qu'ils gardent. A 4 heures, nous avons vu descendre du camp du Sault un détachement de quatre cents hommes qui s'est embarqué et a pris la route de la pointe de Levis. A 7 heures, un vaisseau a appareillé et est descendu par le chenail du sud. Nos batteries ont tiré quelques coups sur des berges, celles du Sault leur ont répondu par un feu très vif. Il a beaucoup plu le soir. M. de Vaudreuil a envoié des réponses à l'amiral.

Le 6, on a rappellé toute la nuit à la ville pour rassembler la garnison que le passage de quelques berges a tenu fort allerte. Les troupes de la droite ont pris les armes une heure avant le jour et sont rentrées après le lever du soleil. Le déserteur arrivé hier dit que l'ennemi a perdu cinq cents hommes à l'attaque du 31, qu'on attaqua sans l'ordre du général, qu'on rattaquera incessament par les gués et qu'on embossera quatre vaisseaux auprès des frégates brûlées; que le général assembla il y a deux jours les grenadiers, leur demanda s'ils étaient d'avis d'attaquer et de prendre leur revanche (1), et que leur ayant répondu oui, il leur avait témoigné ses regrets sur la perte du 31, et leur a fait espérer que la première action sera plus heureuse, que les généraux Moukton et Murray ont été blessés le 31. Notre déserteur leur a dit que nous avions quatorze mille hommes et huit cents sauvages, que nous ne manquons pas de pain, mais de viande, et que le général Levis a été à cheval dix heures le 31, allant d'un poste à l'autre. Le bruit a couru quelques jours dans leur camp, que le général Amherst est à cinq lieues d'ici avec beaucoup de prisonniers.

_____

(1) Wolf avait été comme accablé par sa défaite du 31 juillet. Il redoutait les propos malveillants de ses ennemis politiques, et craignait de voir s'évanouir tous ses rêves de gloire et de fortune.

M. de Saint-Martin mande qu'il voit trente berges vis-à-vis de Silleri. A 2 heures, nous avons vu du mouvement dans la flotte, et un vaisseau sous voile. Toute l'armée s'est tenue prête à prendre les armes. Le vaisseau qui a appareillé a cannoné deux de nos batteaux qui l'observaient. A 5 heures, un senault est venu joindre les bâtimens qui sont au Sault. A 8 heures du soir, M. de Montcalm a reçu avis de M. d'Hastrel qu'il voit 27 berges chargées de troupes devant les vaisseaux qui sont vis-à-vis le Carouge, qu'il y en a vingt derrière une frégatte qui ne portent personne. M. de Bouguainville est parti à 10 heures avec les grenadiers de Béarn pour aller les observer. Il a été suivi par un détachement de Canadiens.

Le 7, feu des plus vifs sur la ville. A 8 heures, on a vu l'ennemi en mouvement vis-à-vis le poste de Repentinie. Les troupes ont eu ordre de se tenir prêtes à marcher. M. de Montcalm est allé chez M. de Levis. M. de Bouguainville écrit de la pointe aux Trembles que quatre vaisseaux sont mouillés au-dessus de l'église, qu'il croit qu'ils ont neuf cents hommes de débarquement, qu'il en a autant, et qu'il fait la guerre à l'œil ; que cinq berges, qui ont voulu abborder au sud ont été éloignées par une décharge faite par quelques Canadiens ; que les vaisseaux en veulent à nos fregattes ou veulent ravager le sud. Courrier de Monreal. Il n'a rien transpiré de ses dépêches.

Le 8, feu sur la ville à l'ordinaire, assez vif sur la gauche. M. de Bouguainville mande que les ennemis font des mouvemens dans sa partie. Nous avons appris que nos frégattes, qui ont monté le Richelieu, sont en sûreté.

Le 9, les ennemis ont jetté dans la ville une si grande quantité de bombes et de pots à feu, que presque toute la basse a été brûlée, sans qu'il ait été possible d'arrêter le feu ; ils ont envoié à la gauche beaucoup de bombes et grenades. M. de Vaudreuil a reçu un courrier de M. de Bouguainville qui lui rend compte que

les Anglais débarquèrent (1) hier vers les 9 heures, à la pointe
aux Trembles, qu'il marcha tout de suite à eux avec quatre cents
hommes et les força de se rembarquer ; que vers les 2 heures,
ils voulurent reprendre leur revanche, que les berges se mirent
en panne trois quarts de lieues plus bas que le matin ; que dès
qu'il en fut informé, il s'y porta avec six cents hommes, posta des
Canadiens dans un petit bouquet de bois, les grenadiers de Béarn à
la droite, un piquet de Languedoc à la gauche et le reste des Canadiens dans le centre ; que les berges s'approchèrent en bon
ordre, que toutes les troupes firent quatre décharges si à propos,
qu'elles gagnèrent le large. M. de Bouguainville se loue en général de tous les officiers et des troupes, et mande que la cavalerie et plusieurs détachemens firent une diligence incroiable
pour le joindre. A 10 heures, j'ai accompagné M. de Montcalm
à la ville. Chemin faisant nous avons rencontré cinq prisonniers faits dans le Sud, par les Mic-Mac. Je n'ai pas vu de
spectacle plus affreux que celui de la ville (2) ; depuis les Jésuites
jusqu'à la partie du fleuve qui baigne la basse ville, il n'y a pas
une maison qui ne soit percée ; il y en a deux cents brûlées
en entier. Le général, que je n'ai pas quitté, est descendu
à la basse ville. Nous avons trouvé le terrain et les murailles
brûlantes. Il a visité tous les postes, a ordonné les réparations
nécessaires dans tous les ouvrages détruits. A 2 heures, le courrier de Monreal nous apprend que les Anglais sont en posses-

---

(1) Wolf avait ordonné à Murray de forcer le passage aux Trois Rivières, et de s'ouvrir une communication avec Amherst par le lac Champlain, mais il ne lui avait donné que 1200 hommes, et, à deux reprises,
Bougainville le repoussa à la Pointe aux Trembles. Murray ne put que
brûler Deschambault et inquiéter nos derrières, mais sa tentative pour
couper en deux notre armée n'avait pas réussi.

(2) Ces dévastations étaient bien inutiles, mais elles faisaient partie du
système de rigueur impitoyable mis en pratique par les Anglais.

sion du Niagara (1), que la garnison est prisonnière et conduite
à Neufyork; que les détachements de la Belle Rivière ont été
battus (2) et la plus grande partie prise (3). M. le chev. de Levis
est parti (4) à l'entrée de la nuit avec M. de la Pause, pour
Monreal. Toute l'armée a vu partir le général avec regret. On a
envoié deux compagnies de grenadiers à la ville et des munitions
à la pointe aux Trembles.

Le 10, le feu des ennemis s'est ralenti. A 6 heures, il est parti
du Sault six berges ou chalouppes bien chargées de troupes.
Elles ont descendu par le chenail du Nord. Un charriot attelé de

---

(1) Le siège de Niagara durait depuis le 6 juillet. La défense fut héroïque pendant 18 jours de tranchée. Un renfort considérable de sauvages
et des garnisons des forts Machault, Venango, presqu'île, Rivière aux
Bœufs et Détroit, avait été arrêté en route et battu par les Anglais. Voir
GARNEAU, *Canada*, II, p. 318. Quand la brèche fut praticable et tout
espoir de secours perdu, la garnison mit bas les armes. Le général
anglais, pour rendre hommage à sa bravoure, lui accorda les honneurs
militaires.

(2) De Lignery et Aubry, chargés de secourir Niagara, avaient été trahis
par les Indiens qui leur servaient de guides, et tombèrent dans une embuscade entre la cataracte et le fort. Leurs débris se replièrent sur
Détroit.

(3) Tous les postes échelonnés entre l'Ohio et l'Erié tombaient alors
entre les mains des Anglais. Le capitaine Douville, commandant à Toronto,
mit le feu à son poste aussitôt après la chute du fort de Niagara, et réussit à conduire ses quinze soldats à Monréal.

(4) Si le chevalier de Lévis fut détaché de l'armée à ce moment critique, c'est qu'il était nécessaire de retarder la marche de l'ennemi tant
sur le Saint-Laurent que sur le Champlain. On lui avait donné 900 hommes tirés de l'armée sous Québec. Il partit de Québec, laissa en passant
à Montréal 400 hommes de garnison, poussa une reconnaissance jusqu'à
Frontenac, et ordonna de défendre le terrain pied à pied. Sa présence
ranima toutes les défaillances. Il était de retour à Montréal dès le 6 septembre quand il apprit quelques jours plus tard la défaite et la mort de
Montcalm, et reçut l'ordre de descendre au plus vite pour prendre le
commandement de l'armée. — Voir sa lettre à Montcalm, en date du
6 septembre.

six chevaux a fait plusieurs voiages du haut du Sault à la grève, chargé de barils et boulets. Les batteries du Sault ont tiré plusieurs volées sur des hommes qui alloient aux bâtimens Brûlés. On a fait partir quatre cents Canadiens pour Monreal. M. de Montcalm s'est établi dans la maison qu'occupoit M. de Levis.

Le 11, on a fait partir cent volontaires des troupes de terre et quatre cents Canadiens pour Monreal, et on a fait passer à la pointe aux Trembles des munitions pour une expédition projettée. On a aperçu beaucoup de mouvement dans le camp et la flotte, et on a vu des troupes s'embarquer dans des vaisseaux. A 9 heures du soir, quatre vaisseaux ont appareillé. Les canots découvreurs ont averti qu'ils veulent monter. Les batteries de la ville ont fait un feu si vif qu'elles les ont forcés de retourner dans la flotte ; les troupes de la droite ont pris les armes et bordé les retranchemens et on a renforcé les gardes des ports. M. de Repentinie a attaqué ce matin les travailleurs des ennemis et les auroit tous enlevés, si les Outaouas avaient suivi le bon exemple de Canadiens et Abenakis.

Le 12, pluie et vent très fort. Nous avons appris que les canons de Silleri tirèrent hier au soir sur une goëlette qui vouloit monter, et qui s'est échouée dans une petite rivière du sud. Le commandant de la ville nous a donné une alerte, qui nous a tenu sous les armes toute la nuit.

Le 13, mouvemens, travaux, bombardement et canonnade à l'ordinaire.

Le 14, M. de Montcalm a envoié à M. de Bouguainville un renfort de deux cents hommes. Nous apprenons que les Anglois ont brûlé (1) et ravagé trois paroisses du Sud, qu'ils n'ont épargné

Sur ces cruautés commises par les Anglais on peut consulter COLONEL MALCOLM FRASER, *Manuscript journal relating to the opérations before Québec in* 1759. — *A Journal of the expédition up the river Saint-Laurence* (publié par le New-York Mercury du 31 décembre 1759.

que les églises. M. de Privas, L.-C. et Joannès, major de Languedoc, sont allés à la ville remplacer le lieutenant pour le Roy et le major qui sont malades. Des habitans venant de la baye Saint-Paul disent que les Anglois ravagent cette partie et y ont brûlé vingt-deux maisons.

Le 15, la garde de la gauche sera désormais composée de six piquets. M. de Bouguainville mande que les ennemis se renforcent vis-à-vis de lui.

Le 16, M. de Montcalm ayant avis qu'un corps de six cents Anglais s'est porté à l'Ange-Gardien, a envoié cinq cents hommes sur la rive gauche du Sault. Un pot à feu a brûlé la nuit dernière une maison de la ville. Le prompt secours qu'on y a porté a garanti les voisines. On a envoié aux compagnies de grenadiers et piquets, qui sont à la pointe aux Trembles, leurs équippages. Il a tant plu que la garde de la gauche a eu peine à s'y rendre.

Le 17, toutes les charrettes de l'armée sont parties avec une escorte considérable pour aller chercher des vivres. Trois déserteurs anglois disent qu'il y a beaucoup de malades dans leur armée, qu'ils croient qu'ils ne nous attaqueront plus et qu'ils s'embarqueront après avoir brûlé les récoltes. Une partie des sauvages qui avoient passé le Sault a relâché ; ils rapportent que les Abenakis ont voulu attaquer une maison occupée par les Anglois, qui ont tué un sauvage et blessé un autre.

Courrier de Monreal, qui nous apprend que le retour de M. le chev. de Levis, qui a été à la Présentation, a rassuré cette ville qui étoit dans la consternation. Des Canadiens qui se sont évadés de Choueguen rapportent qu'il n'y a que deux mille hommes ; qu'une partie de l'armée de Niagara est occupée à relever les fortifications de ce fort, et que l'autre est allé conduire la garnison à Orange. On a fait partir soixante hommes pour mener des batteaux au Carrouge et un détachement pour rassembler tous les batteaux qui sont à la dérive et les ramener dans la R. Saint-Charles. La garde de la gauche a vu embarquer six canons au bas du camp du Sault.

Le 18, les troupes de la droite ont pris les armes à 2 heures et sont rentrées à 2 heures et demie. On avoit vu trois vaisseaux appareiller. Les détachements partis hier sont rentrés. M. de Repentinie est revenu à midi très affligé que les sauvages, qui l'ont abandonné, l'ayent empêché d'enlever un détachement considérable. Les charrettes sont revenues chargées de vivres. On a augmenté la garde de la boulangerie pour éviter les gaspillages. La garde de la gauche a vu embarquer de l'artillerie.

Le 19, bombardement et canonnade ordinaires. Un détachement de soixante hommes est parti pour rassembler et conduire au camp toutes les charettes et arnoix (sic) qu'il trouvera dans les environs de Charlebourg.

A 3 heures, un courrier de la pointe aux Trembles nous apprend que les ennemis ont débarqué ce matin à Deschambault et que M. de Bouguainville marche à eux. Dès que M. de Montcalm en a été informé (1), il est venu chez M. de Vaudreuil, est parti quelques minuttes après et a ordonné que trois compagnies de grenadiers et quatre-vingts hommes de Repentinie fassent la plus grande diligence pour le joindre.

A 9 heures du soir, un courrier envoié par le munitionnaire, pour informer M. de Vaudreuil qu'il a fait charger beaucoup de vivres, rapporte que les Anglois mettoient le feu à trois maisons, et se préparoient à se rembarquer, parce que la cavalerie et des détachemens arrivoient.

-----

(1) Montcalm redoutait une irruption anglaise sur nos derrières. A la première nouvelle de leur marche en avant, il s'était posté à Jacques Cartier, et ne revint à Québec que lorsqu'il apprit la retraite des Anglais.

A 10 heures, on a entendu quelques coups de fusil, qu'on a cru tirés sur quelqu'une de nos découvertes. Lassarre, Languedoc et le gouvernement de Québec ont pris les armes et sont rentrés dès qu'on a été assuré qu'il n'y a rien de nouveau. La garde de la gauche a vu embarquer des canons et boulets.

Le 20, toutes les charrettes du camp sont parties pour la pointe aux Trembles (1). M. le marquis de Montcalm, nous apprend qu'il trouva hier en arrivant à la pointe aux Trembles M. de Bouguainville qui y rentrait, qui l'informa que les ennemis se rembarquèrent avec précipitation dès qu'ils aperçurent son avant-garde, qu'ils ont brûlé la maison qui renfermait les équippages des cinq bataillons de troupes de terre et deux autres. Ce général a fait donner six livres et une chemise à chaque soldat en dédommagement de ce qu'ils ont perdu à Deschambault. Les grenadiers et détachemens partis hier sont rentrés à midi. L'ennemi a tiré quelques volées sur la gauche et beaucoup dans la ville.

Le 21, bombardement, canonnade, ravage et incendie de la part de l'ennemi à l'ordinaire. Un courrier d'en bas dit avoir compté cent trente-huit vaisseaux, dont vingt-huit de force depuis le Kamouraska jusqu'à Sainte-Anne, qu'ils envoient des berges brûler et ravager les pays qu'ils abordent. Un sauvage que les Anglais avaient pris et qu'ils gardaient dans une frégatte, s'est sauvé par un sabord. Il raconte qu'on le promenait tous les jours d'un camp à l'autre et qu'on le ramenait le soir dans la frégatte, où il était aux fers et gardé par trois sentinelles.

Le 22, le mauvais temps a ralenti le feu des ennemis. Deux Alle-

---

(1) On ne pouvait plus approvisionner Québec par eau depuis que les Anglais étaient maîtres du Saint-Laurent. Tous les transports de vivres se faisaient donc par voie de terre, et, comme les femmes et les enfants restaient seuls disponibles, c'étaient eux qui faisaient cette rude besogne.

mands désertés le jour que les ennemis débarquèrent à Deschambault disent qu'ils auraient été suivis par plusieurs autres sans la
crainte des sauvages.

Le 23, les charrettes sont revenues chargées de vivres. Nous
apprenons que les Anglais ont voulu revenir à Deschambault, que
quatorze cavaliers les en ont empêchés. Un courrier de Monreal
nous apprend qu'il n'y a rien de nouveau à l'isle aux Noix, dans
laquelle s'est retiré M. de Bourlamaque, ni en haut des rapides.
Que la récolte est belle et commencée. J'ai été à Québec. J'ai
trouvé cette ville détruite de fond en comble dans plusieurs quartiers. A 11 heures du soir, il nous est arrivé quelques batteaux
chargés de vivres, M. de Montcalm a envoié quelques détachemens sur la rive gauche du Sault.

Le 24, les charrettes de l'armée sont parties pour Saint-Augustin. M. de Saint-Laurent est allé porter à bord de la première
frégatte des lettres de M. de Vaudreuil et a fait remettre les effets
de l'officier écossais, mort de ses blessures. La droite a fourni
cent travailleurs à la ville. Feu sur la ville moins vif qu'à l'ordinaire. Les Anglais ont brûlé des maisons à l'Ange-Gardien. Il est
arrivé un convoi de batteaux chargé de vivres et effets nécessaires.

Le 25, le feu des ennemis comme hier. Le commandant de la
ville mande qu'une frégate et une goëlette sont descendus jusqu'à
l'anse des Mers. M. de Ganes, aide-major des Trois Rivières est
arrivé à 4 heures, chargé des paquets qu'on a trouvés sur deux
officiers anglais, conduits par des Loups à travers les bois et que
les Abenakis, auxquels ils se sont confiés, ont menés aux Trois
Rivières, d'où ils ont été transférés à bord d'une frégate. Ces paquets contiennent des lettres du général Amherst qui mande au
général Wolfs, que nos lignes de Carillon lui auraient coûté à forcer,
si nous avions avions eu assez de monde pour les lui disputer.
Qu'il y a perdu soixante-dix hommes ; que deux officiers géné-

raux ont été tués au siège de Niagara (1), qu'il croit que les Français se défendront bien à la rivière Saint-Jean, qu'il est en état de les y attaquer et qu'il attend des nouvelles du succès de ses opérations. La garde de la gauche a vu embarquer de l'artillerie, des planches et autres effets.

Le 26, la goëlette et la frégate descendues sont remontées. M. de Bouguainville mande que les Anglais ont brûlé leur camp de Saint-Antoine, et sont allés camper plus haut. Le courrier de Monreal nous apprend que trois déserteurs anglais, venant de Saint-Frédéric, ont dit à M. de Bourlamaque que le général Amherst a dépêché vers le général Woolfs plusieurs officiers pour le prévenir qu'il compte le joindre incessament. Qu'il a fait construire une galère et quelques batteries flottantes pour venir attaquer l'isle aux Noix. Le munitionnaire est parti pour sa flotte avec plusieurs officiers marchands et beaucoup de matelots. Les volontaires ont arrêté un déserteur de la colonie et en ont tué un qui n'a pas voulu revenir. Un sergent anglais déserteur assure qu'on commence à évacuer le camp du Sault. Qu'on a déjà embarqué la plus grosse artillerie, que sous trois ou quatre jours les troupes passeront dans l'isle d'Orléans; que dans quinze jours l'armée se retirera; que les vaisseaux à trois ponts ont ordre de descendre; que ceux qui sont au-dessus de la ville descendront bientôt; que la brigade Murray a demandé du renfort, qu'on n'a pas voulu lui envoyer, et que le général Woolfs (2) a la fièvre depuis deux jours.

Le 27, canonnade, bombardement et mouvemens ordinaires de

----

(1) Niagara était le plus important de nos postes par sa situation. Sa perte séparait les lacs supérieurs du bas de la province, et refoulait les Français d'un côté jusqu'à Détroit, de l'autre jusqu'à Montréal. L'Ontario était dès lors aux ennemis.

(2) Ces nouvelles n'étaient pas vraies, sauf celle de la maladie de Wolf.

la part des Anglais. M. de Bouguainville mande que les troupes,
qui étaient campées à Saint-Antoine, sont embarquées, que des
Canadiens et sauvages, qu'il a envoyés dans le sud, ont forcé l'arrière-garde à gagner le large promptement et que les vaisseaux
sont encore descendus. A 5 heures, on a vu deux gros vaisseaux
aller de l'isle d'Orléans à la pointe de Levis. Un des deux a appareillé à 9 heures. Les batteries de la ville et celles de l'anse des
Mers ont fait plusieurs décharges sur des vaisseaux qui tentent le
passage. A 11 heures, nous avons appris que cinq ont passé. La
droite a pris les armes et est rentrée à minuit. M. de Montcalm a
envoié deux compagnies de grenadiers et deux piquets dans la
partie de Silleri et de Samos, et a ordonné à toute l'armée de
prendre les armes une heure avant le jour.

Le 28, mauvais temps. Nous avons appris que les bâtimens
passés dans la nuit sont trois frégates et deux senaults, qui sont
mouillés vis-à-vis de Silleri. On a envoyé des tentes et équipages aux troupes qui sont dans cette partie. La ration de pain (1)
a été réduite à trois quarterons, et on donnera tous les matins
aux soldats, Canadiens et sauvages, un misérable d'eau-de-vie.

Le 29, petit feu sur la ville, les vaisseaux qui sont au-dessus
sont mouillés depuis le Carrouge jusqu'à Saint-Augustin, où
M. de Bouguainville s'est porté. Plusieurs officiers mandent que
les derniers vaisseaux passés ont été fort maltraités. Nos batteries
du Sault ont tiré quelques volées sur une goëlette, qui s'est

---

(1) D'après Bigot (Lettre au ministre de la guerre, du 15 octobre
1759), « ce n'a pas été sans des peines infinies que j'avois réussi à faire
subsister notre armée de Québec, qui consommoit par jour au moins
20,000 rations, y compris les familles de sauvages. Je fournissois en outre
à 4,000 ou 5,000 femmes et enfants du peuple de la ville un quarteron
de pain. J'avais d'ailleurs à faire vivre notre armée du lac Champlain et
celle des Rapides. »

échouée dans le chenail de l'isle d'Orléans. Un habitant qui vient du sud dit que les Anglais ont abandonné les camps qu'ils avaient dans cette partie et qu'ils ont embarqué beaucoup de bois. Des sauvages de huit cents lieues d'ici ont demandé à M. de Vaudreuil la permission de retourner chez eux. On a vu beaucoup de mouvement sur la flotte et deux colonnies déboucher du camp de la pointe de Levis. A 11 heures du soir, on a entendu une canonnade considérable dans la partie de Saint-Augustin.

Le 30, nous apprenons par ordonnance de poste en poste, que l'ennemi voulut débarquer hier au soir à Saint-Augustin et qu'il fut repoussé. Le feu sur la ville a été plus fort qu'à l'ordinaire. Les batteries du Sault ont envoyé de la mitraille à nos volontaires. Nos gardes de cette partie ont vu embarquer beaucoup d'ustensiles. Les généraux ont reçu à midi des lettres de M. de Bouguainville qui mande que les vaisseaux firent hier un feu d'artillerie et de mousquetterie très vif sur une petite isle vis-à-vis Saint-Augustin ; que deux soldats et un Canadien qui étaient sur la grue ont été blessés. Un détachement de cent dix volontaires est allé camper à la porte Saint-Jean.

Le 31 (1), on a vu beaucoup de mouvement dans le camp de la pointe de Levis. Il paraît qu'on embarque des troupes dans les bâtimens de transport et que l'ennemi veut abandonner le camp du Sault. M. de Bouguainville mande que les vaisseaux qui étaient vis-à-vis de lui ont levé l'ancre et qu'il les suit. Un courrier du munitionnaire nous apprend que la frégate la *Manon*

---

(1) C'était la grande manœuvre projetée par Wolf qui commençait à être exécutée. Après s'être entendu avec ses lieutenants Murray, Townshend et Mouckton, Wolf avait résolu de se retirer sur la rive gauche du Saint-Laurent, de remonter le fleuve, et de le traverser de nouveau sur la rive droite, afin de porter les opérations au-dessus de Québec. C'était une inspiration de génie, qui lui assura la victoire.

de vingt-six canons s'est perdue sur les battures des Grandines ;
que les vaisseaux anglais sont mouillés à la pointe au Tremble.
A 11 heures du soir, on a tiré quelques coups de fusil du côté de
la ville et les batteries ont fait quelques décharges sur cinq bâtimens qui ont passé. L'armée a pris les armes et est rentrée à
minuit.

Le 1er septembre (1). M. le marquis de Montcalm nous fait dire
que les Anglais sont en mouvement dans le camp du Sault, qu'ils
brûlent en partie. Un courrier de Monreal nous apprend qu'on
est tranquille à l'isle aux Noix, ainsi que sur la frontière de la
Présentation, et que les sauvages sont très bien disposés. M. de
Bouguainville mande qu'il a douze vaisseaux ou frégates vis-à-
vis la pointe aux Trembles, et que les derniers passés sont au
moment de les joindre. Les volontaires de Duprat sont partis
pour la pointe aux Trembles. M. de Montcalm est venu chez M. de
Vaudreuil assister à un grand conseil demandé par les Outaouas
qui veulent retourner chez eux (2). Le feu sur la ville a été plus
vif qu'hier. Un courrier de Monreal porte les dépositions de deux
prisonniers faits auprès de Saint-Frédéric qui disent que les
milices ont demandé au général Amherst la permission de
retourner chez elles ; qu'il la leur a promise dès qu'elles auront
fait le bois nécessaire pour les deux forts ; qu'il y a deux partis
en campagne dans les environs de Chambly (3) ; que nos sau-

---

(1) On reproche, non sans raison, à Montcalm de ne pas avoir profité
de la levée du camp pour inquiéter la retraite des Anglais.

(2) Ce général, qui m'honorait de son amitié, m'a témoigné être fort
occupé des différens mouvemens des Anglais et avoir des pressentimens
fâcheux (Note de Malartic).

(3) Ces allées et ces venues épuisaient les troupes de Bougainville.
D'après Joannès, c'était une manœuvre des Anglais pour être maîtres du
débarquement : « L'ennemi attentif à nos démarches ne songea d'abord
qu'à fatiguer ce corps qui l'observoit ; c'est pourquoi, à l'aide de la marée,

vages envoiés à la découverte ont trouvé les pistes et ont pris un ingénieur sur le lac. A 10 heures du soir, M. de Bouguainville mande que les vaisseaux descendent.

Le 2, le feu sur la ville n'a pas été vif. Les Anglais continuent à embarquer l'artillerie et les équipages du camp du Sault. Une frégate a passé à midi sous nos batteries qui lui ont envoié quelques volées. Un boulet a coulé bas une berge dont il ne s'est sauvé que deux hommes. M. de Montcalm a changé ses dispositions en cas d'attaque. Le général est venu chez M. de Vaudreuil, a dit que les Anglais sont toujours en mouvement dans le camp du Sault, dans lequel il ne reste pas plus de mille hommes. M. de Bouguainville mande qu'il suit les vaisseaux qui sont vis-à-vis de Saint-Michel. L'armée a reçu l'ordre d'être très alerte. Les Anglais ont placé pendant la nuit plusieurs bouées entre la R. de Beauport et la Canardière. Nos canots les ont enlevées sous le feu des frégattes. Ces bouées ont fait parler bien diversement sur leurs projets. Il n'est pas apparent qu'ils en veuillent à cette partie, et on ne s'occupe pas assez des autres (1).

Le 3, une goëlette a passé pendant la nuit du Sault à la pointe de Levis. A la pointe du jour, on a vu quatre-vingts berges chargées de troupes, rassemblées derrière la frégate qui est au-dessus du Sault. M. de Montcalm a détaché un aide-major avec douze

---

il étoit tantôt à six lieues et plus au-dessus de Québec, et à la marée baissante se laissoit dériver jusqu'à un quart de lieue de cette ville. Le corps d'observation suivoit ses mouvements avec une peine et une fatigue extraordinaires. »

(1) Malartic et bon nombre de ses collègues semblent avoir prévu la catastrophe. Pourtant, d'après Bigot (Lettre au ministre de la guerre, du 15 octobre 1759), la manœuvre que tentaient les Anglais était presque désèspérée. « M. Wolf n'avait pas compté réussir; il ne l'avoit fait que pour qu'il fût dit qu'il avoit tenté de descendre au-dessus de Québec, et qu'il ne devoit sacrifier que son avant-garde, qui était de 200 hommes ; que si on eut tiré dessus, ils se rembarquoient tous. »

grenadiers pour aller reconnaître le camp ennemi et faire tirer
quelques coups de fusil dedans. Les hommes qui y étaient restés
étaient ventre à terre derrière les retranchemens. Ils se sont
levés à l'approche de notre détachement, ont mis le feu au camp
et sont descendus pour s'embarquer. On a apperçu beaucoup de
mouvement dans le camp de la pointe de Levis, des troupes
s'embarquant dans des berges qui allaient se ranger derrière les
vaisseaux. Les troupes ont pris les armes à 10 heures et sont
rentrées à midi. M. de Montcalm est resté avec six cents hommes
dans les retranchemens de la gauche pour voir la retraite des
Anglais qui, vers une heure, ont fait filer leurs berges en ran-
geant la terre de l'isle d'Orléans. Nous avons tiré dessus plus de
deux cents coups de canon ; plusieurs ont bien porté. A 3 heures,
on a vu un camp de deux bataillons dans l'île d'Orléans et un de
trois derrière les batteries de la pointe de Levis. Des Canadiens
et sauvages ont passé le Sault et sont entrés dans le camp
anglais. Ils en ont rapporté quelques barils de farine et de ris.
Les compagnies de grenadiers et piquets qui étaient séparés de
leurs corps sont revenus. Les vaisseaux sont vis-à-vis Saint-
Michel. Six cents hommes du gouvernement de Monreal sont
venus camper à la droite de celui de Québec. On a renforcé la
garnison de la ville.

Le 4, M. de Montcalm est allé visiter le camp anglais qu'il a
trouvé bien retranché. A son retour, il a envoié le régiment de
Guienne à la droite, très près des ponts, la réserve de Repentinie dans le camp que quitte Guienne, R. Roussillon sur le plateau de l'église de Beauport, quatre cents hommes du gouvernement de Monreal à la gauche et cent quatre-vingts hommes aux
guets, et il est venu s'établir dans la maison de Salaberri, après
avoir formé une chaîne de postes depuis le Sault jusqu'à la ville.
M. de Bouguainville, qui est venu passer une heure au quartier
général, dit que les vaisseaux font des manœuvres qui indiquent

qu'ils veulent descendre. Le courrier de Monreal nous apprend
qu'on est tranquille au haut des Rapides et à l'isle aux Noix. Les
prisonniers disent que le général Amherst fait construire des
barques et des batteaux en état de porter du canon, et un fort
sur le rocher de Saint-Frédéric en état de contenir deux mille
hommes, et qu'il fait achever celui de Carillon ; qu'on construit
un grand fort sur la R. de Choueguen.

Le 5, le commandant de la ville mande que pendant la nuit on
a entendu passer quarante berges. Feu sur la ville des plus vifs.
M. de Bouguainville mande qu'il y a beaucoup de mouvement
sur la flotte ; qu'il y a beaucoup de berges derrière les vaisseaux
qui vont et viennent. M. de Montcalm est venu dans la
minute chez M. de Vaudreuil, a envoié à M. de Bouguainville la
compagnie de grenadiers et un piquet de Guienne, et ordre à
tous les postes de se porter à lui suivant les circonstances. A
2 heures, on a apperçu une colonne qu'on a jugée de deux mille
cinq cents hommes gagner les hauteurs de la pointe de Levis et le
chemin de la rivière des Etchemins. On a fait partir sur-le-champ
quatre piquets pour le Carrouge, et on a battu la générale pour
rassembler les soldats. Guienne a reçu ordre de se porter par
piquets sur les hauteurs d'Abraham (1). On a vu des voitures
arriver au camp d'où sortent les ennemis, et y charger des tentes.
A 6 heures, nous avons entendu battre l'assemblée dans le camp
de la pointe de Levis. Un vaisseau a tiré quatre coups de canon.
On a vu et entendu beaucoup de berges aller de l'isle d'Orléans
à la pointe de Levis. Courrier de M. de Bouguainville qui mande
que la colonne a passé la rivière à 5 heures ; que neuf vaisseaux
rangent beaucoup le sud ; que beaucoup de berges sont entrées

---

(1) Les hauteurs d'Abraham couvraient Québec à l'ouest. Elles n'étaient
pas fortifiées.

dans la R. du Sault à la Chaudière. A 11 heures, la réserve de Repentinie est allée se poster près de la porte Saint-Jean. Il a plu toute la nuit.

Le 6, continuation de pluie. Les troupes ont été fort alertes et ont travaillé à quelques retranchemens. M. de Bouguainville mande que les vaisseaux sont vis-à-vis de Sillery ; qu'il n'y a pas de troupes dessus, et qu'il n'en voit plus à terre. Il y a apparence qu'elles sont rentrées pendant la nuit dans le camp. Le régiment de Guienne est rentré, ainsi que la réserve de Repentinie. On a apperçu un nouveau camp sur la gauche des batteries de la pointe de Levis. A 3 heures, on a vu défiler une colonne de douze cents hommes. M. de Bouguainville donne avis qu'il y a du mouvement dans la flotte, qu'il y a des troupes dans les berges et qu'il les observe. A 6 heures, un esquif parti de la pointe de Levis a passé sous les batteries de la ville qui lui ont envoié quelques volées, qui ne l'ont pas empêché de faire route. A 7 heures, quatre compagnies de grenadiers ont eu ordre de se poster à la fourche des chemins de Samos et de Silleri. Les Anglais ont brûlé beaucoup de maisons dans l'isle d'Orléans. Feu sur la ville moins vif qu'hier.

Le 7, M. de Bouguainville mande que quelques vaisseaux ont dérivé à la fin de la marée et que les autres sont vis-à-vis de Silleri. On a fait partir des charrettes chargées d'outils pour Saint-Augustin et on a envoié aux compagnies de grenadiers et aux piquets des marmittes. A midi, nous avons appris que les vaisseaux montent et qu'il y en a vis-à-vis le Carrouge. A 6 heures, on a vu beaucoup de berges traverser de l'isle d'Orléans à la pointe de Levis. A 9 heures, on a entendu les Anglais crier : Hurrah ! sur les vaisseaux et nous avons vu une grande quantité de berges en avant des vaisseaux. Les patrouilles d'eau en ont donné avis. Toutes les troupes se sont portées aux retranchemens. M. de Bouguainville mande qu'une frégatte et un senault se sont présentés à l'entrée de la R. du Carrouge et que nos chaloupes canonnières les ont forcés de s'éloigner ; que les berges ont fait le simulacre de vouloir aborder et qu'on était disposé à les recevoir.

M. de Rumigny, capitaine dans Lassarre, mande de Silleri qu'il a fait passer dans le sud son lieutenant avec trente hommes qui ont ramené sept chevaux d'une troupe de cinquante qu'ils ont rencontrée ; que les Anglais n'ont point d'établissement entre la R. des Etchemins et du Sault à la Chaudière ; qu'il n'y a dans cette partie que des postes de quatre-vingts hommes chacun.

Le 8, M. de Montcalm avait ordonné de faire rentrer les troupes à 2 heures du matin, mais les patrouilles d'eau n'étant pas d'accord sur l'état des berges, il a décidé qu'elles resteront derrière les retranchemens jusqu'au grand jour. Il a plu toute la nuit. A 3 heures, la ville a fait un grand feu sur des vaisseaux qui veulent monter à la faveur du brouillard. A 8 heures, on a appris qu'il en a passé quatre qui font route vers le Carrouge. M. de Bouguainville écrit qu'ils sont tous mouillés dans cette partie. Le feu sur la ville a été vif.

Le 9, il a plu toute la journée. M. de Bouguainville mande que trois vaisseaux et huit berges sont montées à la pointe aux Trembles ; qu'un autre, avec quelques berges, est descendu à Silleri, et que les autres sont vis-à-vis de lui ; qu'ils ont manœuvré de façon à persuader qu'ils voulaient faire un débarquement et qu'ils ont viré de bord pour mettre dans le sud des détachemens qui y font des ravages.

Le 10, canonnement et bombardement à l'ordinaire. M. de Bouguainville mande que les Anglais ont à Saint-Nicolas un camp qui n'est pas considérable. Il a plu tout le jour.

Le 11, les ennemis se sont dédommagés du mauvais temps en redoublant leur feu sur la ville ; ils ont brûlé beaucoup de maisons et granges dans l'isle d'Orléans. M. de Bouguainville écrit

que les vaisseaux sont dans la même position au Carrouge ; que
ceux qui étaient montés à la pointe aux Trembles sont descendus.
Beaucoup de sauvages sont partis pour retourner chez eux. Le
courrier de Monreal nous apprend que M. le chevalier de Levis
est allé à l'isle aux Noix (1), et que la récolte sera bientôt faite
dans ce gouvernement.

Le 12, canonnement et bombardement ordinaires. M. de Bouguainville écrit que les vaisseaux descendent. On a averti à
l'ordre que des batteaux chargés passeront sous plusieurs postes ;
qu'il faut les reconnaître de façon à n'en pas donner connaissance
à l'ennemi. On a fait enlever quelques bouées que les Anglais
avaient mises entre la R. de Beauport et la Canardière.

Le 13, les patrouilles d'eau ont averti, à une heure après
minuit, qu'elles ont entendu beaucoup de berges filer du côté de
la ville. A 2 heures, les troupes ont reçu ordre de se rendre aux
retranchemens. A la petite pointe du jour, nous avons entendu
le canon de Samos et quelques décharges de mousqueterie dans
la partie de l'anse des mers. Le régiment de Guienne a reçu
ordre d'envoier deux piquets sur la côte d'Abraham et une demi-
heure après d'y marcher en entier.

M. de Montcalm s'est établi à la Canardière. On est venu lui
rendre compte que l'ennemi a débarqué entre le Foulon (2) et

---

(1) L'île aux Noix se trouvait sur le Richelieu, presque à la sortie du
lac Champlain. Elle était défendue par un fort, le premier d'une chaîne
de cinq citadelles qui couvraient Montréal (Saint-Jean, Chambly,
l'Assomption, Richelieu).

(2) Le poste de l'Anse au Foulon ne se gardait pas. L'officier qui le
commandait fut pris dans son lit. C'était Vergor-Duchambon, capitaine
des troupes de la marine, ami intime de Bigot, le même qui avait déjà
rendu sans combat le fort de Beauséjour, et Bigot, dans sa lettre au ministre de la guerre (15 octobre 1759), cherche à l'excuser : « On laissa
passer les Anglois sans les reconnaître. Les officiers qui commandaient
ces postes le firent dans la persuasion où ils étaient, que c'étaient des

l'anse des Mers. Le général a ordonné d'y envoier un piquet par
bataillon et 600 hommes de Monreal. Il les a suivis de près, laissant
M. de Senesergue, brigadier lieutenant-colonel de Lassarre, dans
la partie de Beauport, lui a ordonné de le faire suivre par le gouvernement des Trois Rivières, et 100 hommes de celui de Québec, de lui
envoier le régiment de Lassarre, dès que 400 hommes de M. Leborgne seront arrivés. Il a envoié du pont une ordonnance pour
faire marcher en diligence Lassarre, Languedoc, et les 400 hommes de M. Leborgne. Deux minutes après une autre ordonnance
a porté ordre de marcher à Béarn, qui, chemin fesant, a rencontré le major général qui lui a dit que les Anglois sont en bataille
vis-à-vis de la ville, qu'il va chercher R. Roussillon et d'autres
troupes, et de suivre la route des autres régiments pour se porter
sur les hauteurs les plus près de la ville.

Il y est arrivé à 9 heures, s'est placé entre Languedoc et
Guienne. R. Roussillon les a joints une demi-heure après, et a
pris la gauche. Quelques pelotons de soldats de la Colonie et des
Canadiens se fusilloient avec les Anglois derrière des fredoches (?)
et pierres, qui étoient en avant des deux armées. Les Anglois, qui
avoient des canons de campagne, nous incommodoient fort par
leur mitraille. On nous en a envoié à 9 heures 1|2 deux de la ville
qui ont été placés à la droite. Ils y ont fait quelques décharges.
Le reste du gouvernement de Québec est arrivé à la même heure.
M. de Montcalm a parcouru le front de l'armée composé de

---

bateaux plats chargés de nos vivres, que le commandant de place avoit
ordonné le soir même de laisser passer... Les Anglois étant parvenus
devant une côte escarpée... qu'ils avoient sans doute reconnue pour
n'être point gardée, y montèrent et furent attaquer par derrière un de
nos postes, qui gardoit une rampe qui conduisoit jusques au bord de
l'eau. L'officier de ce poste reçut plusieurs blessures, mais il fut fait prisonnier avec son détachement. »

2,500 hommes, a demandé aux soldats s'ils étoient fatigués, a observé les mouvemens des ennemis. Ayant vu qu'ils se renforçoient et craignant qu'ils ne tournent notre droite, il a ordonné de marcher à eux (1).

Les régiments se sont portés en avant de bonne grâce. Ils n'ont pas eu fait cent pas que les Canadiens qui formoient le second rang et les soldats du troisième ont fait feu sans aucun ordre, et suivant leur usage ont mis ventre à terre pour recharger. Cette fausse manœuvre a rompu tous les bataillons. La plus part des soldats du premier rang ont été tués ou blessés par les décharges qu'ils ont essuiées des Anglois postés sur une élévation (2). Ceux qui avoient mis ventre à terre, après s'être relevés, ont fait demi-tour à droite, ont gagné le chemin de la ville, et sont entrés dans le faubourg sans qu'il aye été possible de les rallier. M. de Montcalm blessé au bas ventre et à la cuisse s'est fait porter dans la ville.

Le major général a ordonné que les troupes bordent la clôture du faubourg; un quart d'heure après à chaque bataillon d'envoier un piquet dans la ville et que le reste de l'armée gagne les ponts.

---

(1) C'était une grosse faute stratégique. Montcalm n'avait encore à sa disposition que la moitié de ses soldats. Malgré l'ordre positif de Vaudreuil qui lui mandait d'attendre pour commencer qu'il eût réuni toutes ses forces, malgré l'avis contraire de son major général, le chevalier de Montreuil, il craignit que les Anglais ne se retranchassent dans leurs positions, et, emporté par une funeste précipitation, donna l'ordre de les attaquer. Voir lettre de Montreuil au ministre de la guerre, 22 septembre 1759 (Dépôt de la guerre, vol. 3,540, pièce 98) : « Quoique je regardois (sic) M. de Montcalm trop lumineux pour oser lui donner aucun conseil, je pris cependant la liberté de lui dire, avant qu'il eût donné l'ordre du combat, qu'il n'étoit pas en état d'attaquer les ennemis, vu le petit nombre de son armée. »

(2) Wolf, qui savait qu'en cas de défaite la retraite était impossible, avait ordonné à ses hommes de mettre deux balles dans leurs fusils et de ne tirer que lorsque les Français seraient à vingt pas.

M. le marquis de Vaudreuil qui avant la déroute étoit venu sur la hauteur a fait remonter les Canadiens (1) qui, après s'être fusillés quelques moments avec les Anglois, ont été forcés de se retirer. Les régiments de Guienne, Languedoc et Béarn se sont formés devant le moulin (2) pour laisser passer sur les ponts les gouvernemens de Québec, Monreal et Trois Rivières. Ils les ont passés ensuite ayant été remplacés par Lassarre et R. Roussillon. Ils sont entrés dans la redoute, l'ont bordée et ont fourni des travailleurs pour rompre le second pont et délayer les poudres, qui étoient dans la grange du moulin. A midi Lassarre et R. Roussillon ont passé le pont et sont allé se former sur le grand chemin. Les commandans de bataillon et les premiers capitaines ont eu ordre de se rendre chez M. de Vaudreuil qui veut assembler un Conseil de guerre pour décider le parti à prendre.

Les cinq bataillons, surtout Lassarre et Guienne, ont été fort maltraités. Dans Béarn MM. de Tignes et Maubeuge, capitaines, ont été tués, Figuiery et Tourville capitaines blessés, Malartic a eu un cheval tué sous lui et plusieurs balles dans son habit. Le Conseil de guerre a décidé (3) que l'armée se retirera

---

(1) Vaudreuil rallia les Canadiens entre les postes Saint-Jean et Saint-Louis, et, par un feu très nourri, arrêta quelque temps la poursuite.

(2) Ils ne battirent en retraite qu'après avoir fait éprouver de grandes pertes aux vainqueurs, un bataillon écossais, assailli par eux sur le coteau de Sainte-Geneviève, perdit en cette occasion les deux tiers de son effectif.

(3) Cette décision était au moins prématurée. Vaudreuil, Bigot et Bougainville auraient voulu tenter une seconde fois la fortune des armes : les officiers furent d'un avis contraire. Montcalm, qui vivait encore, se contenta d'exposer les décisions à prendre, se battre, capituler ou se replier, mais ne donna pas d'avis formel. Voir lettre de Bigot au ministre de la guerre : « Il pensoit qu'on pouvoit rattaquer le lendemain à la pointe du jour, en rassemblant toutes nos forces, tant celles de M. de Bougainville, qui étoient les meilleures et qui n'avoient point donné, qu'une par-

derrière la rivière de Jacquartier. Les régiments sont rentrés au camp après une heure, ont laissé au pont une garde de 60 hommes; un appel exact a constaté que beaucoup d'officiers, de soldats et de Canadiens ont été tués ou faits prisonniers. A 5 heures les troupes ont pris des vivres en farine et viande. Il a été dit à l'ordre de laisser le camp tendu, de ne porter que les tentes absolument nécessaires.

L'armée s'est mise (1) en marche à 9 heures, sur une seule colonne, dans l'ordre suivant : le gouvernement de Québec, 600 hommes de celui de Monreal, le gouvernement des Trois Rivières, la brigade de Lassarre formée par les cinq bataillons, l'artillerie et les équipages escortés par la garde du pont. Elle a pris le chemin de Charlesbourg, où elle a passé à 3 heures du matin le 14. Elle (2) a continué sa route; elle a fait halte à 6 heures à Lorette. Il y a manqué beaucoup de monde, parce que on a marché trop vite la nuit. A midi elle a fait une autre halte à la Cense des Pauvres, et elle est arrivée à 5 heures à la pointe aux Trembles, où elle a été logée dans des granges. Nous avons appris que M. de

---

tie de celles de la ville et de notre camp. J'étois aussi de cet avis ; mais tous les officiers du conseil insistèrent sur la retraite à faire à Jacques Cartier. »

(1) Le mouvement de retraite se fit avec une telle précipitation qu'on abandonna non seulement les tentes, mais encore les munitions et dix jours de vivres. Voir lettre de Bigot au ministre de la guerre (15 octobre 1759) : « nous abandonnions une grande partie des tentes et équipages de l'armée et dix jours de vivres que j'avois eu bien de la peine à faire venir en charrettes, parce qu'ils ne pouvoient. nous parvenir par eau qu'avec beaucoup de risques. »

(2) Ce mouvement était fatal de toutes manières. Québec était abandonné, et l'armée exposée à l'anéantissement, puisque les miliciens désertaient en masse pour rejoindre leurs familles ou sauver leur récolte.

Montcalm est mort (1) à 4 heures du matin, et que les Anglois ne sont pas encore à Beauport.

Le 15 l'armée est partie à la pointe du jour. Elle a été arrêtée longtems sur la rive gauche de Jacquartier, parce que le pont, qui s'étoit rompu il y a quelques jours, n'étoit pas encore réparé. Elle l'a passé à midi et a été logée dans les granges qui bordent la rive droite.

Le 16 l'armée s'est reposée. Beaucoup de traîneurs ont joint. M. de Vaudreuil a eu des nouvelles de M. de Bouguainville qui est à Saint-Augustin. Il en a aussi reçu de Québec. Il a fait partir un convoi de vivres par terre et par eau pour cette ville.

Le 17 plusieurs hommes restés derrière ont joint. M. le cheva-

---

(1) C'est à cette sèche indication que se borne l'expression des regrets de Malartic. Aussi bien il semble n'avoir éprouvé qu'une sympathie médiocre pour Montcalm. Il lui préférait de beaucoup Lévis. Ses compagnons d'armes ne pensaient pas comme lui. « Je ne me consolerai jamais de la perte de mon général, écrivait un officier français. Qu'elle est grande pour nous, et pour ce pays, et pour l'Etat ! C'était un bon général un citoyen zélé, un ami solide, un père pour nous tous. Il a été enlevé au moment de jouir du fruit d'une campagne que M. de Turenne n'aurait pas lui-même désavouée. Tous les jours je le chercherai, et tous les jours ma douleur sera plus vive. » — Cf. lettre de Bernier, commissaire des guerres, au ministre de la guerre : « M'est-il permis de finir en jetant encore quelques larmes sur la tombe de M. le marquis de Montcalm ? La colonie en pleurs en ressentira longtemps la perte. Le militaire a perdu un protecteur zélé qui lui faisait trouver des charmes dans les plus grandes fatigues par le désir de mériter son éloge. » Mémoires du capitaine Pouchot : « La pureté des intentions de Montcalm et son désintéressement égalèrent toujours sa valeur. » Voici le beau portrait que l'historien Américain Bancroft trace de Montcalm : « Infatigable au travail, juste, désintéressé, toujours rempli d'espérance et quelquefois jusqu'à la témérité, sage dans les conseils, actif dans l'action, c'était une source continuellement jaillissante de hardis projets. Sa carrière du Canada fut une admirable lutte contre une inexorable destinée. Il supportait avec une égale patience la faim et le froid, les veilles et les fatigues. Plein de sollicitude pour ses soldats, il ne pensait pas à lui. Souvent il apprit aux sauvages à s'oublier et à tout souffrir et au milieu d'une corruption générale, il ne rechercha jamais que l'intérêt de la colonie. »

lier de (1) Levis est arrivé à 10 heures. Son retour a répandu la joie. Il a annoncé pour demain un mouvement en avant, disant que, quoiqu'on perde une bataille, il ne faut pas abandonner 10 lieues de pays. M. de Bouguainville s'est replié sur la pointe aux Trembles et M. de Repentinie sur la vieille Lorette. Beaucoup de Canadiens ont déserté, et presque tous les sauvages ont repris le chemin de leurs villages. M. de Levis a fait partir pour Sainte-Anne une garde à laquelle il a ordonné de ne laisser passer personne sans permission.

Le 18 l'armée (2) a pris des vivres pour deux jours, la ration composée de cinq quarterons de pain fait avec de la farine dont on n'a pas extrait le son, et d'une demie livre de viande. Elle a passé la rivière de Jacquartier et a campé à la pointe aux Trembles.

---

(1) Lévis était en effet fort estimé par les soldats aussi bien que par les officiers. Voir à la fin du présent volume l'appréciation générale que donne Malartic de la campagne. Voici la lettre par laquelle il annonçait au ministre de la guerre sa prise de possession du commandement : « Au camp de Saint-Augustin, le 24 septembre 1759. C'est avec la plus vive douleur que j'ai l'honneur de vous rendre compte de la perte de M. le marquis de Montcalm qui est mort de ses blessures le 14 de ce mois. Il emporte tous les regrets de l'armée et les miens. Lorsque cette fâcheuse nouvelle m'est parvenue, j'étais sur les frontières des pays d'en haut dont la défense m'était confiée. Je les quittai tout de suite pour venir le remplacer. Vous connaissez, Monseigneur, quels étaient son zèle et ses talents. Je ferai mes efforts pour suivre ses traces, et mériter les grâces du Roi, vos bontés et votre protection. »

(2) Lévis avait résolu de se porter au secours de la garnison de Québec, et de reprendre l'offensive. C'était en effet la manœuvre qui convenait aux circonstances (Voir la relation de Joannès), mais la garnison de Québec était mal disposée. D'après Joannès « la plupart des miliciens et matelots étaient de la plus mauvaise volonté. Les mauvais propos que les officiers de ces troupes tenoient m'avoient emporté au point de tomber sur deux de ces officiers à coups d'épée. Ils ne menaçaient de rien moins que d'abandonner leurs postes et de les faire abandonner à leurs troupes. Plusieurs s'étoient même déjà évadés et avoient déserté. » Voir lettre de Lévis au maréchal de Belle-Isle (1er novembre 1759) : « Je pris la

M. de la Roche Beaumont (1) mande qu'il s'achemine vers Québec avec la cavalerie, qui porte 60 quintaux de biscuit. M. de Bouguainville s'est porté à Saint-Augustin, et M. de Repentinie au pont de Lorette.

Le 19 le bruit court que la ville a capitulé (2). L'armée s'est mise en marche à 6 heures. M. Daubrespy (3), capitaine dans Béarn, qui vient de Québec nous apprend que cette place a capitulé hier aux conditions suivantes (4); que la garnison sortira

---

résolution pour réparer la faute qu'on y avoit faite, d'engager M. le marquis de Vaudreuil à faire remarcher l'armée au secours de cette place. Je lui représentai que c'étoit le seul moyen pour empêcher l'évasion entière des Canadiens et des sauvages, qui se retiroient chez eux, et de ranimer en même temps le courage de tout le monde ; qu'en marchant en avant, nous ramasserions beaucoup de traîneurs, que les habitants de Québec rejoindroient l'armée, etc. »

(1) La garnison de Québec n'avait pas de vivres; c'est pour lui en porter que La Roche-Beaucourt avait été envoyé en avant avec la cavalerie.

(2) Dès le 15 septembre le gouverneur de Québec, de Ramezay, avait tenu un conseil de guerre où se trouvèrent un lieutenant-colonel et 13 capitaines ; à l'unanimité moins une voix, celle de M. Fiedmont, on vota la capitulation. Les habitants de Québec ayant à leur tête Jean Panet, notaire et procureur du roi, et Jean Taché, syndic des marchands, firent parvenir à Ramezay une requête pour lui demander avec instance de capituler.

(3) Daubrespy avait pris part au conseil de guerre du 15 septembre.

(4) Voici les principaux articles de la capitulation signée le 18 septembre par de Ramezay et le brigadier Townshend. — I. La garnison de la ville composée des troupes de terre, des marins et matelots, sortira de la ville avec armes et bagages, tambour battant, mèche allumée, avec deux pièces de canon de fonte et douze coups à tirer par chaque pièce, et sera embarquée le plus commodément possible pour être mise en France au premier port. — II. Les habitants seront conservés dans la possession de leurs maisons, biens, effets et privilèges. — III. Lesdits habitants ne pourront être recherchés pour avoir porté les armes à la défense de la ville, attendu qu'ils y ont été forcés, et que les habitants des colonies de deux couronnes y servent ces milices. — V. Lesdits habitants ne seront point transférés ni tenus de quitter leurs maisons, jusqu'à ce qu'un traité définitif entre S. M. très chrétienne et S. M. britannique ait

avec les honneurs de la guerre, deux canons et un mortier, pour
être tout de suite embarquée et ramenée en France, qu'il ne sera
fait aucun tort aux habitans pour avoir pris les armes pour la
défense du pays, y ayant été forcés, et les sujets des deux rois
étant miliciens, qu'on veillera à la conservation des effets des
absens, qu'il sera mis des sauvegardes aux maisons principales,
lorsqu'on livrera les portes de la ville, qu'il sera permis aux
catholiques de suivre publiquement les exercices et usages de
leur religion, que si Monseigneur l'évêque désire de rentrer dans
la ville, il en sera le maître. MM. de Vaudreuil et de Levis ont
désapprouvé cette capitulation, vu que la ville ne manquait pas
de vivres (1), puisque la cavalerie y était entrée avant la capitulation, et que le général avoit mandé au commandant qu'il venoit
à son secours (2), et que l'ennemi n'avoit pas encore établi de

---

réglé leur état. — VI. Libre exercice de la religion Romaine, sauvegarde
accordée à toutes personnes religieuses ainsi qu'à Monseigneur l'évêque,
qui pourra venir exercer librement et avec décence les fonctions de son
état, lorsqu'il le jugera à propos, jusqu'à ce que la possession du Canada
ait été décidée entre S. M. Britannique et S. M. très chrétienne.

(1) D'après le procès-verbal du Conseil de guerre du 15 septembre il
ne restait, en vivres de toute espèce, que 15,000 à 16,000 rations, pour
nourrir 2,200 combattants, 2,600 femmes et enfants, 1,000 à 1,200 non
combattants.

(2) Pourtant de Vaudreuil, avant de quitter le camp de Beauport, avait
envoyé cette note à Ramezay : « Nous prévenons M. de Ramezay qu'il
ne doit pas attendre que l'ennemi l'emporte d'assaut. Ainsi, sitôt qu'il
manquera de vivres, il arborera le drapeau blanc et enverra l'officier de
la garnison le plus capable et le plus intelligent pour proposer la capitulation. » Ramezay avait néanmoins abusé de la permission d'être faible.
Il avait avis de la prochaine arrivée de Lévis. Il avait même déjà reçu
quelques uns de ses cavaliers. Il aurait dû, comme le lui conseillèrent
Joannès et Fiedmont, se renfermer dans la haute ville et résister à outran-
ce, mais, ainsi que l'écrit Joannès, « cet officier, qui n'a jamais vu la
guerre que dans un bois, ignorait la façon de défendre un poste ; il y a
du moins lieu de le présumer, car il n'acquiesça pas à cet avis, et il se
retrancha sur les ordres qu'il avait de M. le Marquis de Vaudreuil de ne
pas risquer à se laisser emporter l'épée à la main. »

batterie. L'armée a campé auprès du calvaire de Saint-Augustin, et M. de Bouguainville est allé occuper le pont et les environs de Lorette.

Le 20 l'armée a séjourné. Les vivres qu'on attendoit n'ont pas pu arriver à cause du mauvais tems et des mauvais chemins. Une partie de l'armée a été obligée d'en aller chercher à plus de trois lieues par des chemins peu pratiqués, et l'autre les a reçus en farine. Plusieurs particuliers arrivans de Québec se louent des bons traitemens des Anglois (1). Le courrier de Monreal nous apprend que tout est tranquille dans les pays d'en haut, que les Anglois ont demandé à un de nos officiers qui est allé à Saint-Frédéric s'il leur portoit nouvelles de la paix, qu'ils ont tenté inutilement de brûler une de nos barques.

Le 21 l'armée s'est retiré sur la pointe aux Trembles et M. de Bouguainville sur Saint-Augustin. On a donné des vivres pour 2 jours.

Le 22 l'armée a séjourné, a fourni aux habitans des travailleurs pour les aider à couper leur récolte. Quelques officiers et négociants venus de Québec disent que les Anglois (2) mettent beaucoup d'artillerie dans la ville, qu'ils relèvent les murs (3), réparent les plus grandes maisons, qu'ils comptent y laisser une garnison de 4,000 hommes, y faire hiverner un vaisseau et 3 fré-

---

(1) Les Anglais en effet, résolus à conserver à tout prix le Canada, cherchaient à s'attirer les sympathies de leurs futurs sujets.

(2) La grande armée anglaise était partie pour Louisbourg, mais le général Murray avait été laissé à Québec avec une garnison de 8,000 hommes.

(3) Les Anglais s'étaient décidés à prendre leurs quartiers d'hiver à Québec. Aussi avaient-ils relevé environ 500 maisons : Ils nivelèrent les redoutes élevées dans la plaine d'Abraham, en élevèrent d'autres sur le sommet de la falaise qui borde le Saint-Laurent, et couvrirent de canons les remparts déjà existants :

gattes. Nous avons retiré les munitions que nous avions laissées à Saint-Augustin. On a donné à l'armée de la viande pour un jour.

Le 23 l'armée a séjourné et fourni des travailleurs pour les récoltes.

Le 24 l'armée est revenu à Jacquartier. Les régiments de R. Roussillon et Guienne ont campé sur la rive droite de la R. de Portneuf, ceux de Lassarre, Languedoc et Béarn avec les gens de Québec et des Trois Rivières sur la rive gauche du fleuve, le gouvernement et la ville de Monreal sur la rive droite de Jacquartier (1).

Le 25 l'armée a été occupée à s'établir et se barraquer. On a donné quelques tentes et quelques marmites.

Le 26 les ingénieurs ont tracé les ouvrages que M. de Levis veut faire faire sur la pointe de Jacquartier. On a fait partir des malades et quelques batteaux pour aller chercher des munitions et rafraîchissemens. Plusieurs négociants venant de Monreal ont passé pour aller à Québec.

---

(1) Lévis, avec les débris de ses régiments, prenait une grande responsabilité, en établissant ainsi ses quartiers d'hiver en face des Anglais. On ne croyait pas à la possibilité de la résistance. Ainsi que l'écrivait Raynal « personne n'imaginait qu'une poignée de Français qui manquaient de tout, à qui la fortune semblait interdire jusqu'à l'espérance, pussent songer à retarder une destinée inévitable. » Lévis lui-même était fort découragé. Voici sa lettre du 1er novembre au maréchal de Belle-Isle : « Il faut convenir que nous avons été bien malheureux. Au moment où nous devions espérer de voir finir la campagne avec gloire, tout a tourné contre nous... Je ferai tous mes efforts pour soutenir cet hiver le reste de cette malheureuse colonie, et attendre les secours qu'il plaira à sa Majesté de nous envoyer dans les premiers jours du mois de mai. Si le roi ne juge pas devoir nous donner des secours, je dois vous prévenir qu'il ne faut plus compter sur nous à la fin du mois de mai. Nous serons obligés de nous rendre par misère, manquant de tout, il nous restera du courage, sans aucune ressource pour le mettre en usage. »

Le 27 on a commencé les ouvrages. Les régiments ont fait des fascines et des rames. Un de nos chirurgiens venant de Québec dit que les Anglois font difficulté de laisser sortir les officiers et soldats que nous avons laissés à l'hôpital (1), voulant les garder comme prisonniers malgré le cartel.

Le 28, on a continué à faire des fascines et on a fourni deux cents travailleurs qui ont commencé un ouvrage à corne, qui coupe la pointe de Jacquartier. M. de Vaudreuil a reçu des passeports pour pouvoir envoier à Québec des officiers traiter l'échange des prisonniers, et faire descendre deux goëlettes pour embarquer l'équipage des officiers. Un courrier de Monreal nous apprend qu'on a pris près de la Présentation un officier anglois et huit soldats partis depuis quelque tems de Saint-Frédéric avec ordre de remonter ladite R. au Sable, pour se rendre dans les environs de la Présentation, les bien reconnoitre et d'envoyer ensuite la moitié de son détachement à Choueguen, rendre compte au général Guech (2) de ses reconnoissances et revenir avec le reste à Saint-Frédéric informer le général Amherst, qui se propose de venir attaquer l'isle aux Noix. Un second courrier de Monreal nous apprend qu'un parti anglois a débarqué dans la baie de Missisconi.

Le 29, M. de Vaudreuil et l'intendant sont partis pour Monreal. Trois officiers et trente soldats blessés sont arrivés de l'hôpital de Québec. M. de Bouguainville qui doit aller traiter de l'échange des prisonniers, est venu prendre les ordres de M. de Levis. Le nombre des travailleurs a été augmenté. Les régiments ont fourni beaucoup de fascines et piquets. Les batteaux envoiés à la flotte chercher les munitions, sont revenus ne portant rien.

---

(1) L'hôpital général, sur les bords de la rivière Saint-Charles, était alors encombré de près de 1200 blessés ou malades des deux nations.

(2) C'est le général Gages.

Le 30, M. le chevalier de Montreuil est allé prendre le commandement des troupes de M. de Bouguainville. Le nombre des travailleurs a été augmenté. Le trésorier est parti pour Monreal. M. l'intendant mande de ne donner des lettres de change que pour les troupes et le munitionnaire. La garde laissée à l'hôpital de Québec est revenue.

Le 1er octobre, on a augmenté le nombre des travailleurs.

Le 3, assemblée de tous les commandans de bataillon chez M. de Levis, pour y prendre des arrangemens relatifs aux finances (1). Retour de M. de Bouguainville que les Anglois ont été surpris de voir arriver et qu'ils ont été tentés de retenir comme prisonnier. Ils ne veulent pas suivre le cartel et regardent comme prisonniers les malades et blessés restés à l'hôpital.

Le 4, travaux ordinaires. Des Canadiens nous ont mené vingt bœufs qu'ils ont enlevés dans le faubourg de Québec.

Le 7, Malartic est parti par ordre du général, d'après la demande des cinq bataillons, pour aller à Monreal demander des lettres de change (2) pour la subsistance des troupes de terre depuis le 1er mai jusqu'au 1er novembre et travailler à l'établissement des quartiers des sept bataillons, qui hiverneront dans le gouvernement de Monreal. Il est arrivé le 9, a trouvé les chemins fort mauvais et appris que l'intendant avait été forcé de donner des lettres de change aux négocians, d'après les justes représentations qu'ils lui ont faites. On a battu un ban pour pré-

---

(1) Les finances canadiennes, grâce aux malversations de Bigot et de sa bande, étaient dans un déplorable état. Lire à ce propos BEAUDOUIN DE GUÉMADEUC, l'*Espion dévalisé*, Londres, 1782. De 1755 à 1760 le gouvernement dépensa 104 millions pour le Canada, sur lesquels, en 1764, il devait encore 80 millions.

(2) Sur le discrédit de ces lettres de change, voir lettre de Lévis au ministre de la guerre (7 avril 1760).

venir qu'on commencera demain à recevoir les ordonnances pour le tirage des lettres de change jusqu'au 15 inclus (1).

Le 11, on a battu un autre ban pour annoncer que le retrait des ordonnances sera fini le 13 au soir : ce qui a fait beaucoup crier. On apprend qu'un parti de cent cinquante Anglois est venu le 6 au village de Saint-François, y a surpris les Abenakis, en a tué et pris quelques-uns, ainsi que des femmes et enfans, a mis le feu au village et s'est retiré tranquillement. Les Abenakis revenus de leur surprise n'ayant pas voulu les poursuivre, quoiqu'il leur eût été facile de les joindre, et de deffaire ce parti qui étoit harassé.

Le 12, deux officiers de ceux restés à Québec sont arrivés avec la permission du général anglois.

Le 13, on a fini le retrait des ordonnances. Quelques particuliers n'ont pas eu le temps de faire recevoir les leurs.

Le 15, les nouvelles de l'isle aux Noix nous apprennent qu'une de nos barques a été vivement chassée par un brigantin anglois de dix-huit canons, qu'elle a été forcée d'entrer dans la baie de Missisconi. On croit l'armée angloise en marche pour cette isle.

Le 16, Malartic est parti pour aller travailler à l'assiete du logement des troupes dans les paroisses de la Longue Pointe, la pointe aux Trembles, la R. des Prairies, le Sault des Recollets et l'isle Jésus. Les habitans lui ont dit avoir entendu des coups de canon et qu'ils ont tous reçu ordre de se tenir prêts à marcher.

Il a continué le 17 l'établissement du logement dans les pa-

---

(1) Note de Malartic : « On appelle ordonnances des billets de monnoie de la somme de 20 s., 3 l., 6 l., 12 l., 24 l., 48 l., et 96 l., qu'au mois d'octobre on rapportoit au trésorier, qui donnoit des reçus, qui étoient ensuite convertis en lettres de change sur les trésoriers des colonies, payables en trois années. Il y avoit aussi des cartes empreintes des armes du roi de 5, 10 et 20 s., 3 l., 6 l., 12 l., et 24 l. »

roisses de Terre-Bonne, la Massecouche, la Chenaie et l'Assomption. Il a rencontré deux officiers qui rassemblent les Canadiens, qui lui ont communiqué les ordres de M. de Vaudreuil, qui leur enjoint de faire la plus grande diligence et de les conduire à Saint-Jean, l'ennemi étant en marche pour attaquer l'île aux Noix.

Le 18, il est revenu à Monreal pour prendre les ordres de M. de Vaudreuil. Il a appris que M. de Rigaud est allé à la Prairie prendre le commandement de tous les Canadiens qu'on y rassemble ; qu'un officier anglois avec sept soldats s'est rendu à notre barque, réfugiée dans la baie de Missisconi ; qu'on sait qu'il est parti depuis vingt jours de Saint-Frédéric avec ordre du général Amherst d'entrer dans la rivière Chasé, de la remonter et traverser la langue de terre pour gagner le lac Saint-François et voir si le général Guech y est arrivé ; que ne l'y ayant pas trouvé, il étoit revenu au lac Champlin, et que suivant ses ordres il a été se présenter à la première barque à deux mâts qu'il a rencontrée et qu'il a été très étonné de la trouver française.

Le 19, un courrier de l'isle aux Noix nous apprend qu'on y attend l'ennemi, que les commandans des schebeks ayant eu connoissance de la flotte angloise les ont échoués, y ont mis le feu et viennent par terre avec leurs équipages. M. de Vaudreuil a expédié un courrier pour faire part des nouvelles à M. de Levis et lui demander des troupes. Malartic est parti à midi pour aller établir l'assiete des logemens dans les paroisses de Repentinie et Saint-Sulpice.

Le 20, il a continué son travail dans les paroisses de la Vallée au Tray, Lanonay, Berlier, les isles du Pas et Saint-Ignace, et il a couché à Sorel.

Le 21, il a remonté la rivière de Chambli pour se rendre à Saint-Ours, Saint-Antoine et Saint-Denis.

Le 22, il est allé à Saint-Charles, est revenu à Saint-Denis et à Saint-Ours où il a fait un petit portage pour gagner la rive droite du fleuve.

Le 23, il a établi le logement dans les paroisses du Vercher, Varennes, Boucherville et Longueil.

Le 24, il a été à la Prairie. M. de Contrecœur qui y commande lui a dit que M. de Rigaud est campé à la Tortue pour arrêter les partis qui voudroient pénétrer par la R Chazé; que M. de Bourlamaque mandoit par le dernier courrier qu'on a entendu le canon dans la partie du moulin Foucault, ce qui fait croire que l'armée angloise y est campée. Il s'est embarqué pour Monreal. Le vent contraire l'a forcé de relâcher au-dessus de la Prairie. Il a été à Longueil d'où il a gagné la ville. M. de Bastard qui commandoit les troupes qui étoient à bord des schebeks et qui y est arrivé en même tems, dit qu'il a failli mourir de faim et de misère dans les bois, dont il auroit eu peine à sortir, s'il n'eut pas trouvé un officier et vingt Écossois qui se sont rendus à lui et lui ont fait traverser toutes les rivières, qui se sont trouvées sur leur route. Cet officier dit être parti de Saint-Frédéric avec toute l'armée, que les Ecossois étoient chargés de faire les chemins pour les portages.

Le 25, M. de Vaudreuil a mandé à M. de Rigaud de venir camper à la Prairie. M. de Bourlamaque mande qu'il compte être attaqué. Un courrier de l'isle aux Galops nous apprend que l'armée qui étoit à Choueguen s'est retirée, qu'il y est resté quatre cents hommes et qu'on y construit une corvette de vingt-deux canons. Nouvelles de Michillimakinak qui en donnent du Détroit, où M. de Rocheblave s'est retiré en bon ordre après la deffaite du détachement de la Belle Rivière (1). Les sauvages de ces deux postes nous paroissent encore attachés.

_____

(1) Note do Malartic: « Il a été malheureux que cet officier qui eut fait de meilleures dispositions ne fut pas assez ancien pour commander en

Le 26, rien d'intéressant.

Le 27, il est apparent que, si l'ennemi s'est mis en mouvement, il est retourné sur ses pas. Un courrier de Jacquartier nous annonce le départ des Canadiens du gouvernement de Monreal, qui entreront dans la R. de Chambly et seront suivis par R. Roussillon, Guienne et un détachement des troupes de la colonie. M. de Vaudreuil a envoié ordre aux deux régiments d'occuper les paroisses depuis Sorel jusqu'à la Prairie.

Le 18, M. de Vaudreuil a envoié à M. de Rigaud ordre de lever son camp, de revenir avec les troupes et de renvoier les habitans chez eux. Un courrier de Jacquartier parti avant celui arrivé hier nous apprend la mort de plusieurs officiers blessés ; que M. de Levis a fait enlever des grains et des bestiaux, sur lesquels les Anglois avoient des vues.

Le 29, M. de Rigaud est arrivé. Les nouvelles de l'isle aux Noix sont que les Anglois n'y viendront pas. M. de Vaudreuil a dépêché un courrier pour proposer au général Amherst l'échange des prisonniers.

Le 31, Malartic a fini non sans peine le travail des ordonnances, et il a ouï dire que, malgré le court terme du retrait, il en a été reçu pour trente-six millions (1).

---

chef ce détachement qui pouvoit sauver Niagara. » Aussi bien tout insuccès dans cette direction était fâcheux, car Lévis songeait sérieusement à opérer sa retraite vers la Louisiane, à s'y adosser au Mexique, alors possession espagnole, et à « conserver de la sorte pour la France un pied dans l'Amérique Septentrionale. »

(1) D'après Dussieux (*Canada sous la domination française*, p. 160), le gouvernement aurait dépensé pour le Canada, de 1755 à 1760, 104 millions, sur lesquels, en 1764, il devait encore 80 millions. Il est vrai que les Anglais avaient dépensé deux milliards. « A tout prendre, écrivait lord Chesterfield (13 novembre 1762), l'acquisition du Canada nous a coûté 80 millions sterling. »

Le 1ᵉʳ novembre, nous apprenons que Béarn est parti le 29 de Jacquartier.

Le 3, mauvais tems. J'ai été à Repentinie attendre le régiment.

Je suis revenu le 4 pour lui faire porter des souliers qui ont été embarqués dans mon batteau, et je suis arrivé le 5, une heure avant le régiment.

Le 6, Béarn a traversé la rivière de l'Assomption pour se rendre dans ses quartiers.

Le 7, j'ai été à Monreal. J'ai dîné chez M. de Vaudreuil avec tous les officiers anglois, qui doivent partir incessamment. Le général Amherst ayant répondu à M. de Vaudreuil qu'il accepte le cartel, qu'il lui enverra autant d'officiers et soldats qu'il en recevra et qu'il fera partir le reste pour la France.

Le 10, les prisonniers anglois sont partis. Nous apprenons que les Acadiens ont pris huit petits bâtimens et qu'ils demandent la permission de faire la course.

Le 12, M. de Vaudreuil a tenu plusieurs conseils avec les Abenakis, qui demandent à aller hiverner dans le haut de la R. de l'Assomption, pour être à même de revenir souvent à Monreal y consommer des vivres et ruiner les habitations sur lesquelles ils passent.

Le 13, M. de Levis est arrivé de Jacquartier (1). Les Abénakis

---

(1) C'est à ce moment, après avoir établi ses quartiers d'hiver, que Lévis expédia à Paris le commandant d'artillerie Lemercier, pour instruire le roi de la situation du Canada et réclamer des secours. — Voir sa lettre du 1ᵉʳ novembre au maréchal de Belle-Isle : « Faute de munitions de guerre et de bouche, il nous sera impossible de faire aucune expédition ni entreprise cet hiver ; bienheureux si nous pouvons nous soutenir. Nous finirons de manger la plus grande partie du reste des bœufs et chevaux. Nous aurons à nourrir dans les postes de trois à quatre mille personnes, y compris les sauvages, ce qui achèvera de consommer le peu de ressources qui pourront rester dans la colonie. » Autre lettre du 10 novembre pour recommander au ministre divers officiers. Lettres

ont changé d'avis et, d'après les offres des Iroquois, ils passeront l'hiver à six lieues du Sault. Un courrier de Jacquartier nous apprend que les Anglois ont envoié à Lorette deux mille hommes avec huit canons, pour chasser les Français de cette partie et faire prêter le serment de fidélité aux habitans. Ils font un retranchement auprès du pont. M. de Bouguainville qui étoit en marche pour revenir s'est arrêté à Maxkinongé, où il attend les ordres des généraux. J'ai fait la visitte des quartiers qu'occupe le régiment, qui sont la Longue Pointe, la pointe aux Trembles, la R. des Prairies, le Sault des Recollets et Sainte-Geneviève. Le régiment de la Reine occupe les paroisses de Chambly, Saint-Charles, Saint-Denis et Saint-Antoine avec Saint-Ours ; Guienne, celles de Sorel, Contrecœur, Vercher et Varennes ; R. Roussillon, Boucherville, Longueil et la Prairie ; Lassarre, l'isle Jésus, Terrebonne et la Massecouché ; Berry, la Chenaye, l'Assomption, Repentinie, Saint-Sulpice, La Valtrie, Aultray, La Nokaie (?), Berlier, les isles des Pas et Saint-Ignace ; Languedoc, dans le gouvernement des Trois Rivières. Les régiments de Lassare, Languedoc et Béarn ont laissé chacun un piquet à Jacquartier ; M. Dumas commande sur cette frontière, il y a cinq cents hommes dans le fort et trois cents à la pointe aux Trembles où commande M. de Repentinie. Les régiments de la Reine et Berri ont laissé trois piquets à l'isle aux Noix, où commande M. de Lusignan qui a beaucoup de troupes de la colonie. R. Roussillon et Guienne ont envoié deux piquets à Saint-Jean, où commande M. Valette, capitaine dans R. Roussillon. M. Desandrouins, ingénieur, commande au fort Levis et a pour garnison des soldats de la colonie et des Canadiens.

à Berryer, à le Tourneur, premier chef de bureau de la guerre, au roi de Pologne, au duc de Choiseul, ministre des affaires étrangères, à la maréchale de Mirepoix et au prince de Beauvau, relatives aux opérations de la campagne depuis la perte de Québec.

M. le chevalier de Lacorne, qui en arrive, a laissé cette frontière tranquille.

Le 21, j'ai été à Monreal. J'y ai appris que les officiers qui ont conduit les Anglois sont de retour. Ils disent que le général Amherst est encore avec son armée à Saint-Frédéric, qu'ils y ont été comblés d'honnêtetés, et qu'on y a gardé partie de nos batteaux pour renvoier nos prisonniers. En conséquence, les troupes qui occupent la partie du Sud ont eu ordre ainsi que les habitans de se tenir prêts à marcher avec des vivres pour six jours.

Le 24, des déserteurs de Québec rapportent que le détachement qui étoit venu à Lorette est rentré dans la ville et qu'il n'y a plus qu'un vaisseau en rivière.

Le 28, un courrier de Jacquartier nous apprend que nos vaisseaux ont passé heureusement (1) sous Québec.

Le 29, un homme intéressé dans l'armement de nos vaisseaux, qui arrive de Jacquartier, nous apprend que cinq ont passé heureusement, que cinq se sont perdus vis-à-vis le Sault de la Chaudière, où ils étoient très mal mouillés ; que les Anglais ont envoié une goëlette bien armée pour les brûler ; que quarante-cinq hommes de ladite goëlette se sont fait sauter avec l'*Elisabeth*, dans laquelle ils ont mis le feu ; que le capitaine Canon s'en étant apperçu, a donné une chalouppe bien armée à M. de la Giraudais, son second, et l'a chargé de s'emparer de la goëlette qu'il a prise à l'abordage, et sur laquelle il a tué huit hommes et fait onze prisonniers.

Au commencement de décembre, rien d'intéressant. M. Dumas écrit que les Anglais ont journellement douze cents (2) hommes

---

(1) Malartic parle des vaisseaux qui conduisaient en France le commandant Lemercier.

(2) GARNEAU (*Canada*, II, 333) a trouvé dans les archives du secrétariat provincial à Québec le registre des ordonnances de paiement des

de garde à Sainte-Foy, Charlesbourg, Lorette et Saint-Augustin, à l'isle d'Orléans et à la pointe de Levis pour couvrir les coupeurs de bois, qui ont peine à fournir la quantité nécessaire. Il y a eu à Québec deux sentinelles gelées ; nos partis enlèvent quelquefois celles des postes avancés.

Le 20, M. Pouchot est arrivé à Saint-Jean avec tous les officiers des troupes de terre pris par les Anglais, deux de la Colonie, et cent soixante-huit soldats ou Canadiens qu'il a eu ordre d'envoier dans leur quartier, et lui de se rendre à celui de sa compagnie. Il a trouvé à la Prairie contr'ordre pour venir à Monreal où il est arrivé le 24; il se loue fort des bons traitemens et honnêteté des Anglais, et dit avoir essuyé beaucoup de mauvais tems et contretems fâcheux dans son retour, occasionnés par les mauvais chemins et le froid (1).

---

troupes de Murray. Au 24 décembre 1759 on comptait, non compris les officiers, 8,204 hommes présents au drapeau.

(1) Pouchot aurait pu ajouter la famine à tous ces fâcheux contretemps. Au 1er novembre 1759 la barrique de vin coûtait au Canada 700 livres, le pain 8 sous la livre, le lard 40 sous, le bœuf 20 sous, un chou 20 sous, douze œufs 50 sous, une paire de souliers 20 livres, etc. Cf. DUSSIEUX, *Le Canada sous la domination française*.

Plusieurs de nos officiers, retenus par les Anglais comme prisonniers, sont arrivés à Monreal ; les généraux ont voulu les faire repartir, parce qu'ils sont revenus sur leur parole s'avouant prisonniers ; ils ont fait repartir, au commencement de janvier 1760, M. de Bellecombe, pour faire au général Murray (1), commandant à Québec, des propositions qu'on espère lui être agréables au sujet de ces prisonniers. On travaille à des préparatifs pour une expédition qui semble menacer Québec (2), au radoub de l'artillerie pour la mettre en état de voiager sur les glaces, à des échelles de différentes grandeurs et aux équippemens de la saison. On ne néglige rien pour ramasser des vivres. Quelques postes en manquent.

Les habitans ont eu ordre de se tenir prêts à partir au premier avis (3) avec des vivres pour six jours pour eux et autant pour les

---

(1) Lettres de Lévis à Murray (29 décembre 1759) et réponse de Murray (10 janvier 1760) à propos de l'échange des prisonniers.

(2) Lévis avait, en effet résolu de faire cette diversion moins dans l'espoir de surprendre Québec que pour désorganiser la triple attaque projetée par les Anglais contre Montréal, Haviland par l'île aux Noix et Saint-Jean, Amherst par Oswégo, Murray par Québec.

(3) Voir *Relation de la seconde bataille de Québec et du siège de cette ville*. (Dépôt de la guerre, vol. 3574, p. 32.) « Ce ne fut qu'avec des difficultés incroyables que l'on put réussir à mettre les troupes en état de faire la campagne. La colonie entièrement épuisée manquait non seulement de vivres, mais aussi de tout ce qui était nécessaire pour équiper et faire camper les troupes. »

soldats qu'ils logent. Presque tous les moulins ont chommé, les eaux étant fort hautes. Les habitans ont peine à se procurer des farines. Il part tous les jours des traînes chargées de vivres et équippemens pour Jacquartier et elles en rapportent du vin et de l'eau-de-vie. Ces liqueurs ont diminué d'un quart du prix qu'on les vendait précédemment. M. de Boishebert est parti le 15 pour aller sur les bords de la R. du Sud entretenir les habitans dans de bonnes dispositions, et tâcher de tirer des vivres de cette partie, qui en a en abondance. M. de Bellecombe est revenu le vingt avec un officier anglais, que M. de Murray renvoie parce qu'il est prisonnier. Le général n'a pas voulu accepter nos propositions et répond qu'il veut suivre la règle établie par M. Amherst, son général. M. de Levis a ordonné aux officiers des troupes de terre, que les Anglais regardent comme prisonniers, de partir incessammment pour Québec.

Le commandant du fort Levis a renvoié cent hommes de sa garnison, n'ayant que les vivres nécessaires pour ceux qu'il a gardés. Quelques-uns ont été gelés en chemin; le froid a été des plus vifs tout ce mois. Un courrier de Jacquartier nous apprend que les Anglais ont un détachement (1) dans le Sud; que M. de Saint-Martin a été envoié dans la même partie pour éclairer leurs mouvemens. Quatre Acadiens arrivés ces jours-ci disent qu'avec l'aide des sauvages ils prennent souvent des bâtimens anglais.

Nous apprenons de Jacquartier qu'on y a trouvé le moyen de tirer bien des choses de Québec; qu'on a trouvé auprès du Sault, à la Chaudière, les pistes d'un courrier égaré et qui a, dans cet

---

(1) Ce détachement était celui du chef de brigade Haviland qui devait réunir ses troupes sur le lac Champlain, et forcer le passage de l'île aux Noix et Saint-Jean.

endroit, repris la bonne route ; on y a ramassé la lettre d'un négociant qui demande à son correspondant à Boston beaucoup de souliers pour le printems ; il se plaint de ce qu'il manque de bien des choses. Les Anglais ont délibéré s'ils brûleront les paroisses voisines de Québec, et l'hôpital général, lorsque les Français descendront. Plusieurs officiers étaient de cet avis ; le général Murray l'a rejeté, leur exposant que ce serait manquer à la parole qu'ils ont donnée aux Canadiens, lorsqu'ils leur ont fait prêter serment de fidélité (1), et que ce serait le moyen d'augmenter nos forces en nous envoiant plus de douze cents hommes qui se battraient, non seulement comme ennemis, mais comme ennemis personnels de tous ceux qui sont dans Québec. Son avis a prévalu.

On fait des échelles dans toutes les paroisses voisines de Jac-quartier. Un sergent et six soldats français au service des Anglais ayant reçu l'ordre d'aller à Lorette arrêter un Acadien soupçonné de correspondance avec nos postes, s'est rendu à la pointe aux Trembles avec son détachement. M. de Repentinie les a envoiés à M. Dumas.

M. de Saint-Martin est depuis quelques jours à la pointe de Levis. Le fleuve est pris devant Québec ; la glace y est si forte que les Anglais y patinent souvent, ce qui fait grand plaisir aux sau-vages qui en ont déjà pris six (2). Un secrétaire de M. de Vau-dreuil a été chargé au commencement de faire la tournée des paroisses du gouvernement pour y prendre l'état des garçons en état de marcher, prévenir tous les habitans de se tenir prêts et

---

(1) Onze paroisses abandonnées par les Français avaient en effet prêté serment de fidélité. Les habitants de Miramichi, Richibouctou et autres localités, cédant à la nécessité, s'étaient rendus au colonel Frye, comman-dant anglais du fort Cumberland.

(2) Les sauvages pourtant nous avaient presque tous abandonnés, mais quelques auxiliaires restaient quand même fidèles à l'alliance jurée.

préparer des vivres pour six semaines pour eux et les soldats qu'ils logent. Il a trouvé les habitans portés de la meilleure volonté (1). M. de Bouguainville est parti pour Sainte-Anne et aller à Jacquartier et à la pointe aux Trembles.

Le 15, un courrier de Jacquartier nous apprend que les Anglois ont attaqué M. de Saint-Martin, à la pointe de Levis. L'abbé Piquet est arrivé de la Présentation avec deux officiers et vingt-cinq sauvages, qui viennent demander à Ononthio de l'accompagner à l'expédition de Québec.

Le 16, on a reçu par deux courriers de Jacquartier des paquets de M. Dumas et Saint-Martin. Ce dernier rend compte à M. de Vaudreuil, qu'ayant vu sortir de Québec un détachement de six cents hommes qui venoit à la pointe de Levis, il s'étoit posté avantageusement pour le combattre, qu'il a soutenu ses premières attaques sans perdre un pouce de terrain, qu'ayant été informé dans le fort du combat qu'un autre détachement de six cents hommes cherchait à le tourner (2), il avoit songé à sa retraite ; qu'il l'a faite en bon ordre par le chemin des Etchemins, qu'il a passé la rivière de ce nom, et s'est posté sur la rive gauche, où il attend les secours et renforts qu'il a demandés à M. Dumas. Il n'a perdu que quinze hommes. Il prie M. le général de lui permettre d'aller prendre sa revanche.

---

(1) L'évêque, Dubreuil de Ponbriand, réfugié à Montréal, avait, dans un mandement, recommandé aux prières des fidèles « ceux qui se sont sacrifiés pour la patrie. Le nom de l'illustre Montcalm, celui de tant d'officiers respectables, ceux du soldat et du milicien ne sortiront pas de votre mémoire. » Cet appel, au moment où l'on parlait de reprendre les armes, avait produit une grande impression.

(2) La guerre d'escarmouches continua pendant tout l'hiver. Les Français la faisaient par nécessité, pour se procurer des vivres, et les Anglais pour profiter de leurs avantages, surtout de leur immense supériorité numérique.

On apprend de l'isle aux Noix qu'un parti de quatre-vingts sauvages a attaqué, entre les forts Saint-Frédéric et Carillon, un convoi, qu'ils ont fait quelques prisonniers, qu'ils ont enlevé une traîne chargée de raquettes, souliers de chevreuil et caisses de fusils, et qu'ils en ont manqué cinq autres. Les prisonniers disent que le colonel Johnson est à Carillon avec beaucoup de sauvages, que le capitaine Roger y est aussi et que, dans peu, ils enverront sur notre frontière un parti considérable. Un particulier arrivant de la pointe aux Trembles assure tenir d'un habitant de Lorette, que le jour du combat de M. de Saint-Martin, on a vu entrer dans Québec quinze traines chargées de blessés.

Le 18 un courrier de Jacquartier rapporte y avoir vu M. de Bouguainville, qu'on a eu une alerte à la pointe aux Trembles, parce que les Anglois ont renforcé leurs postes et se sont portés en avant de Saint-Augustin, où ils ont pris un de nos soldats, et que M. Dumas a rappelé M. de Saint-Martin.

Le 20 les sauvages sont arrivés de l'Isle aux Noix avec leurs prisonniers qui détruisent les dernières nouvelles. Ils assurent que le colonel Johnson n'est pas à Carillon, qu'il y a peu de sauvages, que les traines étoient chargées d'habillemens et ustensiles pour la garnison de Saint-Frédéric, et qu'il sortira sous peu de jours un détachement des deux forts.

Le 23 un courrier de Jacquartier nous apprend que les Anglois se sont approchés de la pointe aux Trembles, qu'ils ont pris un soldat, que M. Dumas prévoiant leur dessein avait replié les troupes aux ordres de M. de Saint-Martin, qu'il avoit porté à Saint-Antoine, M. de Bouguainville qui est de retour a visité tous les postes de la frontière de Jacquartier. On accélère les transports et il part tous les jours des voitures chargées de différentes munitions (1).

_____

(1) La grosse difficulté était en effet de se procurer des vivres. Lettre

Le 24 M. de Bourlamaque est parti pour Jacquartier. Tous les curés ont reçu une léttre circulaire de M. le général et intendant qui leur prescrit de fournir tout le bled qu'ils ont, que s'ils font la moindre difficulté on ira l'enlever d'autorité. On apprend que M. de Saint-Martin envoié de nouveau à la R. des Etchemins a tué quelques hommes et en a pris 6 d'un détachement qui étoit à la découverte dans cette partie. Grand dégel qui fait craindre que les glaces partiront. On a envoié aux habitans l'ordre de disposer le biscuit qu'ils ont préparé, afin de le mettre dans des barils pour le conserver. Les commandants des régimeuts ont été avertis de se tenir prêts à partir au premier ordre.

Plusieurs courriers de Jacquartier nous apprennent que M. de Saint-Martin s'est rapproché de la pointe de Levis pour engager les Anglois à sortir, que trois mille hommes ont marché à lui, qu'il s'est retiré à leur approche toujours fusillant, qu'il a été suivi jusqu'au Sault à la Chaudière, qu'il a perdu quatre hommes.

Le 3 mars M. de Bourlamaque est arrivé de Jacquartier, où il a fait des dispositions relatives à l'expédition projetée ; il a fait rentrer tous les détachemens qui étoient près de Québec, qui n'ont pas été d'une grande utilité, et qui sont cause que le général Murray a fait brûler vingt-cinq maisons de la pointe de Levis. On a battu un ban pour enjoindre à tous les négocians d'envoier au magasin du roi toutes les marchandises qui leur restent. On fait tous les jours des encans qui prouvent que bien des gens craignent pour la colonie (1).

---

de Vaudreuil à Lévis, citée par Garneau (*Canada*, II, 342): « nous avons, après bien des soins, réuni toutes les ressources de la colonie en comestibles et munitions de guerre ; les unes et les autres sont très médiocres, pour ne pas dire insuffisantes ; aussi usons-nous de tous les expédients que notre zèle peut nous suggérer pour y suppléer. »

(1) On ne se battait plus que pour l'honneur. Le gouvernement fran-

Le 6 les nouvelles de l'Isle aux Noix nous apprennent que des sauvages qui étoient à la découverte sont venu donner avis qu'ils ont trouvé dans les bois les pistes d'un détachement de cinq cents hommes. Un officier qui arrive de Saint-Jean dit qu'étant avant-hier à la découverte il apperçut d'abord cinq hommes près de la R. au Sable et ensuite près de trente. On croit que l'objet de ce détachement est de venir brûler le Sault Saint-Louis, de ravager cette partie, ou de brûler les deux frégates qui sont à Sorel. M. de Vaudreuil a engagé les sauvages à aller à la recherche de ce parti. Tous les officiers des troupes qui sont dans le sud ont reçu ordre de se rendre à leurs quartiers, et les équipages des frégates de retourner à leur bord.

Le 7 les sauvages sont partis.

Le 8 on apprend par trois courriers de l'Acadie que les sauvages vont souvent aux forts anglois chercher ce dont ils ont besoin et qu'ils donnent en échange des peaux de castor ; qu'ils paroissent ainsi que leurs missionnaires disposés à faire la paix, craignant, s'ils ne l'acceptent pas, d'être poussés à bout. On a publié une ordonnance qui enjoint de porter au magasin du roi la poudre à tirer que les particuliers ont chez eux. On la leur payera 3 fr. la livre. On travaille avec la plus grande vivacité aux préparatifs pour l'expédition de Québec (1). On a

---

çais avait pour ainsi dire renoncé au Canada, et nos soldats ne luttaient que pour obtenir une capitulation honorable.

(1) Belle lettre circulaire de Levis aux commandants de bataillon (29 mars 1760) pour leur annoncer l'expédition projetée : « Nous devons par cette entreprise audacieuse marquer la reconnaissance que nous devons à la colonie qui nous nourrit depuis le temps où nous y sommes. Les habitants ont reçu les soldats comme leurs enfants... Tous ces motifs sont assez pressants pour une nation généreuse et qui a l'honneur pour principe, pour nous déterminer à nous sacrifier tous, s'il le faut, pour épargner la perte de la religion dans cette colonie, les cruautés et l'esclavage que les Anglais de manqueraient pas de faire subir aux Canadiens. »

commencé à équipper les troupes. On fait descendre par la R. de Chambly l'artillerie, qui sera embarquée dans les bâtimens qui sont à Sorel.

Nous apprenons de l'Isle aux Noix que les Français et sauvages qui reviennent de la découverte conviennent n'avoir trouvé à la pointe aux Pins que les traces et marques du camp de M. de Pouchot au commencement de l'hiver, et qu'à leur retour de Saint-Frédéric ainsi que dans la baye de Missisconi ils n'ont vu que de vieilles pistes. Des personnes qui viennent de Québec disent que les Anglois font de grandes quantités de farines, et qu'ils construisent des redoutes à la pointe (1) de Levis.

Le 13 M. de Repentinie écrit que le fleuve est dépris devant Québec, que les glaces ont ammené beaucoup de bois que les Anglois avoient ramassé.

Le 15 M. de Rigaud mande des Trois Rivières que les habitans et sauvages assurent avoir vu dans les profondeurs de Nicolet un corps de sept à huit cents hommes qui a répandu l'alarme dans toute cette partie, qu'on a battu la générale dans la ville, que M. de Longueil est allé lever du monde dans les campagnes, qu'il a envoié au régiment de Languedoc l'ordre de se rassembler et qu'on attend d'un moment à l'autre des nouvelles décisives.

Le 16 M. de Longueil mande à M. le général qu'un jésuite lui a écrit qu'un sauvage qui étoit à la chasse derrière Nicolet avait d'abord apperçu deux hommes, ensuite huit vêtus d'étoffes rouges, qu'il avoit tout de suite tué ses chiens afin de n'être pas découvert, et qu'il étoit venu à toutes jambes l'avertir, qu'il a fait partir sur le champ un détachement de deux cents hommes aux ordres de son fils avec trois autres officiers pour aller à la recher-

---

(1) C'était en effet le point faible de Québec.

che de l'ennemi et des différens partis, dont on parle depuis plusieurs jours. La boulangerie de Jacquartier a été brûlée avec une partie du magasin. Si le vent n'eut pas changé le magasin à poudre courroit des grands risques.

Le 17 M. Pouchot est parti pour aller commander sur la frontière du fort Levis et relever M. Desandrouins (1) dont on a besoin pour le siège de Québec. M. de Bouguainville arrive de l'Isle aux Noix. On a équippé cent cinquante sauvages qui partirent incessamment pour tacher de faire des prisonniers auprès de Saint-Frédéric. M. Diverny officier d'artillerie est venu rendre compte que l'artillerie est rendue à Sorel. Nous apprenons qu'un détachement anglois de cinq cents hommes ayant surpris la patrouille du Calvaire est venu jusqu'à ce poste, a repoussé la garde, brûlé le moulin de Saint-Augustin avec quelques maisons. M. de Repentinie mande que si on lui avoit fait les signaux à propos il se seroit opposé à la retraite dudit détachement. MM. Desandrouins et Fournier ingénieurs sont arrivés. M. de Bouguainville est parti pour aller commander sur la frontière de l'Isle aux Noix. Il mène avec lui M. de Lotbinière ingénieur.

Le 4 avril le fleuve a commencé à travailler. Les régiments ont reçu l'état des Canadiens qui feront la campagne avec eux.

Le 5 M. de Montegron mande qu'il est de retour avec le parti sauvage, qu'il mène 9 prisonniers, compris 3 officiers qu'ils ont pris auprès de Saint-Frédéric, que malgré tout ce qu'il a dit aux sauvages pour leur persuader de ne pas s'en tenir là, ils ont voulu revenir. Les régiments ont reçu ordre d'envoier chercher les batteaux qu'on leur destine. La fonte des glaces ne répond pas à l'empressement que les troupes ont de partir.

---

(1) Desandrouins ne fut pourtant pas chargé de la direction du siège. L'ingénieur qui prit la conduite des opérations était de Pontleroy.

Le 13 on a rassemblé les hommes et les chevaux désignés pour former une troupe de cavalerie ; on a pris tous les chevaux de la ville en état de servir. La première division est partie le 14 et la seconde le 15 (1).

Le 17 M. de la Pause aide maréchal général des logis de l'armée, et M. Desandrouins ingénieur sont partis pour la pointe aux Trembles. Tous les régiments ont envoié chercher à Monréal des batteaux ; ceux de Lassarre et Béarn qui n'ont pas pu entrer dans les rivières, qui sont encore gelées, sont restés au bout de l'île. Il est arrivé beaucoup de soldats de la colonie pour composer les deux bataillons qu'on veut former.

Le 18 M. de Montegron, fameux partisan fort estimé, s'est noyé en allant à la chasse, un banc de glace ayant fait chavirer le canot qui le portoit. On a embarqué des munitions, de l'artillerie et des équippemens dans une flutte et une goëlette. M. de Bourlamaque et le major général sont partis pour Jacquartier.

Le 20 les régiments de R. Roussillon, Guienne et Béarn sont partis de leurs quartiers avec les Canadiens qui doivent servir avec eux. Une partie du bataillon de Monreal s'est aussi embarquée. Béarn a été loger dans la paroisse de Repentinie. Il a eu peine à y abborder à cause des glaces (2).

Le 21 Béarn parti de bonne heure a été obligé de s'arrêter à Autray, afin de ne pas engorger l'entrée du lac Saint-Pierre, où les autres régiments sont retenus par un vent du nord-est violent. M. le chev. de Levis a passé à 3 h. après midi.

Le 22 beau tems. Les régiments de R. Roussillon, Guienne,

---

(1) D'après GARNEAU (*Canada*, II, 347) l'entrée en campagne n'eut lieu que le 16 avril.

(2) Les Anglais, malgré les précautions prises, étaient sur leurs gardes. A cette date du 21, Murray avait informé la population de Québec qu'elle eût à s'éloigner dans les trois jours. Cet ordre fut exécuté dans toute sa rigueur le 24 avril.

Berry et Béarn, et une partie des deux bataillons de la marine ont traversé le lac et campé au delà des Trois Rivières.

Le 23 vent de nord-est et pluie. Les régiments sont logés dans les paroisses Sainte-Anne, Grandines et Deschambault. M. le chev. de Levis nous a fait dire de n'arriver que demain à la pointe aux Trembles.

Le 14 les régiments de la Réine, partie de celui de Lassarre, R. Roussillon, Guienne, Berry et Béarn, avec quelques compagnies de Languedoc, sont arrivés à la pointe aux Trembles, ont campé auprès de l'Eglise, et ont eu beaucoup de peine à tirer leurs batteaux à terre à cause des glaces. Les frégattes et goëlettes ont mouillé à midi, et M. de Levis est arrivé à la même heure.

Le 25 toute l'armée s'est réunie à la pointe aux Trembles et a eu ordre de se tenir prête à marcher. On a distribué des munitions. On a mis à terre trois canons de campagne qui suivront l'armée. On a poussé en avant des partis pour avoir des nouvelles de l'ennemi qu'on croit au Carrouge. Il a menacé les habitans de Saint-Augustin de venir les brûler. L'armée a pris du pain pour un jour.

Le 26 l'armée s'est embarquée à 8 h., et est arrivé à 10 h. malgré le vent de nord-est à Saint-Augustin. Elle a tiré les batteaux à terre, les a traînés assez loin, afin que les bordages ne les entraînent pas avec eux lorsqu'ils partiront. Elle a reçu ordre de faire la souppe et d'être prête à marcher à 3 h. avec des vivres pour trois jours et provision de cartouches: elle s'est mise en marche à l'heure prescrite, a laissé deux hommes de garde dans chaque batteau, a monté la rampe de Saint-Augustin et a pris le chemin de Lorette. Vers les 5 h. il s'est élevé un orage violent suivi d'une forte pluye. L'armée s'est logée à 10 h. dans les maisons de Lorette.

Le 27 continuation de pluye. A 6 h. le major général a porté à la brigade de La Sarre composée du régiment et celui de Béarn ordre de se mettre en mouvement Le général l'a arrêtée à une demi-lieue de ses logemens lui enjoignant d'attendre que le tems s'éclaircisse. A 10 h. l'armée s'est mise en marche sur une seule colonne, les grenadiers formant l'avant-garde. Elle est arrivée à midi à vue de Sainte-Foi ; l'avant-garde commandée par M. de Bourlamaque a été postée au bout de cette paroisse, vis-à-vis un corps de quinze cents Anglois qu'elle contient. Elle a repoussé un détachement d'Ecossois qui vouloit fondre sur nos sauvages.

A 2 h. nous avons vu l'église de Sainte-Foi en feu et le toit sauter (1). M. de Bourlamaque a fait informer M. de Levis que les Anglois se retirent. Ce général lui a ordonné de se mettre à leur suite avec les grenadiers et la cavalerie, et l'a suivi avec toute l'armée qui a été logée, à 6 h., dans les maisons de Sainte-Foi. Les grenadiers ont serré de près l'arrière-garde angloise et l'ont forcée de rentrer dans la ville. Cette marche a été aussi dure que pénible (2). Tous les officiers l'ont faite à pied, et ont eu à souffrir ainsi que leurs soldats de la pluye, de la neige, ainsi que de l'incommodité de marcher dans l'eau jusqu'à demi-jambe.

Le 28 les Anglois ont tiré quelques coups de canon sur les grenadiers et Canadiens que le général a postés près de la ville. A 7 h. toute l'armée a fait un mouvement pour gagner quelques maisons de plus. Le commandant des grenadiers ayant envoié

---

(1) Murray avait été déconcerté par la rapidité de la marche des Français. Craignant d'être tourné sur la gauche, il évacua en toute hâte la position du Cap Rouge, enferma son matériel dans l'église de Sainte-Foy, qu'il brûla, et opéra sa retraite vers Québec, laissant plusieurs pièces de canon entre les mains de Lévis.

(2) Le résultat de cette manœuvre avait été de faire tomber entre nos mains les plaines d'Abraham et l'Anse du Foulon, où devaient débarquer ceux de nos bâtiments qui n'avaient pas opéré leur déchargement à Saint-Augustin.

informer que toute la garnison sort, le général a ordonné qu'on battit la générale et a été le joindre. Il est revenu ensuite se mettre à la tête de l'armée (1), qu'il a mise en mouvement pour aller attaquer les Anglois postés sur les hauteurs avec une artillerie considérable ; nos brigades se sont formées sous le feu de cette artillerie, qui n'a pas empêché les unes de se mettre en bataille (2) et les autres de rester en colonne, en attendant que le terrain leur permit de se déployer : les Anglois ont posté de grandes forces et fait les efforts les plus vifs sur un moulin (3) et deux monticules occupés par les grenadiers. M. de Bourlamaque qui s'y étoit posté, voyant que toutes les forces de l'ennemi lui tomboient sur les bras, a été forcé de se retirer avec les grenadiers. Il a été blessé en ordonnant ce mouvement et a eu son cheval tué sous lui. On a été obligé de le porter à l'hôpital ambulant.

Cependant notre armée continuoit à s'avancer ; la gauche formée par la brigade de Lassarre marchoit en avant sans tirer, quoique très maltraitée par les mitrailles (4) des Anglois. Le général lui a envoié l'ordre par deux officiers de faire demi-tour à

---

(1) Les Anglais avaient perdu du scorbut, pendant l'hiver, 490 hommes, mais ils étaient encore 7,714 soldats, non compris les officiers. Murray ne laissa dans Québec que les hommes nécessaires à sa garde, et quelques centaines de malades.

(2) Quatre régiments anglais, sous les ordres du colonel Burton, formaient la droite à Sainte-Foy. Quatre autres régiments avec les Ecossais sous les ordres du colonel Fraser formaient la gauche à Saint-Louis. Murray était en réserve avec les autres régiments commandés par Dalling, Huzzen et Macdonald.

(3) C'était le moulin Dumont, à la gauche de l'armée française. Il n'était, au début de la bataille, occupé que par cinq compagnies de grenadiers. Lévis le fit évacuer, pour donner au reste de l'armée le temps de rejoindre. Il fut repris dans un furieux assaut, sous la direction du capitaine d'Aiguebelles, et, dès lors, le succès de la journée fut assuré.

(4) Les Anglais avaient 22 canons en position, nous ne pouvions leur opposer que trois petites pièces de campagne, qui avaient traversé à grand'peine les marais de Suète Senanne.

droite et d'aller se poster à l'entrée de quelques maisons qu'elle
a laissées en arrière d'elle. Malartic, major de ladite brigade, qui
avoit été très affligé en recevant cet ordre, s'est porté au piquet de
Béarn, qui avoit la droite de la brigade, pour commander le demi-
tour à droite. M. de Barroute, capitaine de distinction commandant ledit piquet, lui a dit ainsi que tous les soldats : « Notre
major, si nous fesons demi-tour à droite, les ennemis nous suivent et nous battent. Marchons à eux sans tirer et nous les bat-
trons. » Le major n'ayant pas pu faire exécuter le commandement s'est porté quinze pas en avant afin que la brigade vit qu'il
falloit avancer. Une minute après, M. Dalquier lieut.-colonel
commandant ladite brigade est venu à lui et lui a dit : « Major, je
prens sur moi de contrevenir à l'ordre du général. Profitons de
l'ardeur de nos soldats. Ne tirons pas et tombons sur l'ennemi
avec la bayonette et nous le vaincrons. »

Les brigades de la Marine, Berry et R. Roussillon ont fait la
même manœuvre. Dans le même moment les grenadiers se sont
emparé de nouveau du moulin et des monticules, qu'ils avoient
abbandonnés. Peu de minutes après M. de Levis est venu à la
brigade de Lassarre et a dit à M. Dalquier : « Vous avez rendu au
roi le plus grand service possible en ne fesant pas demi-tour à
droite. Tenez cinq minutes : je vous réponds de la victoire. » Ce
général (1) s'est posté à la droite où il a vu en arrivant que M. de
Poulariés, lieutenant-colonel et commandant la brigade de R.
Roussillon, fesoit faire un quart de conversion à gauche à une partie de sa brigade pour prendre en flanc les Anglois, qui dès ce
moment ont commencé leur retraite et ont repris le chemin de la

---

(1) Cette manœuvre était décisive. Sans un ordre mal exécuté les ennemis auraient été enveloppés, et on aurait coupé leur retraite sur la
ville. Voir le récit de la bataille dans le rapport adressé par Levis à
Vaudreuil, le 28 avril 1760.

ville. Ils ont abandonné leur artillerie, qui consiste en vingt-deux canons de campagne et un obusier, le tout de fonte, beaucoup de munitions et une grande quantité d'outils. Nous leur avons pris dix-huit officiers dont un colonel et soixante soldats. Leur perte doit être considérable, parce que depuis le commencement de la bataille qui a duré plus de cinq heures, plusieurs voitures ont enlevé leurs morts et blessés. Notre perte est de sept à huit cents tués ou blessés, compris soixante officiers (1).

J'ai été blessé par un raisin qui est venu mourir sur ma poitrine comme je marchois en avant. Ce coup me renversa et me causa une grande commotion. En revenant à moi je me trouvai entre les mains d'un sergent et d'un soldat, qui vouloient me relever. Je les priai de me laisser mourir sur la place. Comme ils me soulevoient malgré moi, je sentis quelque chose de froid glisser sur l'estomac. J'ouvris ma veste que je trouvai percée, la partie inférieure du teton gauche grosse comme le poing et fort noire. J'ai trouvé au-dessous du ventre le raisin ensanglanté. Je fus mis entre les mains d'un chirurgien qui ouvrit cette contusion avec douze coups de bistourit.

Les bataillons se trouvèrent réduits à peu de monde à la fin de la bataille : ce qui empêcha le général de suivre l'ennemi aussi vivement qu'il le vouloit et peut-être de pénétrer dans la ville (2).

---

(1) On s'était battu dans un espace très restreint. Près de 3,000 hommes étaient tombés sur le champ de bataille. Aussi le sol était-il rougi de sang que la terre gelée ne pouvait boire. En outre les sauvages s'étaient rués en forcenés sur les blessés, pour les achever et les scalper.

(2) Si les Français avaient été moins fatigués, ils auraient pu, de l'aveu même des Anglais, pénétrer dans la ville, car telle était la confusion que les sentinelles abandonnèrent leur poste, que les fuyards allèrent se réfugier jusque dans la basse ville et que les portes même restèrent quelque temps ouvertes (GARNEAU, *Canada*, II, 350),

Pour prouver qu'il est difficile dans une action vive que tous les officiers puissent voir leur commandant, je puis dire qu'un moment avant que M. Dalquier vint à moi, un capitaine qui n'aimoit pas ce commandant vint m'avertir qu'il n'étoit pas à son poste et que c'étoit un tel qui commandoit la brigade. Ayant prouvé à l'un et à l'autre ma discrétion, je la crois inutile ici. Les sauvages qui ne nous ont été d'aucune utilité pendant l'action et qui ont été piller les équippages et havre sacs sont revenus, dès qu'ils nous ont vus maîtres du champ de bataille, pour enlever des chevelures. Ils l'ont levée à plusieurs Français. Nous avons beaucoup souffert du canon des ennemis chargé à mitraille. Les décharges que nous avons essuyées presque à bout portant ont occasionné notre plus grande perte. Les Canadiens (1) des quatre brigades de la droite, ceux qui étoient dans les intervalles ou en avant des brigades, ont tiré longtems et fort à propos. Ils ont fait beaucoup de mal aux Anglois. Dès que le général a eu donné les ordres les plus pressés, il a envoié une garde s'emparer de l'hôpital général, où il a fait transporter ses blessés et ceux des Anglois restés sur le champ de bataille. J'y suis arrivé à 6 h. Nous avons été très bien reçus par les hospitalières, et nous nous y sommes trouvés près de six cents (2), tant François qu'Anglois.

----

(1) On remarqua surtout les Canadiens de Montréal commandés par le colonel Rhéaume, qui périt dans l'action, et par Repentigny qui sauva les grenadiers postés au moulin Dumont.

(2) Le spectacle était navrant. Voir là lettre citée par GARNEAU (*Canada*, II, 350), écrite par une sœur de l'hôpital général : « Il faudroit une autre plume que la mienne pour peindre les horreurs que nous eûmes à voir et à entendre pendant vingt-quatre heures que dura le transport des blessés, les cris des mourants et les douleurs des intéressés. Il faut dans ces moments une force au-dessus de la nature pour pouvoir se soutenir sans mourir. Après avoir dressé plus de cinq cents lits que nous avions eus des magasins du roi, il restoit encore autant de ces pauvres malheureux à placer. Nos granges et nos étables en étoient remplies. Nous avions dans nos infirmeries soixante et douze officiers dont trente-trois

Nos brigades ont commencé à se retrancher assez près de la ville dont l'artillerie nous a tué quelques hommes. Notre flotte a mouillé à midi près de Samos.

Le 22 les Anglois avoient fait sortir de la ville tous les François. Ils avoient replié le 26 les troupes et l'artillerie qu'ils avoient à Lorette, le 27 celles de Carrouge où ils ont laissé quelques canons. Ils ont brûlé beaucoup de fusils et munitions dans l'église de Sainte-Foi et y ont abbandonné quelques canons ; ils n'ont eu des nouvelles certaines de la marche de notre armée que par un canonnier tombé à l'eau à Saint-Augustin, qui a dérivé sur un morceau de glace jusqu'à l'isle d'Orléans, d'où la marée l'a repoussé dans le cul de sac de Québec. Des matelots, ayant entendu un homme qui se plaignoit, y ont accouru, l'ont enlevé et porté chez le général Murray, qui en a fait prendre soin. Dès que cet homme a repris ses sens, il a été très étonné de se trouver au milieu des Anglois et a été forcé de leur avouer que nous arrivions.

Le 29 les ennemis ont fait un feu très vif sur nos travailleurs (1).

---

moururent. On ne voyait que bras et jambes coupés. Pour surcroît d'affliction le linge nous manqua. Nous fûmes obligées de donner nos draps et nos chemises... Il n'en étoit pas de cette bataille comme de la première. Nous ne pouvions espérer de secours des hospitalières de Québec, les Anglais s'étant emparés de leur maison ainsi que de celle des Ursulines et des particuliers pour loger leurs blessés qui étoient encore en plus grand nombre que les nôtres. »

(1) Murray était décidé à prolonger la résistance jusqu'à l'arrivée de la flotte de secours. Dès le 29 il adressait ce bel ordre du jour à son armée : « Si la journée du 28 avril a été malheureuse pour les armées britanniques, les affaires ne sont pas assez désespérées pour ôter tout espoir. Je connais par expérience la bravoure des soldats que je commande, et je suis convaincu qu'ils feront tous leurs efforts pour regagner ce qu'ils ont perdu. Une flotte est attendue et des renforts nous arrivent. J'invite les officiers et les soldats à supporter leurs fatigues avec patience, et je les supplie de s'exposer de bon cœur à tous les périls ; c'est un devoir qu'ils doivent à leur roi, à leur pays, et qu'ils se doivent aussi à eux-mêmes. »

Quelques-uns ont été tués et blessés. Plusieurs des officiers et soldats blessés hier sont morts. Tous nos batteaux sont arrivés. On les a déchargés. On a monté l'artillerie et les munitions au camp. On a ouvert la tranchée au commencement de la nuit, partant de la butte à Neveu, embrassant tout le terrain depuis ladite butte jusqu'à la porte Saint-Louis. Les Anglois ont inquiété nos travailleurs qui ont peine à enlever la terre qui est encore gelée.

Le 30 les Anglois ont fait une sortie à la pointe du jour. L'officier qui la commande a été pris avec tous les hommes qui sont entrés dans la tranchée. Il y en a eu 10 tués et 4 des nôtres. On a vu à midi une frégatte gagner le large. On croit qu'elle porte nos déserteurs. Cinq bataillons ont relevé les cinq qui étoient à la tranchée. Les assiégés les ont inquiétés. Nous avons commencé trois batteries.

Le 1er may même nombre de troupes et de travailleurs à la tranchée qu'hier. Le feu des assiégés a été vif. Notre flotte a débarqué de l'artillerie (1), des munitions, du fourrage et des effets pour l'hôpital. Les chemins sont si mauvais qu'il a été difficile de les faire parvenir à leur destination. Les assiégés ouvrent des embrasures sur tout le front de l'attaque (2). Le général Murray a envoié à l'hôpital des vivres pour ses malades et a fait demander de la perruche, qui est un excellent antiscorbutique.

Le 2 gardes et travailleurs pour la tranchée à l'ordinaire : même

---

(1) Les Français ne purent jamais mettre en batterie que quinze pièces de canon, et encore si mal approvisionnées que chaque canon ne tirait que vingt coups par vingt-quatre heures.

(2) Murray avait établi sur les remparts de Québec jusqu'à 140 pièces de gros calibre, empruntées pour la plupart aux batteries du port devenues inutiles. Les projectiles de ce front formidable labouraient le camp français et les environs jusqu'à deux milles de distance.

soin de la part de l'ennemi pour l'inquiéter. Le général Murray a
fait sortir de Québec le peu de François qu'il avoit gardés. Il
nous est arrivé beaucoup de Canadiens des paroisses au-dessous
de Québec.

Le 3 gardes, travaux de la tranchée, et canonnement des assiégés à l'ordinaire. Ils ont mis le feu à toutes les maisons qui tiennent au palais et à la Cannoterie. Il leur a déserté quelques
hommes. Après le coucher du soleil ils ont redoublé leur feu, qui
nous a tué quelques hommes.

Le 4 gardes, travaux de la tranchée et feu des ennemis à l'ordinaire. Nous avons vu pendant la nuit beaucoup de feu sur la
pointe de l'isle d'Orléans. Nous avons trouvé quelques canons à
Samos, un mortier et 50 bombes à Beauport. Un de nos pilotes
pris par les Anglois leur a échappé au Kamouraska, d'où il
arrive. Il rapporte que la frégatte a touché deux fois, qu'elle a une
voie d'eau et qu'elle continue sa route. M. de Levis a envoié un
tambour porter de la perruche au général Murray, qui lui a envoié
un fromage d'Exther (1).

Le 5 travaux et gardes à l'ordinaire. On a fini une batterie de
canons et une de mortiers avec beaucoup de peine. Il faut aller
chercher la terre fort loin. Le feu des assiégés n'a pas été aussi
vif que les jours précédens. M. de Levis a envoié chercher les
officiers anglois qui sont à l'hôpital général pour les faire embarquer pour Monreal. Le général a envoié quelques pièces de gibier
à M. de Murray qui a fait porter à l'hôpital trois barriques de vin
pour ses malades.

Le 6 et 7 travaux et gardes de la tranchée à l'ordinaire, ainsi
que le feu des assiégés. Le général Murray a envoié à l'hôpital un
bateau chargé de vivres. Gros vent de nord-est.

_____

(1) Voir lettre de Lévis à de Bellecombe, 4 mai 1760.

Le 9 continuation de nord-est. Travaux, gardes de la tranchée et feu des assiégés ordinaires. A 11 heures on a apperçu un bâtiment qui double la pointe de Levis. Il a mouillé auprès. Nous avons espéré un moment qu'il étoit françois. Il nous a prouvé être anglois (1) en répondant aux signaux de la ville. Il a appareillé à 3 h. et a mouillé très près de la basse ville.

Le 10 continuation de nord-est et de mauvais tems. On a vu à la pointe du jour une goëlette courant des bordées de la pointe de l'isle d'Orléans à celle de Levis, d'où elle a gagné la ville. Gardes, travailleurs à l'ordinaire, ainsi que le feu des assiégés qui vers les 5 h. ont fait des cris de joie (2), auxquels la garde de la tran-

---

(1) D'après Knox (GARNEAU, *Canada*, II, 353) : « Les circonstances étaient telles pour nous que, si la flotte française fût entrée la première dans le fleuve, la place serait retombée au pouvoir de ses anciens maîtres. Aussi tout le monde, assiégés et assiégeants, tournait-il avec la plus grande anxiété les yeux vers le bas du fleuve, d'où chacun espérait voir venir son salut. » Voir lettre de Vaudreuil au ministre de la guerre (22 juin 1760) : « Qu'il est fâcheux que les justes mesures de M. Berryer aient été susceptibles de retardement ; les secours qu'il nous avoit destinés, quelque modiques qu'ils fussent, joints aux mesures que nous avions prises, auroient mis la colonie hors de danger ; la vue d'un seul pavillon français auroit opéré la reddition de la ville de Québec. » — Dépôt de la guerre, vol. 3,574, p. 67. Cf. lettre de Bourlamaque à Crémille, adjoint au ministre de la guerre : « Nous avons eu la douleur de voir arriver l'escadre angloise au lieu des vaisseaux que nous attendions et obligés de nous retirer avec le plus grand succès. Maintenant, sans espoir de recevoir aucun secours, il ne nous reste que de la patience et du courage. M. le chevalier de Lévis, digne d'une réussite plus heureuse, ne néglige rien pour entretenir l'un et l'autre. »

(2) D'après KNOX, cité par GARNEAU (*Canada*, II, 353) : « Nous restâmes quelque temps en suspens, n'ayant pas assez d'yeux pour la regarder ; mais nous fûmes bientôt convaincus qu'elle était anglaise... L'on ne peut exprimer l'allégresse qui transporta alors la garnison. Officiers et soldats montèrent sur les remparts faisant face aux Français et poussèrent pendant plus d'une heure des hourrahs continuels, en élevant leurs chapeaux en l'air. La ville, le camp ennemi, le port et les campagnes voisines à plusieurs lieues de distance retentirent de nos cris et du roulement de nos canons, car le soldat, dans le délire de sa joie, ne se lassa point de tirer pendant un temps considérable. »

chée a répondu par des Vive le Roi ! Le général Murray a envoié à l'hôpital un officier chargé d'une lettre et des gazettes, qu'il vouloit porter lui-même à M. de Levis. Je n'ai pas voulu le lui permettre et je lui ai promis de les envoier dans la minutte à notre général et de lui faire passer bientôt sa réponse. Un courrier de Monreal nous apprend qu'il n'y a rien de nouveau dans les pays d'en haut.

Le 11 beau tems, services et travaux du siège ordinaires. Le feu des assiégés a été vif et nous a tué et blessé quelques soldats. A 8 h. notre général est allé voir démasquer nos batteries qui ont fait un feu très vif toute la journée et supérieur à celui des ennemis. M. de Baraute a été blessé à la tête par un éclat de bombe. Nous avons eu le malheur de le perdre peu de jours après. Une de nos goëlettes a passé sous la ville à la marée du soir. Le feu que les assiégés ont fait sur elle ne l'a pas arrêtée.

Le 12 nos boulets ont fait voltiger beaucoup de saucissons et ont abattu quelques merlons. Notre feu a été supérieur à celui des assiégés.

Le 13 et 14 service à l'ordinaire. Le feu des assiégés a été supérieur au nôtre (1) ; parce que quatre de nos canons ont crevé et que notre poudre a été mouillée. Plusieurs blessés et malades sont parti pour les Trois Rivières et Monreal.

Le 15 service à l'ordinaire (2). Le feu des assiégés a été supé-

_____

(1) Voir lettre de Lévis au marquis de Vaudreuil, 13 mai 1760 : « Nos batteries sont en mauvais état... avec le peu de grosses pièces qui nous restent et la qualité n'en étant pas bonne, nous sommes hors d'état de faire brèche... Dans ces circonstances fâcheuses, je suis obligé de temporiser et chercher à gagner du temps, en me tenant en mesure de pouvoir recevoir les secours qui pourront nous arriver de France. »

(2) Lettre de Lévis à Vaudreuil, 15 mai : « Nous faisons moralement tout ce qu'il est possible de faire, mais nous ne sommes point heureux. Il est temps que cela finisse d'une façon ou d'autre, je crois que cela ne tardera pas, attendu qu'il vente gros nord-est et que nous sommes aux grandes mers. »

rieur au nôtre. Un vent de nord-est violent fait croire que la flotte angloise approche (1). A 7 h. du soir on a vu deux vaisseaux qui doublent la pointe de Levis. Nous les avons d'abord jugés françois et ensuite anglois, les voyant répondre aux signaux de la ville. Ils ont mouillé près des murs de la basse ville. A 11 h. les sauvages ont mené chez notre général deux prisonniers qui assu-- rent que les vaisseaux sont de guerre. M. de Levis a commencé ses dispositions pour la levée du siège et la retraite (2).

Le 16 un vaisseau de 74 canons est monté au-dessus de la ville avec deux frégattes (3) pour donner chasse aux notres, dont une a échoué en appareillant. Elle a tiré quelques bordées aux Anglois, qui poursuivent l'*Athalante* et deux fluttes qui veulent se jeter dans la R. du Carrouge. Le vaisseau a mouillé à Silleri, d'où il a canonné nos batteaux. Les dix bataillons se sont portés à la tran- chée, sur laquelle les Anglois ont fait le feu le plus vif. Plusieurs

---

(1) Les Anglais ont avoué que si un seul vaisseau de ligne français s'était présenté, ils capitulaient. Voir DESANDROUINS : *Conversation que j'ai eue avec le s^r Holland, faisant fonctions d'ingénieur en chef, pendant le siège de Québec, le 13 septembre 1760 :* « Nous avons admiré votre tra- vail... Vous attendiez sans doute des secours de France ? Mais en attendant je prenais mes précautions... » — « Ah ! un seul vaisseau de ligne et la place était à nous ! » — « Vous avez bien raison ! » — Voir lettre de Lévis à Berryer (28 juin 1760) : « Une seule frégate arrivée avant la flotte anglaise eût décidé la reddition de Québec et assuré le Canada pour cette année. »

(2) En effet il n'y avait plus qu'à se retirer, si on ne voulait être coupé de sa ligne de retraite et perdre ses magasins. Voir lettre de Lévis à Vaudreuil, où il lui explique les motifs de la retraite (18 mai 1760).

(3) Le commandant de cette frégate, l'*Atalante*, se nommait Vauque- lin. Après avoir épuisé ses munitions, il fit débarquer tous les hommes capables de servir et s'enferma avec ses blessés. Les Anglais le som- mèrent d'amener son pavillon. Vauquelin répondit fièrement qu'il n'avait jamais travaillé qu'à abattre celui de ses ennemis, et que jamais il n'amè- nerait le sien. Les Anglais le louèrent de son courage, et le traitèrent avec égard. Cf. l'intéressante notice de M. GABRIEL GRAVIER : *Notice sur Jean Vauquelin de Dieppe, le héros de Louisbourg et de la Pointe aux Trembles* (Rouen, 1885).

Canadiens ont commencé leur retraite, les uns chez eux, les autres ont pris la route de Carrouge, où on espère qu'ils attendront l'armée. Tous les blessés en état de marcher sont partis pour le Carrouge, les autres sont restés à l'hôpital général et à l'ambulant. Les sauvages se sont ennivrés, ont pillé le camp et fait beaucoup de désordre. Ils ont tué un grenadier et blessé un autre. Pour arrêter leur fureur, un grenadier a été forcé d'en tuer un, qui vouloit l'égorger.

M. le chevalier de Levis m'a fait dire de me rendre chez lui, m'a ordonné de rester à l'hôpital général pour y commander et prendre avec le général anglois les arrangemens convenables pour le rétablissement de nos malades. Ce général a mis l'armée en mouvement à 9 h. du soir et a chargé de l'arrière garde (1) M. de Poulariés, qui l'a fait avec les dix compagnies de grenadiers dans le meilleur ordre possible.

Le 17 (2) j'ai envoié par un tambour au général Murray une lettre de M. de Levis. A 10 h. le colonel Burton est venu visiter nos malades de la part du général. Un corps de mille cinq cents hommes sorti de la ville a pris le chemin de Sainte-Foy, où j'ai envoié chercher plusieurs malades qui y étoient restés. Les officiers Anglois sont venus voir les dames de l'hôpital, nous ont comblés

---

(1) Les assiégeants ne se retirèrent qu'après avoir jeté en bas de la falaise du Foulon l'artillerie qu'ils ne pouvaient emporter.

(2) A la même date Malartic adressait la lettre suivante à Lévis. « J'ai envoyé ce matin par un tambour votre lettre à M. Murray, et lui ai demandé la permission de lui parler conformément à vos instructions. J'aurai l'honneur de vous rendre compte de ce qu'il m'aura dit. Tous les Anglais conviennent bien que, le 28, nous avons pris la revanche du 13 septembre. Ils rendent justice à la valeur des troupes et à l'habileté de vos dispositions et de votre retraite, qui a été forcée par l'arrivée de la flotte. Ainsi vous devez être bien tranquille sur les relations qui en parviendront en Europe ; les Anglais disent qu'il n'y a point de grâce en France à laquelle vous ne puissiez prétendre. »

d'honnêteté, nous ont parlé de la bataille, ont fait l'éloge des dispositions de notre général et nous ont assuré que nous avons bien pris notre revanche de celle du 13 septembre.

Le 18, le général Murray m'a envoié chercher par un officier major, que j'ai suivi avec le chirurgien-major. Ce général, qui est homme d'esprit, m'a reçu très honnêtement ainsi que tous les officiers qui étaient chez lui. Il m'a témoigné la plus grande surprise lorsque je lui ai demandé des vivres, s'est fait beaucoup prier pour m'en accorder et n'y a consenti qu'en exigeant que je les ferai rendre en nature, ce que je n'ai ni promis ni refusé. Il m'a permis d'en informer M. de Levis, à qui j'en ai rendu compte dès que j'ai été de retour à l'hôpital. M. de Murray m'avait d'abord autorisé à envoyer ma lettre par un soldat de ma garde. Il m'a fait dire depuis qu'il se chargeait de la faire parvenir (1).

Le 19, l'amiral Colvil est arrivé avec les vaisseaux qui ont hiverné à Halifax. J'ai dîné chez M. de Murray. Il y a été fort question de la bataille du 28. Le général a beaucoup vanté les dispositions de M. de Levis, dont il m'a parlé avec estime, et la bravoure des troupes ; après dîner, il m'a fait l'honneur de me demander mon avis sur les motifs qui l'ont décidé à sortir le 28 avec sa garnison. Je lui ai répondu que, vraisemblablement, il avoit espéré être aussi heureux que le 13 septembre et qu'il auroit eu la gloire de prendre le Canada sans le secours des autres généraux anglais. Il m'a remercié et s'est mis à rire. J'ai reçu la réponse de M. de Levis (2) qui me mande qu'il ne peut pas nous

_____

(1) La lettre de Malartic à Lévis a été conservée. Elle ne contient que des détails de service.

(2) Voir lettre de Lévis à Malartic, de Saint-Augustin, 19 mai. Elle se termine par les fières paroles : « Vous remercierez M. Murray des offres qu'il vous a faites de me procurer des douceurs, tant pour moi que pour les officiers de mon armée. Je n'en mésuserai point. Quant aux vivres,

envoier des vivres ; que, d'après le cartel, les Anglois doivent
nous en fournir et qu'il fera descendre des batteaux pour
emmener les blessés en l'état de sortir de l'hôpital. J'ai envoié
cette réponse au général Murray qui m'a fait prier d'aller le
voir demain matin.

Le 20, je me suis rendu à 7 heures chez le général qui, après
les politesses ordinaires, m'a témoigné le plus grand étonnement
de ce que M. de Levis ne nous envoie pas de vivres. Il m'a dit
que si nous ne lui rendons pas ceux qu'il nous a fournis, il
retiendra tout ce qui est à l'hôpital comme prisonnier, devant
compte de sa conduite à sa nation et n'étant pas obligé de nourrir des hommes qui, dans dix jours, se battront contre lui. Je lui
ai fait les représentations que les instructions de mon général et
le cartel m'ont permis. Il m'a répliqué qu'il ne connait rien de
plus inutile qu'un cartel en Amérique, que nous l'observons
lorsqu'il nous convient et l'enfraignons lorsqu'il nous est contraire, et qu'ils en font autant.

Du 20 au 25, il est arrivé plusieurs vaisseaux marchands.

Le 26, M. de Senneville, lieutenant de cavalerie, est venu me
porter des lettres de M. de Levis (1) qui me mande qu'il lui est
impossible de me faire parvenir des vivres pour nos malades ;
qu'il enverra une goëlette chercher ceux qui sont en état de
partir, et que si M. Murray les retient, il s'en rapporte à son
honnèteté et est assuré qu'ils seront bien traités. Le général a
écrit à M. de Levis, m'a communiqué sa lettre (2) et me l'a

---

j'espère n'être jamais dans le cas de lui en demander. » Voir lettre de
Lévis à Murray sur le même sujet (21 mai 1760).

(1) On a conservé trois lettres de Malartic à Lévis, et la réponse de ce
dernier, relatives au traitement des prisonniers (23-25-26 mai).

(2) Voici la lettre de Murray (26 mai) : « Je suis très mortifié de ce que
les circonstances ne me permettent pas de faire tout ce que vous pouvez
désirer de moi. Il m'est impossible de vous rendre vos malades si je suis

remise. J'en ai chargé le lieutenant de cavalerie qui est parti à 6 heures du soir.

Le 29, la goëlette est arrivée. M. de Murray m'a refusé (1) d'y laisser embarquer aucun officier ni soldat, les regardant tous comme prisonniers puisqu'il les a nourris. J'ai représenté à ce général qu'il ferait le plus grand tort possible à plusieurs de mes camarades, qui devaient être nommés commandans de bataillon, capitaines de grenadiers et capitaines. Il m'a saisi par le bras et m'a dit : « Vos camarades sont les miens, les inimitiés de nos rois ne nous sont pas personnelles, je les regarde comme mes frères, je serais désespéré de nuire à leur avancement, et je vous accorderai les passeports que vous me demanderez. » Il m'en a (2) fait sur-le-champ expédier huit pour des officiers qui n'auroient pas été nommés aux emplois vaquants s'ils étoient restés à l'hôpital ; il m'a promis de laisser charger dans la goëlette quelques rafraîchissemens qu'il m'a permis de faire acheter pour M. de Levis et nos officiers. A 6 heures du soir, il a fait arrêter la garde, qui m'avoit été laissée à l'hôpital, et l'a fait conduire dans les prisons de la ville, ainsi que huit soldats blessés, qui commençoient à marcher. Je les ai accompagnés et ai dit au général

---

obligé de leur fournir des vivres. Je ne puis ignorer que vous n'avez pas toutes les facilités de faire subsister vos troupes sans en ôter les moyens à vos habitants, et que ce serait vous rendre un service très essentiel de nourrir ceux que vous avez laissés à l'Hôpital général jusqu'à ce qu'ils fussent en état de nous nuire. Mon devoir, je crois, m'oblige à ce que je fais. En tout ce qui ne sera pas incompatible avec ce devoir, je serai charmé de vous donner des preuves de la parfaite estime, etc. »

(1) C'était une violation flagrante de l'article 8 de la capitulation de Québec : « Il en sera usé envers les blessés, malades, commissaires, aumôniers, médecins, chirurgiens, apothicaires et autres personnes employées au service des hôpitaux, conformément au traité d'échange du 6 février 1759, convenu entre leurs majestés Très Chrétienne et Britannique. »

(2) D'après une lettre de Malartic à Lévis, ces officiers étaient MM. Dalquier, Duparc, Pinsure, Savournin, de Fontenay et Lenoir.

que je veux suivre le sort de la garde qui m'a été confiée. Il m'a répondu : « Il est inutile que nous entrions en contestation à cet égard; j'ai rendu compte au roi d'Angleterre de ma conduite, j'en écrirai à M. de Levis. D'après les lettres de ce général, vous n'avez pas été laissé à l'hôpital comme officier de garde, mais pour y commander, pourvoir aux besoins des malades et avoir inspection sur tous ceux qui y étoient (1) ».

Le 30, M. de Murray m'a fait prévenir qu'il part une frégatte pour l'Europe et qu'il se chargera de faire partir toutes les lettres que nous voudrons écrire. Il est arrivé une corvette de Boston qui rapporte un officier parti pendant l'hiver de Québec pour porter des nouvelles au général Amherst.

Le 1er juin, j'ai reçu, à 11 heures du soir, par M. de Senneville, des lettres de M. de Levis, qui m'ordonne de rester encore quelques jours à l'hôpital.

Le 2, je me suis mis en route pour aller communiquer à M. de Murray les lettres de M. de Levis. Je l'ai trouvé sur mon chemin allant au Sault. Il m'a proposé de l'y accompagner. Je n'ai pas pu accepter. Il m'a assuré persister dans la résolution de retenir nos malades et blessés. Vingt et un de nos soldats se sont évadés des prisons de ville, ont trompé les sentinelles, s'étant habillés et coeffés à l'anglaise. On a envoié à leur poursuite un détachement qui en a ramené trois ; le général a paru à son

---

(1) Lettre de Malartic à Lévis, 30 mai 1760 : « J'ai l'honneur de vous rendre compte que je suis le plus malheureux ambassadeur du monde. J'ai fait ce que j'ai pu et su, et n'ai point réussi pour cola. M. Murray envoia chercher avant-hier ma garde, la regardant comme prisonnière. J'alloi lui en demander la raison, lui dis que je suivroi son sort; il me répondit qu'il n'y avoit plus de cartel, qu'il était inutile que nous entrassions en contestations, qu'il vous l'avoit mandé, et qu'il avoit rendu compte au roi son maître de ce qu'il faisoit. » Voir lettre de protestation de Lévis à Murray (4 juin 1760), et réponse de Murray (7 juin). Plaintes de Lévis au commandant en chef Amherst (14 juin).

retour très fâché et a dit qu'il fera casser l'officier de garde et pendre les sentinelles. D'après la nouvelle qui se répand que le général Levis se dispose à venir enlever ses malades, il a fait tracer une redoute qui enveloppe le moulin à vent de l'hôpital, et a augmenté la garde de l'hôpital de deux officiers et soixante soldats.

Le 3, le commandant de la garde de l'hôpital a reçu ordre de visitter et sceller les coffres et effets de MM. les officiers françois, que ce général a permis d'embarquer sur la goëlette. Cette visite a été faite avec la plus grande honnêteté. A 9 heures du soir, une grande chalouppe est venue prendre ces effets. Un officier et neuf chirurgiens, pour lesquels j'ai obtenu des passeports, se sont embarqués dedans. Le général m'a attiré dans une embrasure de fenêtre chez lui et me demanda : « Croyez-vous que nous vous rendions le Canada ? — Je ne suis pas assez versé dans la politique pour voir les choses de si loin. — Si nous sommes sages nous ne le garderons pas (1). — Il faut que la Nouvelle Angleterre ait un frein à ronger et nous en lui donnerons un qui l'occupera en ne gardant pas ce pays-ci. »

Le 4, voiant ma présence inutile à l'hôpital, j'allai demander à M. de Murray la permission d'aller voir M. de Levis. Le général me l'accorda avec toutes les grâces possibles, m'assurant qu'il ne me regarde pas comme prisonnier, que je serai maître de rester

---

(1) Tel n'était pourtant pas l'avis des ministres et de la nation anglaise : mais ils n'avaient pas encore fait connaître leurs résolutions définitives, si bien que le 12 septembre 1760, après la capitulation de Monréal, le commissaire des guerres Bernier écrivait encore au lieutenant-général de Crémille : « Si ce pays ne doit plus rentrer sous la domination de la France, c'est une perte infinie ; s'il doit y revenir, ce sera sans doute un bien, si on le regarde comme un bâtiment à reprendre par les fondements, et que l'on y détruise jusqu'à l'ombre même de l'intérêt, qui est l'unique et antique cause de sa perte ; tout doit y être renouvelé, crainte qu'il n'y reste du levain corrupteur. »

avec M. de Levis ou de revenir et me combla d'honnêtetés et
d'offres de service. J'avois eu le chagrin de voir mourir dans cet
hôpital plusieurs de mes amis et camarades : du régiment de Lassarre, Palmarolles, commandant de bataillon, et quelques autres ;
de celui de Berry M. de Trecesson, commandant, Darlein, de Preis-
sac, capitaines et quelques autres ; de Béarn Monderon, Baraute
et Vassal, capitaines ; Salvignac et Tautabel, lieutenants ; de
la Marine Saint-Martin, Laronde, Meloise et d'autres dont je ne
me rappelle pas les noms.

Le 5, il est arrivé un vaisseau de guerre et cinq marchands qui
viennent d'Irlande. Un interprète qui a lu mon passeport m'ayant
assuré qu'il portoit que j'étois prisonnier, j'ai été chez M. de
Murray l'en remercier et le lui rendre. Ce général m'a temoigné
de la surprise, m'a assuré que c'étoit la faute du secrétaire, et
m'en a fait expédier un tel que je le désirois. Je l'en ai remercié
et nous nous sommes séparés bons amis. Je suis revenu à
11 heures à l'hôpital prendre congé de mes camarades et de nos
soldats. J'en suis parti à 1 heure. J'ai passé à 6 heures à la pointe
aux Trembles, où j'ai resté une demi-heure avec le commandant
de la cavalerie, et je suis arrivé à 8 heures au fort de Jacquartier
où commande M. de Repentinie, chez qui j'ai couché.

Le 6, je suis parti de bonne heure. J'ai rencontré au cap Santé
un courrier de Monreal chargé de dépêches pour le général
Murray. Je suis arrivé à 7 heures à Deschambault, j'y ai passé
une heure avec M. Dumas, commandant sur cette frontière. J'ai
trouvé à Vatiscan M. de Montbeillard, commandant de l'artillerie,
qui fait construire des ponts sur cette rivière et celles de Sainte-
Anne, Champlain et les Chenaux. J'ai été forcé par un fort vent
de nord-est et la mauvaise volonté des passagers de m'arrêter à
4 heures au cap La Madeleine et d'y passer la nuit.

Le 7, très mauvais tems. Je suis arrivé à 6 heures aux Trois
Rivières, j'y ai passé deux heures pour voir et causer avec M. de

Longueil, gouverneur. Je me suis embarqué à 8 heures pour aller à l'Abbadie. Le canot s'étant rempli d'eau, je l'ai abbandonné et j'ai gagné le poste à pied, malgré le mauvais tems et les vilains chemins. J'ai été coucher à Maxkinongé.

Le 8, continuation des mauvais tems. Je suis parti au point du jour en canot. J'en ai changé à une lieue. J'ai débarqué au chenail du Nord pour gagner à pied Berlier, ennuié de canots et canoteurs qui ont peur de chavirer. J'ai rencontré à Mauvrey un courrier qui va à Deschambault. Je suis arrivé à 11 heures du soir à Monreal. M. de Vaudreuil et M. de Levis m'ont témoigné un vrai plaisir de me revoir, m'ont assuré qu'ils me garderont, m'ont fait beaucoup de questions sur l'hôpital général, sur ce qui se passoit à Québec lors de mon départ et sur ce que je pense que feront les ennemis. Ces généraux m'ont dit que M. de Langis, qui alloit à la découverte avec un parti sauvage, s'est fusillé auprès de la pointe aux Fers, avec un gros parti anglais, et qu'il s'est retiré avec perte de quelques blessés et sans avoir pu faire un prisonnier.

Du 10 au 15, nouvelles du fort Levis, de l'isle aux Noix (1) et Deschambault. Tout paraît encore tranquille sur ces trois frontières.

Le 16, nous avons appris que M. de Murray a fait débarquer les rafraîchissemens qu'il avoit permis d'embarquer. Deux offi-

---

(1) Bougainville avait été chargé de la défense de l'île aux Noix, mais il jugeait la situation désespérée. Aussi écrivait-il, le 16 juin 1760 au ministre de la guerre (Dépôt de la guerre, vol. 3,574, p. 32) : « Les ennemis maintenant nous menacent de toutes parts, et, quoique réduits par notre victoire même à une poignée de monde, nous défendrons notre colonie jusqu'à la dernière extrémité. Le sentiment d'une position aussi critique, les misères de toute espèce qui les enveloppent, la privation presque entière de toute viande, les maux passés, présens, et ceux qu'on envisage pour l'avenir, n'ont rien diminué au courage, à l'ardeur, au zèle de ces troupes pour le service de Sa Majesté. »

ciers arrivant de Québec disent qu'à leur départ trente bàtimens marchands mouilloient. M. de Vaudreuil a fait faire un commandement général des Canadiens, qui ont ordre de marcher sur deux divisions : l'une suivra les bataillons et l'autre aura une destination particulière. M. de Levis (1) a écrit aux commandants des régiments pour les informer des effets qu'on peut leur fournir pour les mettre en état de camper et pour les prévenir de se tenir prêts à marcher au premier avis. Il leur enjoint de faire la revue des Canadiens qu'ils doivent avoir à leurs ordres.

Le 21, nous apprenons que M. de Murray a fait partir pour Louisbourg un officier français, et qu'il veut envoier en France tous ceux qui seront en état de sortir de l'hôpital.

Le 22, mon laquais, que j'avois envoié à Québec chercher mes équippages, est revenu et m'a rapporté une lettre très honnête du major général.

Du 23 au 1er juillet, fréquens courriers qui ne nous ont appris rien d'intéressant (2). M. de Bonnot, capitaine au régiment de Guienne, parti avec tous les prisonniers anglais, a été arrêté à la pointe aux Fers par le commandant des barques, qui l'a retenu quelques jours attendant les ordres de son général, et l'a fait conduire à Saint-Frédéric, d'où il se rendra à Neuf-York pour traiter l'échange des prisonniers. Un parti anglois a brûlé, il y a

---

(1) La lettre circulaire de Lévis est datée du 14 juin 1760.

(2) La situation était déjà désespérée, et les Français ne se battaient plus que pour l'honneur du drapeau. Ils n'avaient plus de poudre et de boulets que pour un combat, en tout 312 boulets d'après un rapport officiel. Ils manquaient de vivres et même de pain : Aussi Lévis avait-il le droit d'écrire au ministre de la guerre, à la date du 30 juin : « Nous tâcherons de rassembler nos forces ; si les ennemis ne mesurent pas leurs mouvements, nous en profiterons pour combattre le corps de leurs troupes qui avancera le premier. C'est l'unique ressource qui nous reste: Nous sommes hors d'état de tenir la campagne: Vivres, munitions, tout manque. Il est surprenant que nous existions encore. »

deux jours, quelques maisons à Sainte-Thérèse, et a emmené vingt hommes prisonniers. Un grenadier du régiment de la Reine, qui étoit dans le bois, a mis en fuite ledit parti en criant : « Avançons, camarades ! »

Le 1er juillet, M. Pouchot (1) écrit du fort Levis qu'un de ses partis lui a mené deux prisonniers, qui assurent que les Anglois assemblent une armée à Choueguen et qu'on y attend le général Amherst. M. de Saint-Simon, arrivé il y a peu de tems de l'Acadie, chargé des paquets de la Cour portés par trois vaisseaux partis de Bordeaux au mois d'avril, lesquels ont abbordé la côte de l'Acadie, est parti le 9 pour porter des dépèches et des ordres à ces trois vaisseaux. M. de Levis est allé visiter l'isle aux Noix et les environs.

Le 13, deux officiers de la Marine sont arrivés de l'Acadie chargés des paquets de la Cour. Ils disent que les trois vaisseaux sont dans la baye de Chaleurs (2) et qu'ils n'ont aucune connaissance des autres vaisseaux partis avec eux. Si on eut fait partir ces vaisseaux en février, nous aurions repris Québec et conservé le Canada (3).

---

(1) Pouchot, fait prisonnier à Niagara, avait été échangé. On l'avait aussitôt envoyé au fort Lévis, position importante, au-dessous de la Présentation, à la tête des rapides du Saint-Laurent ; mais il n'avait que 200 hommes de garnison.

(2) La baie des Chaleurs, longue de 140 à 150 kilomètres, large de 32 kil., a d'excellents ports. Ses habitants, anciens Acadiens pour le plus grand nombre, se livrent à la pêche. Les Indiens la nomment Eckctma Nemanchi ou Lac des Poissons. Son nom actuel lui a été donné par Jacques Cartier.

(3) C'est ce que constate la relation officielle. « Le projet étoit de resserrer la garnison angloise dans les murs de la ville d'assez bonne heure pour qu'il lui fût impossible de construire des ouvrages extérieurs devant les fronts que l'on a attaqués, et d'attendre à couvert des premières approches que les secours demandés en France fussent arrivés pour être en état de continuer le siège. Un seul pavillon françois auroit suffi pour produire cet effet. »

Le 14, il est arrivé deux marins venant d'une baye de l'Acadie, dans laquelle a hiverné leur vaisseau parti de France au mois d'août. MM. Langlade et Outelas, partis il y a quelques jours avec des sauvages pour faire des prisonniers auprès de Saint-Frédéric, sont revenus et rapportent qu'ils ont été jusqu'à la maison Hoquart ; qu'ils y ont apperçu un poste par lequel ils ont été découverts ; qu'ils se sont fusillés longtems et qu'ils ont été forcés de se retirer sans pouvoir faire un prisonnier. Ils disent avoir bien reconnu le fort et avoir vu dans les dehors six cents tentes. Un sauvage qui vient de Choueguen dit y avoir vu embarquer des troupes destinées pour le Détroit. Les nouvelles du fort Levis nous apprennent qu'il y a cinq mille hommes à Choueguen, qu'il y en arrive tous les jours, et que le général Amherst y est attendu. M. Desandrouins est allé reconnaître les isles à l'entrée du lac Saint-Pierre (1) et tracer un petit fort dans celle de Sainte-Thérèse.

Le 18, M. Dumas mande de Deschambault qu'il est informé que M. de Murray (2) est embarqué depuis le 14 avec deux mille cinq cents hommes.

Le 19, le courrier de Deschambault nous apprend que la flotte anglaise étoit le 15 vis-à-vis la pointe aux Trembles.

Le 20, les nouvelles de Deschambault disent que trente-neuf frégattes ou petits bâtimens ont monté le *Richelieu* le 16, et que quinze autres se disposoient à le monter.

Le 24, nous apprenons que les Anglais ont débarqué au Platon ;

---

(1) Le lac Saint-Pierre est formé par le Saint-Laurent, à deux lieues au-dessus des Trois Rivières, à une égale distance du confluent de la rive de Richelieu. On trouve dans ce lac les îles Saint-François et Richelieu.

(2) Murray avait quitté Québec le 14 mai. Il avait embarqué une partie de ses forces sur une escadrille de 32 voiles, 250 à 300 berges et 9 batteries flottantes afin de remonter le Saint-Laurent.

que M. Hertel, qui commandoit un petit détachement a été blessé et pris ; qu'il est mort de ses blessures et que M. de Murray a envoié son corps et sa dépouille à Jacquartier. M. de la Pause (1) est allé reconnaître la R. de Maxa et le pays qu'elle parcourt.

M. de Bourlamaque est allé faire des dispositions de deffensive à l'entrée du lac et à l'embouchure de la R. de Chambly.

Le 25, le courrier d'en bas nous annonce que la flotte anglaise est dans le même mouillage ; qu'un corps de six cents hommes désarme les Canadiens dans le Sud, leur fait prêter serment de fidélité et les traite avec douceur. Les nouvelles de l'isle aux Noix sont que nous avons deux partis en campagne, l'un vers Saint-Frédéric et l'autre dans la baye de Missisconi, où on a trouvé les pistes d'un parti de trente hommes. Celles du fort Levis que les Anglais sont en force à Choueguen.

Les 25 et 26, courriers de toutes les frontières. La flotte est vis-à-vis les Grandines et au bas du Richelieu.

M. de Bourlamaque, revenu le 27, n'a pas trouvé le pays qu'il vient de parcourir susceptible de deffense.

Le 28, un courrier de Deschambault nous apprend que toute la flotte, exceptée une frégatte de quarante canons, a monté le Richelieu et s'est réunie aux Grandines. M. de Levis (2) a prié tous les commandants des régiments de faire faire par des

---

(1) De la Pause était fort apprécié par Lévis. (Lettre à Belle-Isle, du 28 juin) : « C'est un homme de naissance qui a de grands talents pour la guerre. Il seroit utile au bien du service de le mettre dans la route des premiers emplois. Il a seize ans de services, des blessures, les suffrages unanimes de tous les généraux sous lesquels il a servi, et qui l'ont toujours employé avec distinction, ce qui, tout réuni, le rend susceptible du grade de colonel. »

(2) Lettre de Lévis au ministre de la guerre : « Nous tenterons toutes sortes de voies pour sauver la colonie ; mais notre situation est si fâcheuse qu'il faut des miracles ; nos armées n'auront que du pain pour subsister, et médiocrement. »

officiers une levée des grains dans ces quartiers qu'ils occupent, laquelle sera payée sur les appointemens des généraux et de l'intendant. Je suis parti le 28 pour remplir cet objet et j'ai trouvé quatre cent soixante-douze minots de tout grain. J'ai appris au Sault des Récollets que le régiment de Lassarre partira le 31 pour aller retrancher les isles de l'entrée du lac.

Le 30, je suis revenu à Monreal. J'y ai appris que les vaisseaux sont à Vatiscan et Champlin ; que quelques cavaliers ont été blessés au passage de la rivière par le feu des vaisseaux.

Le 31, le courrier des Trois Rivières annonce qu'à son départ, la flotte appareilloit ; que le vent n'était pas assez fort pour la pousser loin ; que M. Dumas avoit envoié ses équippages dans la ville et comptoit y rentrer dans la nuit.

Le 1er août, le courrier nous apprend que la flotte est mouillée vis-à-vis le cap la Madeleine. Les lettres de Jacquartier (1) annoncent qu'une autre flotte de vingt bâtimens est partie de Québec et monte. M. de Bourlamaque est allé voir les travaux qu'on fait à l'entrée du lac et il est revenu le 5. Un courrier des Trois Rivières nous apprend que la flotte a passé fort au large sans tirer un seul coup de canon et qu'elle est mouillée à une lieue et demie au-dessus.

M. de Levis, parti le 6 pour aller voir les travaux de l'entrée du lac, est revenu le 7. Le régiment de Béarn a envoié cent hommes à l'isle Sainte-Hélène pour y faire des batteries. Le régiment de Guienne est parti pour l'isle aux Noix. M. de Bouguainville mande que les schebeks se sont approchés de lui; qu'il y a apparence qu'ils font l'avant-garde. Le régiment de R.

_____

(1) Le fort de Jacquartier, défendu par 200 soldats, commandés par le marquis d'Alborgotti, était déjà investi par un lieutenant de Murray, le colonel Fraser ; mais il ne se rendit qu'en septembre.

Roussillon a eu ordre de se rendre à Saint-Jean et les habitans du S. de se tenir prêts à y aller. Le courrier des Trois Rivières nous informe que la flotte est entrée dans le lac ; que les détachemens anglais qui sont dans le sud sont venus jusqu'à Bettancourt (1).

Le 9, M. de Bourlamaque est parti pour Sorel.

Le 10, nouvelles du fort Levis. M. Pouchot mande que les sauvages lui ont mené un prisonnier qui dit que le général Amherst est à Choueguen avec dix mille hommes. Le courrier des Trois Rivières nous apprend que tous les vaisseaux sont dans le lac ; que la seconde flotte a mis à terre à Vatiscan six cents hommes qui font prêter serment de fidélité aux habitans et les forcent de déposer leurs armes chez leurs capitaines.

Le 11, les nouvelles annoncent que les vaisseaux font route. On a envoié ordre à M. Dumas d'abbandonner les Trois Rivières; d'y laisser la garnison ordinaire et de suivre les vaisseaux jusqu'à Berlier, où il trouvera des nouveaux ordres. Le régiment de Béarn a envoié ses grenadiers et quarante soldats au courant Sainte-Marie pour y commencer une batterie. Le premier bataillon de la Marine a reçu ordre d'aller camper à l'isle Saint-Hélène.

Le 12, nous apprenons que les vaisseaux ont pénétré dans les isles ; que M. de Bourlamaque s'est retiré à Sorel avec le régiment de Lassarre et le troisième bataillon de Berry et qu'il suit par le sud le mouvement de la flotte, qui est aussi observée par la barque *la Marie*, qui se retire à mesure qu'elle avance (2). Il

---

(1) Bettancourt ou Becancourt, sur la rive gauche du Saint-Laurent, presque en face des Trois Rivières.

(2) La situation était désespérée. Ainsi que l'écrivait Lévis au ministre de la guerre, le 7 août : « Il paroît que leur projet est de venir à Montréal ou à Sorel pour faciliter leur jonction avec Monsieur Amherst. Nous n'avons nuls moyens pour les arrêter ; comme il y a plusieurs pas-

est arrivé douze soldats de différents régiments, qui ont déserté de l'hôpital de Québec pour rejoindre leurs compagnies.

Le 13, différens avis nous disent que les vaisseaux ont défilé devant Sorel ; que quelques-uns ont passé devant Berlier. A midi, un courrier de M. de Bourlamaque nous apprend que les vaisseaux sont auprès de la Valtrie et qu'il les suit. On lui a renvoié le même courrier avec des ordres. Béarn a reçu celui de se rassembler demain à la pointe aux Trembles, où il en trouvera d'autres.

Le 14, nous apprenons que M. Dumas étoit hier au soir à 7 heures à Lanonay ; que les berges anglaises ont pris la route de Sorel ; que les vaisseaux se sont laissés dériver pour les suivre ; que, dès que M. de Bourlamaque en a été informé, il a fait la contremarche pour les suivre. M. de Levis est parti pour Berlier. Une partie de Béarn est arrivée à 4 heures à la pointe aux Trembles ; les compagnies qui sont à Sainte-Geneviève n'ont pas pu s'y rendre.

Le 15, très mauvais tems. Nous apprenons que les vaisseaux sont dans les isles ; qu'ils ont envoié à Saint-Ignace un détachement qui a enlevé tous les bestiaux ; que M. de Levis est à Berlier avec les troupes de M. Dumas et que M. de Bourlamaque est de retour à Sorel.

Le 16, les compagnies de Sainte-Geneviève nous ont joints. On a renvoié les Canadiens chez eux, le vent du sud-ouest retenant les vaisseaux où ils sont. Les courriers passés dans la journée

---

sages, nous manquons d'artillerie et de poudre ; c'est seulement une démonstration de défense que nous faisons pour retarder leur marche. » Voir lettre du même à Berryer (28 juin 1760). « Nous sommes hors d'état de tenir la campagne, manquant de vivres, de munitions, et généralement de tout ; et il est surprenant que nous existions encore. Il reste aux troupes de la bonne volonté et du courage, quoique les bataillons soient épuisés d'officiers et de vieux soldats et extrêmement affaiblis. »

ont dit avoir laissé nos troupes et les vaisseaux où ils étoient hier.

Le 17, vent de nord-est. Un courrier passé à midi a dit que la flotte a appareillé à 6 heures. Le régiment de Béarn a reçu ordre de se porter de façon à protéger l'entrée de M. Dumas dans l'isle. On a envoié des ordonnances dans toutes les paroisses pour rappeler les Canadiens, une forte garde au bout de l'isle, et nous nous sommes tenus prêts à marcher. Le vent s'étant calmé à 3 heures, nous avons jugé que la flotte aura été obligée de mouiller. Nous apprenons que l'ennemi arrive à l'isle aux Noix et que le général Amherst s'embarquoit à Choueguen pour venir faire le siège du fort Levis. M. de Montreuil a passé à 10 heures du soir, et nous a dit avoir laissé M. de Levis à Berlier et la flotte mouillée.

Le 18, M. de Levis a renvoié la garde que Béarn envoioit au bord de l'isle, et a dit de ne l'envoier que lorsque le vent sera nord-est. Nous avons appris que le général Amherst est en marche pour le fort Levis, que l'armée du lac Champlin a fait sa descente au nord et sud de l'isle aux Noix et qu'elle s'y retranche. M. de Vaudreuil a envoié dans toutes les paroisses des ordres pour faire partir sur le champ tous les Canadiens, qui composent la seconde division avec armes et bagages, et des vivres pour huit jours, les uns pour Saint-Jean et les autres pour Monreal, où ils apprendront leur destination.

Le 19, j'ai été à Monreal. J'y ai appris que l'armée du lac Champlin fait des batteries pour battre l'isle aux Noix. On croit le fort Levis assiégé (1). M. le chevalier de Lacorne doit partir avec un détachement considérable pour s'y rendre ou pour occuper un

_____

(1) C'est le 20 avril qu'Amherst, parti d'Oswego le 9 juillet, avec 11,000 hommes, arriva devant le fort de Lévis, et l'investit complètement. Pouchot, abandonné des sauvages, et ayant donné tous ses hommes disponibles au chevalier de la Corne, n'avait plus sous ses ordres que 200 soldats environ ! Pourtant il osa résister.

poste, qu'il connoit, s'il apprend qu'il soit impossible de parvenir au fort Levis. M. de Bourlamaque a fait casser la tête à un Canadien qui étoit chargé d'une lettre de M. de Murray pour le commandant de l'armée du lac Champlin. Ce général mandoit que son armée est en bon état, que les deux régiments venus d'Europe sont complets et bien portans, quoiqu'ils ayent été entassés dans les transports, que lorsque le lord Raulo l'aura joint avec les troupes qu'il mène de Louisbourg, il prendra la route de Monreal, qu'il aye des nouvelles de M. Amherst ou non, son armée estant bastante pour faire face à celle de M. de Levis.

Le 20 (1), j'ai été à Monreal prendre des arrangemens pour la paye du régiment qui doit, par ordre du ministre, être donnée en lettres de change du premier terme motivées solde et appointemens. M. le chevalier de Lacorne est parti à midi. Point de nouvelles du fort Levis ; celles de l'isle aux Noix portent que les Anglois continuent leurs batteries et font le portage pour gagner la rivière du Sud ; celles de Berlier que nos armées du nord et sud sont dans la même position.

Le 21 rien d'intéressant.

Le 22, j'ai été à Monreal. J'y ai appris que les Anglois ont tenté de rompre l'estacade de l'isle aux Noix, que le feu qu'ils ont essuié les a forcés d'y renoncer, que M. de Saint-Luc est rendu à Saint-Jean et qu'il a fait partir quatre sauvages pour tacher de faire un prisonnier.

Le 23, vent du nord-est. Nous nous sommes tenus prêts à marcher. Nous avons mandé tous nos Canadiens. Nous avons envoié la garde au bout de l'isle, un détachement de trente-six hommes dans un batteau pour aller à La Valtrie et même à Berlier, s'il

---

(1) L'île Sainte-Thérèse est en aval de Montréal, en face de Repentigny sur la rive droite du Saint-Laurent et de Guillesou sur la rive gauche.

ne trouve point d'obstacle, pour rassembler et ramener les batteaux qui sont dispersés le long de la côte. Un officier dépêché par
M. Dumas nous a appris que la flotte a appareillé ce matin et
qu'elle fait route. A 7 h. quelques soldats du détachement parti
ce matin ramenant un canot disent tenir d'un Canadien de Berlier, que la flotte n'a pu faire qu'une lieue, le vent lui ayant
manqué. M. de Levis est allé à la pointe Claire faire partir M. de
Lacorne. Nous avons fait monter 12 batteaux à la ville.

Le 24, point de nouvelles du fort Levis. On mande de Saint-
Jean que l'isle aux Noix est vivement canonnée.

Le 25, notre détachement a ramené trois batteaux. Les Anglois
ont tiré sur un soldat qui revenoit par terre.

Le 26, j'ai été reconnoître l'isle Sainte-Thérèse et sonder le
chenail, qui est entre cette isle et celle de Monreal. Je l'ai trouvé
assez profond pour porter des vaisseaux de trois cents tonneaux.
A mon retour j'ai trouvé un ingénieur chargé de tout disposer
pour le passage de M. Dumas. Le major général nous a ordonné
à 6 h. de nous rapprocher de la Longue Pointe afin de céder les
maisons nécessaires pour loger les troupes de M. Dumas. Nous
avons appris que les Anglois se sont emparé du Diable et d'une
barque qui étoient derrière l'isle aux Noix, après les avoir fou-
droyés par une batterie qu'ils avoient établie vis-à-vis.

Le 27, nous apprenons à la pointe du jour que M. Dumas s'est
mis en marche hier au soir à 7 h., qu'il compte être de bonne
heure à la traverse qu'il se propose faire sur la rivière de
l'Assomption, où nous lui avons envoié six batteaux et deux au bout
de l'isle. Un courrier des Trois Rivières nous annonce que huit
gros vaisseaux montent. La cavalerie est arrivée à 9 h. au bord
de l'isle, successivement l'artillerie, les piquets, et après midi
M. Dumas, qui occupe la partie depuis ledit bout jusqu'à la pointe
aux Trembles. A 11 h. nous avons découvert la flotte vis-à-vis de
Repentinie. Elle a continué sa route et a paru à 2 h. au bout de

l'isle Sainte-Thérèse, et a mouillé à 5 h. entre cette isle et celle aux Foins. A 7 h. quelques vaisseaux ont appareillé et ont fait route pendant une demi-heure pour chercher un meilleur mouillage.

Le 28, la flotte a appareillé à 7 h. Le vent a calmé à 8 h. et elle a mouillé. Le régiment de Béarn qui a marché pour le suivre s'est arrêté vis-à-vis les bâtimens de l'avant-garde. Point de nouvelles du fort Levis. Le bruit court que les Anglois ayant fini le portage des berges pour investir l'isle aux Noix, M. de Bouguainville songe à l'évacuer.

Le 29, vent du sud-ouest. J'ai été à Monreal. J'y ai appris que l'isle aux Noix a été évacuée (1) le 27 au soir et que M. de Bouguainville y a laissé un lieutenant et trente hommes pour capituler.

Le 30, la flotte a resté sur ses ancres. Les berges et canots n'ont fait qu'aller et venir pour sonder. Les sauvages disent que M. Amherst assiège le fort Levis, que M. Pouchot défend avec vigueur.

Le 31, vent de tranquillité. Les Anglois ont débarqué à Varennes au nombre de cinq cents. Ils ont pris poste à l'église, ont poussé dans les secondes concessions de petits détachemens qui ont brûlé et pillé quelques maisons (2). M. de Bourlamaque qui

---

(1) Bougainville n'avait sous ses ordres que 420 hommes, et il avait tenu tête aux forces triples du brigadier Haviland. Aussi avait-il été obligé de reculer de poste en poste, en sorte que l'ennemi put atteindre facilement Longueil et opérer sa jonction avec Murray.

(2) Murray traita la contrée avec une extrême rigueur. Il en fait un aveu peu honorable pour sa mémoire : « Je suis obligé, écrivait-il au ministre, de brûler la plus grande partie des maisons de ce peuple malheureux. Je prie Dieu que cet acte de rigueur soit le seul que j'aie à faire, car cette partie de mes desseins me révolte. » Arrivé à Varennes il avait publié que les Canadiens qui se défendraient seraient traités en prisonniers de guerre et transportés en France. Cette menace eut l'effet

est à Longueuil les fait observer par des détachemens qui ont fait un prisonnier, lequel dit qu'il y a trois mille hommes sur la flotte, compris ceux venus de Louisbourg, que le détachement débarqué à Varennes est de six cents et a trois canons. Les troupes de l'isle aux Noix se sont retirées avec celles qui étoient à Saint-Jean à la bataille. M. de Levis est allé à ce camp et à celui de M. de Bourlamaque.

Le 1ᵉʳ septembre un courrier du chevalier de Lacorne nous apprend que cet officier s'est assez approché du fort Levis pour voir que les Anglois en sont maîtres (1) et qu'ils se disposent à descendre les rapides. Nouvelles de Chambli où les Anglois ne sont pas encore rendus. Il y a passé un canot qui n'a pas voulu abborder au fort.

Le 2, j'ai été à la ville pour des états qu'on demande à tous les corps pour des distributions qu'on vent leur faire. J'en suis parti à 5 h. En arrivant à la Longue Pointe j'ai vu quelques bâtimens sous voile et les ai laissés vis-à-vis les premières maisons de la pointe aux Trembles. Je suis arrivé à 7 h. au fort. J'y ai trouvé rassemblé le régiment qui s'est mis en marche à 9 h. pour suivre l'avant garde de la flotte. Il s'est arrêté à 11 h. à la maison Preville. Deux bâtimens à trois mats et trois goëlettes sont mouillés

désiré. Rien qu'à Boucherville 400 Canadiens prêtèrent le serment de fidélité. De tous côtés les miliciens déposaient les armes, et les réguliers, laissés sans pain et réduits au désespoir, désertaient.

(1) Le fort Lévis avait en effet capitulé le 26 août, mais après que les remparts eurent été détruits, les pièces hors de service, les officiers et le tiers de la garnison tués ou blessés. « Le 26 au matin, lit-on dans les Mémoires du capitaine Pouchot, lorsque les ennemis furent entrés, ils furent extrêmement surpris de ne voir que quelques soldats dispersés dans les postes qu'ils remettaient, et une soixantaine de miliciens. Ils demandaient à M. Pouchot où donc était sa garnison; il leur répondit qu'ils la voyaient toute. » Pendant 12 jours Pouchot avait eu l'honneur d'arrêter avec 200 hommes une armée de 11,000 soldats.

vis-à-vis. M. Dumas a posté quelques piquets à notre gauche.

Le 3, la flotte a été tranquille. J'ai été à l'ordre à la ville. J'y ai appris que M. de Levis est dans le sud, vraisemblablement pour replier les troupes aux ordres de M. de Bourlamaque et Roquemaure. M. de Lacorne mande que le général Amherst est au-dessus du Long Sault. Plusieurs soldats de nos bataillons, qui sont dans le sud, ont déserté pour rester avec les habitans. La découverte d'eau du régiment composée de quatre soldats de confiance s'étant engagée dans la flotte a été prise.

Le 4, les vaisseaux de l'avant garde ont appareillé et sont montés auprès du ruisseau Migeon. Deux piquets de Béarn les ont suivis avec ordre de se poster entre eux et la ville : la compagnie des grenadiers a été placée près l'église de la Longue Pointe. J'ai été à l'ordre à la ville. J'y ai trouvé de retour MM. de Levis, Bourlamaque, Bouguainville, et Roquemaure. Les régiments de la Reine, R. Roussillon et Guienne occupent le faubourg des Récollets, ceux de Lassarre et Berry le terrain depuis la porte de Québec jusqu'au ruisseau Migeon, celui de Béarn a été chargé de garder depuis le R. Migeon jusqu'à la pointe aux Trembles et M. Dumas, qui a à ses ordres le régiment de Languedoc, depuis la pointe au Tremble jusqu'au bout de l'isle.

Le 5, M. de Levis a visitté ces postes depuis la ville jusqu'au bout de l'isle. J'ai été à l'ordre à la ville. J'y ai vu défiler le régiment de R. Roussillon qui va garder le terrain entre le ruisseau des Sœurs et celui de Migeon.

Le 6, nous apprenons que l'armée de M. Amherst (1), qui étoit

---

(1) Amherst, afin de couper la retraite aux Français sur Détroit et sur la Louisiane, avait résolu d'attaquer Montréal par le haut fleuve et de descendre les rapides. Dans cette dangereuse opération il perdit 64 berges et 88 hommes, mais le 6 septembre il était à la Chine, refoulant devant lui les troupes de la Corne, et les trois généraux anglais pouvaient opérer leur jonction sous les murs de Montréal.

hier aux Cèdres, est arrivée ce matin à la pointe Claire, que le détachement de cavalerie qui y étoit l'observe en se retirant. A midi nous avons vu une colonne de douze cents hommes filer de Boucherville à Longueuil, où elle s'est arrêtée, et où arrivent de toutes parts les Canadiens mandés pour prêter le serment de fidélité.

La 7, la flotte n'a fait aucun mouvement. Une ordonnance expédiée de la Chinne nous apprend que l'ennemi y arrive. M. de Levis est sorti avec deux compagnies de grenadiers pour aller le reconnaître. Ce général a ordonné aux régiments de se tenir prêts à marcher, et a fait partir le major général pour replier le corps de M. Dumas. Le régiment de Béarn a reçu ordre de se retirer derrière le ruisseau des Sœurs. A 6 heures, autre ordre d'envoier ses grenadiers à la maison de Montigni, et de se porter derrière le ruisseau Migeon (1) ; à 7 heures, de hâter sa marche pour occuper les premières maisons du faubourg, où il est arrivé à 10 heures. Il y a trouvé M. de Bourlamaque qui l'a arrêté et a ordonné que, dès que M. Dumas sera rendu à la maison de Montigny, la compagnie de grenadiers de Lassarre ira occuper la redoute gardée par une de Berry ; que celles de Languedoc, Béarn, de la Marine se porteront dans les trois maisons les plus proches de la redoute ; que Béarn occupera tous les jardins et clôtures (2), depuis ces trois maisons jusqu'à la ville, où les régiments de R. Roussillon et de Berry viennent de rentrer. M. Dumas et les compagnies de grenadiers ont exécuté à minuit

---

(1) Petit cours d'eau dans l'île de Montréal, au nord de la ville.

(2) Montréal n'était entouré que d'une simple clôture de deux à trois pieds d'épaisseur, capable d'en imposer seulement aux Indiens. Ce mur était garni de six à sept petits canons ; une batterie d'un même nombre de pièces couronnait une petite éminence à l'intérieur de la ville. Telle était la seule défense de l'armée française réduite à environ 3,000 hommes, en comptant les Canadiens restés sous les drapeaux.

24

les ordres ci-dessus. Béarn s'est mis en bataille dans la grande rue du faubourg, forcé d'attendre le jour pour reconnaître tout ce qu'il doit garder. La cavalerie est restée entre la maison de Montigni et la R. Migeon. Les régiments de la Reine, Lassarre et Guienne sont rentrés dans la ville à 6 heures.

Le 8, Languedoc, Béarn et les troupes aux ordres de M. Dumas se sont portés par piquets dans tous les jardins, depuis la redoute jusqu'à la ville. M. de Bouguainville est parti à 6 heures pour aller proposer une capitulation au général anglais (1), qui l'a très bien accueilli. M. de Bouguainville a laissé en otage M. de Las, capitaine au régiment de la Reine, et a mené en échange un écossais. Il a rendu compte à nos généraux de tout ce dont il est convenu avec le général Amherst, qui a accordé une suspension d'armes jusqu'à midi.

MM. de Levis et Bourlamaque ont fait la visite des postes du faubourg. M. de Bouguainville est retourné à midi au camp anglais, et est revenu à 3 heures avec M. Abercombrick, aide de camp de M. Amherst, et M. de Las. La flotte n'a fait aucun mou-

---

(1) Lettre de Bernier, commissaire des guerres, à de Crémille, lieutenant-général (12 septembre 1760) : « Montréal était sans autre défense que celle des débris de nos bataillons et de ceux de la colonie, épuisés depuis plusieurs jours par la désertion des soldats et sans aucun secours des habitants, qui avoient montré depuis longtemps cet exemple, par la crainte de voir leurs habitations brûlées. On craignit qu'elle ne fût réduite en cendres dès le premier moment que l'ennemi feroit usage de son artillerie, ou que, si on lui laissoit faire les apparences d'un siège, il ne s'obstinât à la vouloir prendre à discrétion, et toute la colonie. » Cf. relation anonyme adressée au maréchal de Belle-Isle (Dépôt de la guerre, vol. 3,574, pièce 112) : « Montréal est une ville environnée d'une simple muraille pour la mettre à couvert contre les saùvages plutôt que contre des troupes. Elle étoit pleine d'un peuple infini qui s'y étoit réfugié après la ruine de Québec et les différents incendies des campagnes. Ce peuple courut en foule implorer M. de Vaudreuil pour sauver leur vie et leurs biens des mains des sauvages qui s'étoient réunis de toutes parts aux Anglois. »

vement. A 4 heures, nous avons eu avis que M. de Murray a débarqué à la pointe aux Trembles et qu'il est près de la Longue Pointe. On a battu la générale dans le faubourg et la ville. Toutes les troupes ont couru aux armes. M. de Levis est allé reconnaître l'ennemi. Ce général nous a dit en rentrant de nous reposer ; qu'il n'y a qu'un petit détachement entre la pointe aux Trembles et la Longue Pointe.

A 8 heures, nous avons appris que M. de Murray est au ruisseau des Sœurs et qu'il se dispose à le passer. M. de Bourlamaque l'a fait informer qu'on est en pourparler et qu'il y a trève. On a fourni des soldats pour aider les gens du munitionnaire à vuider les magasins qu'il a dehors la ville. M. de Murray a envoié à 10 heures un officier qui a demandé à traverser la ville pour aller parler au général Amherst. Il a été arrêté au premier poste et y a été gardé jusqu'à la pointe du jour pour ne pas l'exposer aux insultes des sauvages. M. de Bourlamaque en a été prévenir M. de Murray.

Le 9, M. de Murray a écrit à M. de Bourlamaque pour lui témoigner sa surprise de ce qu'il ne reçoit aucune réponse et qu'il croit qu'il est joué. M. de Bourlamaque est allé le voir. Le major général a ordonné à 6 heures aux régiments de Languedoc et de Béarn d'entrer dans la ville et de camper sur le Champ de Mars. Tous les commandants des régiments, capitaines de grenadiers et majors ont été avertis de se rendre à 7 heures chez M. de Levis. Ce général leur a communiqué les représentations (1) qu'il a fait de vive voix et par écrit à M. de Vaudreuil,

---

(1) Amherst, le général qui avait capitulé à Clostersevern, voulait prendre sa revanche au Canada. Aussi se montra-t-il impitoyable, et refusa-t-il les honneurs militaires à des soldats qui pourtant les avaient bien mérités. Vaudreuil, de son côté, ne montra pas assez d'énergie pour obtenir une capitulation plus honorable. Aussi comprend-on les plaintes de Lévis dans son rapport officiel : « Je n'ai d'autre part à la capitulation que

pour l'engager à ne pas capituler sous la dure condition de mettre bas les armes et de ne pas servir de toute la guerre. Il lui a exposé qu'il peut faire pour la Colonie telle capitulation qu'il voudra, et l'a prié de le laisser passer avec les troupes de terre dans l'isle Sainte-Hélène, où il saura forcer les Anglais à lui accorder une capitulation honorable. Il a également (1) communiqué l'ordre que M. de Vaudreuil lui a donné par écrit pour se conformer à cette capitulation (2), lui répondant que les troupes

---

d'avoir protesté contre à l'égard de ce qui regarde le traitement fait aux troupes de terre, qui auroient dû mériter plus d'attention de la part de M. de Vaudreuil et plus d'estime de celle du général Amherst. Mes démarches à cette occasion ne m'ont point permis de recevoir du général Amherst, ou de lui faire, personnellement, les politesses usitées en semblable rencontre entre généraux. J'ai cru devoir en marquer mon ressentiment et ne point goûter les raisons que ce général anglais a données de sa conduite, savoir que c'étoit en satisfaction des cruautés commises par les sauvages, avec lesquels les troupes étoient associées. »

(1) Lévis protesta, par écrit, avec ses officiers, contre le traitement fait à l'armée, et voulut rester étranger à la capitulation. Les officiers suivirent son exemple et plusieurs régiments brûlèrent leurs drapeaux. Voir archives de la guerre, vol. 3,574, n° 129.

(2) Voici les principaux articles de la capitulation de Montréal. « I. Toute la garnison de Monréal doit mettre bas les armes, et ne servira point pendant la présente guerre, immédiatement après la signature de la présente. — III. Les troupes et milices de Jacques Cartier, Sainte-Hélène et autres forts ne doivent pas servir pendant la présente guerre et mettront pareillement bas les armes. — V. Les troupes qui tiennent la campagne doivent, comme les autres, mettre bas les armes. — IV. Les milices retourneront chez elles sans être inquiétées, sous quelque prétexte que ce soit, pour avoir porté les armes. — XVII. Les officiers et soldats seront embarqués pour la France dans les vaisseaux qui leur seront destinés en nombre suffisant et le plus commodément que faire se pourra. Les officiers de troupes et marins qui seront mariés pourront emmener avec eux leur famille, et tous auront la liberté d'embarquer leurs domestiques et bagages. — XXVII. Le libre exercice de la religion catholique, apostolique et romaine subsistera en son entier, en sorte que tous les états et peuples des villes et des campagnes, des lieux et postes éloignés, pourront continuer de s'assembler dans les églises et fréquenter les sacrements comme ci-devant, sans être inquiétés en aucune manière,

ont été envoiées pour défendre la Colonie, qu'elles ont conservée
plus longtems qu'il n'était permis de l'espérer, et qu'il n'a pas
d'autre ressource, pour procurer une capitulation avantageuse
aux Canadiens, qu'en sacrifiant les troupes, qui y ont été très sensibles. A midi, M. Dumas est entré en ville et n'a laissé dehors que la
cavalerie. On a distribué aux soldats des habits, vestes, culottes,
chapeaux et de la toile en échange de ce qui leur est dû pour
l'équippement de la campagne. M. Aberkombrik a porté à
6 heures, à M. de Vaudreuil, la capitulation signée. Le colonel
Haldyman est venu prendre possession de la ville et y commander.

Le 10, les troupes ont reçu ordre de s'assembler pour passer
la revue de M. de Levis ; ensuite contrordre. Elles ont mis bas
les armes à 7 heures, après quoi elles ont passé la revue de M. de
Levis et du commissaire. Elles ont été prévenues qu'elles pourront envoier quelques officiers avec des soldats chercher les
équippages qu'elles ont laissé dans les paroisses où elles ont
passé l'hiver.

Le 11, le colonel Haldyman a donné les permissions annoncées
hier et a fait fournir les batteaux nécessaires. Le général

---

ni directement, ni indirectement. — XXXVI. Si, par le traité de paix,
le Canada reste à S. M. Britannique, tous les Français, Canadiens,
Acadiens, commerçants et autres personnes qui voudront se retirer en
France en auront la permission du général anglois, qui leur procurera
le passage ; et néanmoins, si, d'ici à cette décision, il se trouvait des
commerçants français ou canadiens, ou autres personnes qui voulussent
passer en France, le général anglais leur en donnerait également la permission. — XXXVII. Les Canadiens conserveront l'entière et paisible
propriété et possession de leurs biens, seigneuriaux et roturiers, meubles et immeubles, marchandises, pelleteries et autres effets, même de
leurs bâtiments de rues ; il n'y sera point touché sous quelque prétexte
que ce soit. — XL. Les sauvages ou Indiens alliés de S. M. Très Chrétienne seront maintenus dans les terres qu'ils habitent, s'ils veulent y
rester ; il ne pourront être inquiétés sous quelque prétexte que ce soit
pour avoir pris les armes et servi S. M. Très Chrétienne. »

Amherst est venu dîner chez M. de Vaudreuil, qui n'a pas pu décider un seul officier des troupes de terre à dîner avec lui (1).

Le 12, M. de Vaudreuil est allé dîner chez le général Amherst. J'ai été, avec la permission de mes chefs, dîner chez M. de Murray, qui m'a comblé d'honnêtetés, m'a fait placer à côté de lui et m'a fait l'honneur de me dire : « Vous devez tous être bien contens (2). Vous vous êtes couverts de gloire en deffendant pendant six campagnes cette colonie que nous aurions dû prendre dans une, si nous avions fait ce que nous pouvions. » J'eus l'honneur de lui répondre que nous le serions sans la dure capitulation qu'on nous a imposée. Ce général me saisit par le bras en m'assurant que j'étais maître de n'y être pas compris ; que, d'après le passeport qu'il m'a donné à mon départ de Québec, je suis censé être toujours à l'hôpital et, par conséquent, libre. Je le remerciai et lui dis que je ne pouvois pas accepter cette offre obligeante sans la permission de mes chefs, qui me conseillèrent d'en profiter. J'en rendis compte le lendemain à ce général, qui me fit donner par M. Amherst un certificat qui porte que je puis servir.

Le 13 et le 14, il est arrivé de Michillimakinak et autres postes quelques canots chargés de pelleteries. Les Anglais ont fait partir

---

(1) Les soldats en effet paraissaient sacrifiés par cette capitulation. Il n'était pas étonnant que les officiers en gardassent rancune au gouverneur.

(2) Lévis, malgré sa modestie, avait rendu le même témoignage à ses soldats. « Ils ont fait des prodiges de valeur, écrivait-il au ministre, ils ont donné, comme les habitants eux-mêmes, des preuves réitérées, surtout le 28 avril, que la conservation du Canada ne pouvait dépendre ni de leur zèle, ni de leur courage, et c'est une suite des malheurs et de la fatalité auxquels depuis quelque temps ce pays était en butte que les secours envoyés de France ne soient pas arrivés dans le moment critique. Quelque médiocres qu'ils fussent, joints au dernier succès, ils auraient déterminé la reprise de Québec. »

des détachemens pour tous ces postes et pour le Détroit (1). Ils contiennent beaucoup les sauvages ; ils en ont fait pendre un qui a volé dans une maison, et ont envoié différens détachemens dans les paroisses de l'isle pour arrêter les sauvages domiciliés qui les ravagent. Toutes les troupes ont reçu ordre de se tenir prêtes à partir. Le régiment de Lassarre s'est embarqué dans deux gros navires ; celui de Languedoc dans une goëlette et plusieurs batteaux. Ils ont reçu des vivres à raison d'une livre et demie de farine et demi-livre de lard par jour pour chaque officier, soldat, et passager.

Le 15, les régiments de la Reine, R. Roussillon, Guyenne et Berry se sont embarqués dans des gros bâtimens et goëlettes. Celui de Béarn et les deux bataillons de la Marine ont eu ordre de s'embarquer à 2 heures dans des petits batteaux. Une heure après contrordre, les batteaux manquant. On leur a donné un supplément de vivres pour deux jours. MM. de Vaudreuil, de Levis avec l'état-major et l'intendant se disposent à partir. Il a été battu un ban pour avertir tous ceux qui ont des demandes à faire à l'intendant de se présenter d'ici à trois jours. M. de Vaudreuil et l'intendant ont fait un manifeste pour engager M. Amberst à donner cours aux ordonnances et, y avoir confiance, et lui ont promis de faire ce qu'ils sauront et pourront pour les faire payer (2).

Le 16, le régiment de Béarn s'est embarqué dans une goëlette et cinq batteaux, où il est bien entassé. Les deux bataillons de la

---

(1) Par la capitulation de Montréal, de Belestre commandant du Détroit, tous les autres chefs de poste, et trois ou quatre cents familles canadiennes, abandonnés à eux-mêmes, durent s'incliner devant le fait accompli. Le major Rogers reçut leur soumission.

(2) Vaudreuil, Lévis et Bigot ne se faisaient pourtant aucune illusion sur la valeur des lettres de change du Canada. « Le papier qui nous reste, avait écrit Lévis au ministre, est entièrement discrédité, et tous les

Marine se sont aussi embarqués dans des batteaux. Il leur a été ordonné de suivre le quarante-huitième régiment qui, allant en garnison aux Trois Rivières, leur servira d'escorte. Notre goëlette a gagné le large à 1 heure et s'est laissé dériver au courant. Le vent ayant passé du nord à l'ouest, elle a appareillé, a laissé devant la Longue Pointe des bâtimens qui portent des troupes, et tous les autres entre l'isle Sainte-Thérèse et Varennes. Elle a mouillé à 8 heures au-dessus de Saint-Sulpice.

Le 17, vent du sud-ouest. Nous avons appareillé à 6 heures, échoué à 7 sur la batture des isles plattes. Nous nous sommes relevés à 10 heures, avons passé à midi devant Sorel, où nous avons trouvé plusieurs vaisseaux destinés pour Monreal. Nous sommes entrés à 3 heures dans le lac, avons échoué à 4 heures et n'avons pas pu nous relever.

Le 18, nous avons découvert plusieurs batteaux, auxquels nous avons fait signal de nous accoster. Ils ne l'ont pas vu et ont continué leur route. Nous avons envoié demander du secours aux Trois Rivières. Nous avons commencé à 8 heures à jeter notre lest. Nous nous sommes relevés à 9 heures, avons appareillé de suite par un bon vent de sud-ouest, sommes sortis du lac à 4 heures, avons été accostés à 5 par un batteau qui porte un officier de port et quelques matelots anglais qui nous ont mouillés au-dessus des Trois Rivières, et nous ont remis un baril de farine. L'officier envoié aux Trois Rivières pour demander du secours

---

habitants sont dans le désespoir. Ils ont tout sacrifié pour la conservation du Canada. Ils se trouvent actuellement ruinés, sans ressources ; nous ne négligeons rien pour rétablir la confiance. » De scandaleuses spéculations (GARNEAU, *Canada*, II, 365) discréditèrent de plus en plus ce papier. En 1765 les Canadiens furent invités à dresser les bordereaux des papiers dont ils étaient encore nantis, 1639 dépôts de bordereaux furent dressés, mais, livrée à l'agiotage, leur valeur fut absorbée par la spéculation. Ce fut seulement en mars 1766 qu'une nouvelle convention liquida ce qui restait du papier Canadien.

est venu rendre compte que M. Burton, gouverneur de ladite
ville, ne peut pas nous donner un pilote.

Le 19, vent de nord-est. Nous avons reçu du pain que nous
avions envoié cuire à la ville. A 10 heures, il nous a été ordonné
de gagner le large. Nous avions pris douze matelots françois pour
augmenter notre équippage. Nous avons traversé les chenaux,
doublé le cap de la Madeleine, avons louvoyé pour doubler la
pointe Saint-Ignace, et avons été obligés de mouiller à midi vis-
à-vis l'église de la Madeleine. Le vent étant contraire, nous avons
mis à terre douze hommes pour cuire du pain. A 4 heures, le vent
ayant calmé, nous avons appareillé, avons laissé la chalouppe à
terre pour nous porter le pain, avons couru plusieurs bordées ;
nous nous sommes laissés dériver au courant et avons mouillé à
une lieue du Cap.

Le 20, vent du nord-ouest. Nous nous sommes mis en route à
7 heures, avons beaucoup louvoié sans avancer et avons mouillé
à 9 heures au-dessus de Champlin. A 4 heures, le vent s'est fixé
dans le nord-est et nous a tourmentés toute la nuit.

Le 21, continuation de nord-est.

Le 22, le vent est tombé dans la nuit et s'est levé à la pointe du
jour dans le sud-ouest. Nous avons appareillé à 6 h., avons doublé
la pointe de Vatiscan et avons échoué à 9 h. vis-à-vis le moulin
Sainte-Anne, sur une grande batture, de dessus laquelle nous
n'avons pas pu nous relever. Nous avons envoié un canot à terre
pour chercher un pilotte et du secours. Nous avons travaillé à
radoubler notre chaloupe qui est brisée. Nous avons eu de la
peine, n'ayant ni clou ni marteau. Nous l'avons envoié à terre à
3 heures pour faire revenir le canot, qui n'a pas pu nous arriver,
le vent et le courant l'entraînant.

Le 22, deux batteaux anglois ont voulu nous abborder, le vent
les en a empêchés. La chalouppe et le canot nous ont joints avec
un bon pilotte qui a fait de suite jeter une seconde ancre pour

tâcher de nous tirer. Nous avons beaucoup viré sans pouvoir réussir. Nous avons envoié un officier à Sainte-Anne pour tâcher d'avoir des batteaux, afin de pouvoir décharger la goëlette. On a envoié aux Trois Rivières un sergent chargé d'une lettre de notre commandant, qui demande des secours et des vivres dont nous commençons à manquer. On a envoié beaucoup de soldats à terre. Une grande chalouppe anglaise nous a accostés ; l'officier qui la commande a fait beaucoup sonder autour de la goëlette, jetter une autre ancre et beaucoup virer sans pouvoir parvenir à nous relever. Il nous a quittés à 11 heures, nous recommandant d'alléger la goëlette le plus que nous pourrons. Il nous est arrivé deux batteaux dans lesquels on a embarqué plusieurs soldats qui sont allés à Saint-Pierre. Nous n'avons gardé à bord que les matelots et quelques soldats pour la manœuvre. Une goëlette, commandée par le propriétaire de la nôtre, est venue mouiller à côté de nous. Le capitaine est venu avec son pilotte voir comment il pourra nous retirer. Il est retourné à son bord, nous promettant de revenir à la marée du soir. Le capitaine qui commande ordinairement la nôtre, et qui, dans ce moment, pilotte le commandant anglais, est venu à notre bord prouver à son second son ignorance. Il a passé plusieurs batteaux anglois, dont un a donné passage jusqu'à Québec à un officier du régiment. A 4 heures, le vent s'est jeté dans le nord-est et a fraîchi. A 8 heures, le propriétaire de la goëlette est revenu, a fait sonder tout autour, beaucoup virer le cabestan, et, ne réussissant pas, a remis à la marée de demain.

Le 24, continuation du nord-est plus frais qu'hier. A 8 heures notre pilotte a commencé à faire travailler, a envoié jetter une ancre beaucoup plus loin que les autres et a profité si à propos de la marée qu'il nous a arrachés de dessus la batture, et nous a mouillés à 11 h. dans le bon chenal. A 11 h. le propriétaire venant dans une grande chalouppe angloise a été bien aise de trouver la besogne faite. A 1 h. nous sommes descendus à terre, avons monté à Saint-Pierre qui est une jolie côte et fort escarpée ; nous sommes revenus à bord à 5 h.

Le 25, vent de nord-est et pluye très forte. Le sergent parti pour les Trois-Rivières est arrivé à 10 h. dans un batteau chargé de deux barils de farine, d'un de lard, d'un de gruau et pois et cinquante livres de beurre, que m'a envoié le colonel Burton avec une lettre très honnète. J'ai distribué partie de ces vivres aux soldats et matelots qui les attendoient avec impatience, quoiqu'hier nous eussions fait acheter du pain à terre.

Le 26, continuation de mauvais tems. Quelques officiers ont été à terre pour acheter du pain et des légumes.

Le 27, vent et tems aussi mauvais que contraires. Il a passé deux goëlettes qui vont aux Trois Rivières. Le commandant de la flotte mouillée à Vatiscan nous a fait dire d'envoier chercher des vivres et demander un état nominatif de tous ceux qui sont à bord de notre goëlette. Je l'ai remis à M. Dalquier qui a fait partir sur le champ un officier pour le lui porter. Cet officier nous est revenu à 3 h. dans son batteau chargé de beurre, de farine et de suifs. A 4 h. il est arrivé un batteau de Québec pour prendre les effets et gens du commissaire des guerres, qui s'étoit débarqué auprès des Trois Rivières. Le vent a molli le soir.

Le 28, le vent est revenu au nord et a calmé vers les 10 h. Une goëlette mouillée en avant de la notre a appareillé. Nous avons travaillé à la suivre. Nous avons eu beaucoup de peine à désafaucher, nos cables étant embarrassés dans les pierres. Nous avons appelé les hommes qui étoient à terre, avons envoié chercher du bois et mis à la voile à une heure après midi. Nous avons couru plusieurs bordées pour doubler deux ou trois caps. Nous avons eu ensuite vent arrière pour gagner les Grandines où nous avons mouillé à 6 h.

Le 29, le vent s'est fixé dans le nord-est et nous a donné une forte pluye. A 8 heures il a passé deux goëlettes angloises qui montent. Une a échoué à un quart de lieue de la notre. Nous lui avons envoié notre chalouppe avec nos meilleurs matelots qui l'ont remis à flot. Le capitaine est venu avec eux remercier notre commandant, lui offrir quelques bouteilles de vin d'Espagne, et demander un contre maître intelligent que nous lui avons prêté. A midi le vent a fraîchi et tourmenté notre goëlette. Le pilotte a voulu relâcher. Il a fait travailler à lever l'ancre qui a résisté. Il en a fait jeter une de plus afin d'être plus en sûreté. Le fleuve a été très agité toute la nuit, et nous a fort tracassés.

Le 30, même vent sans pluye. Il a passé plusieurs batteaux et goëlettes qui montent aux Trois Rivières. A 4 h. le pilotte trouvant le fleuve et le vent peu disposés à s'appaiser a fait à force de travail lever les ancres, dont les cables étoient très entortillés. Il a fait appareiller et mouiller à la fin du jour vis-à-vis Saint-Jean où nous avons été plus à l'abry du vent, qui a calmé dans la nuit.

Le 1er octobre nous avons appareillé à la marée montante, avons mouillé vis-à-vis Saint-Pierre, où nous avons mis du monde à terre pour aller acheter des vivres. J'ai écrit par ordre de M. Dalquier au commandant de la flotte pour lui demander des vivres. Il m'a répondu qu'il nous en fournira, si nous allons le joindre.

Le 2, quatre soldats se sont jettés pendant la nuit dans le canot et ont déserté pour retourner à Monreal. Nous avons levé les ancres au lever du soleil, appareillé, courru des bordées pour doubler plusieurs caps et nous nous sommes laissé dériver jusqu'au dessous du cap Santé où on a jetté l'ancre. J'ai envoié demander des vivres au commandant d'une frégatte mouillée au-dessous de Richelieu. Il m'en a envoié très obligeamment.

Le 3, nous avons appareillé à la pointe du jour et mouillé à midi devant la pointe aux Trembles. Nous avons envoié la chalouppe à Saint-Antoine chercher du bois. Le vent ayant fraîchi dans le nord-est nous a empêchés de profiter de la marrée du soir.

Le 4, nous avons appareillé au point du jour et mouillés à une heure au-dessous de Saint-Augustin et profité de la marée du soir pour dériver jusqu'au Carrouge.

Le 5, nous avons appareillé au point du jour (1). Nous nous sommes trouvés à 8 h. un peu au-dessus de Québec. Le capitaine du port qui est venu à notre bord nous a mouillé à 9 h. entre les premiers vaisseaux. Le capitaine de la goëlette a été à bord du commandant de la flotte, qui l'a envoié à celui du chef d'escadre Shuenton, chargé du détail de l'embarquement. Plusieurs officiers sont allés à la ville voir M. de Levis, qui leur a témoigné ses regrets de ce que nous ne sommes pas arrivés plus tôt, parce que nous serions déjà partis et aurions été embarqués à notre aise. A midi je suis descendu à la ville pour demander des vivres, et suis revenu à bord pour les envoyer chercher. J'y ai trouvé

---

(1) Lévis, dans son rapport au ministre de la guerre (27 novembre 1760) avait parlé de cette extrême difficulté de la descente du Saint-Laurent : « Après que les bataillons ont été partis de Montréal, je les ai suivis avec M. de Bourlamaque dans la résolution de partir le dernier de Québec, afin de leur obtenir du chef anglois, par ma présence, toutes les commodités possibles pour leur traversée. Malgré mes peines et mes soins ils ont dû souffrir extraordinairement: 1o Pour le peu de vaisseaux de transport qu'avoient les Anglois ; 2o par un vent affreux de nord-est, qui les a tenus en rivière avec danger pendant 22 jours, et qui a mis plusieurs vaisseaux hors d'état de servir, ce qui a contraint les Anglois de les fouler dans les vaisseaux qui leur restoient, quoique pourtant ils n'aient point excédé leur règle ordinaire de ne mettre qu'un homme par tonneau ; 3o enfin, par le manque où tout le monde étoit d'espèces propres à se pourvoir chez les marchands anglois des douceurs nécessaires pour la traversée, et par la dure situation de n'avoir, au moins pour le grand nombre, d'autre nourriture que la ration du simple matelot. »

un officier qui m'a dit d'aller dans une heure à bord du chef d'escadre. Comme je me disposais à descendre dans le canot, un officier Anglais est venu m'ordonner de faire préparer dix officiers, cent soixante-dix soldats que les chaloupes viendront prendre dans une heure pour rembarquer dans un senault. J'ai été très en peine, Messieurs les officiers et beaucoup de soldats étant à la ville. A 4 heures j'ai fait embarquer tout ce que j'ai pu et je suis parti dans la première chaloupe pour aller reconnaître le senault, que j'ai trouvé petit pour porter autant d'hommes. Je suis revenu à bord de notre goëlette pour faire embarquer les hommes qui y restaient, je les ai suivis, l'officier chargé de l'embarquement nous a prescrit de rester à bord, nous assurant que le capitaine a ordre de partir à marée descendante. Il est allé rendre compte au chef d'escadre, et est revenu un quart d'heure après dire à notre commandant arrivé en même temps que lui qu'il peut aller à la ville. Ce commandant s'est embarqué dans la minute pour aller faire des représentations à M. de Levis sur la façon dont nous sommes embarqués et sur le peu de temps que nous avons pour faire des provisions. A 8 h. j'ai reçu ordre de me rendre chez notre général, qui après m'avoir fait quelques questions a donné à notre commmandant l'option de partir dans le senault ou de rester dans la ville pour attendre un vaisseau plus commode. Il s'est décidé à partir dans le senault.

Le 6 et le 7 les officiers et soldats qui nous manquaient ont rejoint. On nous a donné quelques passagers pour parfaire le nombre de cent soixante-dix. On nous a donné des vivres savoir : pour le mercredi, deux livres de biscuit, demi pinte d'huile, une pinte de pois et deux pintes de gruau pour trois hommes ; pour le lundi deux livres de biscuit, quatre livres de lard et une pinte de pois ; pour le vendredi comme le mercredi ; pour le samedi deux livres de biscuit et quatre livres de bœuf salé ; pour le dimanche comme pour le jeudi ; pour le lundi deux livres de biscuit, demi pinte d'huile et deux pintes de gruau ; pour le mardi comme le samedi. On a beaucoup travaillé pour lever les ancres sans pouvoir les arracher. On nous a envoié de plusieurs vaisseaux, des détachemens qui ont enfin enlevé notre ancre avec celle d'une frégate, qui était embarrassée dans notre cable.

Le 8, on a eu peine à lever l'ancre qu'il avait fallu jeter hier au soir. Le vent a calmé, à 10 heures nous nous sommes laissés dériver et avons mouillé à marée montante vis-à-vis Saint-Jean.

Le 9, nous avons suivi la marée et mouillé au bout de la traverse. Nous avons levé l'ancre à 6 h. pour la jeter à huit vis-à-vis le cap Tourmente (1).

Le 10 partis avec la marée, nous avons doublé le cap Tourmente, couru plusieurs bordées pour passer le Gouffre, au-dessus duquel nous avons été forcés de mouiller, pour résister au courant qui nous portait dedans. Notre capitaine a fait signal d'incommodité pour avoir les chaloupes des bâtimens mouillés le long de l'isle aux Coudres. Elles sont venues à une heure, nous ont hâlés hors du courant et mouillés à un chenail. Nous avons levé l'ancre à marée descendante pour nous rapprocher de l'isle aux Coudres.

Le 11, grand calme, la marée nous a portés près des vaisseaux. A 11 heures il s'est élevé du vent dans le sud-ouest, le vaisseau commandant a tiré deux coups de canon pour faire appareiller. Nous avons hissé les voiles et amené demi heure après pour attendre notre canot qui est allé mettre à terre notre pilote, chercher de l'eau et du bois. Il nous a joints à 2 heures, nous avons appareillé, fait bonne route et dépassé deux vaisseaux, qui avaient beaucoup d'avance sur nous. Au coucher du soleil le commandant a tiré deux coups de canon pour faire mouiller. Nous avons jeté

---

(1) Sur la rive gauche du Saint-Laurent, entre l'île d'Orléans, et l'île aux Coudres.

l'ancre après avoir fait huit lieues. A 8 heures un gros vaisseau mouillé trop près de nous a chassé sur ses ancres, nous a abordés et a cassé le bout de notre beaupré. Nous avons couru grand danger et il nous eut été difficile de nous dégager, si un soldat de la marine de l'autre vaisseau n'eut pas coupé le cable malgré l'opposition du capitaine. Nous avons travaillé de suite à réparer l'avarie.

Le 12, on a radoublé notre beaupré et nous avons appareillé à 8 heures, le vent s'est fixé dans le nord-ouest et nous avons porté en route. Nous avons passé plusieurs vaisseaux qui étaient avant nous. Nous avons découvert les isles Blanches, le Pot à l'Eau-de-Vie et l'isle Verte, et à la fin du jour nous avons eu connaissance du Bic. Nous avons couru la bordée pendant la nuit.

Le 13, vent du nord-est ; au jour nous nous sommes trouvés par le travers du Bic à trente-deux lieues de l'isle aux Coudres. Nous avons couru des bordées tout le jour, et avons gagné le soir St-Barnabé (1). A 8 heures le vent s'est jeté dans le sud et nous a portés en route pendant la nuit.

Le 14, le vent est retourné dans le nord-est et nous a donné beaucoup de pluie. Nous avons louvoié tout le jour, sans faire grande route. Après le soleil couché le vent s'est jeté dans le nord-ouest et nous avons fait bonne route toute la nuit.

Le 15, continuation de nord-ouest qui, après le lever du soleil, s'est jeté à l'ouest. Nous avons rangé le sud, avons reconnu à 9 heures le cap des Rosiers (2), les monts Notre-Dame et Gaspé (3), que nous avons doublés. La brume nous a empêché de voir Anticosti que nous avons laissé au nord. Nous avons fait bonne route tout le jour, ayant eu vent arrière, qui nous a bien tourmenté par un rouli continuel.

---

(1) Sur la rive droite du fleuve, en aval du Bic.
(2) A l'extrémité orientale de la presqu'île de Gaspésie.
(3) A l'intérieur de la presqu'île de Gaspésie.

Le 16, le vent a été constant à l'ouest. Nous avons eu connaissance des isles Madeleine, aux Oiseaux (1). Nous avons fait bonne route tout le jour, filant de 8 à 9 nœuds. Au coucher du soleil, le vent s'est rangé dans le sud-ouest, ce qui nous a fait grand plaisir.

Le 17, nous avons eu connaissance, au point du jour, des isles Saint-Paul, Royale (2) et Terre-Neuve. Vers les 8 heures, nous avons dégolphé et nous avons gagné l'avant des autres vaisseaux. A 9 heures, nous avons découvert un vaisseau de guerre qui hante la côte de Terre-Neuve.

Le 18, vent de nord-ouest. Nous avons eu connaissance des isles Saint-Pierre. Nous sommes montés à midi sur le banc (3) à Vert, nous y avons pêché trente morues. Les vents ont passé au sud sud-ouest et nous avons eu du calme le soir.

Le 19 et le 20, brume et vent de sud sud-est qui nous a obligés de louvoier et de gagner le nord pour éviter les terres.

Le 21, vent très impétueux qui nous a beaucoup tracassés. L'équippage a toujours été sur le pont ou dans les manœuvres pour les garantir d'avaries. Vers les 4 heures du soir, le vent s'est jeté dans le nord-ouest et nous a remis en route. A 6 heures, grande brume qui a calmé le vent.

Le 22, continuation de brume. Le vent s'est levé dans le sud sud-est, et, quoiqu'un peu près, nous a porté en route. Il est tombé avec le jour.

Le 23, le vent est revenu à 1 heure du matin au sud sud-est, et nous a mis en route jusqu'à 7 heures ; qu'une forte pluye l'a

---

(1) Dans le golfe du Saint-Laurent, entre Anticosti au nord, l'île Royale au sud, et Terre Neuve à l'est. On les nomme Brion, aux Oiseaux, Ramiès, du Corps Mort et de l'Entrée.

(2) Petite île entre le cap nord de l'île Royale et le cap Rouge de Terre Neuve.

(3) Le second des bancs que l'on trouve à partir du Saint-Laurent. Le premier est le banc des îles Saint-Pierre.

calmé et nous a fait faire bonne route jusqu'à la fin du jour; qu'il a passé à l'est. Il a été furieux toute la nuit et nous a beaucoup incommodés.

Le 24, brume fort épaisse. Continuation de vent d'est qui a beaucoup agitté la mer et nous a fort tracassés.

Le 25 et le 26, le vent s'est tenu constamment dans l'est. L'équippage et nous n'en pouvons plus à force d'avoir manœuvré pour éviter les grains.

Le 27, un peu de calme mais continuation de brume. Nous avons eu connaissance d'un navire qui a fait vent à nous. Nous avons gouverné sur lui et nous nous sommes accostés à 4 heures après midi. Il vient de Neufcastle, d'où il est parti depuis quarante-deux jours.

Le 28, le vent s'est levé dans le nord-ouest, a été faible et nous a donné beaucoup de brume. Il a passé dans le sud à 8 heures.du soir, et a beaucoup fraichi, à notre grand mécontentement.

Les 29, 30 et 31, vent du sud-ouest si bon que nous fesions près de deux lieues par heure.

Le 1er novembre, continuation du sud-ouest. A 6 heures du soir, le vent a varié et a calmé pendant la nuit.

Le 2, petit vent de nord-ouest et brume. A midi, il s'est jetté dans le nord-est et a fort agité la mer.

Le 3, continuation de nord-est. Nous avons eu connaissance à midi d'un vaisseau, que nous avons sous le vent et qui paroît tenir notre route,

Le 4, vent de sud-est. Nous avons donné chasse au vaisseau que nous avons vu hier. Nous l'avons joint à midi. Il est anglais, vient de la Caroline, d'où il est parti il y a trente et un jours. A 9 heures du soir, le vent a passé dans le sud-est et nous a fait faire bonne route pendant la nuit.

Le 5, vent de sud. Nous avons eu connoissance d'un vaisseau qui a l'air corsaire. Il nous a donné chasse pendant deux heures et a changé de route, ne pouvant pas nous joindre. A la fin du jour, le vent a beaucoup fraîchi, a agité la mer et nous a fort tracassés. Les vagues ont inondé notre pont.

Les 6, 7 et 8, vent du sud-ouest qui nous a fait faire bien du chemin. Le 8, à la fin du jour, il s'est jeté dans le nord, a tant agité la mer que nous avons été forcés de mettre à la cappe. Le senault a pris de l'eau de toute part, et il en est entré beaucoup dans notre chambre.

Le 9, tempête. Vers les 6 heures du soir, un peu de calme. Nous avons appareillé et fait petite route à cause de la hauteur des vagues.

Le 10, le vent est retourné dans le nord nord-est et nous a fort tourmentés. A la fin du jour, nous avons été obligé de mettre à la cappe.

Les 11 et 12, vent de nord-est. Nous avons courru des bordées. Nous avons eu connoissance de deux navires qui nous ont paru grands. Nous les avons accostés à 3 heures après midi pour leur demander des rafraîchissemens et des liqueurs, qu'ils n'ont pas voulu nous vendre, quoique l'un, hollandois, vienne de Malagua, et l'autre, danois, des Canaries. Nous les avons débordés sur-le-champ pour continuer notre bordée.

Les 13, 14 et 15, continuation de nord-est qui nous a fort ennuyés.

Le 16, beau tems et petit nord-est. Nous avons découvert un vaisseau, sur lequel nous avons gouverné. Nous l'avons approché à 9 heures et reconnu pour hollandois. Nous l'avons hêlé. Il nous a répondu venir de Surinam. Nous lui avons demandé s'il veut nous vendre du sucre et des liqueurs. Le capitaine a répondu qu'il n'en a point, qu'il manque de tout, le coup de vent du 10 ayant emporté sa chalouppe, son canot et un homme, et tout ce qu'il avait sur son pont. Notre capitaine, dont j'avais gagné la confiance, m'a dit qu'il va faire mettre son canot à l'eau, afin que nous puissions aller à bord de l'hollandois. A midi, un de mes camarades, le capitaine, moi et mon laquais nous nous sommes embarqués difficilement dans le canot ; nous sommes montés de même chez l'hollandois. Nous avons trouvé un capitaine qui nous a inspiré de la vénération, fesant sa soixante-sixième campagne. Après nous avoir chanté misère, il nous a fait porter du pain d'épice et du rhum, que nous avons trouvé bon. Il nous en a donné quatre bouteilles, deux de vinaigre et un fromage. Son équippage nous a vendu quatre barils de sucre brut, quelques sacs de café et deux carres de jus de citron. Toutes ces drogues, que nous avons payées bien cher, nous ont fait grand plaisir. Nous avons visitté toutes les chambres de ce vaisseau, qui est un très gros marchand, et les avons trouvées très propres. Nous avons remercié le capitaine et nous nous sommes séparés, lui très content de notre argent et nous des rafraichissemens que nous portons. Nous avons regagné facilement notre bord. La mer s'étant calmée, nous avons envoié à l'hollandois un baril de bœuf et un de lard.

Les 17 et 18, beau tems et calme. Quelques matelots françois ont jugé à la couleur de l'eau que nous ne sommes pas loin des côtes de France. Quelques oiseaux les ont confirmés dans cette opinion.

Le 19, vent de nord-ouest qui, à 8 heures, s'est jetté dans le nord et nous a mis en route. A 10 heures du soir, nous avons vu au clair de lune un bâtiment qui nous a passé sous le vent.

Le 20, notre capitaine a fait jetter la sonde et a trouvé fond par cent brasses. Il a jugé à la couleur de la terre qu'a rapporté la sonde que nous sommes à cent lieues de Belle Isle.

Les 21 et 22, vent de nord qui nous a beaucoup jettés dans le sud et a fait craindre au capitaine qu'il ne pourra gagner aucun port de France, et qu'il sera forcé d'entrer dans quelqu'un d'Espagne. Il a fait sonder très souvent et toujours avec succès.

Le 23, petit vent de nord. Nous avons fait petite route. A

8 heures du matin, on a annoncé, à notre grande satisfaction, la terre. Notre capitaine croit que c'est celle des isles de Ré et d'Oléron. Un de ses matelots, qui est de l'isle d'Oléron et qui était dans les hunes, a assuré qu'il reconnoît la terre de sa patrie. Nous avons gouverné dessus et couru plusieurs bordées pour gagner l'entre-deux des isles sans pouvoir y réussir. Nous avons vu plusieurs barques de pêcheur.

Le 24, nous avons passé entre les isles et avons mouillé près de celle de Rhé. Nous avons profité de toutes les marées pour gagner la rade de La Rochelle. Nous avons vu plusieurs vaisseaux Anglois vis-à-vis l'isle d'Aix.

Le 25, nous avons mouillé à 4 heures du matin dans la rade de La Rochelle. Quelle joie ! Je me suis embarqué tout de suite dans le canot pour aller informer le commandant de la place de notre arrivée. J'ai été surpris très agréablement en débarquant d'apprendre que MM. de Borée et d'Avisard, mes anciens camarades, sont l'un lieutenant de roi et l'autre major; j'ai été réveiller le lieutenant de roi qui, après m'avoir dit que notre senault est le premier vaisseau arrivé du Canada depuis longtems, m'a engagé à déjeuner et à me reposer. Il m'a mené à 7 heures chez le commissaire de la marine qui a fait commander toutes les chalouppes du port pour aller chercher notre bataillon. Il m'a conduit à 11 heures chez M. le comte de Narbonne, maréchal de camp employé dans la province qui a donné ordre qu'on nous loge dans la ville. Le bataillon est entré dans la ville à 5 heures.

M. le maréchal de Senecterre, commandant dans la province, arrivé le 26, a décidé que notre bataillon se reposera pendant huit jours à la Rochelle, d'où il se rendra à Niort, où il restera jusqu'à nouvel ordre.

J'ajoute à ce que j'ai écrit sur le Canada que, si M. le marquis de Levis y eut commandé en chef, les Anglois ne l'auroient pas pris (1). Ce général eut porté, après que les Anglois eurent abbandonné le camp du Sault, la majeure partie de ses forces sur les hauteurs de Québec et auroit éclairé de très près leurs mouvemens dans cette partie ; s'il eut été à l'armée le 13 septembre 1759, il se seroit opposé à ce que nous attaquassions ; il y avoit dix à parier contre un que l'armée attaquante serait battue, étant obligée de descendre des hauteurs qu'elle occupoit, de traverser un chemin creux qui séparoit les deux armées : et, supposé qu'il y eut nécessité d'attaquer, il falloit faire des dispositions, former trois colonnes avec les cinq bataillons, placer les Canadiens dans les

_____

(1) Si Malartic avait bonne opinion de son général, Lévis de son côté faisait grand cas de lui. Voici, relevées dans sa correspondance, les notes qu'il lui donnait : Campagne de 1759. Demande d'une gratification « Officier dont le zèle, les talents et l'intelligence méritent des récompenses distinguées. » — Campagne de 1760 au sujet de l'affaire du 28 avril, demande de la place d'aide major général et d'une pension. « C'est un officier de distinction, ayant de la naissance, du talent, et propre à tout ce qu'on voudra faire pour lui, blessé à Carillon et en dernier lieu le 28. » — En décembre 1760, demande d'une commission de lieutenant-colonel ou d'une pension. « C'est un officier de distinction qui sert depuis longtemps, a mérité les plus grands éloges, ayant des talents, de la naissance, et propre à tout ce qu'on voudra faire pour lui. » — Mémoire des grâces demandées après la guerre. Demande pour M. de Malartic de la pension accordée à M. de Mazerac : « Il est le premier des aides-majors qui ont servi au Canada. Il a fait continuellement les fonctions de major général. Blessé considérablement à deux affaires différentes ; c'est un officier du plus grand mérite, et cette grâce ne peut qu'avoir l'approbation générale. »

intervalles et les laisser tirer et marcher suivant leur usage ; je
suis persuadé que nous aurions été vainqueurs. La bataille du
28 avril suivant le prouve. Nous aurions encore pu attaquer le
14 septembre les Anglois qui, ayant perdu leur général, étoient
au moins aussi embarrassés que nous.

Si M. Berryer (1), ministre de la marine, avoit voulu hasarder,
au mois de janvier ou au commencement de février 1760,
quelques vaisseaux marchands chargés de canons et munitions,
ils nous seroient parvenus et nous aurions pris Québec. M. le
marquis de Levis avoit écrit au ministre qu'il répondoit de la
conservation du Canada jusqu'au mois de juin, et qu'il en répon-
droit pour toute la campagne s'il recevoit des vaisseaux chargés
de canons et munitions, et descendit en conséquence avec l'armée
sur les glaces, pour aller à leur rencontre. M. de Murray m'a dit
que, s'il avoit vu arriver des pavillons blancs, nous l'aurions forcé
à capituler ; que le premier de nos boulets de canon tombé dans
Québec, qu'il se fit apporter, lui fit grand plaisir, parce qu'il lui
prouva que notre poudre avoit été mouillée.

Ce général dit des choses très honnêtes au nôtre en lui souhai-
tant une bonne traversée. Il l'assura que l'Angleterre consentiroit
à rendre le Canada à la France, à condition qu'on n'y enverroit

---

(1) Malartic ne parle pas de la mauvaise administration et des exac-
tions commises au Canada. Plus encore que nos défaites, c'était pourtant
la vraie cause de la perte du Canada. Aussi bien Bigot et ses complices,
Vaudreuil lui-même passèrent en jugement. L'instruction dura quinze
mois. Le nombre des accusés était de cinquante-cinq. Ils furent presque
tous condamnés soit à des peines infamantes, soit à d'énormes restitutions.
Cf. Dussieux, *Canada sous la domination française*, p. 240-248. —
Jugement rendu dans l'affaire du Canada par MM. le lieutenant-général
de police, lieutenant particulier et conseillers du Châtelet et siège prési-
dial de Paris, commissaires du Roi en cette partie, du 10 décembre
1763. — Mémoire pour messire François Bigot accusé contre M. le Procureur général du Roi en la commission accusateur, Paris, 1763.

pas pour gouverneur général M. de Levis (1), vu qu'elle ne pour-
roit pas le reprendre.

  On sera peut-être étonné qu'un bataillon qui avoit aussi bien
servi ait été réformé ; je ne dois ni ne veux laisser ignorer qu'un
officier général, qui l'avoit eu sous ses ordres pendant plusieurs
campagnes, en témoigna hautement sa surprise à M. le duc de
Choiseul. Ce ministre lui répondit que les officiers n'y perdroient
pas et qu'il se chargeoit de placer tous ceux qui l'avoient mérité.
En mon particulier, je ne saurois trop m'en louer. Il me fit donner, à la fin d'avril, la majorité du régiment de Roial-Comtois. Je
n'en fus informé que dans les premiers jours de juin. Je fus très
empressé d'aller faire mes remerciements à M. le duc de Choiseul, que je ne trouvai pas chez lui ; j'allai en porter à M. Dubois
qui me dit que le régiment de Roial-Comtois devant s'embarquer
incessamment, il fallait le joindre le plus tôt possible. Je l'assurai
que j'étois prêt à partir. Il me fit quelques plaisanteries sur ce
que je ne savois pas ce que j'étois, et finit par m'apprendre que
j'étois nommé colonel du régiment de Vermandois depuis le 5.

---

(1) Par égard pour le marquis de Lévis, le roi d'Angleterre leva la
défense qui lui était faite de servir le reste de la guerre. Lieutenant-
général le 20 février 1761, il assista aux batailles de Villinghausen et de
Johannisberg. Gouverneur de l'Artois en 1765, maréchal le 23 juin 1783,
duc en 1784, il mourut en 1787, âgé de soixante-huit ans.

TABLE DES MATIÈRES

ERRATA

Page v, ligne 3, — *lire* : remonte *au lieu de* remontait.

Page v, note 2, ligne 9, — *lire* : député de la noblesse.

Page xx, note 1, — *lire* : navire construit à Cette en 1858, *au lieu de* navire construit à l'île de France.

Page 18, note 3, — *lire :* Choiseul, plus tard, *au lieu de* Choiseul.

DIJON — IMPRIMERIE DARANTIERE, RUE CHABOT-CHARNY, 65

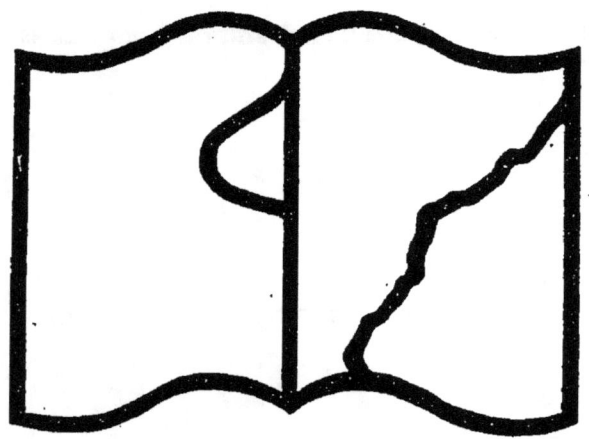

Texte détérioré — reliure défectueuse
NF Z 43-120-11

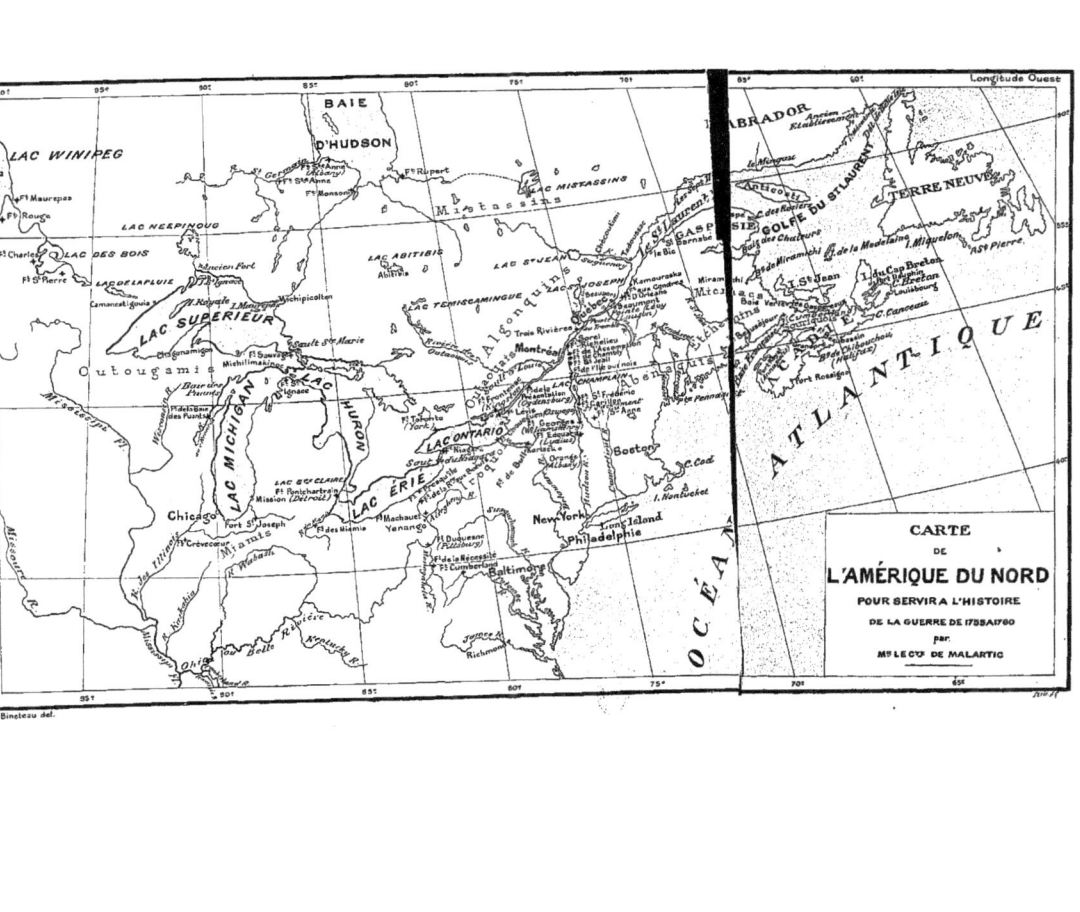

CARTE
DE
L'AMÉRIQUE DU NORD
POUR SERVIR A L'HISTOIRE
DE LA GUERRE DE 1755 A 1760
par
M⁼ LE Cᵗᵉ DE MALARTIC

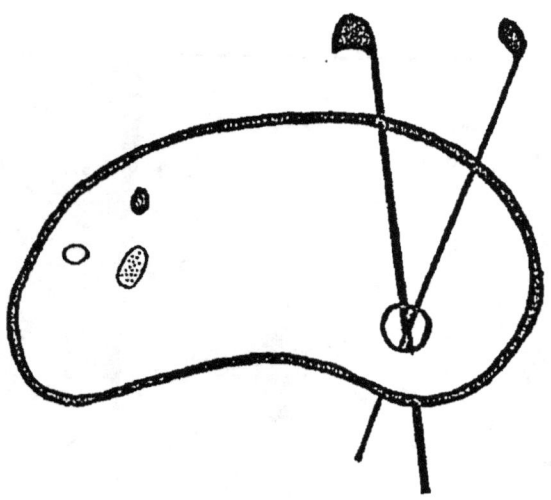

ORIGINAL EN COULEUR
NF Z 43-120-8

www.ingramcontent.com/pod-product-compliance
Lightning Source LLC
Chambersburg PA
CBHW050752030726
47505CB00002B/509